Murat Ağır

23 Eylül 1980'd ... ise eğitimini Ceyhan'da tamam ... ş Ticaret Bölümü mezunu. Biri e ... ıda "Cumhuriyet Meclisi" adı ile başlayan internet sitesinde tanışan insanların bir araya gelip bir ses olma, mücadele etme girişimleri neticesinde "Bizkaçkişiyiz Platformu" kuruldu. Bu platformun hem kurucusu oldu hem de İstanbul il başkanlığını yaptı. Binlerce salon toplantısı organizasyonu, beş büyük Türkiye Forumu organizasyonu, Cumhuriyet Mitinglerinin organizasyonu, iki "Hukuka Saygı" Mitingi, "8 Mart Dünya Emekçi Kadınlar Günü" Mitingi, üç "Teröre Lanet" Mitingi, yüzlerce tepkisel yürüyüş düzenledi. Memleket Sevdalıları Derneği'nin kurucu genel başkanlığını ve dört dönem başkanlığını yaptı. 23 Eylül 2008 tarihinde FETÖ kumpas davası olan Ergenekon Davası'nda gözaltına alındı, on bir yıl boyunca yargılandı ve beraat etti. 2020 Mart ayında şehitlere şehadet dilediği bir sosyal medya paylaşımı nedeni ile 7 ay Silivri Cezaevi'nde tutuklu kaldı. 2017 yılında MedyaSiyaset adlı internet haber sitesinde yazı yazmaya başladı. Ardından yazılarına önce Odatv'de ardından da *Yeniçağ* gazetesinde devam etti. Halihazırda yolsuzluk ve usulsüzlük dosyalarını *Cumhuriyet* gazetesinde kamuoyuna duyuruyor. Yazılarıyla ve yaptığı araştırmalarla 2019 yılında Uluslararası Şeffaflık Derneği tarafından "Medya" dalında Şeffaflık Ödülü'ne layık görüldü. 2019 yılında Türkiye Gazeteciler Cemiyeti tarafından "Yılın Gazetecisi" seçildi. 2020 yılında Basın Konseyi tarafından 2020 Basın Özgürlüğü ve TMMOB Mimarlar Odası tarafından "Emre Madran Dayanışma Ödülü" verildi. 2020 yılında Çağdaş Gazeteciler Derneği tarafından verilen''Uğur Mumcu Araştırmacı Gazetecilik Ödülü"nü *Sarmal* kitabı ile aldı. 2021 yılında Batı Balkanlar ve Türkiye–AB Araştırmacı Gazetecilik Ödüllerinde "Paranız böyle savruluyor" başlıklı yazısıyla "araştırmacı gazetecilik"' ödülünü aldı. 2021 yılında Dil Derneği tarafından *Parsel Parsel* isimli kitabı ile "Emin Özdemir Ödülü" verildi. 2021 yılında Uluslararası Plastik Sanatlar Derneği (USPD) tarafından verilen "2021 UPSD Özel Ödülü"nü aldı. 2022'de Büyükçekmece 23. Uluslararası Kültür ve Sanat Festivalinden "Basın Başarı Ödülü", Balıkesir Burhaniye Belediyesi'nden "Araştırmacı Gazetecilik Ödülü", Türkiye Gazeteciler Cemiyeti'nden "Sedat Simavi Ödülü", Çağdaş Yaşamı Destekleme Derneği'nden "Onur Ödülü" ve Eskişehir Çağdaş Gazeteciler Derneği'nden "Uğur Mumcu Ödülü" aldı. 2019 yılında *Şaki* (İnkılap Kitabevi), 2020 yılında *Sarmal* (Kırmızı Kedi), 2021 yılında *Parsel Parsel* (Kırmızı Kedi), *Vurgun* (Kırmızı Kedi) ve 2024 yılında *Havala* (Kırmızı Kedi) isimli kitapları yayımlandı.

Kırmızı Kedi Yayınevi: 1820
İnceleme: 203

Kirli Çark
Murat Ağırel

Yayın Yönetmeni: Enis Batur

Editör: Çağlayan Çevik
Son Okuma: Mustafa Çolak
Asistan: Mert Taşçılar
Kapak Tasarımı: Yüksel Doğru
Sayfa Tasarımı: Serap Bertay

Birinci Basım: Şubat 2025, İstanbul
ISBN: 978-625-418-377-5
Kırmızı Kedi Sertifika No: 40620

Baskı: Asya Basım Yayın Sanayi Tic. Ltd. Şti.
15 Temmuz Mah. Gülbahar Cad. No: 62/B
Güneşli/Bağcılar/İSTANBUL
T: 0212 693 00 08 Sertifika No: 52508

Kırmızı Kedi Yayınevi
kirmizikedi@kirmizikedi.com / www.kirmizikedi.com
facebook.com: kirmizikediyayinevi / twitter.com: krmzkedikitap
instagram: kirmizikediyayinevi
Ömer Avni Mah. Emektar Sok. No: 18 Gümüşsuyu 34427 İSTANBUL
T: 0212 244 89 82 F: 0212 244 09 48

Murat Ağırel

KİRLİ ÇARK

ARAŞTIRMA

KIRMIZIKEDİ

İÇİNDEKİLER

Ne diyordu değirmenci;
Bu nasıl çark ulan!
Buğday bizim, ezilen biz.
Un olan biz, aç kalan biz.
Kimdir bu doymak bilmeyen soysuz?

GİRİŞ

Adı: İsmail Devrim

İsmini hepimiz unuttuk. Yedi yıl önce 2018 yılında intihar etti. Kocaeli'de yaşıyordu. Uzun süredir işsizlikle, yoksullukla boğuşuyordu. Tek tutunduğu dal, iki çocuğu bir de Fenerbahçe sevgisiydi.

Organize Sanayi Bölgesi'nde tornacılık yaparken motosiklet kazası sonrasında kolu ezildi. Çalışamaz oldu. Sürekli aynaya bakarak "bu kolla nasıl çalışırım" diye hayıflanmaya başladı. Zaten yoksuldu, geçim mücadelesi psikolojisini daha da yıprattı. Evin kredi borcu vardı.

Eşine sürekli "Ben size bakamayacaksam niye yaşıyorum ki? Çocuklarıma bakamıyorsam niye yaşıyorum. Ölseydim bundan iyiydi" diyordu.

Bir gün İsmail Devrim'in liseye giden oğlu, okula gitmek için evden çıktı. Okula geldiğinde kapıda durduruldu. Ayağındaki pantolon, okulun istediği pantolon değildi. Derse alınmadı, eve geri gönderildi. Anlaşıldı ki ailenin, yeni pantolon alacak parası yoktu.

İsmail Devrim bunu duyunca üzüntüsünü saklayamadı. "Hemen gidip alalım oğlum" dedi, borç harç Gebze'ye gidip pantolonu bir şekilde aldılar. Fakat zaten zor durumda olan ve çalışamayan babayı bu durum normalden daha fazla sarsmıştı. Gururu kırılmıştı. Artık çıkış yolu olmadığını düşünmeye başlamıştı.

Akşam saat 21.00 sularında eve geldiler.

İsmail Devrim, "Hemen yatın. Işıkları kapatın, televizyonu kapatın, ben çok yorgunum" dedi. Eşi bu sözleri yorgunluğuna vermişti. O gece yattılar.

Sabah, Hafize Devrim erken saatlerde uyandı. Banyonun ışığı yanıyordu. Açık kaldı sandı. Işığı kapatmak için kapıyı açıp baktığında acı görüntüyle karşılaştı.

İsmail Devrim içine düştüğü uzun süreli bunalımdan kurtulamamıştı. Kendini asarak hayatına son verdi. Valilik intiharın gerekçesini saklamaya çalıştı; "Yoksulluktan değil psikolojik" açıklaması yapıldı.

Bu yaşananlardan iki gün önce ülkenin lideri kürsülerden, "Kriz falan sakın ha bunlara aldırmayın, bunların hepsi manipülasyondur, bizde kriz filan yok. Güçlenerek geleceğe yürüyoruz" demişti.[1]

Halbuki 2018 yılında Türkiye derin bir krize doğru sürükleniyordu. Aileler borç batağına doğru sürükleniyor, gençler suç ve kumar ağlarına teslim oluyordu.

Yıllar sonra bugün geldiğimiz noktada, o gün okumak umuduyla yaşayan genç kızlar arasından birçoğu cinsel içerikli sitelerde hesap açarken genç erkekler de sanal bahis ve çeteleşme yolunu tercih etmek zorunda kaldı.

Şairin dediği gibi buğday bizimdi, ezilen biz olduk. Un olan bizdik, ama gel gör ki aç kalan yine biziz.

* * *

Elinizde tuttuğunuz bu kitapta sanal bahis özelinde Türkiye'nin nasıl bir çarka düştüğünü anlatacağım.

Ülkemiz insanının kültürünün nasıl yozlaştığını, toplumsal çürümüşlüğün nasıl adım adım kılcal damarlarımıza kadar işlediğini göstereceğim.

Ahlakın, erdemin, doğru sözün yerini nasıl zenginleşme hırsı, birbirinin üzerine basarak yükselme duygusunun aldığını anlatacağım.

Takım arkadaşlarının bile emeğini çalan hırsızları göstereceğim.

Bu ülkede on binlercesi bulunan İsmail Devrim'lerin hayatlarının nasıl çalındığını haykıracağım.

Haydi başlayalım...

---

1 "Erdoğan: 'Bizde kriz falan yok, güçlenerek geleceğe yürüyoruz'", *Evrensel*, 23 Eylül 2018, https://www.evrensel.net/haber/361710/erdogan-bizde-kriz-falan-yok-guclenerek-gelecege-yuruyoruz

Adını Bile Duymadıklarınız

Sanal bahis ilk bakışta basit bir oyun gibi görünebilir. Bir tıkla değişen oranlar, ekranda dönen renkli simgeler...

Ancak bu cazip görünen dünyanın yüzeyini kazıdığınızda, altından organize bir suç ağı çıkar.

Aslında her bahis, kaybetme zincirinin ilk halkasını oluşturur.

Bu sistem, oyuncuları adım adım kendine bağlar. Başlangıçta yalnızca basit bir üyelik ve küçük bir yatırım gerekir.

Hatta ilk başta kazandırır gibi görünür; ancak bir süre sonra kayıplar başlar.

Her kayıp, oyuncunun kazanma arzusunu daha da körükler. Kaybettikçe daha fazla oynarsınız. Oynadıkça batarsınız. Bu tip oyunlarda kasa daima kazanır ve kayıplar yalnızca para ile sınırlı kalmaz.

Umudun en büyük tuzaklardan biri olduğunu unutmayın. Bazen gözlerinizi kapattığınızda size kazandıracağını düşündüğünüz bu umut, aslında kayıplarınızı daha da derinleştiren en büyük hırsızdır.

Gelin sistemin nasıl işlemeye başladığını yaşayanlardan dinleyelim:

> "İnternetten okey oynarken Ayşe isimli kişiyle tanıştım. Kendisiyle okey oynuyorduk. Bir gün sohbet ederken paraya ihtiyacım olduğunu, kızımı nişanlayacağımı söyleyince; kendisinin banka hesapları açtırıp verdiğini, ayda 1.000 TL kadar para kazandığını bana söyledi. Benim de ilgimi çekti. Nasıl oluyor dedim. Bana anlattı. İnternet üzerinden tekstil işi yapılıyormuş. Hatırladığım kadarıyla bu işi yapan kişi dayısı ya da eniştesi olabilir. Bana da banka hesapları açtırmamı söyledi. Ben de teklifini kabul ettim.
>
> 5-6 bankada banka hesabı açtırdım. Kartları Ayşe'ye verdim. Daha sonra yine kendisiyle buluştuk. Bana 1.000 TL para verdi.

Ben bu durumu kızım Ceyda'ya, yeğenim Ebru'ya ve Ebru'nun nişanlısı Yalçın Kır'a anlattım. Ben para kazanıyorum. Siz de kazanın dedim.
Onlar da hesap açtırdı. Kartları bana verdiler. Ben de götürüp, Ayşe ile buluşup, Ayşe'ye verdim. Ayrıca sanık Başak'ın eşiyle aynı işyerinde çalışmıştım. Bu kişiye de durumu söyledim. Başak da hesap açtırıp vermiş. Eşi Onur kartları bana getirip verdi. Ben de Ayşe'ye verdim. Üç ay kadar benim hesaplar açık kaldı.
Vakıfbank hesaptaki parayı bloke etmiş. Ben bu parayı çekip Ayşe'ye verdim. Beni emniyetten çağırdılar. İfademi aldılar. Banka hesaplarımın açık olduğunu söylediler. Onun üzerine 'Git kapat' dediler. Onun üzerine ben gidip banka hesaplarını kapattım. Kapatırken hesaplarda hiç para yoktu. Ben toplam 3.000 TL kadar para aldım. Atılı suçları kabul etmiyorum. Ayşe isimli kişinin soyadını ve adresini bilmiyorum. Daha sonra kendisini araştırdım. Ortadan kayboldu, bulamadım."[1]

Bir hikâye daha aktarmak istiyorum:

"Okuldan yeni mezun olmuştum. İşsizdim. Amcamın eski patronu olan Sezgin Çelik bana arkadaşına banka hesabı lazım olduğunu söyledi. Ben kendisine güvendiğim için 6 bankada hesap açtırıp Sezgin Çelik'e verdim.
Ben bu hesapları ücret karşılığında açıp vermedim. Sezgin Çelik bana çok yardımcı olmuştu. İşyerinde bir süre günlük olarak çalışmıştım. Minnet borcundan dolayı kendisine güvenip bu hesapları açıp verdim. Arada da sakıncalı bir durum olup olmadığını kendisine soruyordum.
O da 'Sakıncalı bir durum yok, sen merak etme' diyordu. 6-7 ay kadar sonra internetten isminin İsmail Murat olduğunu söyleyen kişi bana ulaştı. Ben müzikle uğraştığım için müzikle ilgili benimle konuşacağını söyledi. Buluştuk.
30-35 yaşlarında kısa boylu bir adam geldi. Bana 'Sen 80 milyonluk adamsın, niye çalışıyorsun' dedi. Ben şaşırdım. Bana 'Arkamızda bir sivil polis bizi izliyor' dedi. Dönüp baktığımda bir kişinin bizi izlediğini gördüm. Kendisine 'Siz nereden geldiniz' diye sorduğumda, MASAK'tan geldiğini söyledi.
Bana 'Önce karakola gideceğiz' dedi. Kalktık. Yanımıza bizi izleyen kişi de geldi. Ben kendilerinden kimlik istedim. Bana polis kimliği gösterdiler. Ben kendilerine inandım. Bankaları dolaştık. Hesap dökümlerini bankalardan aldım. Sonra bir kafeye gittik.

1 Kitapta yer verilen ifade alıntıları, mahkeme ifadesi olduğu için, herhangi bir müdahalede bulunulmamıştır. (yay. n.)

> Ne yapacağımızı konuştuk. Bana 'Hiç kimseyi arayıp bir şey söyleme, bankadaki paraları çekerler, elinde hiçbir kanıt kalmaz' dediler. 'Sezgin Çelik'i arama' diye söyledi. Birlikte bankalara gidip paraları çektik. Paraları bu kişilere verdim. En son Ziraat Bankası'nda para çektiğim sırada baktığımda bu kişiler ortalıkta yoktu. Ben de bu bankadaki parayı almadım. 'Kalsın' dedim.
>
> Hatırladığım kadarıyla 20 binTL kadar para çekip vermiştim. Daha sonra Sezgin abiyi aradım. Durumu anlattım. Yanıma geldi. Birilerini telefonla aradı. Konuştu. Bana da 'Bir sorun yok merak etme' dedi. O gün tüm hesapları kapattım. Ben hiç para almadım. Bahis işiyle benim hiçbir ilgim yok. MASAK'tan geldik diyen kişiler bu paraların bahis işinden yatırıldığını söylemişlerdi. Daha sonra ben Sezgin abiye sordum. 'Doğru değil, seni kandırmışlar' dedi. 10 ay kadar sonra beni emniyetten aradılar. İfade için gittim. İfade vermeden önce Sezgin abiyi arayıp durumu anlattım. Bana 'Benim ismimi verme. Bir kafede otururken bir adam geldi bana iş teklif etti diye söyle' dedi. Ancak ben doğruları söyledim."

Dikkat ederseniz hep bu işler paraya ihtiyacı olan zor durumdaki insanları buluyor.

Diyeceksiniz ki; "Zenginin bile paraya ihtiyacı var." Kabul ama bu çarka düşenlerin hepsinin yoksul olması tesadüf mü?

Bir örnek daha vereyim:

> "Ben D&R'da çalışıyorum. 1 yıl kadar önce kuzenim Berk Doğan bir gün bana ortak kozmetik işi yaptığını, beni de işe dahil etmek istediğini söyledi. İnternetten yapılacakmış. Bu iş için banka hesaplarına ihtiyaç varmış. Benden bankalarda hesap açtırıp vermemi istedi. Karşılığında da aylık 1.500 TL para alacağımı söyledi.
>
> O dönem babam hastaydı. Paraya ihtiyacım vardı. Kuzenim olduğu için kendisine güvendim. 4 bankada hesap açtırıp bilgilerini Berk'e verdim. Hesapları internet bankacılığına tanımlattım. Diğer ortağının kim olduğunu sormadım. Hesapları açtırdıktan birkaç hafta sonra benim işyerime iki adam geldi. Kendilerinin sivil polis olduklarını söylediler.
>
> Bana 'Hakkında tutuklama kararı var' diyerek belgeler gösterdiler. 'Bizimle geleceksin' dediler. Bana 'Senin banka hesaplarında sıkıntı var. Hesaplarına bakacağız' diyerek beni bankaya götürdüler. 'Bankadaki paraları çekip bize vereceksin' dediler. Garanti Bankası'na gittik. Ben banka görevlisine para çekeceğimi söyledim. Kimliğimi verdim. Adamlar dışarıda bekliyorlardı. Ben şüphelenmiştim.

Hemen bankadan çıkıp işyerime doğru kaçmaya başladım. Bu iki kişi beni kovaladılar. Ancak yakalayamadılar. Ben işyerime gittim. Kimliğim bankada kalmıştı. Bir süre sonra tekrar kimliğimi almak için bankaya gittiğimde banka görevlileri benden şüphelenmişlerdi.

Niye kimliği bırakıp gittin diye sorguladılar. Kimliğimdeki resim de eski bir resmimdi. 'Kimlikteki kişi sana benzemiyor' diyerek polis çağırdılar. Polisler beni alıp karakola götürdü. Bu olayla ilgili ifade verdim.

Banka görevlileri de banka hesaplarının çok hareketli olduğunu söylediler. Ben sorguya sevk edildim. Serbest bırakıldım. Bahis olayını ben o zaman öğrendim. Atılı suçları kabul etmiyorum."

Bu işin en tehlikeli kısmı da telefondan bir-iki tuşla, bir-iki uygulamayla sizi sisteme dahil edebiliyor olmaları.

Yasal bahisten bahsetmiyorum. Adını bile duymadığınız "oyun" gibi gösterilen yasadışı kumar uygulamaları, internet siteleri var. Hem de binlerce...

"İnternette Turk Forum'da üyeyim. Buradan tanıştığım Mustafa isimli kişi bana, Suriye'deki Türkmenlere yapılacak yardım paralarının yatırılacağı banka hesaplarına ihtiyaç olduğunu söyledi ve benden hesap açıp vermemi istedi. 6-7 bankadan hesap açtırdım. Mustafa'yla buluştum. Kendisine verdim.

Soyadını şu anda hatırlayamıyorum. 2-3 kez bankalardan para çekip Mustafa'ya verdim. Toplamda 2,5 ay sürdü. Daha sonra Garanti Bankası'ndan aradılar. Gittiğimde hesaplarda sıkıntı olduğunu, fazla hareketlilik olduğunu söylediler. Bunun üzerine Garanti Bankası'ndaki hesabımı kapattım. Mustafa ile görüşüp durumu söyledim. Rahatsız olduğumu, hesaplarımı kapatacağımı söyledim ve onları da daha sonra kapattım. Ben hiçbir para almadım. Yardım amaçlı olarak bu hesapları açtırdım. Ben bahis olayını karakolda ifadeye çağrıldığım zaman öğrendim."

Daha ilginci, banka hesaplarının ne yapıldığını bile bilmeden insanlar bu işlemleri, internetten tanıştığı kişilerle üç beş kuruş kazanırım hayaliyle yapıyor.

Üstelik buna karşı alınmış bir önlem de yok.

Mali Suçları Araştırma Kurulu (MASAK) uzmanlarınca yasadışı bahis ve kumar konusunda hazırlanan özel raporda aracı hesaplarda gerçekleşen işlemler şu şekilde anlatılıyor:

ARACI HESAPLARDA GERÇEKLEŞEN İŞLEMLER
✓ Aracılar tarafından birbirine yakın yahut aynı tarihlerde farklı bankalar nezdinde hesap açılması,
✓ Hesap açılır açılmaz hesaba çok sayıda farklı kişiden para transferi gelmesi,
✓ Hesaba para transferi yapan kişilerin farklı illerde olması,
✓ Transferlerin genellikle küçük tutarlı ve küsuratsız olması,
✓ Hesap sahibi ile para gönderen kişilerin görünür bir ilişkisinin olmaması,
✓ Transferlerde genellikle yüz yüze olamayan kanalların (internet bankacılığı, mobil bankacılık, ATM'ler) kullanılması,
✓ Hesaba transfer yapan kişilerin bir kısmına - bahsi kazanmaları durumunda - geri transfer yapılması,
✓ Hesaba yapılan transferlerin açıklama alanına "bahis", "bahis için", "bets" ifadelerinin veya belirli kodların yahut "para gönderen şahsın TC Kimlik numarasının/ adının soyadının" yazılması,
✓ Hesapta biriken yüksek montanlı bahis paralarının nakit olarak çekilmek istenmesi

Yasadışı Bahis Suç Analizi ve Suçlu Profili (Mücadele ve Soruşturmalar), 2019 (Kaynak: MASAK)

Yukarıdaki ifadeler, yasadışı bahis organizasyonlarına istemeden karışan ya da bilinçli bir şekilde katılan bireylerin gerçek hikâyelerinden alındı. Kimi çaresizlikten, kimi kolay kazanç vaadiyle bu çarka dahil oldu. Ancak sonuçta hepsi soluğu mahkeme salonlarında aldı.

Yasadışı bahis ve kumardan elde edilen paralar, farklı kişilere ait banka hesapları arasında dolaştırılarak sisteme entegre ediliyor. Bu yöntem, asıl suçluların kimliklerini gizleyen karmaşık bir suç ağı yaratıyor...

Bu kişiler bazen plazalarda, bir parkta, bazen kıraathanede, bazen de sokak ortasında bulundukları yerden yasadışı bahis oynatıyor. Kendi kullandıkları sistem panelleri aracılığıyla oyuncuların hesaplarına bakiye yükleyerek bahse katılmalarını sağlıyorlar.

Aklınızdaki soruların farkındayım. Karanlık bir dünyaya giriyoruz. Karmaşık ilişkiler, farklı isimler karşınıza çıkacak. Öyle ki bazı isimleri çok yakından tanıyorsunuz.

Haliyle "Nedir bu sanal bahis, nasıl başladı?" diye soruyorsunuz. Ben de sordum ve araştırdım. Ülkemizde hangi boyuta geldi. Baronları kimlerdir, sistem nasıl işliyor...

Çayınızı, kahvenizi alın sonra da gözlerinizi kapatıp derin bir nefes alın. Türkiye'nin uyuşturucudan sonraki en büyük bataklığı ve bahis çarkı ile tanışın.

* * *

Sanal bahis, ilk bakışta kimileri için yalnızca eğlence, kimileri için geçim kapısı, kimileri içinse holding gibi görünebilir. Ancak bu dijital oyun, aslında büyük bir ekonominin parçası.

Basitçe söylemek gerekirse, sanal bahis, internet üzerinden çeşitli spor müsabakaları, oyunlar ya da sonuçları önceden belirlenemeyen etkinlikler üzerine oynanan bir tür şans oyunudur.

Oyuncular, cep telefonu, tablet veya bilgisayar gibi cihazlar üzerinden bu oyunlara katılır ve bahis oranlarına göre kazanır ya da kaybeder.

İlk olarak yasal bahis organizasyonlarının sınırlarını zorlamak amacıyla ortaya çıkan sanal bahis, zamanla yasadışı bir ekonomik güç haline geldi. Bugün ise organize suç ağlarının en önemli gelir kaynaklarından biri olarak biliniyor.

Sanal Bahis Nasıl Başladı?

Teknolojinin gelişmesi ve internetin yaygınlaşması, 2000'li yılların başında sanal bahis sistemlerinin doğmasına yol açtı. Geleneksel kumarhaneler, bahis ofisleri ve yasal spor bahisleri, yerini online platformlara bıraktı.

Ancak bu süreçte, yasadışı bahis siteleri de yasal olanların boşluklarından faydalanarak hızla büyüdü.

Mesela hiç "Kâr Paylaşımı ve Oran Manipülasyonu" diye bir şey duydunuz mu?

Endişelenmeyin. Size durup dururken ders kitabı okuyormuşsunuz hissi verecek bilgiler aktarmayacağım. Sadece bu durum yasal bahislerde kazanç oranlarının düşük olması, yasadışı bahis sitelerinin yüksek kazanç vaadiyle oyuncuları çekmesine olanak sağlaması anlamına geliyor. Yani yasal sitelerde düşük kazanç, yasadışı sitelerde yüksek kazanç...

Bir de bu işin anonimlik tarafı var. İnternetin anonim yapısı, yasadışı bahis platformlarının oyuncuları takip edilmeden çekmesine olanak tanıdı.

Buna en önemli dayanak sağlayan şey ise dijital takibi mümkün olmayan kripto para kullanımı. Yasadışı faaliyetler için kripto paraların benimsenmesi, bu platformların finansal izlerini gizlemeyi kolaylaştırdı.

Başlangıçta küçük grupların kontrolünde olan bu sektör, ilerleyen yıllarda devasa suç organizasyonları tarafından yönetilmeye başladı.

İşte elinizde tuttuğunuz kitabın yazılma nedeni de burada başlıyor.

Türkiye'de Sanal Bahisin Boyutları ve Yaygınlığı

Türkiye'de yasadışı bahis, uyuşturucudan sonra en büyük organize suç ekonomisi olarak kabul ediliyor. Siber Suçlarla Mücadele Daire Başkanlığı'nın verilerine göre, yasadışı bahis organizasyonlarının yıllık kazancı milyarlarca lirayı buluyor.

İçişleri Bakanı Ali Yerlikaya, çevrim içi yasadışı bahis ve dolandırıcılık ile bilişim suçlarına ilişkin 2 bin 880 operasyon yapılarak, 67 bin 493 siteye erişimin engellendiğini açıkladı. Toplam 7 milyar 519 milyon 155 bin TL para ve mal varlığına el konuldu. Toplam 67 bin 493 siteye erişim engellendi.

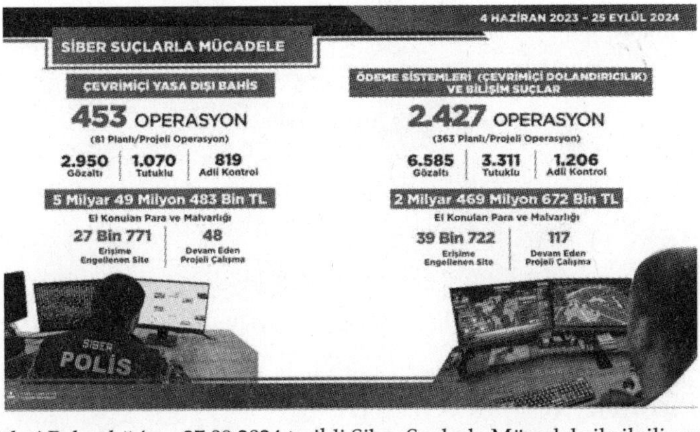

İçişleri Bakanlığı'nın 27.09.2024 tarihli Siber Suçlarla Mücadele ile ilgili resmi açıklaması (Kaynak: İçişleri Bakanlığı)

Ülkemizde bu büyümenin başlıca nedenleri arasında hukuki boşluklar olması, çökmüş bir ekonomi ve işsizlik ile pazarlama teknikleri geliyor.

Bunun için sosyal medya fenomenleri kullanılıyor, korsan maç yayınları yapılıyor ve mesaj yoluyla hemen hemen herkese ulaşılıyor.

Bakın karşımızda öyle rastgele kurulmuş bir düzen yok. Hepsi planlı, herkesin sınırları belli. Ve öyle üç beş kişiye dokunan bir çarktan bahsetmiyoruz. Bu çarkın içinde binlerce dişli var.

Öyle ki yasadışı bahis organizasyonları, hiyerarşik bir yapıda faaliyet gösteriyor. Sistemin başlıca unsurları şöyle:

Patronlar (Baronlar): Yasadışı bahis sitelerinin sahibi olan ve tüm organizasyonu yöneten kişiler. Genellikle yurtdışında bulunur ve faaliyetlerini farklı ülkelerden yürütürler.

Sistem Yöneticileri: Bahis sitelerinin altyapısını yöneten, yazılım geliştiren ve teknik destek sağlayan uzmanlardan oluşur.

Finansal Aracılar: Bahis gelirlerinin toplanmasını, farklı hesaplar arasında dolaştırılmasını ve aklanmasını sağlar. Çoğunlukla üçüncü şahıs hesaplarını kullanırlar.

Pazarlama Departmanı: Yeni kullanıcılar kazanmak için sosyal medya, korsan yayınlar ve SEO tekniklerini kullanır.

Alt Kasa ve Bayiler: Bölgesel düzeyde bahis organizasyonunu yürüten ve kazançları üst kasalara ileten kişiler.

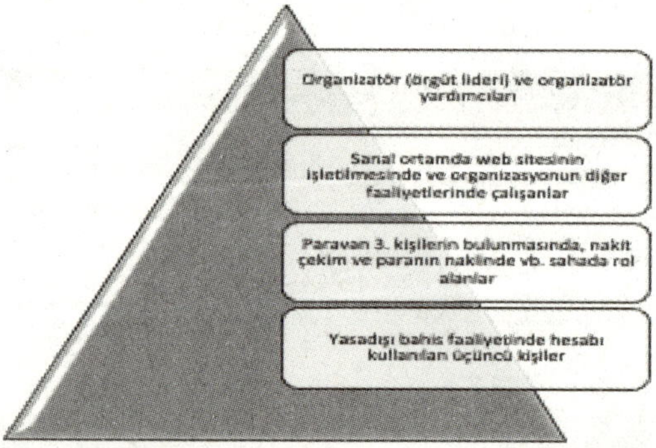

Yasadışı Bahis Örgütlerinin Suç Analizi (Kaynak: MASAK)

Baronlar ve Operasyonları

Türkiye'de faaliyet gösteren yasadışı bahis baronları, genellikle yurtdışında ikamet ediyor. Bunların isimlerini size tek tek açıklayacağım. Üstelik bunlar öyle kendi çapında üç beş mafyatik tip değil. İşadamı seviyesinde uluslararası bağlantılara sahip, milyarlarca doları yöneten kişiler.

Başvurdukları yöntemler de içlerinden geldiği gibi değil, gayet profesyonel bir şekilde sanki holding yönetiyormuşçasına uygulanıyor.

Paravan şirketler, paravan hesaplar ve kripto para gibi yöntemleri zaten artık herkes biliyor.

Güncel durumda ise daha fazla enstrüman kullanıyorlar.

Yasadışı bahis sektörü, teknolojiyi son derece etkin bir şekilde kullanarak günden güne büyüyor ve kolluk kuvvetleri ile siber suçlarla mücadele birimlerinin önlem alma kapasitesini zorluyor. Örgütler, gizlilik esasına dayalı çalışma yöntemleri, gelişmiş yazılımlar ve baronların kod adlarıyla operasyonlarını yürütüyor. Bu stratejiler, hem faaliyetlerin tespitini zorlaştırıyor hem de örgüt üyelerinin mahkemelerden düşük cezalarla kurtulmasına olanak tanıyor.

Yasadışı bahis siteleri, internet alan adı ve platform değişiklikleri yaparak, yasaların ve denetimlerin getirdiği engelleri aşmakta oldukça başarılı. Devletin bu alandaki mücadelesi hız kazansa da, bu dinamik yapıya ayak uydurmak ve kalıcı çözümler üretmek zorlaşıyor. Sadece teknolojiyle değil, aynı zamanda uluslararası işbirlikleriyle de bu faaliyetlerin üzerine gitmek gerekiyor.

Bu büyüyen tehdide karşı, yalnızca hukuki ve teknolojik adımların değil, toplumsal farkındalığın artırılmasının da kritik önemde olduğunu hatırlamakta fayda var.

Sonuç: Bir Çarkın İçinde Sıkışanlar

Sanal bahis, yalnızca kolay para kazanma vaadiyle bireyleri çeken bir oyun değil, aynı zamanda organize suç örgütlerinin kontrol ettiği devasa bir çark.

Bu çarkta, oyuncular yalnızca birer piyon; kazanan ise her zaman sistemi kontrol edenler.

Yasadışı bahis sitelerinin yönetimi için bir "panel" kullanılır. Bu bir yazılım. Sitelerin, dönen paranın ve teknik altyapının yönetilmesi bu panel üzerinden yazılımcılarla birlikte sağlanıyor. Bahis oranları ayarlanıyor, bakiye düzenlemeleri yapılıyor. Ve sunucuları yurtdışında oluyor.

Bölgesel düzeyde faaliyet gösteren ve oyuncularla doğrudan temas kuran ara birime ise "alt kasa" adı veriliyor.

Bütün düzen komisyon üzerinden çalışıyor. Çarka katılan her bir birim az veya çok aldığı sorumluluğa göre komisyonunu alarak yoluna devam ediyor.

Aynı anda birden fazla bankada açılmış paravan hesap gruplarıyla "set hesaplar" kuruluyor.

Genelde 5 veya daha fazla hesap içeren bu yapı, organizasyonun finansal izini gizlemek için kullanılıyor.

Dedim ya... Profesyonel bir holding gibi çalışıyorlar diye. Bunun için bir "Back Office" kuruluyor. Bu departman müşteri taleplerini karşılarken bakiye sorunlarını çözüyor ve oyunculara rehberlik ediyor.

Peki hiç "Fraud Ekibi"ni duydunuz mu?

Anlamı risk birimi... Oyuncuların ve hesapların sistem kurallarına uygunluğunu kontrol eder. Dolandırıcılık ya da sistemi aldatmaya yönelik bir girişim tespit edildiğinde hızlı müdahale eder.

Bu düzende en çok kullanılan şey "Kripto Para Cüzdanları" oluyor. Çünkü bu sayede neredeyse hiçbir dijital iz kalmıyor. Paranın takibi yapılamıyor. Tüm ödemeler de bu şekilde gerçekleştiriliyor.

Üstelik bu sitelerde bildiğiniz alışveriş sitelerindeki gibi "canlı destek" hizmeti de sunuluyor. Anlık sorunları da gidermeyi düşünen bir "müşteri memnuniyeti" kurumsal olarak kurulmuş durumda.

Tabii bir de "bayilik sistemi" var. Organizasyonun bölgesel yayılmasını sağlayan komisyon bazlı yapı var. Üst kasa, alt kasalara operasyonel izinler ve komisyon payı vererek bu bayilik sistemini işletiyor.

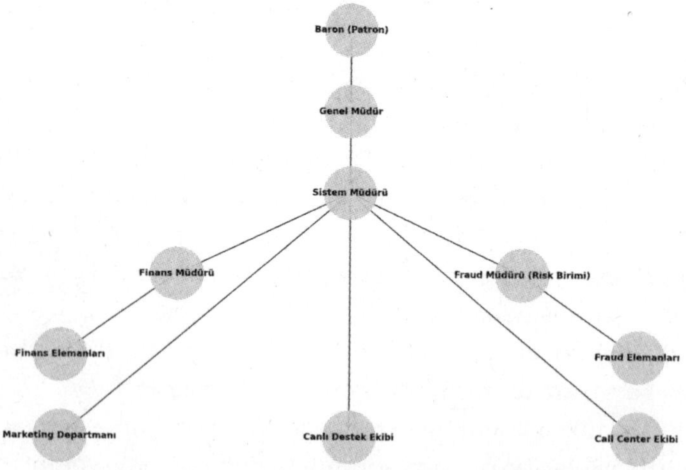

Yasadışı Bahis Organizasyonu Detaylı Hiyerarşi (Kaynak MASAK)

MASAK'ın Hazırladığı Rapora Ulaştım

Hazine ve Maliye Bakanı Mehmet Şimşek'e sunulan sanal bahis ile ilgili hazırlanmış rapora da ulaştım.

Raporda yasadışı bahis organizasyonunda görev alan çok sayıda kişi olmasına rağmen, lider konumundaki kişi ya da kişilerin organizasyon içerisindeki az sayıda kişiyle irtibat halinde olduklarına vurgu yapılıyor.

Bu kişilerin kimliklerinin gizli kaldığı aktarılıyor. Yasadışı bahis organizasyonunun yönetiminde alt kademelerdeki yardımcılarına görev verdikleri, bu kişilerin gizli kalması esas olduğundan, organizasyonun üyeleri ile hiçbir şekilde kaydi para transfer ilişkisine girmemeye özen gösterdikleri dile getiriliyor.

Peki, operasyonların koordinasyonu nasıl yapılıyor?

O da raporda var.

Saha operasyonlarının tepesinde, bu işlemleri yönlendiren yönetici kişiler bulunuyor. Bu kişiler;

— Hangi gün ve saatte hangi ATM'den işlem yapılacağını belirlerler.

— Aracı hesaplardan toplanan paraların kimler tarafından çekileceğini ve hangi hesaplara transfer edileceğini planlarlar.

— Tüm bu süreçler, bankacılık işlemleri arasındaki izleri kaybettirmek amacıyla karmaşık bir şekilde yürütülür.

Özellikle sanal ortamda yasadışı bahis faaliyetleri, yalnızca web sitesi işletiminden ibaret değil.

Bu süreç, teknik ekiplerden saha operasyonlarına kadar geniş bir iş bölümü ile yürütülüyor. Bildiğiniz büyük bir sektörden bahsediyoruz. Öyle merdiven altı çalışan bir yapı değil.

Para akışını kontrol eden bu organizasyon yapısı, dikkatli planlama ve gizlilikle faaliyet gösterir. Bu nedenle, yasadışı bahisle mücadelede, sanal ve fiziksel süreçlerin birlikte incelenmesi önem taşır.

Yasadışı bahis organizasyonunun kritik bir parçası, paravan üçüncü kişiler üzerinden işlemleri yürütmek ve bu kişilerin kimliklerini kullanarak iz kaybettirmektir. Bu görev, organizasyonda özel olarak görevlendirilen kişiler tarafından üstlenilir.

Evet, parayı toplama ve aktarma tarafı böyleydi.

Şimdi gelin çok kısa sanal ortamda yasadışı bahsin nasıl işlediğini de MASAK raporuna dayanarak aktarayım.

Çünkü yasadışı bahis oynatılan bir web sitesinin kurulabilmesi için ilk olarak buna imkân sağlayan bir sistem satın alınıyor.

Bu sistem siteye yüklenerek yasadışı bahis faaliyeti için altyapı oluşturuluyor. Oluşturulan canlı bahis sitesinin çeşitli sosyal platformlarda reklamı yapılarak tanıtımı sağlanıyor.

O herkesin gördüğü renkli, canlı, her yerden bir şey çıkan bahis sitelerinden bahsediyorum.

Öyle ki hemen site üzerinden ya da sitedeki canlı destek sistemi aracılığıyla bahse yatırılacak paralar için çeşitli hesap numaraları paylaşılır.

Hatta "hızlı havale" adı verilen metotta yasadışı bahis şirketleri belirli müşterilerinin internet bankacılığına doğrudan girer ve onlar adına para transferini gerçekleştirirler.

Sanal ortamda yasadışı bahis oynamak isteyen bir kişi, internet yoluyla erişim sağladığı yasadışı bahis web sitesine öncelikle üye olur.

Üyelik işlemi sonrasında web sitesinde gösterilen iletişim kanalıyla canlı destek alır veya web sayfasında yer alan para yatır seçeneğine tıklar.

Her iki durumda da kendisine para transferi, cebe havale, QR kod, kredi kartı, ön ödemeli kart, elektronik para, kripto para yöntemlerinden hangisi ile para yatıracağına ilişkin seçenekler gelir.

Bu seçeneklere ulaşabilmek için olmazsa olmaz önkoşul web sitesine üye olmaktır. Para transferi seçeneği tercih edildiğinde şahıs bahis oynamakta kullanacağı parayı "sadece bu web sitesine üye olanlara gösterilen banka hesaplarına (bu hesaplar yukarıda bahsettiğim üçüncü kişilerin hesapları)" transfer edilir.

Üçüncü kişilerin hesaplarına gönderilen bu transferlerin yasadışı bahisle ilgisinin kurulamaması için, yasadışı bahis sorumluları sanal ortamda web sayfalarına uyarı yazıları koymakta ve bu yazılar ile bahis oynayanları söz konusu hesaplara bahis oynamak için para transfer ederken "bahis, bet vb." bahsi çağrıştıran ifadeleri kesinlikle kullanmamaları hususunda uyarırlar.

Genelde "Bağış", "Borç", "İade" gibi açıklamalar yazılması tercih edilir.

Ancak bu uyarılara rağmen yasadışı bahis oynayanlar bazen gönderdikleri paraları garantiye almak amacıyla, yasadışı bahis parasının toplanmasında kullanılan üçüncü kişilerin hesaplarına para transfer ederken işlem açıklamasına, yaptıkları işlemin bahisle ilgili olduğuna dair açıklamalar da yazarlar.

MASAK'ın raporunda da yer alan şu grafiği koyup bitireyim...

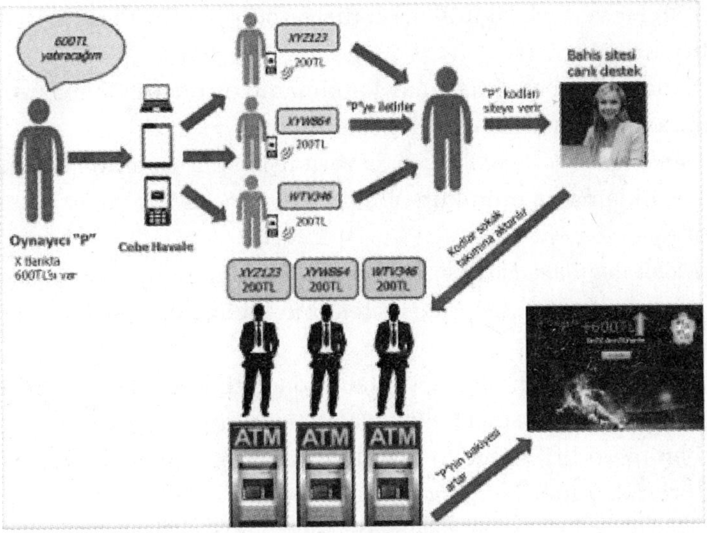

Cebe havale yöntemiyle yasadışı bahis oynanması ve para transfer süreci (Kaynak: MASAK)

Sistem böyle işliyor evet ama en çok aklıma takılan konulardan biri de şu...

Tamam, yasadışı bahis var ve insanlar, özellikle de genç insanlar, banka hesaplarını götürüp hiç tanımadığı kişilere sorgusuz sualsiz teslim edebiliyor.

İyi de neden?

Bunun altında yatan sebep, sadece üç-beş kuruş daha fazla kazanma hayali olamaz.

Bu nedenle kitabı hazırlarken akademik destek aldım.

Konuyla ilgili bu kitap için hazırlanan raporda yasadışı bahiste tüketici davranışlarını nelerin etkilediği analiz edildi.

Bunlar arasında ekonomik etkenler birinci madde olsa da eğitim ve bilinç eksiklikleri de ciddi bir yer tutuyor.

Gelin kısaca o raporu aktarayım:

Birinci sırada tabii ki ekonomik etkenler geliyor.

Kolay ve hızlı para kazanma arzusu: Gençler arasında, kısa sürede büyük kazanç elde etme fikri çekici bir motivasyon kaynağı olarak görülüyor.

İşsizlik ve maddi zorluklar: Gençlerin iş bulamaması ya da düşük gelirle çalışmaları, onları yasadışı bahisten para kazanmayı denemeye yöneltebiliyor.

Borç ve finansal baskılar: Özellikle üniversite öğrencileri arasında borçlar ve mali sıkıntılar, bu tür yasadışı faaliyetleri cazip hale getiriyor.

Sanal bahis batağına kolay kapılmanın en önemli ikinci nedeni teknolojik kolaylıklar olarak gösteriliyor.

Sanal ortamda erişim kolaylığı: Yasadışı bahis sitelerine ulaşmak, birkaç tıklamayla mümkün olduğu için gençler için cazip hale geliyor.

Mobil uygulamalar ve hızlı işlemler: Telefonlardan yapılan işlemler, gençlerin yasadışı bahis sitelerine hızlıca erişmesine olanak tanıyor.

Anonimlik algısı: İnternet ortamında gizli kalabileceklerini düşünen gençler, yasadışı bahis oynamaktan çekinmiyor.

Benim en kritik neden olarak gördüğüm psikolojik ve sosyal faktörler de raporda üçüncü sırada yer alıyor.

Macera ve heyecan arayışı: Bahis, gençler için heyecan verici bir aktivite olarak görülür. Risk alma ve kazanma olasılığı, onları bu yola çekiyor.

Arkadaş etkisi: Çevrelerindeki kişiler yasadışı bahis oynuyorsa, gençlerin de bu etkiye kapılması olasıdır. Sosyal gruplar, davranışları şekillendirmede güçlü bir rol oynuyor.

Kumar bağımlılığı riski: Bazı gençler, küçük kazançlar elde ettikten sonra bahis oynamaya devam eder ve bu bir alışkanlık haline geliyor.

Bizim ülkemizde en önemli eksikliğe raporda dördüncü sırada yer veriliyor. Bu da yasal ve denetim eksiklikleri olarak önümüze çıkıyor.

Reklam ve teşvikler: Yasadışı bahis sitelerinin sosyal medyada yaptığı reklamlar, gençleri hedef alarak onları oynamaya teşvik edebiliyor.

Denetim eksikliği: Özellikle internet ortamındaki yetersiz denetim, bu tür sitelerin faaliyet göstermesine olanak tanıyor ve gençlerin kolayca erişimini sağlıyor.

Tabii ülkemizin kronik sorunu "Eğitim ve Bilinç Eksikliği" raporun beşinci maddesi olarak yer alıyor.

Risklerin farkında olmama: Yasadışı bahisin yasal sonuçları ve finansal kayıpları konusunda gençlerin yeterince bilinçli olmaması, bu alanı cazip kılıyor.

Eğitim eksikliği: Özellikle finansal okuryazarlık konusunda gençler yeterli bilgiye sahip değilse, kolay kazanç vaadi onları çekebiliyor.

Tamam, şikâyetlerimizi sıralıyoruz, eleştiriyoruz, karanlık bir düzenden bahsediyoruz. En azından bu işin üstyapısını yok edecek çözüm önerileri neler?

Raporda buna da yer veriliyor. Tek tek sıralarsak...

Gençlere finansal okuryazarlık eğitimi verilmesi,

Dijital platformlardaki yasadışı bahis reklamlarının engellenmesi,

Aileler ve eğitimciler tarafından farkındalık oluşturulması,

Gençlerin sosyal aktivitelerle desteklenmesi,

Yasadışı bahisle ilgili caydırıcı cezaların artırılması

gibi önlemler alınarak bu risklerin azaltılabileceği öneriliyor.

Anlayacağınız...

Artık o eskiden olduğu gibi kahvehanelerde kâğıt oyunlarıyla kumar oynatma düzeni geride kaldı.

Şimdi artık çok daha canlı, anlık olarak işletilebilen, paranın takibinin imkânsız olduğu hukuki olarak kalıba sokulamayan bir çark kuruldu.

Türkiye'nin Yasadışı Bahisle Tanışması

Tam da bu noktada bir şey söylemek istiyorum...

Bahis çarkını anlatırken karşınıza çok isim çıkabilir ama inanın elinizde tuttuğunuz kitap imbikten süzülerek ortaya çıktı.

Çok daha fazla isim, çok daha fazla bağlantı bu "sektörün" içerisinde yer alıyor. Hem de şaşıracağınız isimler...

Ancak ben bunlar içerisinden en önemlilerini aldım.

İlkini anlatayım.

Tarih: 4 Aralık 2001

Adı: Lorella Razetti

İtalyan.

Her şey Razetti'nin adının karıştığı bir olayla başladı.

MASAK, bir bankanın ihbarı üzerine, internet üzerinden bahis oynatarak haksız kazanç sağlayan bir şebekenin peşine düştü. İlk araştırma sonucunda, Lorella Razetti adlı İtalyan kadının hesabına, çok sayıda kişinin açıklama yapmadan, dikkat çekici miktarlarda para transfer ettiği görüldü.

Harekete geçen MASAK müfettişleri, "gizli" ibareli bir yazıyla, Devlet Bakanı Kemal Derviş'e bilgi verdi. Soruşturma yapmak amacıyla Derviş'e bağlı bakanlıktan onay alındı. Lorella Razetti'nin adına açılan hesaplardaki para hareketleri takibe alındı.

İhbarı yapan bankadaki hesap kayıtlarında, Razetti'nin kendisini; 1959 doğumlu bir muhasebe müdürü olarak tanıttığı, adresini ise İstanbul Mecidiyeköy'de gösterdiği belirlendi.

İstanbul genelindeki bankalarla yapılan yazışmalar sonucunda Razetti'nin TL, dolar ve euro üzerinden açılmış başka hesaplarının da olduğu anlaşıldı.

Bir bankanın gönderdiği yazıda ise Lorella Razetti adına kurulmuş "www.easybets.com" adlı internet sitesinde, bahis oynayanların para yatırması için hesap numaraları verildiği belirtildi.

Hesaplara çok sayıda vatandaşın büyük paralar yatırdığı iletildi. Bahis oynayanların Razetti'nin hesabına yatırdığı bu paraları ise; Beşiktaş 6. Noterliği aracılığıyla vekâletname verdiği Türk vatandaşı Semih Sadi'nin çektiği bildirildi.

Bu sefer de Semih Sadi'nin izi sürülmeye başlandı.

Sadi'nin annesi Stella Salem adına Girne'de hesap açtığı ortaya çıkarıldı. "www.kolaybahis.com" adlı bir başka internet sitesinde; müşterek bahis oynayanların paralarını Kıbrıs'taki bu hesaba yatırmasının sağlandığı anlaşıldı.

MASAK, vurgunu önlemek amacıyla işbirliği yaptığı bankalara, söz konusu hesapları kapattırdı.

Ancak Sadi; bu süreçte farklı yöntemler buldu ve "Nokta Otomasyon Bilişim Ticaret Limited Şirketi"ni kurdu. İnternet üzerinde "sanal kart" aracılığıyla alışveriş yapıldığı görüntüsünü vererek bahis oynattıran Sadi, para toplamaya devam etti.

Bu sırada, müfettişler hesap numaralarına para yatıran Türk vatandaşlarının adres, kimlik ve vergi numaralarına ulaşmak için harekete geçti.

Ancak çoğunun kimlik bilgilerine ulaşılamadı. Az sayıda kişinin ifadesi alınabildi.[1]

---

1 "Business Channel'da Sular Durulmuyor!", medyaradar.net, 20 Temmuz 2007, https://www.medyaradar.net/business-channelda-sular-durulmuyoryeni-yonetim-kiyima-devam-ederkenkanalin-yeni-sahibi-de-nihayet-ortaya-cikti-haberi-19784

MASAK ve Emniyet yasadışı sanal bahis hareketini ilk kez burada tanıdı.

"Game Over" Operasyonu

Artık İnternetten kumar oynayanlar Emniyet'in takibindeydi.

Yıl: 2007

Var olan kanun yenilendi, güncellendi.

İstanbul Emniyet Müdürlüğü Asayiş Şube Müdürlüğü Ahlak Kumar Büro Amirliği polisleri, gizli kumarhanelerin ardından internet üzerinden kumar oynayanları takibe aldı.

Belirlenen IP numaralarından bilgisayarların hangi adreslerde olduğu tespit edildi.

Asayiş Şube Müdürlüğü Bilişim Büro Amirliği ekipleri, gelen bilgiler üzerine kumar oynanan sitenin ismini belirledikten sonra oynayan şahıslara ulaşabilmek için bilgisayarların kimlik bilgisi olarak da tanımlanabilecek IP numaralarını belirledi.

Bu belirlemenin ardından harekete geçen polis, aralarında Business Channel'ın da bulunduğu birçok işyerine baskın yaptı.

Kısa süre sonrasında da polis internet üzerinden kumar oynayan ve aralarında sosyetenin tanınmış simalarının da bulunduğu çok sayıda kişinin evine ve işyerine baskın yaptı.

Yapılan baskında kumar oynatıldığı iddiasıyla IP numaraları belirlenen bilgisayarlara el konulurken bazı kişiler gözaltına alındı.

Baskınlarda aralarında 8. Cumhurbaşkanı Turgut Özal'ın eşi Semra Özal'ın kuyumcusu olarak bilinen Hayrettin Ertekin'in bilgisayarına da el konuldu. Business Channel'a yapılan baskında kanalın sahibi Semih Sadi gözaltına alındı.

Semih Sadi ismine yeniden rastlanılması dikkat çekmişti.

Business Channel'ın kumar oynanan internet sitesinin merkezi olduğu iddia edildi.

Business Channel'da el konulan bilgisayarlar arasında sitenin yayınlanmasının sağlandığı "server"lara da el konulduğu belirtildi.

Sadi'nin televizyonun reklam gelirleri adı altında kara para akladığı da iddia ediliyordu.

Business Channel'ın ortaklarından olan Ertekin'in ismi daha önce uluslararası dolandırıcılık olayıyla gündeme gelmişti.

Ertekin, derin devlet adına çalıştığını söyleyerek bilgisayar korsanlığı (hacker) yapan iki genci kullanmıştı. Yunan bankalarının çökertilmesi ve bu yolla adına 300 milyon dolar transfer edilmesiyle ilgili dolandırıcılığa karıştığı iddialarıyla gözaltına alınmıştı.

Ertekin'in kendisini MİT görevlisi olarak tanıtarak tehdit ile Ü.Ü.'den 1 milyon dolar istediği de bir diğer iddia konusuydu.

Ertekin son olarak Sedat Peker'in mahkûm olduğu "Kelebek" operasyonunda organize suç şemasında adı geçtiği için gözaltına alınmıştı.[1]

Bu iddialar havada kalmasın diye yıllar sonra Hayrettin Ertekin'i aradım. Çıkan haberdeki bilgileri sordum. Kısa bir şekilde cevaplayarak, "Ben gözaltına alınmadım. Savcılık sadece çağırdı, ifade verdim o kadar. Benim adım herhangi bir bahis dosyasında da geçmedi" ifadelerini kullandı.

"Peki, siz Business Channel ortağı değil miydiniz" sorusuna da şöyle yanıt verdi:

> "Hayır değildim. Bana Sadi'nin 3 milyon dolar borcu vardı. İstemek için aradım. Biraz da tehditkâr konuştum. Gelir alırım vermezseniz falan diye. Bu dinlemeye takılmış. Paramı vermediler. 'Kanal satılacak, satıldığında alırsın, gel pay verelim' dediler. Avukata vekâlet verin dedim o da olmadı. Benim bir alakam yok."

Business Channel bu süreçlerden sonra yayın hayatına devam etmedi. Tuncay Özkan'ın önderliğinde ismini BizTv olarak değiştirip aynı binada yayın hayatına bir süre devam etti. Ancak kısa süre sonra o da kapandı.

İşler burada FETÖ'nün Ergenekon kumpasına kadar uzandı.

Hayrettin Ertekin de Ergenekon'da yargılandı. Hatta 6 yıl 4 ay tutuklu kaldı. O günleri Epoch Times TR adlı haber sitesinden Demet Gökoğlu'na şöyle anlattı:

> "Ben Ergenekon sürecindeki kimliğimiz ortaya çıkıncaya kadar kuyumcu olarak bilinirdim ama Ergenekon sürecinde Fetullah Gülen terör örgütünün mensupları bizim gerçek kimliğimizi ortaya çıkarıp ifşa edince asker kimliğim ortaya çıktı. Asker kimliğimizi oradaki savcılar ortaya çıkardı. Mahkeme sırasında ortaya çıktığında komutanlık vazifemiz de ortaya çıktı. Bu alışık

---

1 "Business Channel'ın Sahibi Sadi'ye Sanal Kumar Gözaltısı", Rıdvan Tezel, *Sabah*, 14 Kasım 2007, https://arsiv.sabah.com.tr/2007/11/14//haber,AF15AF6C0D614A9FB3C25DADE9941B45.html

olmadığım bir durumdu ama alışmaya çalışıyorum şimdi. İnsanlar komutanım diye hitap ettiği zaman dönüyorum bakıyorum ben... Çünkü komutanlık yapmadım ben; görev yaptım. İstihbaratın komutanlığı olmaz. İstihbaratta bir yere gittiğiniz zaman abisinizdir, arkadaşsınızdır, hacı abisinizdir."[1]

Konuyu dağıtmayalım.

Sanal bahis ağı gerçek bir örümcek ağına benziyor.

Bakın İstanbul Cumhuriyet Başsavcılığı'nca hazırlanan bir iddianame var.

Almanya Federal Cumhuriyeti Gümrük Kriminal Dairesi'nin Emniyet Genel Müdürlüğü'ne (EGM) verdiği bilgiye göre, internet üzerinden kumar oynatarak kara para aklama suçundan Almanya Mannheim Savcılığı tarafından bir soruşturma yürütülüyor.

Soruşturma kapsamında, üç Alman vatandaşının, kumar sitelerinde kredi kartı kullanımındaki kısıtlamaları aşmak amacıyla paravan şirketler kurarak bu suçu işledikleri belirtiliyor. Ayrıca, Türkiye'den "www.oyunsalonu.com" adlı bir kumar sitesinden bu sisteme yüklü miktarda para aktarıldığı kaydediliyor.

EGM'ye ulaşan bilgilere göre, "www.oyunsalonu.com" adlı kumar sitesinde oyun oynayabilmek için kullanıcıların başka bir internet sitesinden resim satın alması gerekiyordu. Bu satışlardan elde edilen gelirler, önce Almanya, İsveç ve İngiltere'deki banka hesaplarına aktarıldı, ardından bu paralar First Curacao International Bank'a yönlendirildi. Bu bankadaki hesabın Mehmet Bülent Boytorun'a ait olduğu kaydedildi.

İddianamede, First Curacao International Bank'ta biriken paraların büyük bölümünün, Semih Sadi'nin sahibi olduğu ve İtalya'da kurulan Es Media SRL adlı şirkete havale edildiği belirtildi. Ayrıca, İsveç'ten gönderilen bir raporda, "kara para aklama" suçundan soruşturulan Peter Johanson'un, 2004 ve 2005 yıllarında Sadi ve Boytorun'un sahip olduğu Elektronische Spielmedien Limited Şirketi'ne (Selina Holding) 3 milyon 942 bin dolar para transfer ettiği ifade ediliyor.

Hesap hareketlerinin incelenmesi sonucunda, Hüsnü Falyalı, T.K., Semih Sadi, Batuhan Halim ve Nedim Nasi'nin çeşitli

1 "Ergenekon'da Emekli Edilen Bir Komutanın Sıra Dışı Yaşamı", Demet Gökoğlu, The Epoch Times TR, 27 Şubat 2027, https://epochtimestr.com/index.php/ergenekonda-emekli-edilen-bir-komutanin-sira-disi-yasami

bankalar üzerinden para havaleleri aldıkları tespit ediliyor. İddianamede, Semih Sadi'ye ait Es Media SRL adlı şirket hesabına yapılan yüksek miktardaki havalelerin dikkat çektiği ve bu havalelerin aynı hesaplardan, aynı tarihlerde gerçekleştirildiği belirtiliyor.

Amerika'dan yayın yapan ve tamamen Türkçe içerikli olan "www.oyunsalonu.com" adlı kumar sitesinde, farklı dönemlerde toplam 46 bin 150 kez kumar oynandığı ortaya çıkıyor. Site, 26 Şubat 2007'de kapatılmasına rağmen, şüphelilerin aynı içerikte yeni siteler kurarak kumar oynatma faaliyetlerine devam ettikleri ifade ediliyor. Bu süreçte karşılarına çıkan yasal engelleri aşmayı başardıkları da belirtiliyor.

Kumar sitesinin yayında olduğu dönemde, MasterCard ve Visa kartlarının doğrudan kumar işlemleri için kullanımı engelliydi. Bu nedenle, uluslararası bankacılık işlemlerindeki kısıtlamaları aşmak için bir yöntem geliştirdiler. Kullanıcıların, başka bir web sitesinden sıradan resimler satın almalarını sağladılar. Bu işlem sonrası, kullanıcıların kumar oynayacakları siteye "miles" hesabı üzerinden para aktarmaları mümkün hale geldi. Böylece kullanıcılar hesaplarına giriş yapıp kumar oynayabildi.

Peki, bütün bu paralar nasıl aktarılıyor?

Bakın daha 2007 yılındaki yasadışı sanal bahis çarkından bahsediyorum.

Yani sistem henüz emekleme aşamasındayken aslında her şeyin temelleri atılıyor.

Biz yine hazırlanan iddianameden devam edelim.

Satılan resimlerden elde edilen gelirler, Visa ve Master Card işlemlerine yasal bir görünüm kazandırmak için paravan şirketler üzerinden Netlog Germany şirketine aktarılıyor. Türkiye'deki kumar sitelerine giren müşterilerin paraları ise merkezi Almanya'da bulunan Acquirer şirketinin banka hesaplarına yönlendiriliyor. Bu aşamada paralar İsveç ve İngiltere'deki Acquirer banka hesaplarına aktarılıyor; İsveç'te biriken kumar gelirlerinin İngiltere'de toplandığı, buradan da İsviçre'deki offshore hesaplara taşındığı belirtiliyor. Nihayetinde bu paralar aklanarak tekrar Türkiye'ye geri getiriliyor.

Para transferlerinde belirtilen Bonalbaroup'un, Carob Holding Limited'in, Carob Holding'in, Dorada Group'un, bu grubun da Elektronische Spielmedien Şirketi'nin (Selina Holding) sahibi görüldüğü, Selina Holding'in 2004 yılında isim değişikliği yaparak Elektronische Spielmedien Limited Şirketi adını aldığı, Carob Holding Limited isimli şirkete Wire Card hesaplarından yüksek miktarda para gönderildiği, bu hesaplardan da Elektronische Spielmedien Limited Şirketi'ne para transferlerinin gerçekleştirildiği, Carob Holding Limited isimli şirketin, hesap sahibi ve imza yetkilisi Kıbrıs uyruklu Robert Thorburn olduğu ve şahsın ifadesine göre hesapları kullanmaya yetkili kişinin Mehmet Bülent Boytorun olduğu, Elektronische Spielmedien Limited Şirketi'nin (Selina Holding) daha sonra Semih Sadi ve Mehmet Bülent Boytorun'a devredildiği ve bu kişilerin de şirketi Can Kaner ve Dürdane Kaner'e devrettikleri belirtilmiş.[1]

Tipik bir kara para aklama yöntemiyle para dolaştırılıyor. Aklanana kadar yurtdışında gezdirilen para daha sonra Türkiye'ye sokuluyor.

Alman Federal Cumhuriyeti Gümrük Başkonsolosluğu Kriminal Dairesi'nden alınan yazılarla www.oyunsalonu.com isimli online kumarhaneden elde edilen haksız kazancın www.boostyourmiles.com isimli paravan web sitesinden çeşitli resimlerin yüksek meblağlarla satılması suretiyle satın alınan resim bedelleri ile www.oyunsalonu.com sitesinde oyun oynamaya imkan sağlandığı, www.boostyourmiles.com sitesinde satılan resimlerin bedellerinin de Almanya, İsveç ve İngiltere'deki banka hesaplarında dolanarak en sonunda First Curacao International Bank isimli bankaya aktarıldığı, hesap sahibinin ise Zergerdan Sokak No:30 Emirgan/İSTANBUL adresinde ikamet eden Mehmet Bülent BOYTORUN isimli Türk ve Alman vatandaşı olan şahsa ait olduğunun belirlendiği, *(2009-İNCR-GK-937/1 sayılı Rapora Ek – 1 – 1.Klasör – Ek:4/8-24)*

Yukarıda bahsi geçen tutarın sadece 27/05/2005 ile 14/07/2005 tarihleri arasında yaklaşık 6 haftalık sürece ait olduğu, hesapta yapılan inceleme sonucunda bahsi geçen altı haftalık sürecinde içinde bulunduğu 19/01/2005 ile 19/09/2006 tarihleri arasında 20 aylık süreç içerisinde hesaba toplam 1.828.259,73.-USD, 3.977.189,66.-Euro ve 4.860,00.-İngiliz Sterlini'nin aktarıldığı,

Hesap hareketlerinin incelenmesi neticesinde K.K.T.C vatandaşı olan Cahit oğlu, 27.01.1977 Kumyalı doğumlu Hüsnü FALYALI, ülkemiz vatandaşlarından Tolga KISACIKOĞLU, Bülent PARTAL,

Maliye Bakanlığı Mali Suçlar Araştırma Kurulu Başkanlığı (MASAK) Aklama Suçu İnceleme Raporu Tarih 20.01.2010 Sayısı: GKR-2010-605/2

Devamında da iş dönüyor dolaşıyor Kıbrıs'a uzanıyor.

Kumar gelirleri, First Curacao International Bank'ta hesabı bulunan Selina Holding ve merkezi Güney Kıbrıs'ta bulunan Demetris Papaprodromou, Nicholas Larcos ve Dorado Services

1 İstanbul Cumhuriyet Başsavcılığı Soruşturma No: 2010/7914-İddianame No 2010/1390 İddianame Tarih: 14.04.2010

sahipliğindeki Carob Holdings tarafından "şirket faaliyeti" diye gösterilerek transfer ediliyor.

Kafa karıştıran, okunması zor, ağdalı isimler olduğuna bakmayın.

Bu hesapları kullanma yetkisinin Mehmet Bülent Boytorun'a ait olduğu ve şüphelilerin çeşitli yöntemlerle gizlenmeye çalışıldığı belirleniyor.

İddianamede, kumar oynanması için kurulan internet sitelerine üye olmak için para yatırılması gerektiği, oynanan kumar sırasında müşterilerin kazandıkları paradan komisyon alındığının tespit edildiğinin altı çizilmesi önemli.

Çünkü en baştan beri yazdığım komisyon mantığına ilk burada rastlanıyor. Öyle ki polis sistemi çözebilmek adına ilginç bir şey yapıyor.

Kumar oynatmak suçunun kanıtlanması için polisler bizzat kumar oynuyor. Siteye üye olarak oyun oynayan polisler para kaybediyor ve bu işlemleri ayrıntılı olarak tespit edip görüntülüyor.

Semih Sadi'nin hesap hareketleri, bir kumar sitesinden ve bu sitenin sahibi olan holdingden doğrudan havale aldığını gösteriyor. Böylece, Sadi'nin sahibi olduğu holding ile kumar sitesi arasındaki bağlantı net bir şekilde ortaya konuyor. Ayrıca, Sadi'nin yanında çalışan Refik Topçu ve sitelerin tasarımını yapan bir başka kişi adına para aktarımları yaptığı tespit ediliyor.

İddianamede, Sadi'nin yanında işçi olarak çalışan Refik Topçu ve web sitelerinin tasarımını yapan B. adına para aktarımları yaptığı belirleniyor.

İddianamede ayrıca, Semih Sadi'nin, "Yakup Ceki Nasi" hesaplarına ve sahibi olduğu Yeni Harfler Televizyonculuk (Business Channel) şirketi hesabına da para aktardığı, ayrıca bahis açıklaması altında yatırılan paraları kabul ettiği dile getiriliyor.

Şüphelilerin ifadelerine de yer verilen iddianamede, bu kişilerden Semih Sadi'nin "www.oyunsalonu.com" sitesi üzerinden online kumar oynatmak için 2004 yılında çalışmalarına başladığı aktarılıyor.

Para transferlerini gerçekleştirmek için de teyzesinin oğlu Yakup Ceki Nasi ile kurduğu Es Media SRL paravan şirketinin yanı sıra Güney Kıbrıs'ta da biraz önce bahsettiğim Carob Holdings adlı paravan bir şirket kurduğu belirtiliyor. Yurtdışındaki çeşitli bankalarda açılmış Wire Card (sanal kart) hesabının bulunduğu da tespit ediliyor.

Sadi'nin kumar sitesini yayına hazırlamadan önce Avusturya ve Türkiye'de birçok kez görüştüğü Mehmet Bülent Boytorun'u Selina Holding'e ortak aldığı ve bu şirket üzerinden sanal kumar sitesine Kıbrıs'ta lisans aldığı görülüyor.

İddianamede, Sadi'nin daha önce Microsoft'ta çalışmış, bilgisayar konusunda uzman olan çocukluk arkadaşı Sadok Kohen ile yanındaki Boytorun'la görüşerek sitenin teknik işlemlerini koordine etmesi için anlaştıkları ifade ediliyor.

Bu arada magazinsel bir bilgi vereyim.

Sadok Kohen, *Fi, Çi, Pi* gibi Türkiye'de çok okunan kitapların yazarı Azra Kohen ile evli. Azra Kohen ise Emekli Albay Erdal Sarızeybek'in yeğeni. Azra Kohen, Sadok Kohen ile evlenerek eşinin soyismini aldı. Evlenmeden önceki adı Özge Azra Sarızeybek...

Biz dönen çarkı anlatmaya devam edelim.

Genel olarak iddianamede Semih Sadi'nin bu suçu işlemek için kazanç paylaşımına dayalı olarak gevşek de olsa hiyerarşik yapılanmayı sağlayarak suç işlemek için örgüt kurduğu ve adı geçen siteler aracılığıyla kumar oynattığı belirtiliyor.

Şüphelilerden Mehmet Bülent Boytorun, Yakup Ceki Nasi, Nedim Nasi ve Sadok Kohen'in suç işlemek için kurulan örgütün yöneticilerinden olduğu ifade ediliyor.

Hasan Özgür Zavalsız, T.K., Refik Topçu, Batuhan Halim, Yusuf Onğun, Hüsnü Falyalı, Can Kaner, Ahmet Bakır, Ö.K.'nin suç örgütüne üye olduğu ve zincirleme biçimde kumar oynatma suçuna katıldığı vurgulanıyor. Ayrıca, Erdem Yurdanur'un da kumar oynanan web sitesinin tanıtımını yaparak kumar suçuna yardım ettiği anlatılıyor.

Bazıları tanıdık, bazılarını ise hiç duymadığınız bol isimli bir iddianame hazırlanıyor.

İddianamede, şüphelilerden Semih Sadi, Mehmet Bülent Boytorun, Yakup Ceki Nasi, Nedim Nasi ve Sadok Kohen'in "suç işlemek için örgüt kurmak", "zincirleme biçimde kumar oynanması için yer ve imkân sağlamak" suçlarından 2 yıl ile 7 yıl 9'ar ay arasında hapis cezasına çarptırılması talep ediliyor.

Peki, bu süreç sonunda ne oluyor?

Hepsi beraat ediyor.

Nasıl yani diyorsunuz ama beraat etmişler. İddianameyi, MASAK raporunu ve gerekçeli kararı okudum.

Yasadışı bahis dünyasında yer alan sanıkların yargılandığı dava, baştan sona kadar adeta bir hukuk serüvenine dönüştü. Öncelikle dava hangi mahkemede görülecek sorusu, uzun tartışmalara sebep oldu. Nihayet Ağır Ceza Mahkemesi'nde görülmesine karar verildi. Ancak dava tam başladı denilirken, davayı görecek mahkemenin kapatılmasıyla dosya başka bir mahkemeye devredildi.

2007 yılında başlayan süreç, 2010 yılında hazırlanan iddianame ve 2015 yılında verilen karar.

Savcı mütalaasında tüm sanıklar için beraat istemiş.

Mahkeme heyeti de "örgüt kurmak" yönünden "hiyerarşik bir yapılanma, disiplin ve üyeleri üzerinde hâkimiyet tesis eden bir liderin olduğundan bahsetmek mümkün değil" diyerek örgüt kurmadan beraatına karar vermiş.

Mahkemenin gerekçeli kararında; kumar oynatmak suçu yönünden de Caron Holding kurulmuş ama tüm hisselerinin Benalbo Fidocinies Ltd.Şti'ye ait ve lehtarın da Mehmet Bülent Boytorun olduğu, kumar oynatılan sitelerin bu şirketlere ait olduğu belirlenmiş.

2005 yılında da sanıklardan Boytorun, Sadi ve Can Kaner'in "Espielen Mediyen" isimli başka bir şirket kurduğu ve ilgili ülkenin ilgili bakanlığına müracaat ederek oynatma izni aldığı görülmüş.

Nevis adasında (Karayipler'de) daha önce kurulan Caron Holding şirketi KKTC'de kurulan Espielen Mediyen şirketinin aldığı oyun oynatma iznini kullanarak kumar oynatmak üzere anlaşmışlar.

Hosting hizmeti de ABD'den alınmış. Bu nedenlerle iddianamede suç yerinin tanzimi önemli denilmiş.

Hatta "bilişim suçları ile alakalı değildir" denmiş ve internet ortamında sorumluluğun içerik sağlayıcıya yüklendiği, bu nedenle yayın yeri İngiltere lisans sahibi KKTC olduğu için suç yerinin Türkiye olmadığı vurgulanmış.

Yabancı hükümetin de şikâyetçi olmadığı(!), "suçtan zarar gören kişi" şikâyeti de olmadığından kamu davasının düşürülmesine karar verilmiş.

Mal varlığı aklama suçu yönünden mahkeme, o dönemdeki yasalara göre (TCK 282/1) bu suçun oluşması için kaynağı oluşturan suçun alt sınırının en az 6 ay olması gerektiğini belirtmiş.

Sanıklar örgüt suçundan beraat ettikleri ve kumar oynatma suçundan dahi alt sınırın sadece 1 ay olduğu gerekçesiyle, bu suçlamadan da beraat etmişler.[1]

Yine de bu kadar operasyonun, hazırlanan iddianamelerin bir anlamı var. Hepsi yargının, adli yapının sanal bahse karşı artık bir hazırlığının olduğu anlamına geliyordu.

Buraya kadar "Game Over" operasyonundan geldik.

Aslında bu operasyon Almanya Federal Cumhuriyeti Gümrük Kriminal Dairesi'nden alınan bilgiler çerçevesinde başlatılmıştı. Söz konusu suç örgütüne yönelik EGM Asayiş Daire Başkanlığı ve İstanbul Asayiş Şube Müdürlüğü'nce ortaklaşa yürütülen soruşturma kapsamında İstanbul ve Kocaeli'de 13 kişiye ait 28 ayrı ev ve işyerine 13 Kasım 2007 tarihinde 50 ekip ve 150 personelle eşzamanlı operasyon düzenlenmişti.[2]

Bu operasyon ve incelemeler sonucunda anlaşıldı ki o yıllarda bile Türkiye'de yalnızca 6 haftalık bir sürede 821 bin dolar, 20 aylık bir sürede ise toplam 1 milyon 828 bin dolar ve 3 milyon 977 bin euro tutarında kumar oynandığı ortaya çıktı.

Kredi kartlarının incelenmesiyle, 2 bin 890 kişinin toplamda 3 bin 486 farklı kredi kartını kullanarak kumar oynadıkları belirlendi. Bankalararası Kart Merkezi ile yapılan ortak çalışmayla da Bingöl, Iğdır ve Kilis dışında kalan 78 ayrı ilde internet üzerinden sanal kumar oynandığı tespit edildi.

Akıl alır gibi değil...

2007'de düzenlenen "Game Over" operasyonu, yasadışı bahis çarkını kırmayı hedefliyordu. Ancak mahkemenin gerekçeli kararı, yasadışı bahis çeteleri için adeta bir rehbere dönüştü. "Kurdun dişine kan değmişti" bir kere...

Kararda belirtilen hususlar, bu çetelerin iştahını daha da kabarttı. Çünkü artık yasaların boşluklarından nasıl faydalanacaklarını çok iyi biliyorlardı.

Bu dava, yalnızca sanıklar için değil, yasadışı bahis dünyası için de yeni bir dönemin başlangıcı oldu. Mahkemenin verdiği

1 İstanbul 7. Ağır Ceza Mahkemesi Karar No: 2015/422 Karar Tarihi: 06.10.2015

2 "İnternet Kumarbazlarına Oyun Bitti Operasyonu", *Hürriyet*, 8 Ocak 2008, https://www.hurriyet.com.tr/gundem/internet-kumarbazlarina-oyun-bitti-operasyonu-7980997

mesaj açıktı: Bu çark, durdurulması imkânsız bir sistem olarak büyümeye devam edecekti.

Ancak ortaya çıkan tablo, bu yapılanmaların sadece Türkiye değil, uluslararası bağlantılarla daha o zamandan ne kadar geniş bir ağ kurduğunu gösteriyordu.

İsimlere dikkat: Hüsnü Falyalı gibi figürler, bu hikâyenin yalnızca başlangıcı.

Kıbrıs'ta Kurulan Yapı Açığa Çıkıyor

Gelin hepsini anlatayım.

Adı: Halil Falyalı

Kitabı bitirip kapattığınızda aklınızda kalacak üç-dört isimden biri de o...

9 Kasım 1969'da doğdu.

Kuzey Kıbrıs basınında adı "Kıbrıslı hayırsever iş insanı" olarak geçer. İlerleyen sayfalarda örneğini çok göreceksiniz, yasadışı sanal bahis baronlarının çoğu Kıbrıs'taki bazı gazetelerde aynı şekilde "hayırsever" iş insanı olarak geçer.

İddialara göre yaklaşık 20 yıl önce KKTC'de kumarhane güvenlikçisi olarak işe başladı. Daha sonra birçok otel işletmeciliği ve kumarhane (casino) yöneticiliği yaptı.

Kıbrıs'ta beş yıldızlı Les Ambassadeurs Hotel & Casino'nun sahibiydi. Bunun yanında Fly Oil, Girne Marina, çeşitli bahis siteleri, restoranlar ve bilgi teknolojisi şirketlerinin de sahibiydi.

Yasadışı bahis sitelerini de yöneten Falyalı'nın kardeşi Hüsnü Falyalı, eşi Özge Taşker Falyalı, oğlu Cahit Falyalı.

Ulusal basın, Falyalı ismini ilk defa İngiltere Premier Ligi takımlarından Fulham'ı almak istediklerinde duyurdu.

Falyalı ailesinin Fulham'ı almak için 100 milyon sterlini gözden çıkardıkları belirtilirken, Fulham'dan yapılan açıklamada kulübün iş insanı Falyalı kardeşlere satışının söz konusu olmadığı ifade edilmişti.

Falyalı kardeşlerin sözcüsü, İngiliz gazetelerindeki yayınlar üzerine satış sürecinin durdurulduğunu belirtmişti. Halil Falyalı, Reuters'a verdiği demeçte, "Biz Fulham'ı almak istiyoruz. Kardeşim Hüsnü, kulüp başkanı Muhammet Al Fayed ve onun finansal direktörü ile toplantı yaptı. Kulüp toplamda bize 100 milyon sterline mal olacak. Fulham'ın mali yapısı şimdilerde pek iyi değil, ancak biz bunu iyileştireceğiz" dedi.

Öte yandan, Al Fayed'in medya danışmanı Jack Irvine, "Fulham satılık değil. Türk iş insanlarının gazetelere söyledikleri ile Al Fayed'in alakası yok. Şunu belirtmeliyim ki, Al Fayed'in danışmanı Falyalı kardeşlerle bir toplantı yaptı. Ancak bu toplantı sadece kulübe dışarıdan daha fazla yatırım yapılmasıyla ilgilidir. Al Fayed, kulübü satmak için hiçbir girişimde bulunmamıştır" şeklinde konuştu.[1]

Halil Falyalı, 2008-2012 yılları arasında Mağusa Türk Gücü Kulübü'ne başkanlık yaptı. Bu süre zarfında kulübe yaklaşık dört milyon TL harcama yaptı ve kulübe ait Canbulat Stadı'nın hizmete açılmasını sağladı. Ağustos 2012'de "yoğun işlerini" gerekçe göstererek tekrar aday olmadı ama 2017-18 sezonunda da kulübün sponsorluğunu üstlendi.

Falyalı kardeşler, Kıbrıslı Türk bir ailenin fertleriydi ve 20 yıl içinde büyük bir servet sahibi oldular.

Bu para nereden geliyordu?

Bu hayat hikâyesi nasıl 100 milyon sterline kulüp alacak duruma gelmişti.

Öyle ya tek seferde 100 milyon sterlin harcayacak birinin en azından 2-3 milyar sterlin parası olması lazımdı.

Çok ilginç bir öyküye giriyoruz...

Halil Falyalı

1 "Falyalı Kardeşler, Fulham'ı Almakta Israrlı", CNNTürk.com, 15 Ekim 2004, https://www.cnnturk.com/2004/spor/futbol/10/15/falyali.kardesler.fulhami.almakta.israrli/43396.0/index.html

İddialara göre; Falyalı ailesi yasadışı faaliyetlerine uyuşturucu kaçakçılığıyla başlamışlardı.

Halil Falyalı'nın kardeşi Hüsnü Falyalı, özellikle Sedat Peker'in; Binali Yıldırım'ın oğlu Erkam Yıldırım'ın Halil Falyalı ile birlikte uyuşturucu kaçakçılığı yaptığı iddialarının ardından HalkTV'den Seyhan Avşar'ın sorularını yanıtladı.

Falyalı, "Ağabeyimin hayattayken anlatımlarına göre Sedat Peker kendisiyle tanışmak istedi. Ancak ağabeyim bu görüşme talebini kabul etmedi. Sedat Peker, Binali Yıldırım'ın oğlu Erkam Yıldırım ile ağabeyimin içinde olduğu bir uyuşturucu ticaretinden bahsediyor. Biz Erkam Yıldırım'ı ne gördük ne de tanıdık" dedi.

Falyalı bu kadar kısa bir sürede nasıl bu kadar mal varlığına sahip olduklarına ilişkin soruya da şöyle yanıt verdi:

> "Bunu söyleyen, bunu yazan araştırdı mı hiç, yoksa başkasının söylediklerini mi yazdı? Hiçbir zaman, hiçbir kapının önünde güvenlik olarak durmadık. Ağabeyim güvenlik görevlisi değildi. Bizim büyüme sürecimiz 20 yıl değil. Ağabeyim askerliğini bitirdi. Babam beyaz eşya dükkânımızı ona verdi. O işleri büyüttü. 4-5 şube daha açtı. Daha sonra mermer işine girdi. Atölye açtı. İzmir Torbalı'dan mermer getirdi. O zamanlar çok güzel para kazandı. 1998 yılında Semah Casinosu'nun işletmesini aldı. 2001 yılına kadar işletti. 2003 yılında Salamis Casinosu'nu aldı. 2007 yılında ise bu oteli aldı. Daha sonra bizim bir yağ fabrikası vardı. Onunla ilgili bir şeyler yaptı. Mal varlıklarımız böyle oluştu."

Ancak bu işin bir de yasadışı bahis tarafı vardı.

Hüsnü Falyalı, abisi Halil Falyalı'nın yasadışı bahis oynattığını kabul etti.

"Öncelikle biz burada yasalız" diyen Falyalı, "Burada yasal olarak bahis oynatan birkaç firma var. Türkiye'deki yasadışı bahiste ağabeyim vardı. Ancak her yasadışı bahis sitesinin Halil Falyalı'ya ait olduğu söylenemez. Yasadışı bahis işine ağabeyim 2004 yılında başladı" ifadelerini kullandı.

Hüsnü Falyalı, Halil Falyalı'nın siyasetçilere ilişkin şantaj kasetleri ile kendisini koruduğu iddiasına karşı çıktı. Falyalı, "Böyle bir şey mümkün değil. Sizce olabilir mi böyle bir şey? Bize böyle bir şey yakışmaz. Rüşvet, şantaj olmaz burada" açıklamasını yaptı.

ABD'de Halil Falyalı hakkında kara para aklamaya ilişkin dava ile ilgili de konuşan Hüsnü Falyalı, "Tek suçlama kara para aklama. Kokain ticaretine ilişkin ise DEA ajanının iddiası var" diyerek şunları söyledi:

> "Olay şöyle birisi gelmiş ve ağabeyimle konuşmuş. 'Şöyle şu kadar param var' demiş. İsmini vermeyeceğim bu kişinin. Ağabeyim de 'O zaman getir halledelim' demiş. 300 bin dolardan bahsetmiş bu kişi. Ağabeyim de 'tamam' diyor yüzde 10'unu kesiyor. Ağabeyimle adamın ne konuştuğunu tabii bilmiyoruz. Daha sonra bu dosya hazırlanıyor ve abartılıyor."

Röportajda Hüsnü Falyalı'nın "abartılıyor" diye bahsettiği dava ile ilgili belgelere OdaTV'den Serdar Cebe ulaştı ve yazdı.

Haberin tamamını burada aktarmayacağım ama özetle Virginia Doğu Bölgesi Mahkemesi'nde açılan davanın sanıkları Halil Falyalı, kardeşi Hüsnü Falyalı ve Hüsnü Demir'di.

UNITED STATES DISTRICT COURT

for the

Eastern District of Virginia

UNDER SEAL

United States of America v. Halil Falyali, Husnu Falyali, and Ozgur Demir, Defendants

CRIMINAL COMPLAINT

Timothy D. McGrath, Special Agent

Falyalı ile ilgili ABD'nin hazırladığı "Criminal" durumu ortaya koyan belgelerden

Üç isim kara para aklamakla suçlanıyordu. Yasadışı olarak parasal araçlarla dışarıdan getirilen mallar ve paralar Virginia'da aklanıyordu. Yapılan kara para ticareti içinde birçok enstrümanın kullanıldığı ve bu süreçte uyuşturucunun da yer aldığı belirtiliyordu.

Mahkeme, yasadışı gelirlerin yine yasadışı faaliyetler kapsamında kullanıldığını iddia etti.

Mart 2016'da karara bağlanan davada Adalet Bakanlığı"na bağlı DEA-Uyuşturucu ile Mücadele Birimi de taraf durumundaydı. Davada, uluslararası para aklama ve uyuşturucu trafiğinin Halil Falyalı ve diğer iki isimle birlikte yürütüldüğü belirtildi.

Sanıklar hakkında yakalama kararı çıkarıldı. Ancak Halil Falyalı, kardeşi Hüsnü Falyalı ve Özgür Demir firari oldukları için haklarındaki dava sonuçlanmadı.[1]

Amerika'da sanıklar yakalanmadıkları takdirde gıyaben yargılanamıyor.

Gelelim Sedat Peker ayrıntısına...

Suç örgütü lideri Sedat Peker, yayımladığı videolarda uyuşturucu para trafiğinin Kıbrıs'ta Halil Falyalı üzerinden yürütüldüğünü öne sürmüştü.

Peker'in iddiaları arasında Falyalı'nın, Binali Yıldırım'ın oğlu Erkam Yıldırım'a kasetle şantaj yaptığı ve Mehmet Ağar'ın uyuşturucu ticareti ve diğer organizasyonların ortasında bulunduğu yer aldı.

Önceki sayfada da aktardığım gibi hem Hüsnü Falyalı hem de Halil Falyalı bu iddiaları yalanladı. Binali Yıldırım ve oğlu Erkam Yıldırım'ı tanımadığını öne süren Falyalı, hızlı büyümesini bahis işiyle sağladığını belirtti ve "Hiçbir zaman uyuşturucu faaliyetinde bulunmadık, tasvip etmedik. Bunlarla ilgili ne bir sabıkamız ne de bir mahkememiz olmuştur" dedi.

Halil Falyalı'yı yeraltı dünyasında önemli bir aktör haline getiren yasadışı bahis sektörüydü.

1998'de Türkiye'de kumarhanelerin yasaklanmasıyla KKTC adeta bir kumar adasına dönüştü.

---

1 "Falyalı'nın Amerika'daki Suç Dosyası", Serdar Cebe, OdaTV, 24 Mayıs 2021, https://www.odatv.com/siyaset/falyalinin-amerikadaki-suc-dosyasi-213893

Bilişim teknolojisindeki gelişmeler ise daha büyük bir sanal kumar sektörünü doğurdu.

2000'lerin başında Türkiye'de bahis devlet tekeline alınıp sanal kumar yasaklanırken KKTC'de serbest bırakıldı. Falyalı, Kıbrıs'ta, Malta'da ve bazı Balkan ülkelerinde aldığı bahis lisanslarıyla servetini genişletti.

KKTC'deki yasadışı işlerde adı sıkça geçen Halil Falyalı, 2022 yılında Kıbrıs'ta uğradığı silahlı saldırı sonucu yaşamını yitirdi. Cinayeti ve diğer detayları da anlatacağım.

Halil Falyalı ismi birçok davada geçiyor. Özellikle yasadışı bahis denildiği zaman zikredilen dört isimden birisi Halil Falyalı'dır.

Burada bir not aktarayım...

KKTC'yi yılda 12 milyar dolar zarara uğrattıkları gerekçesiyle başlatılan soruşturmanın kilit isimlerinden olan, "çete liderliği" suçlaması yöneltilen Veysel Şahin'in ortağı ve korumalığını yapan isim de Halil Falyalı'ydı.

Mesela 2016 yılında bir operasyon gerçekleştirildi.

Adı: Handikap Operasyonu.

Bu operasyon kapsamında tutuklanan Veysel Şahin, Yaşam Ayavefe ve Derkan Başer ile ilişkili örgüt yapıları bugünlere nasıl gelindiğini bize anlatıyor.

Ancak öncelikle sizi, Halil Falyalı'nın kurduğu sisteme yönelik yapılan operasyonun ayrıntılarına götürmek istiyorum.

Yıl: 2022

Emniyet Genel Müdürlüğü Siber Suçlarla Mücadele Daire Başkanlığı ile MASAK'ın ortaklaşa yürüttüğü, altı aylık kapsamlı bir çalışmanın ardından bir rapor hazırlandı.

Operasyon için düğmeye basıldı.

Ankara Cumhuriyet Başsavcılığı Kaçakçılık ve Örgütlü Suçlar Soruşturma Bürosu'nun 2022/265057 ve 2022/97034 numaralı soruşturma dosyalarında, ayrıca 2023 tarihli 2023-545-5-3339081 numaralı MASAK raporunda adı geçen örgüt lideri Halil Cahit / Halil Djahit yani Halil Falyalı.[1]

Bakın size direkt dosya numarası veriyorum.

Şimdi, o raporlardaki ayrıntılara ve hayal bile edemeyeceğimiz miktardaki paraların nasıl aklandığına bir göz atalım.

1 Ankara Cumhuriyet Başsavcılığı Bilişim Suçları Bürosu İddianame No: 2024/44104 Tarihi: 07.11.2024

Soruşturma dosyasında yer alan 22 Nisan 2022 tarihli MASAK raporuna göre, yasadışı bahis suçundan elde edilen gelirlerin genellikle üçüncü kişilere ait hesaplar aracılığıyla organizasyon yöneticilerine aktarıldığı tespit edilmiş. Bu tutarların, farklı varlıklara dönüştürülerek bu şekilde aklandığı belirtilmiş.[1]

MASAK tarafından yapılan incelemelerde, Türkiye Cumhuriyeti vatandaşı olan birçok kişinin banka ve ödeme kuruluşu hesapları üzerinde çalışılmış.

Çalışmalar sonucunda, bazı kişilerin hesaplarında biriken tutarların bankalara aktarıldığı, bu tutarların daha sonra banka aracılığıyla kripto varlık hizmet sağlayıcılara (kripto borsalara) yönlendirildiği belirlenmiş. Burada kripto varlığa dönüştürüldüğü tespit edilmiş.

Dönüştürülen bu kripto varlıkların ise son olarak bilinmeyen cüzdanlara transfer edildiği anlaşılmış.

Ulaşılan rakam korkunç.

MASAK tarafından yapılan çalışmalarda, bu işlemler ve benzeri işlemler gerçekleştirmek suretiyle yaklaşık 2 milyar 500 milyon TL paranın kripto varlık hizmet sağlayıcılara (kripto borsaya) aktarıldığı tespit edilmiş.

Ki bu daha buzdağının görünen yüzü.

Raporda 128 bin 216 kişinin ödeme kuruluşu hesabı incelenmiş ve buradan 1535 banka hesabına ulaşılmış.

Hesabına ulaşılan kişilerden 1299 gerçek kişiden 197 gerçek kişiye, 23 tüzel kişinin ortağı olan 3 gerçek kişi, tüzel kişiler ile transfer ilişkisi bulunan 11 gerçek kişi, ödeme kuruluşu içerisinde işlem sıklığı bulunan 7 gerçek kişi olmak üzere toplamda 218 farklı kişiye ait 223 farklı kripto borsa hesabına ulaşılmış.

Bir daha okudunuz değil mi?

Sistemin büyüklüğünü ve MASAK'ın nasıl çalıştığını görüyor musunuz?

İşte ulaşılan bu hesaplardan da 2,5 milyar TL'nin kripto borsalara aktarıldığı, 223 hesaptan 2 bin 973 BTC (kripto varlık) ve 194 milyon 250 bin 970 USDT (kripto varlık), yani yaklaşık 334 milyon 263 bin 970 USD kripto cüzdanlara transfer edildiği belirlenmiş.

334 milyon 263 bin dolar kara paradan bahsediyorum.

---

1 Hazine ve Maliye Bakanlığı Mali Suçları Araştırma Kurulu Başkanlığı MASAK raporu Tarih: 09.02.2023 Sayı: 2023-545-5-3339081

Dahası var.

Bu transfer edilen cüzdanlardan birinin "Halil Cahit / Halil Djahit" isimli 9 Kasım 1969 Fasula doğumlu, Les Ambassadeurs Hotel Girne Merkez ikamet adresli kişiye ait olduğu belirlenmiş.

Bu kişinin kamuoyunda "Halil Falyalı" olarak bilinen ve yasadışı bahis işleriyle iştigal ettiği belirtilen kişi olduğu tespit edilmiş.

Halil Falyalı'nın, Binance Global unvanlı uluslararası şirket nezdinde bulunan kripto cüzdan hesaplarından; açık kaynaklarda eşi olduğu belirtilen Özge Taşker'e, koruma müdürü olduğu belirtilen Hakan Atıcı'ya, "VeBitcoin" isimli kripto varlık borsası sorumlusu Aykut Aydoğan ile diğer 8 kişi ile kripto varlık transferi olduğu tespit edilmiş.

Bu çerçevede de 218 kişinin kripto varlık transferi gerçekleştirdiği 3 bin 498 farklı cüzdan adresinin, Halil Falyalı ile ilişkili olduğu diğer kişilerin cüzdanlarına toplam 666,4349248 BTC (kripto varlık) ve 14 milyon 500 bin 968,32 USDT (kripto varlık), yani yaklaşık 40 milyon dolar transfer edildiği tespit edilmiş.

Tabii ki dosyadaki kişilerin hesaplarına Ankara 8. Sulh Ceza Hâkimliği'nin kararıyla el konulmuş.

Emniyet Genel Müdürlüğü Siber Suçlarla Mücadele Daire Başkanlığı araştırma raporu; MASAK raporu ve eklerinde yapılan analizler neticesinde 218 gerçek şahsa ulaşılmış.

Bu şahıslar tarafından transfer edilen yaklaşık değerin 334 milyon 263 bin 970 dolar kripto varlığa tekabül ettiği hesaplanmış.

218 gerçek şahsın, 3 bin 498 farklı cüzdan adresine, 37 bin 692 adet kripto varlık transfer işlemi olduğunun tespit edildiği, toplam 2 milyar 42 milyon TL değerinde hacimli 15 bin 235 adet kripto varlık transfer işleminin de direkt olarak yapıldığı belirlenmiş.

İnsan okurken bile takılıyor ama nasıl paraların döndüğünü görün istiyorum.

Mesela bilgi talebinde bulunulan kripto varlık hizmet sağlayıcılarından şu ana kadar gelen cevabi yazılarda 499 adet hesap bilgisi bulunduğu, hesapların 469 farklı şahsa ait olduğu anlaşılmış.

Bakın bir şeyin altını çizmem gerekiyor. Bu cevap yazılarını gönderen sadece yasal kripto firmaları.

Çalışmalar kapsamında da 415 şahsın tespit edilebildiği, güncel kur değeri üzerinden yapılan hesaplama neticesinde cüzdan bakiyelerinin 287 milyon 172 bin TL olduğu görülmüş.

Aynı soruşturma dosyasına ayrı araştırma raporuyla gelen 415 gerçek kişinin kripto varlık hizmet sağlayıcıları nezdindeki hesaplarına Ankara 10. Sulh Ceza Hâkimliği'nin kararlarıyla el konulmuş.

MASAK ve Siber Şube gerçekten ayrıntılı bir çalışma yapmış. Yapılan ön çalışmada 128 bin 516 farklı gerçek kişiye ulaşılmış.

MASAK araştırma işini yeter ki uzmanlara bıraksın, uzmanlar ne yapar eder ortaya çıkarır.

Oysa Dilan Polat-Engin Polat davasında MASAK raporlarının ve o raporları hazırlayanların neler yaptığına tanıklık edeceğiz.

Hepsini de tek tek anlatacağım.

Dağılmadan dosyaya devam edelim.

Bu kişilerin özellikle ödeme kuruluşunda gerçekleştirdiği işlemler analiz konusu edilmiş.

Söz konusu işlemelerde:

— Bazı şahısların hesaplarına küçük tutarlı transferler geldiği, gelen bu küçük tutarların farklı sayıda şahıslara belirli periyotlarla gönderildiği,

— Gönderilen küçük tutarların yine benzer şekilde farklı kişilere tekrar aktarıldığı,

— Gönderilen büyük tutarların da genellikle en az bir kez daha transfere konu olduğu ve başka kişilere aktarıldığı,

— Hesapların aktif edilmesi amacıyla başlangıçta hesaplara banka kanalıyla 3-5 TL gibi küçük tutarların aktarıldığı ve sonrasında genellikle çok kısa süre içerisinde (2 saat, 5 saat, 1 gün, 2 gün vb.) hesapların kapandığı ya da kapatıldığı,

— Hesaplara ortalama 250 kişi tarafından transfer yapıldığı, bu işlemler sonrası hesabın kapandığı ya da kapatıldığı,

— Hesaplarda biriken tutarların genellikle üçüncü ya da dördüncü aşamada banka hesaplarına aktarıldığı,

— Para transferlerinin insan gücü ile yapılamayacak düzeyde 10 saniye 20 saniye gibi çok kısa zaman aralıklarında yapıldığı,

— Transferlerin bir yol (path) şeklinde ilerlemediği, küçük tutarların çok sayıda kişi arasında gönderilip alındığı ve sonrasında banka hesaplarına aktarıldığı gözlemlenmiş.

Bu kapsamda söz konusu hesaplarda gerçekleşen işlemlerin en tipik özelliği olan çok kısa zaman aralıklarında transfer yapma profili baz alınarak birliktelik analizi yapılmış.

Sonuç olarak 60 saniyenin içerisinde transfer gerçekleştiren ve sonucunda banka hesaplarına çıkış yapılan işlemler tespit edilmiş.

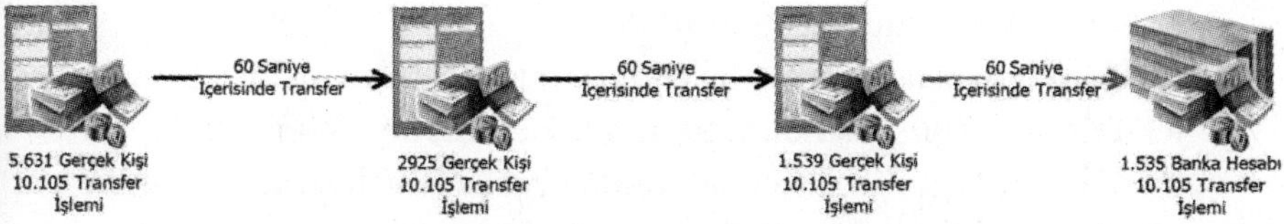

MASAK tarafından hazırlanan 60 saniyede para transferi grafiği

Bakın 60 saniye içerisinde yapılan transferlerden bahsediliyor![1]

Yukarıdaki grafikte görüleceği üzere 23/01/2021-26/10/2021 tarihleri arasında 9 bin 913 farklı kişi tarafından 10 bin 105 transfer işlemi gerçekleştirildiği tespit edilmiş.

Transferlerin sonucunda tutarların 1535 banka hesabına aktarıldığı belirlenmiş.

Gerçekleştirilen bu transfer işlemlerinin; yani bir anlamda paranın farklı kişiler arasında 60 saniyenin altında dolaştırılması işlemlerinin, kişilerin fiziksel olarak anlık takiple gerçekleştiremeyeceği anlaşılmış.

Bu çerçevede söz konusu işlemlerin; ödeme kuruluşu hesaplarının yazılımlar aracılığıyla yönetildiği sonucu ortaya çıkarılmış.

Zamansal Transfer Analizi sonucunda 1535 farklı banka hesabına çıkış tespit edilmiş ve bu hesapların 1299 farklı gerçek ve 23 farklı tüzel kişiye ait olduğu anlaşılmış.

Bu kişilerden 15 kişinin yurtdışı adres kaydı bulunduğu, 11 kişinin ise KKTC adres kaydı bulunduğu tespit edilmiş.

Yurtiçinde ise 79 farklı ilde 1255 kişinin adres kaydı bulunduğu anlaşılmış, İstanbul, İzmir, Adana, Ankara, Mersin, Hatay, Antalya, Bursa ve Batman illerinde yoğunlaşma tespit edilmiş.

Üstelik banka hesaplarına çıkış yapılan 18 kişi hakkında farklı Cumhuriyet Başsavcılıklarından gönderilen ve haklarında "yasadışı bahis" suçu kapsamında soruşturma yürütüldüğü belirtilen talimat yazıları olduğu da anlaşılmış.

571 gerçek kişi hakkında hesaplarının yasadışı bahis kapsamında kullanılıyor olabileceğine dair ve 44 gerçek kişi hakkında ise hesaplarına çok sayıda farklı kişiden gelen tutarların kripto

1 Hazine ve Maliye Bakanlığı Mali Suçları Araştırma Kurulu Başkanlığı (MASAK) raporu. Tarih 09.02.2023, Sayı 2023-545-5-3339081

varlık hizmet sağlayıcı şirketlerine aktarıldığına dair istihbarat bulunduğu anlaşılmış.

Yani şüphe var, istihbarat var, MASAK raporu var; her şey devlet tarafından biliniyor.

Çünkü banka hesaplarına çıkış yapılan 23 tüzel kişiden birinin KKTC merkezli şirket olduğu, diğer 22 şirketin 13'ünün 2021 yılında kurulduğu, 18 şirket hakkında "yasadışı bahis" kapsamında istihbari mahiyette bilgiler bulunduğu anlaşılmış.

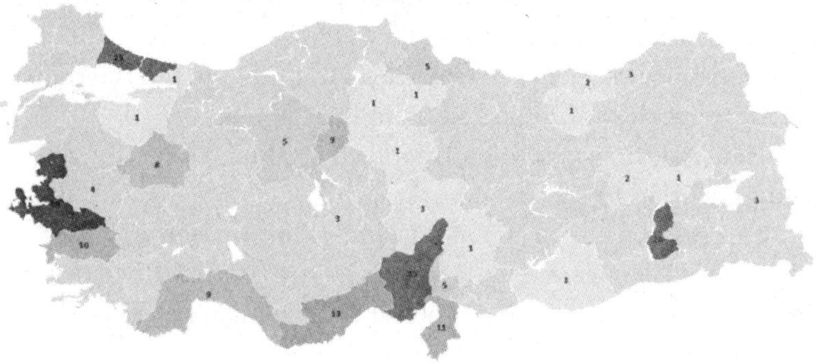

218 gerçek kişinin ikamet illerine göre dağılımı. (Kaynak: MASAK)[1]

Analiz konusu 218 kişi tarafından Paribu, Binance TR ve BTC-TÜRK isimli kripto borsalarına, büyük çoğunluğu 2021 yılında olmak üzere, 2019-2022 yılları arasında 118 bin 148 işlemde toplam 2 milyar 583 milyon TL yatırdıkları, 4 bin 462 işlem ile 90 milyon 813 bin TL çektikleri belirlenmiş. Dahası 36 bin 909 kripto varlık transferi gerçekleştirdikleri tespit edilmiş.

Bu kapsamda söz konusu kripto borsalarına net olarak toplam 2 milyar 492 milyon 252 bin 664 TL yatırdıkları anlaşılmıştır.

Birkaç kişinin elindeki milyarlarca liradan bahsediyoruz. Ve bu isimler hiç de öyle kurumsal şirket yapıları olan "temiz" kişiler değil.

Devletin tam anlamıyla denetim sağlamadığı bir yasadışı sanal bahis alanından söz konusu transfer gönderimlerinin yüzde 66'sı Bitcoin isimli kripto varlık ve yüzde 30'unun ise USD Tether isimli kripto varlık aracılığıyla yapıldığı tespit edilmiş.

1 Hazine ve Maliye Bakanlığı Mali Suçları Araştırma Kurulu Başkanlığı (MASAK) raporu. Tarih 09.02.2023, Sayı 2023-545-5-3339081

BTC ve USDT isimli varlıklarda yoğunlaşmanın sebebinin; söz konusu varlıkların likiditesinin yüksek olması, transfer işleminin hızlı olması ve fiyatının görece istikrarlı olması nedeniyle olabileceği değerlendirilmiş.

Bu çerçevede 218 kişiye ait 223 hesaptan 2 bin 979 BTC ve 194 milyon 250 bin 970 USDT transfer edildiği görülmüş.

Transferlerin yoğunlaştığı 2021 yılında BTC isimli kripto varlığın ortalama değerinin 47 bin USD olduğu ve USDT isimli kripto varlığın ise Amerikan Doları'na sabit bir varlık olduğu göz önüne alındığında; yaklaşık 334 milyon 263 bin 970 dolar tutarının transfere konu olduğu değerlendirilmiş.

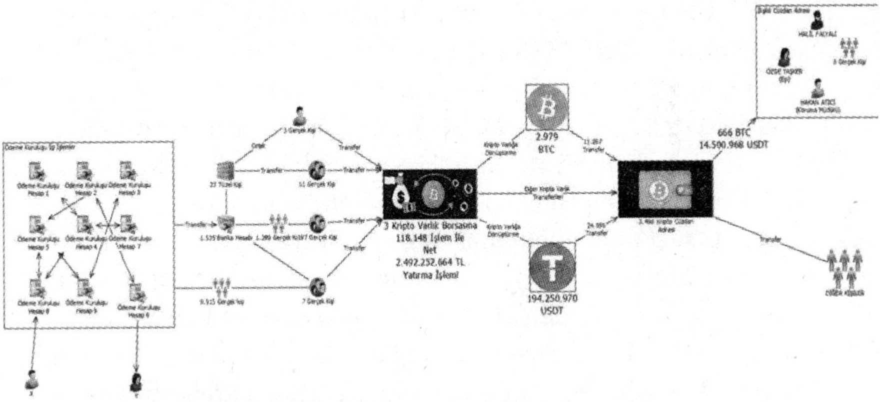

Raporun tespitler bölümünde detaylarıyla verildiği üzere; ödeme kuruluşu içerisinde gerçekleşen transfer işlemleri, sonrasında hesaplarına transfer, sonrasında kripto varlık borsalarına transfer, kripto varlığa dönüştürme ve kripto varlık olarak transfer işlemlerinin gösterildiği grafik. (Kaynak: MASAK)

Sonuca gelirsek...

Malta merkezli Binance Global isimli kripto varlık borsasından temin edilen bilgi ve belgelerde Halil Cahit pasaportlu kişinin aslında Kuzey Kıbrıs Türk Cumhuriyeti'nde 8 Şubat 2022 tarihinde silahlı suikast sonucunda hayatını kaybeden Halil Falyalı isimli kişi olduğu anlaşılmış.

Hatta daha ilginci, Halil Falyalı'nın Binance Global kripto varlık borsası hesabından, öldürüldükten sonra eşi Özge Taşker'in hesabına yüklü miktarda (yaklaşık 40 BTC) kripto varlık transferi yaptığı tespit edilmiş.

15 Nisan 2022 tarihi itibarıyla da Özge Taşker hesabında yaklaşık 642 BTC (Bitcoin) olduğu tespit edilmiş.

Yani Falyalı öldürüldükten 67 gün sonra kripto hesabından eşi Özge Taşker'in kripto hesabına para aktarımı yapılmış.

O dönemde 1 BTC 40 bin dolar diye düşünürsek aktarılan para 26,5 milyon dolara tekabül ediyor.

Vay arkadaş!

Özge Taşker'in savunmasında bu durum ile ilgili cevabını öğreneceğiz.

Biz rapora geçelim. Çünkü yasadışı bahisin karanlık dünyasında ilerlememiz için elimizde tuttuğumuz bir fener oluyor bize bu rapor.

Öyle ki raporda belirtilen ATL Organizasyon Reklam Limited Şirketi, Atlantik İnternet Hizmetleri Danışmanlık Uluslararası Ticaret Limited Şirketi, MTR E-Ticaret İnternet Hizmetleri Sanayi ve Ticaret Limited Şirketi, Etki Temizlik Malzemeleri Ticaret Limited Şirketi, Exper Bilişim Hizmetleri Limited Şirketi ve İbrahim Güçlü İnşaat Telekomünikasyon Tarım Hayvancılık Sanayi ve Ticaret Limited Şirketi için de Halil Falyalı bağlantısı var.

Çünkü suçtan elde edildiği değerlendirilen gelirin bir kısmının doğrudan ya da dolaylı olarak ilişkili olduğu Binance Global nezdinde, kripto cüzdanlara transfer edilen Halil Falyalı, Özge Taşker, Hakan Atıcı, Aykut Aydoğan, Baran Gündüz, Osman Karabaş, Şeyda Çelik, Baran Karaağaç, Doğan Karakaya, Güray Kıroğlu, İbrahim Tokkan isimli şahısların hakkında el koyma tedbirinin uygulanması istenmiş.

Dosyada Halil Falyalı'nın kardeşi Hüsnü Falyalı'nın 16 Mart 2022 tarihinde yaptığı açıklamaya yer verilmiş.

Açıklama şu şekilde: "Yasadışı bahis işine ağabeyim 2004 yılında başladı" ve "Evet doğru. Aslında ağabeyim hakkında o kadar çok yazılıp çizildi ki. O kadar yalan şeyler konuşuldu ki. Kendisi yaşasaydı zaten bırakmayı planlıyordu."

Haliyle böylesine bir MASAK raporunun ardından harekete geçen savcılık, Hüsnü Falyalı'nın bu ifadelerini, Halil Falyalı'nın yasadışı bahis organizasyonu içerisinde olduğunun teyidi olarak dosyaya eklemiş.

Sonuç olarak, Halil Falyalı ismi sadece bir bireyi temsil etmiyor.

Onun adı, kara para aklama ve yasadışı sanal bahis dünyasında büyük bir düğüm noktasını işaret ediyor. Bu düzeyde suç örgütlerini yöneten baronlar dünya genelinde sınırlı sayıda ve Türkiye'den çıkan bu isimler maalesef dikkat çekiyor.

Ancak mesele yalnızca bireylerle sınırlı değil; bu, toplumun damarlarını kurutan, ahlakını eriten ve psikolojisini çökerterek toplumsal felaketlere yol açan bir sistem sorunu. İnsanları borç batağına sürükleyen bu düzen, onları hayatlarından vazgeçecek kadar çaresiz bırakıyor.

Bu satırları yazarken Adana'da yaşanan bir trajediyle karşılaştım: Borçlarını ödeyemeyen bir işçi, hapis cezası tebligatı aldıktan sonra, işyerinde bir kova kızgın pekmezi kafasına dökerek intihar etti. Bu olay, toplumsal adalet sistemimizdeki çarpıklığı bir kez daha gözler önüne seriyor. Zengin ve güçlülerin vergi borçları ya da hukuki yükümlülükleri görmezden gelinirken, yoksulların omuzlarına ağır yükler bindiriliyor.

Trilyonluk adamlara hapis tebligatı ya da ödemedikleri vergiler nedeniyle haciz tebligatı gideceği yerde ülkedeki yüz binlerce garibana hapis cezası tebligatı gidiyor.

Söz uçar, yazı kalır. Biz gerçekleri anlatmaya ve bu karanlık düzeni ifşa etmeye devam edelim...

* * *

İnsanların hayatlarını sömüren düzenin kurucularından Halil Falyalı'nın "örgüt lideri" olduğu iddianameyi bir açıp baktım.

Soruşturmaya ilk olarak MASAK raporu ile tespit edilen 19 tüzel kişi, 229 gerçek kişi ve 19 tüzel kişiliğin yetkilisi olup 218 kişinin içerisinde yer almayan 13 gerçek kişi şüpheli olarak toplam 242 gerçek kişi hakkında başlanmış.

Soruşturma 314 kişiye kadar genişletilmiş.

İddianame tam 651 sayfa ve suç örgütü lideri olarak Halil Falyalı bulunuyor.[1]

Suç örgütü yöneticisi suçlaması ile 36 kişi, suç örgütü üyesi suçlaması ile 35 kişi, suç örgütünün üyesi olmamakla birlikte örgüte yardım edenler suçlaması ile 178 kişi yer alıyor.

İddianameye giren şüpheli işlem bildirimleri kapsamında MASAK tarafından yapılan Papara Elektronik Para Anonim Şirketi'nden temin edilen verilerin analiz çalışmalarında 125 bin 816 kişilik analiz kümesine ulaşıldığı görülmüş.

---

1 Ankara Cumhuriyet Başsavcılığı Bilişim Suçları Bürosu İddianame No: 2024/44104 Tarihi: 07.11.2024

Birçok kişi artık elektronik para kullanıyor. Papara da bu ödeme sistemlerinden biri. "Yasadışı Sanal Bahisçiler" burayı da işgal etmiş durumda.

Çünkü belirlenen kümeye ilişkin olarak profil çalışması kapsamında söz konusu hesapların bir arada ele alındığı, Papara hesaplarında gerçekleşen işlemlerin en tipik özelliğinin çok kısa zaman aralıklarında transfer yapma profili baz alınarak birliktelik analizi yapıldığı görülmüş.

Transfer süreci şöyle ilerliyor:

— Hesaba X kişisinden para transferi geliyor, gelen para transferi 60 saniye içerisinde X kişisinden Y kişisine transfer ediliyor.

— Y kişisine gelen para transferi ise 60 saniye içerisinde Y kişisinden Z veya X kişisine transfer ediliyor.

— Z veya X kişisine gelen para transferleri ise 60 saniye içerisinde A kişisine ait banka hesabına transfer ediliyor.

9 bin 913 kişinin ödeme kuruluşu nezdindeki hesap hareketleri sorgulandığında bu kişilerden 8 bin 769 kişinin Papara Elektronik Para ve Ödeme Kuruluşu nezdindeki hesap hareketlerine ulaşılmış.

Bu hesap hareketlerinin "Açıklama" bölümlerinde bahis işlemleri ile ilgili olabilecek "bet, bahis, idda, iddia, casino, poker, slot, rulet, artemis, imaj, imajbet, jojo, jojobet, mars, marsbahis, most, mostbet, onwin, redwin" gibi kelimeler araştırılmış.

Bu kelimeler yer alan 595 ödeme kuruluşu transfer işlemine rastlanılmış ve söz konusu transferlerin 401 farklı kişi tarafından gönderildiği tespit edilmiş.

Bu iddianameye konu olan soruşturma 4 ayrı safhada oluşmuş.

İlk operasyon 20.10.2022 tarihinde 46 şüpheli hakkında başlamış, 3'ü tutuklanmış, 31 şüpheli için adli kontrol kararı verilmiş.

İkinci operasyon 13.12.2022 tarihinde 179 şüpheli hakkında yapılmış, 14 kişi tutuklanmış, 102 kişi hakkında adli kontrol kararı verilmiş.

Üçüncü operasyon 06.02.2024 tarihinde 39 şüpheli hakkında yapılmış, 7 kişi tutuklanmış, 14 kişi hakkında adli kontrol şartı uygulanmış.

17.09.2024 tarihinde 24 şüpheli hakkında yapılan dördüncü operasyon kapsamında 16 şüpheli yakalanmış, 12 şüpheli hakkında tutuklama koruma tedbirleri; 4 şüpheli hakkında ise adli kontrol koruma tedbirleri uygulanmış.

Şüpheliler Özge Taşker Falyalı ve İbrahim Tokkan, Kuzey Kıbrıs Türk Cumhuriyeti'nde oldukları tespit edildiğinden; şüpheli Özge Falyalı hakkında 12.07.2023 tarihinde istinabe evrakı hazırlanmış.

23.02.2024 tarihinde de Cumhuriyet Başsavcılığına gönderilmiş.

Şüpheli İbrahim Tokkan hakkında da 18.09.2023 tarihinde istinabe evrakı hazırlanmış ve infaz edilerek 06.05.2024 tarihinde Cumhuriyet Başsavcılığına gönderilmiş.

Soruşturma dosyasında suç işlemek amacıyla örgüt kurma; suçtan kaynaklanan malvarlığı değerlerini aklama ve Futbol ve Diğer Spor Müsabakalarında Bahis ve Şans Oyunları Düzenlenmesi Hakkında Kanun'a muhalefet etmek suçlarının soruşturulması yapılmış.

Tabii ki şüphelilerin ifadeleri alınmış...

Genel olarak bahis dosyalarında yer alan şüphelilerin ifadelerini okuduğumuzda neredeyse hiçbiri suçu kabul etmez.

Hepsi hazırlanmış senaryolardaki rollerini oynuyorlar ve ezberletilmiş cümleleri tekrarlıyorlar.

Tüm konuşmaları ve mesajlaşmaları özel hazırlanmış programlar ile yaptıkları için delil olmadığını da düşünüyorlar.

Bu sebeple tüm suçlamaları reddedip "hesaplarımı para karşılığı kiraladım" diyerek savunma yapıyorlar.

Ki gerçekten sadece menfaat karşılığında hesaplarını kiralayanlar da var.

Şüpheliler Bütün Sistemi İtiraf Ediyor

Mesela Şüpheli Oben Yılmaz'ın savunmasından örnek verelim.

Oben Yılmaz, Buca Belediyesi'nde çalışıyor.

Savcının "Şüpheli İlhan Karakaya isimli şahsın vermiş olduğu ifade beyanları doğrultusunda MASAK raporunda bildirilen ve Halil Falyalı isimli şahsa ait kripto varlık transferi sağlayan kripto varlık cüzdan adresine kripto varlık transferlerini siz mi yaptınız?" sorusuna Yılmaz şöyle yanıt veriyor:

> "Ben ismi geçen her iki şahsı da tanımıyorum, işlemlerden bilgi sahibi değilim. Mail adresini ya da telefon numarasını kullanmadım, kime aittir bilmiyorum.

> Ben Papara hesaplarının açılıp belirli bir ücret karşılığında sosyal medyadan ya da sohbet uygulamaları üzerinden komisyon karşılığında başkalarının kullanımına verildiğini duydum.
> Telegram isimli uygulamada PAPARA olarak aratma yaptığımda sayfa adını hatırlamadığım bir gruba dahil oldum.
> Bu grupta PAPARA hesabıma tanımlı telefon ve mail adresini görüştüğüm ve kim olduğunu hatırlamadığım şahsın vermiş olduğu mail ve telefon numarası ile değiştirip verdim.
> Görüşmüş olduğum şahıs hatırladığım kadarı ile aylık bana 1.000 TL teklif eti ben de bu teklifi kabul ettim, şahıs 1.000 TL tutarı kullanmış olduğum banka hesabına transfer etti.
> Ben yaklaşık 1 ay sonra PAPARA hesabıma ulaşmaya çalıştığımda hesabın kapatıldığını öğrendim.
> Gerçekleşen işlemlerin tamamı hesabımı 1.000 TL karşılığında kiraladığım şahısların işlemleridir."

Savcı ifadesine inanmamış olacak ki bu noktada aramada ele geçirilen hard disk'i soruyor...

Oben Yılmaz yanıtında hinlik yapıyor ve hard disk'in ikinci el olduğunu iddia ediyor.

Cevabında "Hard disk'i 2023 yılı kasım ayında ikinci el olarak aldım. İçerikler eski kullanıcılardan kalmış olabilir. Bilgi sahibi değilim" diye yanıt veriyor.

Devamında da "Tutanağın 12-14. sayfasında bana sormuş olduğunuz içerikler; banka hesaplarım üzerinden para aktartmak suretiyle yasadışı bahis oynarım. Yapılan bu aramalar ya da girişler yasadışı bahis oynamak istediğim zamanlardaki arama kaydımdır" ifadelerini kullanıyor.

Savcı bu sefer de Oben Yılmaz'ın evinde bulunan hard disk'teki sahte kimlik hazırlama panelini ve programını hangi amaçla kullandığını soruyor.

Oben Yılmaz, "Ben bir kimliğin nasıl hazırlandığı konusunu merak ettim. Sonrasında yaptığım araştırmalarda böyle bir program bulup bilgisayarıma kurdum. Bu program üzerinden merakımı gidermek üzere aklıma gelen isimlerle kimlikler yapmaya başladım" cevabını veriyor.

Gülmeyin, aslında dalga geçiyor.

Savcı bırakmıyor tabii ki, sormaya devam ediyor.

Bu sefer de hard disk'te bulunan birçok şahsa ait kimlik belgesi, adres, IBAN numaraları, hesaplar içerisinde para olup olmadığına dair kayıtlar gündeme geliyor.

Savcı, "Bu bilgileri nereden çekip depolamaktasınız, neden bu bilgileri kayıt altına aldınız, bilgileri tutulan şahıslar kimlerdir, bu şahısların bilgilerini nerelerde kullanıp nasıl bir menfaat temin ettiniz?" diye soruyor.

Oben Yılmaz aynı tavra devam ediyor:

> "Bana gösterilen geri dönüşüm kutusu içerisindeki resimler bana aittir. Ancak başka şahıslara ait bilgilerin depolandığı excel dosyası ben bilgisayarı aldıktan önceki bir tarihe aittir, excel üzerinde 2022 yılında hazırlandığı görülmektedir. Ben bu hard disk'i 2023 Kasım ayında aldığımı beyan ettim, dolayısı ile bilgiler konusunda ben fikir sahibi değilim."

Savcı ısrarla sormaya devam ediyor...

Yine hard disk'te birçok şahsa ait arkalı önlü kimlik resminin bulunduğunu dile getiriyor.

Haliyle "Bu kimlikler size neden geldi, bu kişiler kimlerdir, bu kimlikler ile ne gibi iş ya da işlemler yaptınız, bu bilgiler ile yasadışı bahis eyleminde kullanılacak aracı hesapları mı açtınız?" diye soruyor.

Oben Yılmaz ise "Ben bu hard disk'i de 2023 yılı kasım ayında ikinci el olarak satın aldım. İçerikler eski kullanıcıya aittir. Tarafımla bir alakası yoktur" diyerek cevaplıyor.

Yani inanamazsınız.

Bakın bu yüzlerce ifadeden sadece bir tanesi. Savunmaların geneli de bu şekilde sanki ezberlenmiş gibi.

Yasadışı bahis iddianamelerindeki ifadeler bu tür savunmalarla dolu. Suçtan kaçınmak, suçu reddetmek amacı ile gerek avukatlar, gerek örgütün diğer üyeleri ezberletilmiş metinleri bu kişilere veriyorlar.

Gelin başka bir savunmaya daha bakalım, çünkü bence dolaylı yoldan ikrar içeren savunmalardan birisi bu.

Savunmayı yapan şüpheli Kubilay Hancı şunları söylüyor:

> "Ahmet Bedir isimli şahıstan ben banka ya da buna benzer ödeme kuruluşlarına ait hesaplar istemedim, almadım. Arkadaşım Çağrı Bal bu kişiden hesap aldı mı kullandı mı bu konuda bilgim yok.
>
> Uzaktan akrabam olan Çağrı Bal'ın 2020 yılından itibaren yasadışı bahis işi yaptığını biliyorum. Çağrı Bal MPAY sanal ödeme sisteminde 'Batı' kod adlı gerçek adını Mehmet Emin Yıldız olarak bildiğim kişiden talimat alırdı.
>
> Çağrı Bal yasadışı bahis sistemine entegre olarak kurulu MPAY ödeme sisteminde PAPARA sorumlusu olan Batı kod adlı Mehmet

Emin Yıldız isimli şahsın alacak verecek işlemlerini halletmesinden sonra arta kalan bakiyeyi kripto para borsası üzerinden yine kendisine verilen kripto para hesaplarına aktarmakla sorumluydu. Çağrı Bal bu işlemleri yaparken kontrol ettiği hesaplar üzerinden yapmış olduğu işlemlerden komisyon menfaati elde ederdi.

2020 yılı itibariyle Çağrı Bal'ın yasadışı bahisten kaynaklı aylık gelirinin ortalama 400 bin ila 450 bin TL olduğunu biliyorum. Bunu kendisinden duydum. Çağrı Bal'ın üzerinde sorumlu olduğu kişi Mehmet Emin Yıldız isimli şahıstır."

Bakın değerli okurlar, zincirin en alt kademesinde yer alan bir yetkilinin aldığı aylık 400-450 bin TL!

Sapır Sapır Dökülüyorlar

İfadelerde isimler sapır sapır dökülmeye başlıyor.

Savcı haliyle tek tek işliyor.

Savcı sorusunda şu ifadeleri kullanıyor:

"Sizinle birlikte aynı dosya kapsamında gözaltında bulunan şüpheli Alperen Özçelik isimli şahıs vermiş olduğu ifadesinde 2 adet banka hesabını size verdiğini, banka hesapları üzerinde gerçekleşen gelen-giden toplam 26 milyon 700 bin TL tutarlı işlemin sizden kaynaklı olduğunu söyledi. Paribu kripto para hesabını da size verdiğini ve bu hesap üzerinde gerçekleşen 7 milyon 355 bin 280 TL işlemin sizden kaynaklı olduğunu, Bn Teknoloji kripto para hesabını da size verdiğini ve bu hesap üzerinde gerçekleşen 3 milyon 387 bin 601 TL işlemin de sizden kaynaklı olduğunu söyledi. Cevabın var mı?"

Savcı öyle bir soru soruyor ki şüpheli Kubilay Hancı bütün her şeyi anlatmak zorunda kalıyor:

"Ben hakkımda beyanlarda bulunan Alperen Özçelik isimli şahsı Kırıkkale ilinde öğrenci iken kalmış olduğu apart sahibini tanımam vasıtası ile tanıdım. Beyanlarda adı geçen Mehmet Sezai Kuzu isimli şahsı da tanımam. Benim Alperen ile herhangi bir para hesabım yoktur. Dolayısı ile ben bu şahsın banka ya da kripto para hesaplarını almadım, kimse adına izinsiz banka ya da kripto para hesabı açmadım, hakkımdaki beyanlarını reddediyorum.

Alperen Özçelik isimli şahsın yasadışı bahis işlerinde Ayberk Mert isimli şahıs ile yasadışı bahis işinde çalıştığını biliyorum. Bu iki şahıs yukarıda ismini vermiş olduğu Batı kod adlı Mehmet Emin Yıldız isimli şahsın alt çalışanları olur. Bu yasadışı bahis

eyleminde hakkımda beyanlarda bulunan Alperen Özçelik çevreden temin ettiği banka, kripto para hesaplarını ve aracı ödeme kuruluşu hesaplarını Ayberk Mert isimli şahsa getirirdi.
Ayberk gelen bu hesapları MPAY isimli sanal ödeme sistemine entegre eder ve bu hesaplar yasadışı bahiste para transferinde kullanılırdı. Alperen getirdiği her hesap başına Ayberk'ten komisyonunu alırdı.
Bu olayların olduğu dönemde aynı zamanda çocukluk arkadaşım olan Ayberk Mert bana ulaşarak 'Alperen Özçelik'i tanıyor musun, sizin apartta kalıyordu onu nasıl bulabilirim, bizim 70.000 TL paraya çöktü' demesi üzerine ben Ayberk ile detayları görüştüğümde Alperen'in Ayberk'e hesapçı olarak çalıştığını detaylarıyla öğrendim.
Ahmet Salih Bedir ve Alperen Özçelik isimli şahıslardan hesap almadım, kullanmadım. İki şahsın beyanları ile ilgili bildiklerimi yukarıda detaylıca anlattım.
Ancak ben Skype uygulaması üzerinden Kubilay Hancı kullanıcı ismi ile PAPARA hesaplarını sahiplerinden kiralardım. Bu hesapları Ahmet Baycan isimli şahsa verirdim. Hesapların kontrolleri Ahmet Baycan, abisi Şükrü Baycan, Nedimcan Kavasoğlu ve soyadını bilmediğim Hasancan isimli kişinin kullanımına verirdim. Bu hesaplar üzerinde tüm işlemler bu şahısların kontrolünde gerçekleştirildi. Benden aldıkları hesapları yasadışı bahis sistemine entegre olan MPAY isimli sanal ödeme sistemine dahil ederlerdi, benden sürekli yeni hesaplar bulmamı isterlerdi.
Ben Skype üzerinden bulduğum tüm hesapları Ahmet Baycan isimli şahsa verirdim. Hesapların kontrolleri Ahmet Baycan, abisi Şükrü Baycan, Nedimcan Kavasoğlu ve soyadını bilmediğim Hasancan isimli şahıslara verirdim. Toplamda bu şahıslara 15-20 kadar hesap verdim. Karşılığında hesap başı 1.500 TL para aldım."

Savcı, isimlerin akmaya başladığını görünce hemen "Sizinle birlikte yer alan alt ve üst kademedeki şahıslar kimler, rolleri pozisyonları ne?" diye soruyor.

Karşılığında da şu cevabı alıyor:

"Ben bu konu ile ilgili bildiklerimi detaylı olarak anlatacak olursam; MPAY ödeme sistemine entegre olan LİMANBET, RESTBET, BETPASS, BELLUGABET, İNTERBET ve PARİSBET isimli yasadışı bahis sitelerine yukarıda isimlerini verdiğim benimle birlikte aynı soruşturma kapsamında gözaltında bulunan Alperen Özçelik isimli şahıs yasadışı bahis işinde kullanılacak tüm hesapları özellikle paraya ihtiyacı olan öğrenciler içerisinden temin eder ve bu topladığı hesapları sorumlu olduğu Ayberk Mert isimli şahsa komisyon karışığında verirdi.

Alperen bu hesapları toplaması karşılığında hesap başına 5.000 TL alırdı. Ayberk Mert aldığı bu hesapları Ahmet Baycan olarak yukarıda ismini verdiğim kişiye verirdi. Ahmet Baycan, abisi Şükrü Baycan, Nedimcan Kavasoğlu ve soyadını bilmediğim Hasancan isimli şahıslar komisyon karşılığında temin edilen bu hesapları MPAY ödeme sistemine entegre olan LİMANBET, RESTBET, BETPASS, BELLUGABET, İNTERBET ve PARİSBET isimli yasadışı bahis sitelerine tanımlayarak hesapların yasadışı bahis işinde kullanılmasını sağlarlardı.

Bu sisteme tanımlanan bu hesapların para kontrolü Ahmet Baycan ve abisi Şükrü Baycan, Nedimcan Kavasoğlu ve soyadını bilmediğim Hasancan isimli şahıslardaydı.

Bu şahısların kontrolünde olan yasadışı bahisten kaynaklı paranın içerisinden oynayıcıların bahis kazançları ve diğer giderler ödendikten sonra geriye kâr olarak belirlenen kısım sürekli olarak Kırıkkale ilinden nakit çekim yoluyla direkt olarak KKTC'ye nakit para olarak kim olduğunu bilmediğim şahıslar tarafından götürülürdü.

Nakit olarak giden para KKTC'de Ahmet Baycan, abisi Şükrü Baycan, Nedimcan Kavasoğlu ve soyadını bilmediğim Hasancan isimli şahıslara elden teslim edilirdi.

Bu şahıslar almış oldukları yasadışı bahis kaynaklı parayı yine KKTC'de yaşayan Murat Şahin'in yanında bulunan ve yakın elemanı olan kod adı Arslan Y. isimli şahsa elden teslim ederlerdi. Teslim ettikleri para içerisinden anlaştıkları miktar kadar komisyonlarını alırlardı.

Arslan Y. isimli şahıs teslim aldığı yasadışı bahis parasını Murat Şahin isimli şahsa teslim ederdi. Özetlemem gerekirse Alperen Özçelik hesap toplayan saha elemanı, diğer şahıslar ise paranın en üst noktada bulunan sözde bahis baronu Murat Şahin isimli şahsa teslim ederlerdi.

Para oynayıcı hesabından çıktığı anda herkes komisyonunu alırdı. Bu olayla ilişkili olarak ismini verdiğim Ahmet Baycan isimli şahıs PADİŞAHBET isimli yasadışı bahis sayfasını PAYFİX Elektronik Ödeme Kuruluşunun sahibi olarak bildiğim BAŞKAN kod adlı şahıs ile birlikte kurdular ve yasadışı bahis oynatmaya başladılar. Sitenin cirosunun ve üye sayısının hızla artmasıyla birlikte KKTC'de yasadışı bahis işlerinin tepesindeki isimlerden birisi olan ve öldürülen Halil Falyalı, Ahmet Baycan'ı KKTC'de yanına çağırarak 'PADİŞAHBET bundan sonra seninle benimdir, yarından itibaren

sana vereceğim ofise geç' dedi ve BAŞKAN kod adlı şahıs devreden bu şekilde çıkartıldı.
Ahmet Baycan, Halil Falyalı'nın kendisine tahsis ettiği ofise geçtikten 1 gün sonra KKTC Polisi Ahmet Baycan'ın bulunduğu ofise Sanal Casino suçlaması ile baskın yaptı ve Ahmet Baycan'ı gözaltına aldı. Ahmet Baycan denetimli serbestlikle salıverildi.
Bu sırada Halil Falyalı PADİŞAHBET sitesine ait tüm panel şifrelerini değiştirdi ve bu şekilde Halil Falyalı, Ahmet Baycan'a ait olan PADİŞAHBET isimli siteye çökmüş oldu.
RESTBET ve BETPASS isimli yasadışı bahis sitesinin genel müdürü Ahmet Baycan isimli şahsın 1 ay öncesine kadar nişanlısı olan Malta'da ikamet eden, ara ara İzmir'deki ailesinin yanına gelen Hande isimli şahıstır.
Hande isimli şahsın Telegram kanallarındaki kod adı TOPRAK tt'dir. Bana göstermiş olduğunuz kişi RESTBET ve BETPASS isimli yasadışı bahis sitesinin genel müdürü Hande Toprak isimli şahıstır. Şahsı kesin ve net olarak teşhis ettim.
18439* * *** numaralı PAPARA hesabına tanımlı kubilayhanci1@yandex.com mail adresi ve 0552 * * * ** 84 numaralı cep telefonu tarafıma aittir. Ben adresi ve telefon numarasını kimseye vermedim. Bana ait olan PAPARA hesabını komisyon karşılığında kullanması için Ahmet Baycan'a verdim, aynı zamanda kendi hesabım üzerinden yasadışı bahis oynamaktaydım.
Bu oyunu SUPERBETIN isimli sayfada oynamaktaydım. Gerçekleşen işlemler Ahmet Baycan'ın kontrolü ile gerçekleşen yasadışı bahisten kaynaklı paranın aktarılması ve benim yasadışı bahis oynamamla ilgilidir. Ben yasadışı bahis hesaplarının temini ve üst yönetici olan Ahmet Baycan'ın kullanımına verirken Kubilay Hancı ismini uygulamalarda kullanırdım. Kod adı kullanmazdım."

Yapı Açığa Çıkıyor

Kubilay Hancı'nın ifadesiyle aslında yapı açığa çıkıyor.

Ahmet Baycan ismi ve Halil Falyalı bağlantısı ortaya serilirken, biraz da yasadışı sanal bahis organizasyonunun nasıl yapıldığını görmüş olduk.

Halil Falyalı'nın Ahmet Baycan'a verdiği siteye daha sonradan çökmesi de aslında işleri karıştıran diğer olaylardan biri olmuş gibi görülüyor.

Ki operasyon neticesinde sadece para taşıyıcıları ya da üst yöneticiler gözaltına alınmıyor. Gözaltına alınan ve ifade veren bir de antrenör var.

Adı, Uğurcan Üren... Anlattıklarına bakılırsa bu işe en mecbur kalanlardan birisi. Masum olup olmadığına yargı karar verecek ancak pandemi döneminde liglere ara verilince Kıbrıs'ta sterlin ile ödediği ev kirasının iki katına çıkması onu bu yola sokmuş.

Yine benzer bir ifade veriyor orası ayrı ama yasadışı bahis paralarının nasıl toplandığına ilişkin aslında fark etmeden işleyişi çok güzel anlatıyor.

Uğurcan Üren'in savunması şöyle:

> "7 yaşında başladığım İzmir Bolçava Yaşam Spor Kulübü'nde oynadım. Geçimimi bununla sağlamaktaydım. 2012 yılında profesyonel futbol hayatım başladı. 2016 yılında sakatlık geçirdim ve bir daha futbol oynamadım. Şu an halen Futbol Antrenörlüğü yapmaktayım.
>
> Kıbrıs'ta Covid dolayısıyla liglere ara verildi ve ben maaşımı alamamaya başladım. Daha sonra Instagram'da günlük 500 TL civarında vadeden bir gönderi vardı. Benim de ihtiyacım olduğu için bu hesaba detaylı bir bilgi alabilir miyim şeklinde bir mesaj attım. Whatsapp uygulamasında adı 'DUŞAKABİR' olarak geçen bir numaraydı. Telefon üzerinden ve mesaj yoluyla konuştum. Kimlik bilgilerimi ve banka hesaplarımı vermek durumunda kaldım. Daha sonra PARİBU hesabı açmam istendi ve ben de bu hesabı açtım. Daha sonrasında benim hesaplarıma düzenli olarak para geleceğini söyledi. Benim bu ana kadar sadece bankalardan gelen şifreyi kendisine vermem ve mail olarak gelen kodları onaylamam istendi. Bana gelen para miktarları sürekli değişirdi.
>
> Bu miktarlar ortalama günde 30 bin ile 200 bin TL arasındadır. Daha sonra bu işi yapan şahsın benim banka hesabıma gelen paraları, benim kullanmış olduğum PARİBU hesabıma gönderiyordu. En son olarak benim PARİBU hesabımdan kimin olduğunu bilmediğim başka hesaplara paraları gönderiyordu. Benim bu işlemler esnasında tek yapmış olduğum, bana bankalardan gelen şifreleri bu şahsa göndermek ve para gönderme işlemlerini onay vermektir.
>
> Benim bu işlemlerden kazandığım aylık 3.000-4.000 TL arasındadır. Vaat edilen para günlük 500 TL idi. Ancak benim banka hesap sayım az olduğu için bana miktarı vermediler. Ben de paraya ihtiyacım olduğu için bu konuya karşı çıkmadım.
>
> Benim banka hesabıma düzenli olarak çeşitli hesaplardan 3.000-5.000-10.000 TL gibi paralar geliyordu. Paralar geldikten sonra bana gelmiş olan bu paraları, whatsapp üzerinden mesaj olarak da gönderiyordu: '5.000 TL geldi' gibi. Hesabımda ortalama 50 bin-100 bin TL para biriktikten sonra, bu şahıs bana 'tamam

işlem durdu, paraları PARİBU hesabına atabilirsin' diyordu. Ben de bana ne derse onu yapıyordum.
Benim banka hesaplarım bu şahsın telefonunda da açıktı. Paralar banka hesabımda biriktikten sonra, ben kendim banka hesabıma girip bu paraları PARİBU hesabıma atıyordum. Sonrasında bana hatırladığım kadarıyla TT ile başlayan, sonunda '9' rakamı ile biten cüzdan adresi gönderdi.
Bu konuyla ilgili nasıl bir işlem yapmam gerektiğini yine bana anlattı ve PARİBU hesabımda biriken parayı bu vermiş olduğu cüzdana göndermemi istedi ve ben de bana anlattığı şekilde parayı bu cüzdana gönderiyordum. Son olarak bu işlemi yaparken benden telefon ekran kaydı istiyordu, ben de bunu yapıp kendisine videoyu gönderiyordum.
Pandemi döneminde işsiz kaldım, liglere ara verildiği için antrenörlük yapamadım. Kıbrıs'ta 4-5 aylık kapanma durumu oldu, daha sonrasında da döviz arttığı için, ev kiramı sterlin üzerinden ödüyordum. Ev kiram 2 katına çıktığı için böyle bir yasadışı işe kalkışmak durumunda kaldım."

Sonuçta verilen ifadeler hemen hemen aynı...

Ama iddianamede en kapsamlı ve örgüt hakkında bilgi dolu savunmayı Baran Karaağaç yapıyor.

Şüpheli Karaağaç, belki bilmeden belki de isteyerek Halil Falyalı'ya suikastın neden ve kim tarafından gerçekleştirildiğine dair ciddi açıklamalar yapıyor.

Gelin beraber okuyalım:

"2020 yılı içerisinde eski eşim olan Mısra Şahin'in öz abisi olan Mustafa Şahin tarafından işsiz olduğumuz dönemde iş bulduğunu söyleyerek bizi Kıbrıs'a çağırdı. Biz de teklifi kabul ederek eski eşimle birlikte Kıbrıs'a 2020 yılı Şubat ayında gittik. Mustafa Şahin gittiğimizde bize ev tutarak buraya yerleştirdi. Bana Kıbrıs'ta bulunan casinolar ve kumarhanelerin hesaplarıyla ilgili işlemler yapacağımı, burada bu işlerin yasal olduğunu söyleyerek bu işe yönlendirdi.
Eski eşim olan Mısra Şahin o dönemde www.timebet.com isimli sitenin çağrı merkezinde işe başladı. Burada bahis oynayanların şikâyetleri ve talepleriyle ilgileniyordu. Ben ise Kıbrıs'ta Mustafa Şahin ile birlikte Girne merkezde bulunan ana cadde üzerindeki 6-7 katlı bir binanın kotunda bulunan bir daireye gittik. Buraya gittiğimizde Mustafa Şahin orada bulunan 30-40 kişinin hepsini tanıyordu ve samimi bir ilişkileri vardı. Burada bulunan kişilerin hepsi kod ismi kullanıyordu.

Anladığım kadarıyla oranın yöneticisi Mustafa Şahin'di. Burada benim de bir kod adı kullanmamı istediler, bana AYTEK kod ismini verdiler. 2 katlı daireden oluşan yerde 4 oda vardı. Ben zeminde bulunan odalardan birine yerleştim. Burada bana bir bilgisayar verdiler ve yanımda Memoli, Mahmut, Doruk, Tekin (Alvin), Beren, Alpay, Anafor, Yasemin, Bülent kod isimli gerçek ismini bilmediğim kişiler vardı.

Bana Memoli kod isimli kişi tarafından bilgisayar üzerinden uzak masaüstü bağlantısı yaparak tarayıcı üzerinden bir panele erişim sağlayarak, burada bulunan sürekli isimleri değişen Papara hesapları bulunuyordu.

Bu hesaba Kıbrıs'ta bulunan casinoların çevrimiçi sitelerinde bahis oynamak isteyen kişilerin para yatırdığını söylediler. Bu hesaplar sürekli değişiyordu. Aylık ortalama 4000 civarında farklı hesap ismi görüyordum. Bu hesapların bazıları sabitti. Zaman zaman isimler değişiyordu. Bu sistem üzerinde para kazanan kişilerin hesaplarına ödemeyi yapıyorduk. Bu ödeme yapılacak hesap ve miktar bilgileri Skype üzerinden bize bildiriyorlardı.

Skype üzerinden birçok grubumuz bulunuyordu. Bu kısımda yaklaşık 1-2 ay kadar çalıştım. Mustafa Şahin'in yönetici gibi bir pozisyonu vardı. Ben kripto paraların transfer işleminin yapıldığı aynı odada Memoli'nin verdiği bir eğitimle Kripto paraların transferlerinin yapıldığı kısma geçtim. Burada Google Drive üzerinden erişim sağladığımız sürekli güncellemesi yapılan, benim de işlemler veri girişleri yaptığım bir tablo Excel tablosu tutuluyordu.

Mustafa Şahin Skype programı üzerinden ben ve diğer çalışanlara paranın aktarılacağı cüzdan adreslerini, aktarılacak tutarları, alınacak olan kripto varlıklarını bize bildiriyorlardı. Biz de gelen talimat doğrultusunda ilgili işlemleri yaparak bu sisteme bunları kaydediyorduk. Bu işlemleri yaparken Ara Hesap olarak geçen Papara hesapları bulunuyordu, bu hesaplardaki paralar Ana Hesap olarak adı geçen şahısların kripto varlık cüzdan adreslerine transfer ediliyordu.

Bu kripto varlıklar da Mustafa Şahin'in belirttiği cüzdan adreslerine transfer ediliyordu. Bu tutarlar 100.000,00 TL'ye ulaştığında yüzde 2,5 civarında sistem tarafından kesinti yapıldıktan sonra kalan 97.500,00 TL tutarlı Kripto varlık alarak belirtilen cüzdan adreslerine transfer yapıyorduk. Bu 2.500,00 TL tutar da site üzerinden otomatik olarak kesilerek komisyon kesiliyordu. Kripto varlıkların transfer edildiği cüzdan adreslerinin kime ait olduğunu ben ve diğer çalışanlar bilmezdi.

Bu cüzdan adreslerinin kime ait olduğunu Mustafa Şahin, Mahmut (kod adı da olabilir), Adile (kod adı olabilir), Cemil (kod adı olabilir) isimli şahıslar biliyordur. Bu sistem içerisinde çalıştığım 2 katlı ofisin sorumluları hiyerarşik olarak en üstte Boss olarak hitap edilen ancak kim olduğunu çalıştığım dönem içerisinde bilmediğim, 2022 yılı içerisinde hesaplarıma bloke konulduktan sonra böyle bir soruşturmaya dahil olduğumu öğrendikten sonra ismini Halil Falyalı olarak öğrendim. Halil Falyalı'nın altında Cemil isimli olarak tanıdığım hatta Halil Falyalı isimli şahsın öldürülmesi olayında haberlerde Halil Falyalı'yı öldürdüğü düşünülen CEMİL isimli bir kişiden bahsedilince ve haber sitesinde de fotoğrafını görünce Cemil isimli şahsın o Cemil isimli şahıs olduğunu anladım.

Aralarındaki ticari ve hiyerarşik ilişki hakkında bilgim yoktur. Cemil'in altında Orçun isimli (kod adı olabilir) çalıştığımız yere gelen bir kişi bulunuyordu. Kendisini görsem tanırım. Wolker veya Walker olarak kod ismi kullanan bir kişi daha bulunuyordu, bu şahsın da Orçun ile aynı düzeyde olduğunu düşünüyorum. Bu şahısların altında da Mustafa Şahin ve kod isimleri Tekin, Mahmut, Doruk, Adile olan kişiler vardı. Çalıştığım ofis içerisinde aynı sisteme dahil olan ve aynı işlemlerin yapıldığı 2 yer daha olduğunu gördüm.

Eski eşimin çalıştığı yerde aynı sistemin canlı destek işlemlerinin yapıldığını düşünüyorum. 1-2 ay ofiste çalıştıktan sonra beni Halil Falyalı isimli şahsa ait olduğunu 2022 yılı içerisinde öğrendiğim Ambassadour isimli bir otele götürdüler. Otelin yemekhane yerinde aynı sistemi kurdular. Buraya eski ofiste çalıştığım tüm kişiler de geldi. Burada yaklaşık 20-30 kişilik bir çalışan grubu aynı işleri 1-2 hafta kadar daha yaptık ve covid döneminde yapılan kapanmalar sebebiyle bize verdikleri masaüstü bilgisayar ile ikametlerimizde bu işlemleri yapmaya devam ettik."

"Boss" Dedikleri Halil Falyalı

"Günlük ortalama 2-3 milyon TL civarında Skype'tan Mustafa Şahin ve Tekin'in talimatıyla kripto para transferleri yapıyorduk ancak Skype'ta geçen mesajlarda 'Boss istiyor', 'BOSS'un hesabına' gibi cümleler kurulduğunda tutarların Halil Falyalı'nın hesaplarına aktarıldığını işi bıraktıktan sonra öğrendim.

Ben bu işlemleri yaparken Kıbrıs ülkesinde yasal olan kumar ve bahis işlerinin transferlerini yaptığımı düşünüyordum. Ben bu işi yaparken aylık olarak 4.500-8.000 TL maaş alıyordum. Yapılan işlem sayısı ve günlük hacime göre dönem dönem 10.000,00 TL civarında prim veriliyordu.

Yaklaşık 5-6 ay kadar çalıştıktan sonra çevremdeki şahısların sürekli olarak kod isim kullanması, şahısların tehlikeli olduğunu

duyduğum ve yaptığımız işlemlerin yasallığından şüphe duyduğumdan ve işlerin son döneminde üst kademedeki çalışanların yaptığınız işten kimseye bahsetmeyin demelerinden dolayı işi bırakma kararı aldım ancak Covid sebebiyle ülkeler arası geçişte sorunlar olmasından dolayı kalmak ve hayatımı devam ettirmek için çalışmak zorunda kaldım.
İşimin 5-6 ayında eşime işimi bırakma düşüncemi söylediğimde eşim ve abisi 'Saçmalama, Türkiye'de iş mi var burada devam et' gibi söylemlerde bulundular. Ben de aile huzurum ve geçim korkusundan dolayı bir müddet daha devam ederek ilk fırsatta işi bırakarak gitme kararı aldım. 2020 yılı sonlarında Mustafa Şahin 'Daha fazla kazanmama ihtiyacım yok, Türkiye'ye giderek kendi işimi kuracağım' diyerek tüm yetkilerini Tekin'e devrederek işi bıraktı ancak bir süre daha Kıbrıs'ta kaldı.
Ben de 2020 yılı sonlarına doğru işi bırakarak eski eşimle birlikte Antalya iline geri döndük. Çalıştığım yere işten çıkacağımı Mustafa Şahin ve Tekin isimli kişiye söylediğimde burada yaptığım işleri kimseye söylemememi telkinledirler. Mustafa Şahin Türkiye'ye geldiğinde www.oyuneks.com isimli siteye bağlı bir şirket kurdu. Mustafa Şahin Kıbrıs'ta bu işleri yaparken yüksek kazanç elde ettiğini düşünüyorum. Bu kazançlarını Kıbrıs'taki yaşantısında göstermiyordu ancak Türkiye'ye geldikten bir süre sonra çok sayıda mal mülk ve araç aldığını duydum.
Benim BİNANCE, Paribu, BTC Türk hesaplarım vardı. Bu hesapları kendi işlemlerimde kullanıyordum ancak bir gün Tekin bana hesabıma kripto para gönderileceğini, bunu da başka bir kripto varlığa çevirerek vereceği cüzdan adresine transfer etmemi istedi. Ben de bu dediklerini yaparak şu an detaylarını hatırlamadığım transfer işlemini yaptım. Tutar yaklaşık olarak 100.000,00 TL civarındaydı. Tekin bu işlemin kendi özel işi olduğunu beyan etmişti. Bana bu işlemi yapmam için birkaç kere zorladı, ben reddettiğimde işimden maaşımdan olacağımı söylemesi üzerine işimden olmamak için korkarak bu işlemi gerçekleştirdim.
Ben 2020 yılı sonlarında Türkiye'ye döndükten sonra 1-2 ay daha uzaktan bağlantı kurarak para kazanmak ve kendimi toparlayabilmek için devam ettim. Kendime ait eski bir laptop vardı. Bu işlemlere de oradan devam ettim. 2021 yılı Haziran ayı içerisinde bu işleri tamamen bıraktım. İşlem yaptığım laptopu letgo üzerinden tanımadığım birine sattım. Mustafa Şahin'in Boss ismiyle bilinen soruşturmadan sonra Halil Falyalı olduğunu öğrendiğim kişiyle birebir telefonla konuştuklarını ve yüz yüze görüştüklerini duydum. Mustafa Şahin isimli kişi Boss isimli kişinin kripto finans transfer kısmının başındaki kişidir."

Tabii bu kadar bilgi açığa çıktıktan sonra savcı da ipin çözüldüğünü fark ediyor. İyice üstlerine giderek bütün bir resmi ortaya koymaya çalışıyor.

Bu yüzden dijital inceleme tutanaklarında da yer alan kodları, kavramları ve sistemi soruyor.

Baran Karaağaç da hepsini tek tek anlatıyor:

"İçerikte geçen Boss olarak tabir edilen kişi de soruşturma açıldıktan sonra öğrendiğim Halil Falyalı isimli kişidir.

KOİN SOH-BET isimli grupta çalışanlar kendi arasında kripto transferleri hakkında konuşma yaptığı gruptur.

RYS COİN GÖNDERİM isimli grup kripto transferleri yapan başka bir ekipti. Grupta kimler var bilmiyorum, yaklaşık 2-3 kişilik bir grup olduğunu biliyorum.

NET COİN GRUBU isimli grup Papara hesapları üzerinden kripto hesaplarına transferler yapan ekiptir. Grupta kimler var bilmiyorum, yaklaşık 10-15 kişilik bir grup olduğunu biliyorum.

İST 2 COİN ÇEVİRİM isimli grup da kripto transferleri yapan başka bir ekipti. Grupta kimler var bilmiyorum, yaklaşık 2-3 kişilik bir grup olduğunu biliyorum.

KEY COİN GRUBU isimli grup Papara hesapları üzerinden kripto hesaplarına transferler yapan ekiptir. Grupta kimler var bilmiyorum, yaklaşık 10-15 kişilik bir grup olduğunu biliyorum.

İST COİN ÇEVİRİM isimli grup grup da kripto transferleri yapan başka bir ekipti. Grupta kimler var bilmiyorum, yaklaşık 2-3 kişilik bir grup olduğunu biliyorum.

Papara BTC isimli grup yetkililerin istediği transferlerin bilgilendirmesinin yapıldığı gruptur. Grupta çalışanların dışında Cemil, Orçun, Wolker, Mustafa Şahin, Mahmut, Alvin Tekin, Adile isimli yöneticiler de bulunuyordu.

HIZ COİN GRUBU isimli grup papara hesapları üzerinden Kripto hesaplarına transferler yapan ekiptir. Grupta kimler var bilmiyorum, yaklaşık 10-15 kişilik bir grup olduğunu biliyorum.

Yönetim PAPARA isimli grup tüm çalışanların yöneticilerden bilgi aldığı gruptur.

KOİN BİLGİ PAYLAŞIM isimli grup, yöneticilerin kripto borsası hakkında yönlendirme yaptığı gruptur.

Excel tablosu Kıbrıs'ta yukarıda beyan ettiğim işlerde kullanılan; kripto transferlerini kayıt altına almak için kullanılan belgedir. Bu belgeyi Mustafa Şahin ve Tekin hazırladı ve çalışan herkese yapılan işlemlerin tamamının bu belgeye kayıt edilmesi istenildi.

Belgede bulunan sütunlarla ilgili olarak;

HESAP ADI: Transfer işlemlerinde kullanılan kripto hesabın kime ait olduğuna dair tutulan bilgi sekmesidir.

TARİHİ: İşlemin yapıldığı tarihin işlendiği bilgi sekmesidir.
HESABA Geçen: Transfer yapılan kripto varlığın TL karşılığı olan tutardır.
KASA: Hesaptan toplam çıkan miktardır. Hesaba geçen tutarla arasındaki fark yukarıda beyan ettiğim gibi site tarafından kesilen komisyondur.
BTC Cüzdan Adres: Kripto varlıkların transfer edildiği cüzdan numarasının tutulduğu bilgi sekmesidir.
TAG KODU: İç işlemlerde binance tarafından verilen işlem numarasıdır.
BTC KURU: İşlemin yapıldığı tarihte transfer edilen kripto varlığın dolar karşılığı olan tutardır.
SİSTEM: İşlemi yapan Papara hesaplarını yöneten personelin bağlı olduğu grubun belirtildiği sekmedir.
GÖNDERİLEN Miktar: Transfer edilen tutarın dolar karşılığı bilgisi bulunan sekmedir.
TRANSACTİON: İşleme ait TXID ve İç İşlem Numarasının kayıt edildiği sekmedir.
ARA HESAP: Bahis oynayanların paralarını yatırdıkları Papara hesabından kripto hesaplarına aktarılmadan önceki Papara hesabına ait sahiplik bilgisini içeren sekmedir.
PRİNT SCRN LİNK TX: İşleme ait TXID ve İç İşlem Numarasının bulunduğu ekran alıntılarına ait site linklerinin kayıt edildiği sekmedir.
PRİNT SCRN LİNK KUR: Alınan kripto varlığın o anki işlem gören kur karşılığını gösteren ekran alıntısına ait linkin kaydedildiği sekmedir.
GÖNDERİM YERİ: Transfer edilen tutarın BOSS mu yoksa başka bir cüzdana mı gönderildiğini belirten sekmedir.
GÖNDEREN: İşlemi yapan personelin takma adıdır. Listede bulunan AYTEK kod isimi bana aittir. Benim de yaptığım işlemler burada görülmektedir.
BORSA: İşlemi yapan kripto hesaplarını yöneten personelin bağlı olduğu grubun belirtildiği sekmedir. Yukarıda bir kısmı görülen Excel tablosunda günlük ortalama 2.000.000,00 TL civarında işlem hacmi bulunmaktadır."

Bakın günlük 2 milyon liradan bahsediyor. Aylık 60 milyon lira yapar ki bu sadece tek bir adı sanı duyulmamış yasadışı bahis sitesi.

Bir de bu paranın aklanması var...

Falyalı'nın Eşi Özge Taşker Kendini Nasıl Savunuyor?

Biz şimdi gelelim en önemli noktaya. Çünkü iddianamede şüpheli olan Halil Falyalı'nın eşi Özge Taşker Falyalı da bir savunma yapıyor.[1]

Özge Falyalı savunmasında "Eşim benim casino ve bahis işleri ile uğraşmama izin vermezdi. Ben hotel ve restoran ile ilgilenirdim" diyerek sorumluluktan kaçmaya çalışıyor. Ancak daha sonra bahis sitelerinde kendisinin de hesap açtığını söylüyor.

642 Bitcoin'in toplandığı hesabını da kanıtlara rağmen reddediyor ve "Benim şahsi cüzdanıma da eşimin ölümünden sonra herhangi bir kripto akışı olmamıştır" ifadelerini kullanıyor.

Halbuki önceki sayfalarda eşi öldürüldükten 67 gün sonra kripto hesabına para aktarımı yapıldığını yazmıştım.

Aslında aynı ifadede bunu kendisi de kabul ediyor fakat bu paraları vergi olarak beyan ettiğini savunuyor.

Gelin biz savunmasından okuyalım:

> "Hakan Atıcı, Aykut Aydoğan, Baran Karaağaç, Doğan Karakaya, Güray Kıroğlu ve İbrahim Tokkan isimli kişilerden sadece Hakan Atıcı, İbrahim Tokkan ve Şeyda Çelik'i tanırım. Bunlarda Hakan Atıcı eşimin işlettiği Les Ambassadeurs Hotel ve Casino'da insan kaynakları müdürü olarak çalıştığı için tanırım. Eşim Halil Falyalı'nın ölümünden 2-3 ay sonra işten çıkardım.
>
> Yine bu isimlerden İbrahim Tokkan eşimin çok yakını olduğundan manevi oğlu gibi gördüğü biri olduğundan eşim zaman zaman ondan yardım alırdı. Bir de Şeyda Çelik'i tanırım. Bu kızın eşimin ölümünden sonra Ağustos-Eylül 2022 gibi bu kız benden iş istedi. Türkiye'de davası olduğundan gidemediğini, burada çalışmak istediğini söylemesi üzerine burada benim Health Life Ltd isimli diyet merkezinde sekreter olarak çalışmaya başladı.
>
> Diğer isimlerden hiçbirini tanımıyorum. Bu şahıslarla hiçbir ticari ilişkim olmadı. Bana bu şahıslarla veya kendimin Türkiye'de yasadışı bahis oynatıp oynatılmadığı ile ilgili herhangi bir bilgim yoktur. Ancak bizim Larsen Teknoloji Ltd olarak KKTC Spor Dairesi'nden yıllık olarak internet üzerinden bahis oynatmak için alınmış izinlerimiz vardır. İzinlerimiz yurtdışına yöneliktir. Ancak bu bahis ofisleri ile ben hiç ilgilenmiyordum. Bu faaliyetleri eşim yapıyordu. Eşim benim casino ve bahis işleri ile uğraşmama izin vermezdi. Ben hotel ve restoran ile ilgilenirdim.

---

1 Ankara Cumhuriyet Başsavcılığı Bilişim Suçları Bürosu İddianame No: 2024/44104 Tarihi 07.11.2024

Bana kripto varlık borsasında cüzdanımın olup olmadığını sordunuz. Benim Binance Global'de kendi kızlık soyadım olan Özge Taşker adına açılmış bir cüzdanım vardır. Bu hesabı ben tam tarihini hatırlamam ancak 5-6 yıl önce açtım. İlk hesap açtığım zamanda ilk olarak btc aldım. Daha sonra kendim 2020 yılında Etherium üretimi yaptım. Bu hesabıma ne eşimden ne de işletmelerinden ne da başka şahıslardan bir coin alımı olmamıştır.

Sadece eşimin vefatından önce KKTC Hükümeti tarafından çıkarılan 53/2021 sayılı Nakdi Varlıklara ilişkin mali düzenleme hakkında yasa gücünde kararnameye istinaden eşim yurtdışında bulunan 30.000.000 euro, 10.000.000 dolar ve 10.000.000 sterlin karşılığı Etherium, Bitcoin ve TTER'den oluşan kripto varlığını KKTC Gelir ve Vergi Dairesi Müdürlüğü'ne beyan etti.

Bunun yanında 4.500.000 sterlin de yurtiçinde bulunan parasını da beyan ederek toplamda 13.744.155 TL vergi ödedik. Bu yaptığımız beyan ve ödeme ile ilgili belgeleri size teslim ettim. Yine aynı dönemde kendime ait gerek banka hesapları gerekse cüzdanımda bulunan o dönemin kuru ile 5.524.485 dolar değerinde olan bitcoin ve etheriumların toplamına ilişkin banka hesabımdaki para için 31.300 TL kripto para varlığım için 2.438.184 TL vergi ödedim.

Eşim yaptığı beyanda yurtdışında olan varlıklarını 6 ile 12 ayda getireceğini beyan etmişti. Ancak Şubat 2022 tarihinde eşim uğradığı silahlı saldırı sonucu vefat ettiğinden dolayı bir kısım varlığını KKTC'ye getiremedi.

Vefatından sonra tereke memuru ben olduğumdan dolayı, Vergi Dairesi kalan kripto varlıkları bir an önce getirmemiz gerektiği yönünde bizi uyardığından dolayı, ben eşim Halil Falyalı'nın bilgisayarına girip eşimin bana gösterdiğiniz cüzdandan, yani bana gösterdiğiniz ve eşime ait olan adresten, 8 Mart 2022 tarihinde 30 BTC, 9 Mart tarihinde ise 5 BTC kripto varlığı kendi hesabıma transfer ettim.

Şunu da eklemek isterim, haberlerde duyduğumuz kadarı ile eşim vefat ettikten sonra hesabına kripto akışının devam ettiği yazıldı. Ancak kesinlikle vefatından sonra eşimin hesabına bir akış olmamıştır. Benim şahsi cüzdanıma da eşimin ölümünden sonra herhangi bir kripto akışı olmamıştır.

Yine bana sormuş olduğunuz Ebubekir İsmail Uygur ile başlayıp Kerem Ersöz ile biten tüm şahısları ki bu listeyi avukatım vasıtasıyla önceden alıp kendimce araştırma yaptım. Bunların hiçbirini tanımıyorum. Hiçbiri ile bir ticari ilişkim olmadı. Ben daha önce de söylediğim gibi ben bahis işi ile hiç uğraşmadım ancak izinli şirketimiz olan Larsen Teknoloji Ltd'nin internet üzerinden

yaptığı faaliyetlerde bu şahısların adının geçip geçmediğini ben bilemem.
Aynı şekilde bana sorduğunuz 1453 Ambalaj Tekstil İnşaat ve Dış Ticaret Ldt Şirketi ile başlayan İbrahim Güçlü İnşaat Telekomünikasyon Tarım Hayvancılık Sanayi ve Ticaret Ltd Şirketi ile biten listedeki hiçbir şirketi bilmem. Bunlarla hiçbir iş ilişkim olmamıştır. Bu şirketlerde herhangi bir ortaklığım veya hissem yoktur. Eşimin bu şirketlerle bir ilişkisi olup olmadığını bilmiyorum.
Daha önce de size bahsettiğim gibi bizim Larsen şirketi olarak 2017 yılından beri yetkili makamdan alınmış ve düzenli vergisini ödediğimiz internet üzerinden bahis oynatma iznimiz var. Bu izinlerin bir suretini size veriyorum ancak benim bu şirkette ne direktörlüğüm ne de hissedarlığım hiç olmadı."

* * *

Farkındayım... Bu bölüm oldukça uzun ve birçok kavram ile ismin bir araya geldiği karmaşık bir yapı sunuyor. Ancak kitaplarımı yazarken birinci kuralım, okuyucuyu yormamak ve sıkmamaktır. Çünkü bu, yazarlığın altın kurallarından biridir.

Gazetecilik kitaplarında ise işin doğası gereği bir çelişki ortaya çıkar.

Her bir detayı, her bir ismi ve her bir kavramı anlatmazsak, hikâye eksik kalacakmış gibi hissederiz. Okuyucudan bilgi saklamamak adına, titizlikle doldururuz da doldururuz. Ama burada okuduklarınız, aslında 10 bin sayfayı aşkın bilgi, belge, rapor, iddianame ve tutanaktan süzülüp gelen bir damla niteliğinde.

Yasadışı bahis ağını en ince ayrıntısına kadar gözler önüne seren bu iddianameden birkaç önemli detayı daha paylaşarak bölümü noktalayalım.

Çünkü iddianamede bilgi sahibi olarak çok fazla kişinin ifadesine başvurulmuş.

Kişilerin verdiği ifadelerde para yatırdıkları yasadışı site isimlerini vermişler. Bunlar: Casinomaxi, Grandbetting, Gazinobahis, Jojobet, Betson10, Baymavi, Trbet, Dellabet, Portobet, İmajbet, Modabet, Superbahis, Vevogaming, Lesavip, Betis, Portvippro, Tipobet365, Ganatibet, CASİBOOM, Betpas, Pulibet, Quinbet, Bad Park, Matbet, Elitbahis...

Mesela Emre Demirsaban adlı şüphelinin hesaplarına gelen paraların açıklama kısmında 1xbet, Artemisbet, İmajbet, Marsbahis, Mostbet, Onwin, Redwin, Betcup, Betabet, Betlike, Betist, Betexper, Bets10, Betgram, Holiganbet sitelerinin isimleri geçmiş.

Kubilay Hancı'nın MPAY ödeme sistemine entegre olan Limanbet, Restbet, Betpass, Bellugabet, İnterbet ve Parisbet isimli yasadışı bahis sitelerinden bahsediliyor.

Yani bütün bu siteler panel üzerine açılmış siteler.

Falyalı'ya ait olduğu bilinen siteler Grandbetting, Imajbet, Vippark, Cratosslot, Kingbetting, Betpark, Betebet, Yorkbet, Betcup isimli siteler.

Bir de yasadışı bahiste en önemli olan hizmet sağlayıcı altyapılardır.

Adını vermek istemeyen bir yasadışı bahis sitesi sahibi, Halil Falyalı'nın sahip olduğu altyapı hakkında şu bilgileri verdi:

> "Halil Falyalı–Hüsnü Falyalı siteleri KKTC'de sektörde Larssen Grup olarak bilinir. Bu grup genellikle İsrail Menşei olan BETCOUNSTACT altyapısı ile çalışmaktadır. BETCO altyapısı Ermeni ve İsrail ortaklığı ile kurulan bir sermayedir. Halil Falyalı da daha sonra hisse sahibi olduğu sektörce herkes tarafından bilinmektedir... Bu sebep ile günümüzde BETCO altyapısına ait Larssen grubuna ait yaklaşık 50 bahis sitesinin olduğu bilinmektedir."

Halil Falyalı'nın genel tablosu aslında bu kadar.

Çevirdiği parayı gördünüz. Milyarlarca liralık bir servete sahip olmuşken aynı servetin bir kurbanı olarak öldürüldü.

Belki öldüren belli ama onun arkasındaki isim kim?

Bu satırları okuduktan sonra ilk aklınıza gelen kim?

Bilemezsiniz. Ortada milyarlarca liralık kara para, yasadışı bir sektör var.

Öyle ki Halil Falyalı'nın adı Kıbrıs'ta yalnızca yasadışı bahis işleriyle değil, başka tartışmalı davalarla da sıkça gündeme geldi.

Bu davalardan biri, 2021 yılında Turgut Katırcı isimli bir kasiyerin yaptığı şikâyetle başladı.

Katırcı, Halil Falyalı'nın sahibi olduğu Les Ambassadeurs Hotel Casino and Marina'da çalışırken, hırsızlıkla suçlandığını ve ağır şekilde darp edildiğini iddia etti.

Daha sonra, parası ve mal varlıklarının zorla elinden alındığını ileri sürerek polise şikâyette bulundu.

Katırcı'nın ifadesine göre, kendisine ait otomobil ve banka hesaplarındaki paralar, Falyalı'nın emriyle bir başka kişinin üzerine geçirilmiş, hatta zorla senet imzalatılmıştı.

Kamera görüntüleri, Katırcı'nın Falyalı'nın ofisine götürüldüğünü doğruluyordu. İddialar ciddi bulunmuş ve soruşturma açılmıştı.

Polis soruşturmasının ardından Halil Falyalı, otelin casino müdürü Hakan Atıcı ve güvenlik asistanı Serkan Bayer gözaltına alındı.

Duruşma sırasında savcı, Falyalı'nın geçmişte de tehdit, taciz ve mahkeme emirlerini ihlal gibi suçlardan yargılandığını ifade etti. Ancak Falyalı, tüm suçlamaları reddederek, Katırcı'nın çaldığı paralar nedeniyle polise teslim edilmesini istediğini ve senetleri kendi rızasıyla imzaladığını savundu.

Ne var ki dava sırasında işler değişti.

Turgut Katırcı, duruşmada verdiği ifadede, daha önce söylediklerini tamamen değiştirdi.

Katırcı, Falyalı tarafından darp edilmediğini ve mal varlıklarını borçlarına karşılık kendi rızasıyla verdiğini iddia etti.

Bu durum, savcının dikkatinden kaçmadı ve Katırcı'nın tehdit altında olabileceği ihtimali üzerinde duruldu.

Savcı, delil yetersizliği nedeniyle davayı geri çektiğini açıkladı.

Böylece Halil Falyalı, Hakan Atıcı, Serkan Bayer ve diğer sanıklar serbest bırakıldı. Bu dava, Falyalı'nın çevresindeki güç ağını ve etkisini bir kez daha gözler önüne serdi.[1]

Sedat Peker'in İddiaları

KKTC'de kumarhane işleten ve sanal bahis sitelerini yönettiği bilinen Falyalı, Sedat Peker'in ortaya attığı uyuşturucu iddialarını da reddetti.

Falyalı, Yıldırım ve oğlu Erkam Yıldırım'la hayatı boyunca hiç tanışmadığını ifade etti.

Gazeteci Cüneyt Özdemir'in Youtube yayınına bağlanan Falyalı, şunları söylemişti:

> "Hayatımda ne Binali Bey'i ne de Binali Bey'in oğlunu... Ne yan yana geldik. Diyorlar ya 'uydu antenlerine baksınlar, sinyallere baksınlar', baksınlar. Hiçbir zaman biz bir araya gelmedik. Bu bahsi geçen insanların hiçbirini tanımıyorum. Hayatımda 3 kilometre yakınlarına bile gelmedim, görmedim, tanımıyorum."

1 "Halil Falyalı Serbest Bırakıldı", *Kıbrıs Postası,* 17 Aralık 2021, https://www.kibrispostasi.com/c57-Adli_Haberler/n404231-halil-falyali-serbest-birakildi

KKTC'deki kumarhane mazisi yaklaşık 20 yıl öncesine dayanan Falyalı'nın geçmişte iş ortaklığı yapan uyuşturucu baronu Behçet Töre ise Falyalı'yı yalanladı.

Şu anda uyuşturucu ticareti yaptığı için verilen cezanın infazı nedeniyle cezaevinde bulunan Töre, avukatları aracılığıyla dile getirdiği iddialarında, Falyalı ile birlikte uyuşturucu ticareti yaptıklarını anlattı.

Töre, 1998 yılında Halil Falyalı'yla birlikte uyuşturucu ticareti işini yaptıklarını söyleyerek, daha sonrasında KKTC'de ortak bir kumarhane açtıklarını da dile getirdi.

2001 yılında hapse giren Töre, KKTC'de bulunan International 2000 Hotel Casino'yu Halil Falyalı'yla birlikte açtıklarını, kendisi hapiste olduğu için 2004 yılında otelde kendisine ait hisseleri 10 milyon dolar karşılığında Falyalı'ya devrettiğini ileri sürdü.

Töre, 2005 yılında cezaevinden çıkıp 2010 yılında tekrar girene kadar Falyalı'dan 10 milyon dolarlık alacağını tahsil etmeye çalıştığını ancak tahsil edemediğini de ifade etti.

Töre ayrıca, alacağını alamadığı için Falyalı'nın Türkiye'de olduğu bir dönem saldırı hazırlığı yaptığını ancak araya yeraltı dünyasının ünlü isimlerinden Sami Hoştan'ın girdiğini de iddiaları arasına ekledi.

Hoştan'ın araya girmesinin ardından saldırıdan vazgeçtiğini ifade eden Töre, Falyalı'nın borcunu ödemesi için Hoştan ve başka isimlerin şahitliğinde söz verdiğini de ileri sürdü. Töre, o dönemde uyuşturucu ticareti suçunu işlediği gerekçesiyle düzenlenen operasyonda yeniden cezaevine girince, Halil Falyalı'nın borcunu yine ödemediğini belirtti.

Behçet Töre'nin oğlu Emrah Töre ise babasının aldığı cezanın infazı geçen yıl tamamlanmak üzereyken yeni bir dosyasının onandığını ve 3 yıl daha cezaevinde kalacağını söyleyerek, "Tam cezaevinden çıkmak üzereydi. Yeni dosyası onandı. Halil Falyalı'nın Türkiye'de de eli kolu çok uzun. Onun müdahalesiyle babamın cezaevinden çıkması engellendi" dedi.

Töre'nin iddialarını Halil Falyalı'ya sorduk. Falyalı, asistanı üzerinden verdiği yanıtta, Behçet Töre'yi tanımadığını ancak Sami Hoştan'ı tanıdığını belirterek, "Bahsi geçen konularda yorum yapmak istemiyorum" ifadelerini kullandı.[1]

1 "Halil Falyalı Hakkında Yeni İddia... Uyuşturucu baronu Töre, 'Ticareti birlikte yapıyorduk' dedi, Falyalı 'Tanımıyorum' yanıtını verdi", Can Bursalı, İndependent Türkçe, 5 Haziran 2021, https://www.indyturk.com/node/369476/

Kurtlar Vadisi gibi değil mi?

Ama bu gerçeği...

2012 yılında KKTC basınına yansıyan haberlerde Falyalı'nın 2009 seçimleri öncesi Eroğlu'na kendi elleriyle 3 milyon sterlin verdiğine dair ifadelerinin olduğu ve böylece Ulusal Birlik Partisi'ni (UBP) desteklediği iddiası yer aldı.

Afrika gazetesinde yer alan iddialarda, Eroğlu'yla sonraki başbakan İrsen Küçük'ün ters düşmesi sonrası Falyalı'nın Küçük'ü desteklediği de yazıldı. Dönemin ana muhalefet lideri Özkan Yorgancıoğlu iddialara tepki göstererek savcılığın ve polisin soruşturmasını talep etti.

Cumhuriyetçi Türk Partisi (CTP) Girne Milletvekili ve eski Başbakan Ömer Kalyoncu, henüz milletvekili olduğu 2011 yılında yaptığı meclis konuşmasında, Falyalı tarafından İstanbul'da yaşayan çocuğu hakkında tehdit edildiğini belirtti.

Bu konuşmada Falyalı'nın dönemin Cumhurbaşkanı Derviş Eroğlu ve UBP'li Başbakan İrsen Küçük'le yakınlıkları olduğunu, öte yandan UBP'liler de dahil olmak üzere başka milletvekillerinin de Falyalı'nın tehditlerine hedef olduğunu iddia eden Kalyoncu, üzerinden yol geçmesi ve değer kazanması planlanan bir arazinin, Küçük'ün damadı tarafından Falyalı aracılığıyla satın alındığını belirtmesi nedeniyle bu durumda kaldığını ifade etti.

Falyalı, iddiaları reddederek "senaryo" olduğunu söyledi.

2021 yılında yaptığı açıklamalarda, meclis konuşmasındaki iddialarını tekrar etti ve soruşturma taleplerinin geri çevrildiğini belirtti.

Kalyoncu ayrıca "Falyalı'nın KKTC Cumhurbaşkanı Ersin Tatar ile de yakın ilişkileri bulunuyor. Tatar, Falyalı'yı lokantasının açılışına katılacak kadar iyi tanıyor. Falyalı, uzun yıllardır kilit birtakım siyasetçilerle başbakanlar, bakanlarla, soruşturma yapmakla görevli savcılarla yakın ilişki kuruyor. Arası hepsiyle çok iyi. Bu yüzden kimse soruşturamıyor" ifadesini kullandı.[1]

KKTC Dördüncü Cumhurbaşkanı Mustafa Akıncı bile yaşananlara sessiz kalamadı. Kutlu Adalı cinayeti, uyuşturucu trafiği

haber/halil-falyal%C4%B1-hakk%C4%B1nda-yeni-iddia-uyu%C5%9Fturucu-baronu-t%C3%B6re-ticareti-birlikte

1 "Eski Başbakan'dan Halil Falyalı Açıklaması: 'Savcılarla arası çok iyi, kimse soruşturamıyor'", OdaTV, 27 Mayıs 2021, https://www.odatv.com/guncel/eski-basbakandan-halil-falyali-aciklamasi-savcilarla-arasi-cok-iyi-kimse-sorusturamiyor-214040

ve kara para iddialarının merkezindeki Halil Falyalı ile ilgili açıklamalar yaptı.

Kıbrıslı gazeteci Kutlu Adalı, 6 Temmuz 1996'da Lefkoşa'daki evinin önünde faili meçhul bir cinayetle öldürülmüştü.

Dönemin Cumhurbaşkanı Mustafa Akıncı şunları söyledi:

> "Kutlu Adalı cinayetini, benzeri birçok cinayetteki gibi, Türk devleti adına görev yapmakla yetkili kılınmış canavar ruhlu faşistlerin Türkiye'nin yeraltı-mafya örgütleri ile işbirliği içinde işledikleri yapılan açıklamalardan ortaya çıkmış bulunuyor. Artık tahmin değil yüzleşilmesi gereken gerçekle karşı karşıyayız. Bu vahşetin hesabı verilmelidir."

Cumhurbaşkanı Akıncı, uyuşturucu trafiği ve kara parayı aklamakla itham edilen Halil Falyalı ile ilgili de şöyle dedi:

> "Kuzey Kıbrıs'ın birtakım kirli ilişkilerin yer aldığı bir yer haline dönüşmesi Kıbrıs Türk halkına yapılan en büyük kötülüktür. Kumarhane ve gece kulüplerinin ön planda olduğu yerlerde uyuşturucu, kara para aklama ve mafya ilişkilerinin de gündeme gelmesi kaçınılmaz.
>
> Halil Falyalı sürekli olarak Ulusal Birlik Partisi (UBP) yönetiminin en üst kademeleri ile birlikte anılan bir isim olmuştur. Her düzeydeki seçimlerde UBP'yi tüm maddi imkânlarıyla desteklediği herkesçe biliniyor.
>
> Çeşitli kirli ve yasadışı ilişkilerin Halil Falyalı ismiyle de bağlantılı olduğu yönünde iddiaların olduğu biliniyor. Koruyucu zırh bu veya benzeri kişiler için değil toplum için gereklidir.
>
> Tıpkı Kutlu Adalı cinayetinde olduğu gibi bu konuda da daha somut bilgi ve belge söz konusuysa bunların da ortaya çıkarılıp adalete intikal ettirilmesi zorunludur."[1]

* * *

Kumarhane ve bahis baronu Halil Falyalı, 8 Şubat 2022'de Kıbrıs'ta kurulan pusuda şoförü Murat Demirtaş ile birlikte öldürüldü.

Suikasta ilişkin dava İstanbul Çağlayan 36. Ağır Ceza Mahkemesi'nde devam ederken, Türkiye tarafından kırmızı bültenle aranan ve Falyalı'ya en yakın isim olan Cemil Önal, Hollanda'da yakalandı.

Cinayetin kara kutusu olarak bilinen Cemil Önal'ın telefonuna ise el konuldu.

---

1 "Tüm Gerçeklerle Derhal Yüzleşin", İbrahim Varlı, *Birgün*, 01 Haziran 2021, https://www.birgun.net/haber/tum-gerceklerle-derhal-yuzlesin-346740

Türkiye, Cemil Önal'ın iadesi için başvurdu. Talep kabul edildi ama Cemil Önal iade edilmedi.

Saldırı sırasında Falyalı'nın eşi ve çocuğu başka araçta olduğu için saldırıdan yara almadan kurtuldular.

Saldırıda Falyalı ağır yaralanırken, şoförü Murat Demirtaş olay yerinde hayatını kaybetti. Halil Falyalı ise kaldırıldığı Lefkoşa Yakın Doğu Hastanesi'nde kurtarılamadı.

Hastanede yapılan otopside Falyalı'nın bedeninden 16 mermi çıkartıldı.

Olaydan sonra, cinayetle bağlantılı olduğu gerekçesiyle Mehmet Faysal Söylemez ve Mustafa Söylemez kardeşlerin de aralarında olduğu 6 kişi gözaltına alındı.

İstanbul 36. Ağır Ceza Mahkemesi'nde 12 Ekim'de görülen davada, Mehmet Faysal Söylemez ve Mustafa Söylemez hakkında, "planlayarak kasten öldürme" ve "suç işlemek maksadıyla örgüt kurma ve yönetme" suçlarından ikişer kez ağırlaştırılmış müebbet hapis cezası talep edildi.

Mahkeme heyeti Mustafa Söylemez'i iki kez müebbet hapse çarptırdı. Mehmet Faysal Söylemez ise tüm suçlardan beraat etti. Tutuklu bulunan Mehmet Faysal Söylemez tahliye edildi.

Yaşananların ardından İçişleri Bakanlığı Emniyet Genel Müdürlüğü Kaçakçılık ve Organize Şube Müdürlüğü'nün hazırladığı çarpıcı bir raporu üç ayrı ilin (İstanbul, Hatay, Gaziantep) yetkili birimlerine gönderdiği ortaya çıktı.

İstihbari bilgi içeren söz konusu raporda Hüsnü Falyalı'nın, cinayetin azmettiricisi olarak ağabeyinin paralarını yöneten ve firari olan Cemil Önal'ı sorumlu tuttuğu kaydedildi.

Raporda Önal'ın, Söylemez kardeşlerle anlaşarak bu cinayeti işlettiği yönünde bir fikre sahip olduğu aktarıldı. Raporda, Hüsnü Falyalı'nın, Önal'ı öldürtmek için bir ekip arayışına girdiği iddia edildi.

Raporda, Falyalı'nın bu arayış sürecinde kendisiyle beraber çalışan H.K., C.L., F.K. ve S.Ç. isimli kişileri Türkiye'ye gönderdiği kaydedildi.

Falyalı'nın, görünürde bu kişileri "beğenmediği" gerekçesiyle Türkiye'ye gönderdiği ancak asıl amacının Cemil Önal'ı öldürtmek olduğu kaydedildi.

"İnfaz ekibi" olduğu iddia edilen dört kişinin farklı farklı havalimanlarını kullanarak 2 Haziran günü Türkiye'ye geldiği raporlandı.

Raporda ayrıca, Hüsnü Falyalı'nın, cinayet davasında tutuklu bulunan ağabeyinin korumaları Türkistan Gülce ve Halil Işık'ı da cinayetten sorumlu tuttuğu, bu kişilerle onların tahliye edilmesi durumunda "hesaplaşacağı" da belirtildi. Emniyet Genel Müdürlüğü tüm bu istihbari bilgilere dair önlem alınmasını istedi.[1]

Daha sonra bilinen herhangi bir çatışma yaşanmadı.

Ölen öldüğüyle kaldı, paralar bölüşüldü.

Yasadışı sanal bahis Türkiye'de büyüyerek bugünkü halini aldı. Sekiz kollu bir canavara dönüştü.

Elinin kolunun uzanamadığı yer kalmadı.

Memleketin yoksul insanını daha da yoksul, birkaç zenginini daha da zengin yapan düzeni daha da acımasız hale getirdi.

Şimdi araya girip bir olay anlatmak istiyorum.

Tarih: 1 Eylül 2019

Türkiye'nin tanınan şirketlerinden Altınbaş Holding'in sahibi Vakkas Altınbaş'ın o zaman damadı olan Bulut Akacan yasadışı sanal bahisten tutuklandı.

Operasyon Girne'de FEO ELEGANCE sitesinde oynatılan sanal bahse ilişkindi.

Bulut Akacan'ın dayısı Okan Erdoğan ve personeli 10 kişinin ardından Bulut Akacan da ifadesi alınmak üzere Lefkoşa'daki Mali Suçlarla Mücadele Şubesine götürüldü.

Operasyon sonucu 18 bilgisayar, 17 cep telefonu, 7 harici hard disk, 1 adet USB ve birçok doküman ele geçirildi.[2]

Her yasadışı bahis soruşturmasında olduğu gibi burada da bağlantılar birbirini takip etti. Davayla ilgili 14 tanık birden dinlendi.

---

1 "Emniyetten Üç İle Çok Önemli Uyarı: İntikam İçin 4 Kişilik 'İnfaz Ekibi' Türkiye'de", Seyhan Avşar, HalkTV.com, 11 Temmuz 2023, https://halktv.com.tr/gundem/emniyetten-uc-ile-cok-onemli-uyari-intikam-icin-4-kisilik-infaz-ekibi-turkiyede-753375h

2 "Bulut Akacan Sanal Bahisten Tutuklandı", *Havadis*, 30 Ağustos 2009, https://www.havadiskibris.com/bulut-akacan-sanal-bahisten-tutuklandi/

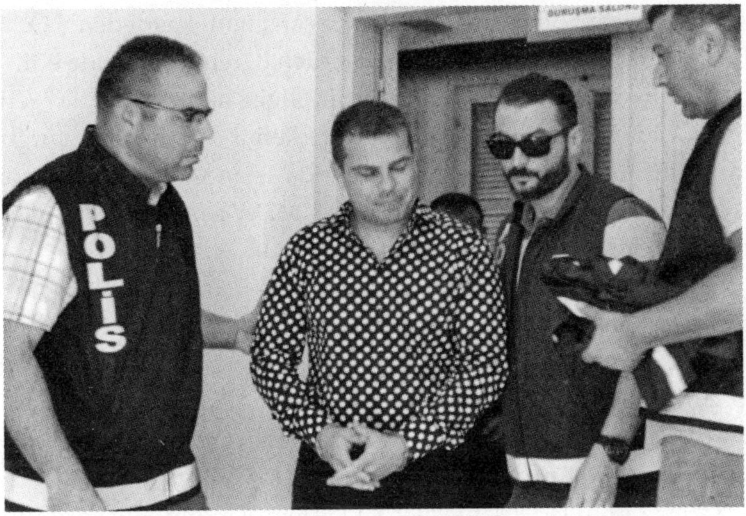

Bulut Akacan, emniyet görevlileri tarafından tutuklanırken

Bunlar arasında, Bulut Akacan'a ait olduğu iddia edilen Dobrabet isimli bahis sitesinin eski çalışanı Ş.Ö., Kalebet sitesinin eski çalışanı Ü.K. ve Bulut Akacan'ın kendisi üzerine reklam şirketi kurduğunu öne süren T.İ. tanık olarak dinlendi.

Kendisi üzerine reklam şirketi kurulduğunu ve birkaç banka hesabı açıldığını belirten T.İ. şirketin yasadışı sanal bahisle alakası olduğunu bilmediğini söyledi.

Yasadışı sanal bahis davasında tutuklu yargılanan Akacan ile tutuksuz yargılanan Okan Erdoğan, Nilay Şahin, Nuh Can Erdal, Burak Çetin, İrfan Önen, Edip Hüseyin Ademoğulları, Elif Çakır, Baran Arda, Ayla Döşemeciler, Dürem Varoğlu ve Hüseyin Yiğit Gökdereli de yeniden mahkemeye çıkarıldı.[1]

Başsavcılık adına Savcı Senem Karayel, duruşmada 3 tanık dinletti. Başsavcılığın tanığı olarak dinletilen Dobrabet eski çalışanı Ş.Ö. işe, davada tutuksuz yargılanan zanlı İrfan Önen aracılığıyla girdiğini belirtti.

FEO Elegance sitesinde bulunan ofiste call center elemanı olarak çalıştığını aktaran Ş.Ö., görevinin bahis sitesine müşterileri arayıp üye olması için davet etmek olduğunu dile getirerek, maaşını ise İrfan Önen'den aldığını söyledi.

---

1 "Yasadışı Sanal Bahis Tanığı: 'Bulut Akacan şahsım adına şirket kurdu'", *Kıbrıs Postası*, 28 Şubat 2020, https://www.kibrispostasi.com/c57-Adli_Haberler/n313212-yasa-disi-sanal-bahis-tanigi-bulut-akacan-sahsim-adina-sirket-kurdu

Gizlilik için "Buse" takma ismiyle çalıştığını kaydeden Ş.Ö., iş arkadaşlarının gerçek ismini haberlerden öğrendiğini ifade etti.

Sitenin kime ait olduğuna dair bir bilgisi olmadığını dile getiren Ş.Ö., davada bahsi geçen MDA şirketini duyduğunu vurguladı. Çalışma bilgisayarı bozulduğunda İrfan Önen'in telefonda biriyle konuştuğunu ifade eden Ş.Ö., "MDA'dan tamir için bilgisayar gönderilecek diye konuşmuştu" dedi.

Şahsi olarak kumar oynatmadığını söyleyen Ş.Ö., tanıtım, reklam ve siteye üye davet etme görevini yaptığını kaydetti.

Mahkemede tanık olarak dinlenen Kalebet eski çalışanı Ü.K. ise 2017 yılında Akacan Holding'de teknik işlerle ilgilendiğini, maddi ihtiyaç nedeniyle Kalebet sitesinde canlı destek olarak 4 bin TL'ye çalıştığını aktardı.

Kalebet'te Ayla Döşemeciler ve Dürem Varoğlu'nun sorumluları olduğunu aktaran Ü.K., maaşını da zarf içinde onlardan aldığını ifade etti.

Çalışanların kendi aralarında Skype üzerinden iletişim kurduğunu anlatan Ü.K., site üyeleriyle ise canlı destek programı üzerinden irtibat kurduklarını dile getirdi. Ü.K. sitenin lisanslı olmadığını duyduktan sonra işten ayrıldığını söyledi.

Savcılığın diğer tanığı T.İ. ise Bulut Akacan'ın, kendisi üzerine bir reklam şirketi kurduğunu ve birkaç tane de banka hesabı açtığını söyledi.

Şirketin yasadışı sanal bahisle alakası olduğunu bilmediğini belirten T.İ., hesaba gelen paraları Ayla Döşemeciler ve Dürem Varoğlu'na verdiğini aktardı.

Tutuksuz yargılananlardan Okan Erdoğan'ı bahçıvanken birkaç kez gördüğünü söyleyen T.İ., "Okan Erdoğan adına bana bankadan para çekmem için vekâlet verdiler. Karaoğlanoğlu'nda bulunan Ziraat Bankası'ndan 50 bin TL çektim. Birkaç kez de Okan Bey için bankaya gidip işlem yaptım" dedi.

Altınbaş Holding'in sahibi Vakkas Altınbaş'ın damadı Bulut Akacan'la yaşadığı gerginlikten sonra işi bıraktığını belirten T.İ. yaklaşık 4 ay çalıştığını dile getirdi.

"Şans oyunları yasasına aykırı hareket" iddiasıyla da yargılanan Bulut Akacan'ın yönettiği kaçak kumar ve bahis siteleri arasında Kalebet, Dobrabet, Betgram, Milosbet ve Pirizmabet bulunuyor.

İlginçtir, Bulut Akacan'ın suç dünyası ile yolu sadece burada kesişmiyor.

2023 yılında da Mali Suçlarla Mücadele Şubesi, Interpol tarafından aranan ve KKTC'den ihraç edilen Comanchero isimli kanun kaçağı motosiklet çetesinin uluslararası başkanı olan Avustralya vatandaşı Mark Dougles Buddle'ın satın aldığı evi araştırıyor.

Buddle, 1 milyon 200 bin ABD Doları karşılığında üç adet lüks daireyi Bulut Akacan'dan satın alıyor.

Akacan, "4/2008 Sayılı Suç Gelirinin Aklanmasının Önlenmesi Yasası, Şüpheli İşlem Bildirim Yükümlülüğüne Aykırı Hareket Etmek" yasasına aykırı hareket ettiği gerekçesi ile de mahkemeye çıkmıştı.[1]

Bulut Akacan'ın, söz konusu meseleyle ilgili olarak yurtdışına çıkışı yasaklanmıştı.

Vakkas Altınbaş ismini unutmayın. Çünkü başka bir yasadışı bahis dosyasında adını tekrar göreceğiz.

Biz devam edelim...

13 Milyar TL Dönen Kumar Organizasyonu

Yine bir KKTC hikâyesi anlatayım.

Yanlış anlaşılmasın, bütün bunları KKTC'yi kötülemek için yazmıyorum. Tam aksine, "Yavru Vatan"ı sömüren isimleri ifşa etmek istiyorum.

Adı: Yaşam Ayavefe.

Kırmızı bültenle aranıyor.

Tarih: 26 Mart 2024.

Yine KKTC'de bir operasyon gerçekleştirildi.

Girne Polis Müdürlüğü, Narkotik ve Mali Şube ekiplerinin Skull King Casino ile lojmanına düzenlediği bu operasyonda 9 kişi tutuklandı.

Tutuklanan kumarhane sahibi Ertuğ Dilaver ile müdürü S.S. ve 7 çalışanı hemen mahkemeye çıkarıldı.

Polis, şüphelilerden Rasim Tikveşli'nin de yurtdışına çıkış yapacağı sırada Ercan Havaalanı'nda tespit edilerek tutuklandığını

---

1 "Türkiye'nin 50 Milyar Dolarlık Kaçak Bahis Pazarında Bulut Akacan'ın Rolü", *Topuz Gazetesi*, 17 Ağustos 2024, https://www.topuzgazetesi.com/turkiyenin-50-milyar-dolarlik-kacak-bahis-pazarinda-bulut-akacanin-rolu

açıkladı. Üzerinde 60 bin 500 TL, 4 bin dolar ve 2 bin 207 euro bulunduğu belirtildi.

Polis ayrıca operasyonda, 11 cep telefonunu, 22 bilgisayara ile 98 adet slot oyun makinesinin kayıt altına alındığını da açıkladı.

Ayrıca yapılan soruşturma sonucu zanlı Dilaver'in Skull King Casino'nun işletmesini Oscar Otel'den aldığı, daha sonra bir şahsa devrettiği tespit edildi.

Polis, Skull King Casino'nun işletmesini devralan şahsın arandığını da açıkladı.[1] Mali Şubede görevli polis memuru Yahya Suiçmez "Skull King" isimli casino'da yapılan aramada, zemin katı ve bodrum katında bulunan iki oda içerisinde toplamda 98 adet slot oyun makinesi buldu.

Dahası, şans oyunları yasasına aykırı olarak internet üzerinden "viproyalc.com, wipskykingslot.com, vipslotking.com ve vipskyking.com" isimli siteler vasıtasıyla para karşılığında casino oyunlarının oynatıldığını tespit etti.

Polis açıklamasında, yasadışı sanal bahis sisteminde sunucuların şifrelerle korunduğunu ve üç ayrı web sitesi üzerinden yasadışı kumar oynattıklarını tespit ettiklerini söyledi.

Ayrıca, sunucuların şifrelerinin kırılmaya başlandığı ve bahse konu web siteleri üzerinden ilk tespitlere göre yaklaşık 3 bin kişinin şans oyunları oynadığı açıklandı.

Açıklamada bu siteler üzerinde ilk tespitlere göre yaklaşık 13 milyar TL'lik paranın döndüğünün tespit edildiği de mahkeme kayıtlarına girdi.[2]

Düşünebiliyor musunuz? Görünürde yasal bir casinoya baskın düzenleniyor, bodrum katında iki oda içerisinde makineler bulunuyor ve yasadışı sanal bahis şüphesi doğuyor.

Sadece merdiven altı diyebileceğimiz bir organizasyon içerisinde 13 milyar TL'lik sanal bahis parası dönüyor.

Akıl alır gibi değil...

Üstelik işin içerisinden çok ilginç ilişkiler çıkıyor.

---

1 "Kanıtlar İnceleniyor", *Diyalog*, 30 Mart 2024, https://www.diyaloggazetesi.com/kibris/kanitlar-inceleniyor-2-h106183.html

2 "4 Sitede 13 Milyar TL Dönüyor", *Girneli Gazete*, 30 Mart 2024, https://www.girneligazetesi.com/4-sitede-13-milyar-tl-donuyor/

Londra'daki Meşhur 34 Numara

Tutuklanan kumarhane sahibi Rasim Dilaver'in kızı Şanel Dilaver'in adı, üzerinde duracağımız Yaşam Ayavefe adlı "iş insanının" da içinde bulunduğu Oscar Resort Hotel'de kumarhane hissesi satın alarak gündeme gelmişti.

Öncelikle Şanel Dilaver'i inceleyelim.

Kıbrıs ve Türk basınında hakkında çok fazla haber yok. Kendi sosyal medya hesabında verdiği bilgilere göre "Black Penny" ve "Salut Restaurant" adında şirketleri var.

Şanel Dilaver'in İnstagram profili ve burada paylaştığı (sahibi olduğu) şirketler

Bu şirketler ile ilginç bağlantılar mevcut. Ancak biz Oscar Resort Hotel kumarhanesinin işletmesinde ortak olduğu iddiasına bakalım.

Oscar Resort Hotel ile ilgili açık kaynaklardan yaptığımız araştırmada bu otele bağlı Skull King adlı casino var ve otel sahipleri burayı işletmiyor. Peki kim işletiyor burayı?

Selin Turizm Ltd. adlı firma tarafından işletildiğini görüyoruz.

Selin Turizm kime ait?

Firma 2016 Temmuz ayına kadar Yahya Kurt ve Harika Kurt adına kayıtlı.

Ancak sonrasında hisse devri yaşanıyor. Şirketin mevcut 105 bin hissesinin 63 bin adedi Yaşam Ayavefe'ye, 31 bin 500 adedi Tijen Pirgalı'ya, 10 bin 500 adedi ise İsmail Birinci'ye geçiyor.[1]

1 Bkz. Kuzey Kıbrıs Türk Cumhuriyeti Resmi Gazete, Tarih: 04.08.2016, Sayı: 98, Karar Sayısı: H(K-I)508-2016, https://basimevi.gov.ct.tr/Portals/6/2016/98.pdf?ver=2021-04-03-144848-443

KARAR SAYISI: H(K-I)508-2016

SELİN TURİZM LTD. HİSSEDARLARINDAN YAHYA KURT VE HARİKA KURT'UN HİSSELERİNİ DEVRETMESİ

(Önerge No:1205/2016)
(Bb.Yrd.'M.B)

Bakanlar Kurulu, 31/2009 sayılı Şans Oyunları Yasası'nın 26. maddesine uygun olarak Başbakan Yardımcılığı ve Maliye Bakanlığı'na müracaat eden Kumar Mesleği İcra İşletmecilik İzni sahibi Selin Turizm Ltd. hissedarlarından Yahya Kurt ve Harika Kurt'un sahip oldukları 105,000 adet hissenin tümünün Yaşam Ayavefe, Tijen Pirgalı ve İsmail Birinci'ye devredilmesine ve buna göre oluşacak yeni hisse dağılımının aşağıdaki gibi olmasına karar verdi.

Mevcut Hissedarlar ve Hisse Dağılımı:		Oluşacak Hissedarlar ve Hisse Dağılımı:	
1. Yahya Kurt	102,243 adet	1. Yaşam Ayavefe	63,000 adet
2. Harika Kurt	2,757 adet	2. Tijen Pirgalı	31,500 adet
		3. İsmail Birinci	10,500 adet
Toplam hisse adeti:	105,000 adet	Toplam hisse adeti:	105,000 adet

21.7.2016

KKTC Resmi Gazete'de yayınlanan hisse devri

Tam bu hisse devri yapıldıktan bir ay sonra Yaşam Ayavefe KKTC vatandaşlığı alıyor.[1] Alakasız bir konu ama Ayavefe ile o tarihte vatandaşlık alan bir kişi daha var; Ece Uysal. Daha sonraki tarihlerde MHP Mersin Milletvekili Levent Uysal'ın eşi Ece Uysal'ın sahibi olduğu Kuzey Kıbrıs'taki üniversitede yolsuzluk iddiaları gündemden düşmedi.

[05] Ten more persons were "granted" the occupation regime's citizenship

Under the title: "Ten new citizens", Turkish Cypriot daily Havadis newspaper (17.08.16) reports that the so-called council of ministers in the framework of the "citizenship law" has decided to "approve the granting of the occupation regime's citizenship" to 10 persons.

According to the decision of the "council of ministers", the "TRNC" citizenship" was "granted" to the following:

1) Ozden Ozbilun, born in Sivas in 1945

2) Osman Trasoglu, born in Ordu in 1975

3) Nader Albalkhi, born in Damascus Countryside in 1972

4) Ece Uysal, born in Istanbul in 1971

5) Yasam Ayavefe, born in Adana in 1983

6) Vladyslava Goryelova, born in Ukraine in 1998

7) Huseyin Zoroglu, born in Denizli in 1985

8) Murat Dindi, born in Askale-Erzerum in 1974

9) Ashraf Faig Mohammad Albarghouthi, born in Amman in 1969

10) Raghad Albalkhi, born in Syria in 1998

(AK)

Yaşam Ayavefe'nin vatandaşlığa kabul sonrası yer aldığı duyuru listesi

1 "On yeni vatandaş", *Kıbrıs Havadis,* 17 Ağustos 2016.

2024 yılında ise hisselerde değişiklik yapılıyor ve şirketin var olan 105 bin hisse adedi 1 milyon 600 bin adede çıkarılıyor, hisse yapısı değişiyor.

KARAR SAYISI: Ü(K-I)469-2024

SELİN TURİZM LTD.'NİN SERMAYE ARTIŞI VE HİSSE VE/VEYA HİSSEDAR DEĞİŞİKLİĞİ

(Önerge No:499/2024)
(M.B.)

Bakanlar Kurulu, önergede belirtilenler ışığında, 31/2009 sayılı Şans Oyunları Yasası'nın Geçici ve Son Kurallar Kısmının Geçici 1'inci maddesi gereğince Kumar Mesleği İcra İşletmeciliği İzin sahibi MŞ 6527 sicil numaralı Selin Turizm Ltd'nin hisse miktarının 1,600,000 adet olmasına ve aynı zamanda hissedar ve hisse miktarlarının aşağıdaki şekilde olmasına karar verdi.

MEVCUT HİSSEDARLAR VE HİSSE MİKTARLAR	
HİSSEDAR	**HİSSE MİKTARI (adet)**
Tijen Pirgalı	31,500
İsmail Birinci	10,500
Yaşam Ayavefe	63,000
TOPLAM	**105,000**

YENİ OLUŞACAK HİSSEDARLAR VE HİSSE MİKTARLAR	
HİSSEDAR	**HİSSE MİKTARI (adet)**
Tijen Pirgalı	480,000
İsmail Birinci	10,500
Yaşam Ayavefe	304,000
Şanel Dilaver	805,500
TOPLAM	**1,600,000**

15.3.2024

KKTC Resmi Gazete'de yayımlanan Selin Turizm'e ait hisse dağılım/değişiklik bildirisi

480 bin hisse Tijen Pirgalı'nın, 10 bin 500 hisse İsmail Birinci'nin, 304 bin hisse Yaşam Ayavefe'nin, 805 bin 500 hisse ise Şanel Dilaver'in oluyor.[1]

Yani Ertuğ Dilaver'in kızı Şanel Dilaver, Yaşam Ayavefe ile resmi ortak. Anlaşılan Yaşam Ayavefe, hissesinin büyük bölümünü kontrol etmesi için ortağına bırakıyor. Hatta bu hisse değişimi yetmemiş olacak ki şirket Kıbrıs Maliye Bakanlığı'na başvurarak kumar mesleğinin işletme izninin uzatılmasını istiyor. Bakanlık bunu 1 yıl uzatıyor ve bunu da Resmi Gazete'de yayımlıyor.

1 Kuzey Kıbrıs Türk Cumhuriyeti Resmi Gazete, Tarih: 18.03.2024, Sayı: 56, Karar Sayısı: Ü(K-I)469-2024, https://basimevi.gov.ct.tr/Portals/6/2024/56.pdf?ver=2024-02-16-092757-517

KARAR SAYISI: Ü(K-I)470-2024

SELİN TURİZM LTD.'NİN KUMAR MESLEĞİ İCRA İŞLETMECİLİĞİ İZNİNİN YENİLENMESİ

(Önerge No:500/2024)
(M.B.)

Bakanlar Kurulu, önergede belirtilenler ışığında, 31/2009 sayılı Şans Oyunları Yasası'nın Geçici ve Son Kurallar kısmının Geçici 1'inci maddesinin kendisine verdiği hak doğrultusunda, izninin yenilenmesi için Maliye Bakanlığına müracaat ederek gerekli tüm evrakları sunan Selin Turizm Ltd.'nin Oscar Resort Hotel'de Kumar Mesleği İcra İşletmeciliği İzni'nin 3.12.2024 tarihine kadar 1 (bir) yıl süreyle yenilenmesine karar verdi.

15.3.2024

Tarihlere dikkat edin. Kırmızı Bültenle aranan Yaşam Ayavefe'nin ortak olduğu şirkette gerçekleşiyor bunlar.

Ne demiştik, Şenal Dilaver'in Kıbrıs'ta Black Penny ve Salut Restaurant adında şirketleri var. Bir de kumarhanesi olduğunu hisse devirlerinden gördük. Ortağı da Yaşam Ayavefe...

Peki, Balck Penny ve Salut Restoran'ın ortaklık yapıları nasıl? Çünkü hanımefendinin paylaşımlarında sergilediği hayat öyle böyle değil! Özel uçaklar, sınırsız harcamalar vb...

"Black Penny Coffe House & Kitchen" adlı cafe iyi bir tanıtımla Girne'de görkemli bir kokteyl ile açılmış.

Aslında bu marka İngiltere merkezli bir firmaya ait...

The Black Penny adlı markanın internet sayfasına baktığımız zaman markanın Londra'da üç tane şubesi olduğunu ve adresinin de "34 Great Queen St, London, WC2B 5AA" olduğunu görüyoruz.[1]

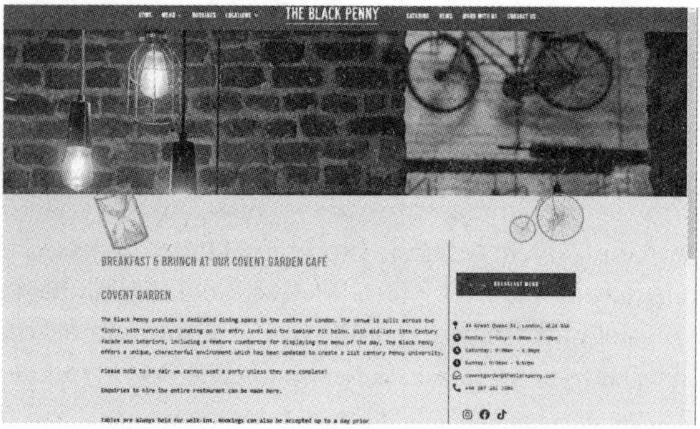

The Black Penny'ye ait web sitesinin açılış sayfası

1 Detaylı bilgi için, The Black Penny resmi internet adresi: theblackpenny.com

İçime kuşku düştü, adresi kontrol edeyim dedim.

Ne göreyim dersiniz. Tesadüf bu ya, Yaşam Ayavefe'nin MNM Holding adlı firmasının da adresi "First Floor Office, 34 Great Queen Street, London, England, WC2B 5AA" olarak gözüküyor. Bu şirketin ilk kuruluşunda, kurucular Mustafa İsmail ve Mazlum Demir adlı iki kişi görünüyor. 2018 yılında Yaşam Ayavefe atanıyor.[1]

GOV.UK — Find and update company information

Search for a company or officer

Yasam AYAVEFE

Filter appointments

☐ Current appointments

Total number of appointments 4

Date of birth
September 1983

M N M HOLDINGS LTD (09778605)

Company status	Correspondence address	
Dissolved	**First Floor Office, 34 Great Queen Street, London, England, WC2B 5AA**	
Role	Appointed on	
Director	**1 January 2018**	
Nationality	Country of residence	Occupation
Greek	**England**	**Commercial Director**

X6XIGMAG

Company Name: **M N M HOLDINGS LTD**

Company Number: **09778605**

Received for filing in Electronic Format on the: **13/01/2018**

New Appointment Details

Date of Appointment: 01/01/2018

Name: MR YASAM AYAVEFE

The company confirms that the person named has consented to act as a director.

Service Address recorded as Company's registered office

Country/State Usually Resident: ENGLAND

Date of Birth: **/09/1983

Nationality: TURKISH

Occupation: COMMERCIAL DIRECTOR

Hatta Ayavefe'nin, Skull Head Real Estate Ltd., Milaya Capital Limited, Oxo Tech Limited şirketlerinin adresi de aynı yerde.

SKULL HEAD REAL ESTATE LTD (10764596)

Company status	Correspondence address	
Active	**First Floor Office, 34 Great Queen Street, London, England, WC2B 5AA**	
Role ACTIVE	Appointed on	
Director	**31 October 2017**	
Nationality	Country of residence	Occupation
Greek	**England**	**Company Director**

1 Birleşik Krallık Hükümeti resmi web sitesi (www.gov.uk) kayıtlarındaki şirket numarası (Company number): 09778605, https://find-and-update.company-information.service.gov.uk/company/09778605

MILAYA CAPITAL LIMITED (11000337)

Company status	Correspondence address	
Active	**First Floor Office, 34 Great Queen Street, London, England, WC2B 5AA**	
Role ACTIVE	Appointed on	
Director	**6 October 2017**	
Nationality	Country of residence	Occupation
Greek	**England**	**Director**

OXO TECH LIMITED (10641172)

Company status	Correspondence address	
Dissolved	**First Floor Office, 34 Great Queen Street, London, England, WC2B 5AA**	
Role RESIGNED	Appointed on	Resigned on
Director	**16 March 2018**	**11 November 2019**
Nationality	Country of residence	Occupation
Greek	**England**	**It Consultant**

Hatta aynı adreste bir firma daha var: Haus Of Mason LTD.

Bu firmayı da inceledim. Firmanın oteli bulunuyor bu adreste. Firmanın sahibi ise Niyazi Yalçın Öztoprak.[1]

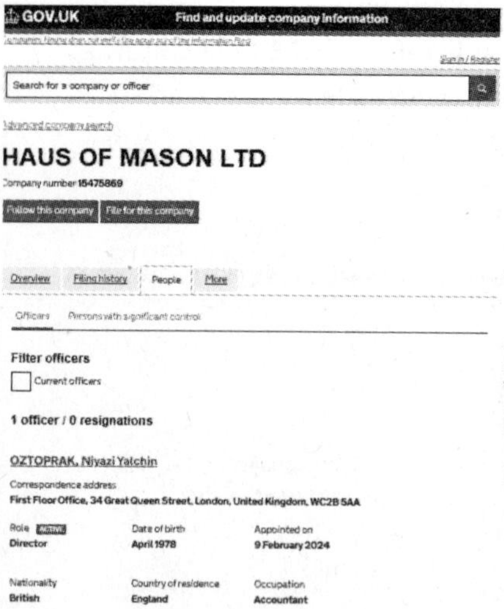
GOV.UK Find and update company information

Search for a company or officer

HAUS OF MASON LTD

Company number 15475869

Follow this company | File for this company

Overview | Filing history | People | More

Officers | Persons with significant control

Filter officers

Current officers

1 officer / 0 resignations

OZTOPRAK, Niyazi Yalchin

Correspondence address

First Floor Office, 34 Great Queen Street, London, United Kingdom, WC2B 5AA

Role ACTIVE	Date of birth	Appointed on
Director	April 1978	9 February 2024
Nationality	Country of residence	Occupation
British	England	Accountant

1 Birleşik Krallık Hükümeti resmi web sitesi (www.gov.uk) kayıtlarındaki şirket numarası (Company number): 08858711, https://find-and-update.company-information.service.gov.uk/company/08858711

Niyazi Yalçın Öztoprak ise YOPOY Limited adlı firmada Yaşam Ayavefe'nin ortağı! Üstelik bu şirketin adresi de aynı. [1]

Yani üç aşağı beş yukarı bütün bu şirketlerin sahibi Yaşam Ayavefe...

GOV.UK Find and update company information

Search for a company or officer

YOPOY LIMITED

Company number 10653326

Overview | Filing history | People | More

Officers | Persons with significant control

Filter officers

Current officers

2 officers / 1 resignation

OZTOPRAK, Niyazi Yalchin

Correspondence address
First Floor Office, 34 Great Queen Street, London, England, WC2B 5AA

Role	Date of birth	Appointed on
Director	April 1978	31 January 2020

Nationality	Country of residence	Occupation
British	England	Certified Accountant

AYAVEFE, Yasam

Correspondence address
Flat 16, 125 Aldermans Hill, London, United Kingdom, N13 4QB

Role	Date of birth	Appointed on	Resigned on
Director	September 1983	6 March 2017	31 January 2020

Nationality	Country of residence	Occupation
Turkish	United Kingdom	Businessman

Ortaya bir tablo çıktı.

Ama ben yine de yetinmedim. Haritadan kontrol ettim, bir de değerli bir dostumdan adrese gitmesini istedim.

1 Birleşik Krallık Hükümeti resmi web sitesi (www.gov.uk) kayıtlarındaki şirket numarası (Company number): 10653326, https://find-and-update.company-information.service.gov.uk/company/10653326

Buyurun The Black Penny ve tüm adreslerin kurulu olduğu Londra'daki meşhur 34 numara!

Kafanız karıştı değil mi?

İşte istedikleri de bu zaten... İç içe geçmiş matruşka gibi bir yapıdan bahsediyorum size. Zil isimlikleri üzerinde muhasebecinin ismi de mevcut.

Peki, her yerde karşımıza çıkan Yaşam Ayavefe kim?

Özetlersek, Halil Falyalı, Veysel Şahin gibi Kıbrıs'taki yasadışı sanal bahis baronlarından biri...

Gerek sahip olduğu yasadışı siteler, gerekse bu sitelerdeki dönen para miktarı yönünden sanal bahis sektörünün büyük baronlarından birisi diye lanse ediliyor.

Halihazırda TİPOBET, BETMATİK, MATADORBET, ONWİN, XSLOT, FİXBET, SAHABET, SUPERTOTOBET, KRALBET, MARIOBET, TARAFBET, BYSPİN, BETKOM gibi yasadışı sanal bahis siteleri bu kişiye ait.

Kendi kişisel sitesinde verdiği bilgilere göre; 1984 yılında Adana'da doğan Ayavefe, çocukluğunu Kıbrıs ve Mersin gibi bölgelerde geçirmiş. Babası İncirlik Üssü'nde görev yaparken, kendisi de genç yaşlardan itibaren iş dünyasına adım atmış.

Sitesinde yazan bilgilerde üniversitenin Yazılım Mühendisliği, Gıda Mühendisliği ve Uluslararası İlişkiler gibi bölümlerinde okuduğunu belirtiyor. 2003 yılında Ayavefe Ltd. adlı bir şirket kurduğunu, Voipplanet ve Delsim adlı şirketlerde ortak olduğunu, Nevzat Barcın, MNM Holding, Oksotek ve Milaya Capital adlı şirketlerin kendisine ait olduğunu belirtiyor.

Selin Turizm ve diğerlerini unutmuş ama biz ekleyelim.

İlginçtir, kendi adına olumlu veriler sunabilmek adına "Yaşam Ayavefe kimdir" diye birçok site kurdurmuş. Google'a yazdığınızda göreceksiniz. Alt alta farklı siteler Yaşam Ayavefe ismini tanıtıyor size.

KKTC'de de yer alan bazı basın kuruluşları "Hayırsever işadamı" diye haberler yapmış.

Tabii bunun bir sebebi var...

Sedat Peker'den İstenen Destek

Yaşam Ayavefe, Kıbrıs'ta yaşadığı birtakım sıkıntıları aşabilmek ve işlerini yürütebilmek için Sedat Peker'den destek istiyor.

O dönemde Sedat Peker'in eski sağ kolu olarak bilinen, bahis siteleri uzmanı olan ve yasadışı sanal bahis oynatıcısı olan Eray Kenanoğlu'ndan, Sedat Peker'in kendisine nikâh şahidi olması için aracılık yapmasını istiyor.

Eray Kenanoğlu bunu sağlıyor ve Sedat Peker 2014 tarihinde Ayavefe'nin nikâh şahidi oluyor. Bu sayede de Ayavefe Kıbrıs'ta bir nevi dokunulmazlık kazanıyor.

Sonrasında ne olduğu bilinmez, Eray Kenanoğlu 18 Mayıs 2019 tarihinde silahlı saldırıya uğruyor. Mucize bir şekilde ölümün kıyısından dönüyor. Avukatları; savcılıklara, Adalet Bakanlığı'na, Interpol'e başvuru üstüne başvuru yapıyor. Tetikçilerin isimlerini, adreslerini bildiriyor. Ama bir gelişme olmuyor.

Bunlar yaşanırken Sedat Peker'in videoları başlıyor.

Hatırlarsınız, Sedat Peker'in masa başında yaptığı ifşa videoları ortalığı yıkmıştı.

Bu videolar birçok kişinin canını yakınca Peker hakkındaki tüm iddialar ile ilgili dosyalar da tozlu raflardan indi.[1]

16. Ağır Ceza Mahkemesi'nde süren Sedat Peker yargılamasında 22. sıradaki eylem olarak belirtilen Eray Kenanoğlu, silahlı saldırıya uğramasıyla ilgili Emniyet Müdürlüğü'ne tekrar ifade veriyor.

Verdiği ifadede Peker'in, Ayavefe ile ortaklığından 3 milyon dolar ve ayda 200 bin dolar para kazandığını ileri sürüyor.

İsmail Saymaz HalkTV internet sitesinde kaleme aldığı yazıda, Sedat Peker'in çevresine bu ortaklık iddiasını sormuş.

Gelen yanıtta Ayavefe'nin "Kıbrıs'a gidemiyorum çünkü adım cinayete karıştı, düşmanlarım var, nikâh şahidim olursan dokunamazlar" dediği, Peker'in şahit olması ile Kıbrıs'a döndüğü belirtilmiş.

Ayrıca Sedat Peker çevresine "Benim ne bahisle ne yasadışı bahisle işim olmadı, olmaz da" diyerek bu ortaklık iddiasını da reddetmiş.

Yaşam Ayavefe ise 2014 sonundaki düğününden sonra Kıbrıs'taki diğer yasadışı sanal bahis baronları Halil Falyalı ve Veysel Şahin ile birlikte yasadışı sanal bahis işlerini ilerletti. Ayavefe büyük paralar kazanmaya başladı.

---

1 "14 Mermilik Saldırı Raftan İndi", Barış Pehlivan, *Cumhuriyet*, 01 Haziran 2021, https://www.cumhuriyet.com.tr/yazarlar/baris-pehlivan/14-mermilik-saldiri-raftan-indi-1840790

Taa ki 2016 yılına kadar...

Tabii bu kadar iddia ortaya atılınca Sedat Peker ile avukatı aracılığıyla konuştum.

Bütün sorularımı içtenlikle yanıtladı.

Soru cevap şeklinde aktarıyorum:

2014'te nikâh şahidi olduğunuz Yaşam Ayavefe ile en son ne zaman görüştünüz?

S.P.: 2014 senesinde Ergenekon Soruşturması dolayısıyla bulunduğum Silivri Cezaevi'nden tahliye olduktan sonra hem babasını hem de kendisini tanıdığım Eray Kenanoğlu, Yaşam Ayavefe isminde bir arkadaşı olduğunu, beraber ziyaretime gelmek istediklerini söyledi. Yaşam Ayavefe'nin ismini hayatımda ilk defa o zaman duydum.

Eray Kenanoğlu ve Yaşam Ayavefe ziyaretime geldiklerinde Yaşam Ayavefe'nin Kırgızistan'da kaldığını söylediler. Kuzey Kıbrıs'ta kaza sonucu bir cinayet olduğunu, bu sebeple ölen kişinin yakınları Yaşam Ayavefe'yi suçladıkları için Kıbrıs'a gidemediğini, bu yüzden Kırgızistan'da kaldığını söylediler.

Eray Kenanoğlu "Yaşam Ayavefe'nin nikâhı var. Reis'im sen kendisinin nikâh şahidi olursan Kıbrıs'a gittiğinde ona kimse bir şey yapamaz" dedi. Eray Kenanoğlu'nun babası cennetmekân Başbuğ Alparslan Türkeş'in yanında olan ilk ekipte yer aldığı için kendisine büyük saygım vardı. Bu sebeple Eray Kenanoğlu'nun ricasını kırmadım. Zannediyorum Avcılar tarafında bir nikâh dairesinde nikâha katılarak şahidi oldum. Sonrasında teşekkür etmek için ziyaretime geldiklerinde bir kere daha gördüm. Yani 14 senedir Yaşam Ayavefe'yi bir daha hiç görmedim. Telefonda hiç konuşmadım.

Yaşam Ayavefe sizden daha sonraki yıllarda yardım istedi mi?

S.P.: Yaşam Ayavefe isimli şahsın aslında kim olduğunu, nasıl bir karaktere sahip olduğunu öğrendikten sonra bu şahsa karşı antipati ve nefret duygularına halen daha sahip olduğum için benden herhangi bir yardım isteyebilme şansı yok.

Yunanistan'da Yaşam Ayavefe ile görüştüğünüz doğru mu?

S.P.: Biraz evvel de söylediğim gibi, bu tip şahıslara antipati duyuyorum. Yaşam Ayavefe ve onun gibi şahıslarla ancak cehennemde görüşürüm.

Veysel Şahin ile Derkan Başer'in yürüttüğü sanal bahis organizasyonuyla ilgili bir bilginiz var mı ya da onlarla iletişime geçtiniz mi?

S.P.: Bahsettiğiniz kişilerin yürüttüğü organizasyonla ilgili herkes gibi dışarıdan bilgi sahibiyim. İletişime geçmedim. Geçmem. Bu konulardaki bakış açımı biraz önceki sorularda net olarak cevapladığımı zannediyorum.

Yasadışı sanal bahis konusunda Türkiye'ye ne gibi bir uyarınız olacak?

S.P.: Yasadışı bahis ve uyuşturucu kullanma oranının çok fazlalaşmasının ülkemiz için milli tehdit seviyesine geldiğini öngörüyorum. Bence milli güvenlik kurulu tarafından öncelikli tehdit olarak gündeme alınarak daha caydırıcı cezalar çıkarılıp bu iki illetten ülkemizin acilen kurtarılması lazım.

Bu süreçte Yaşam Ayavefe ile kızı Şanel Dilaver üzerinden ortak olan Ertuğ Dilaver'e bir desteğiniz oldu mu?

S.P.: Ertuğ Dilaver denen kişiyi hayatımda hiç görmedim. Telefonla dahi konuşmadım. Kıbrıs'ta ismimin bu tip konularda fazlaca konuşulması üzerine iki avukatımı araştırma yapmak için zannediyorum 2016 senesinde Kıbrıs'a yolladım. Bu Ertuğ Dilaver denen şahıs avukatlarımı polise şikâyet etmiş. Kendisine zarar verilmesini organize etmek için benim yolladığımı söylemiş. İki avukatım polis merkezinde yanlış hatırlamıyorsam 8-10 saat kalmışlardı. Ertuğ ve Yaşam Ayavefe tarzındaki şahıslara benim yardım etmemi bir kenara bırakın, bu tip insanlardan sadece nefret ederim. Şu an garip gurebadan çaldıkları paralarıyla çok sosyetik ve zengin hayat yaşıyor olabilirler. Ancak bunların da sonu rahmetsiz Halil Falyalı gibi olacaktır. "Nereden biliyorsun?" diye bana sorarsanız cevabı çok basittir. İnsanlık tarihi kadar eski olan bir öğreti şöyle der: "Rüzgâr eken fırtına biçer." Aldıkları ahlar, bu kişilerin ektiği rüzgârdır. Bir gün mutlaka o ahların çıkardığı fırtına bu kişileri biçecektir (yani onlar da rahmetsiz olacaklar).

Eray Kenanoğlu kendisine düzenlenen silahlı saldırıda saldırının azmettiricisi olarak sizi suçladı. Bu konuda bir şey söylemek ister misiniz?

S.P.: Eray Kenanoğlu'nun Yaşam Ayavefe'yi yanıma getirdikten sonraki süreçte tabii ki Eray Kenanoğlu'na kızmıştım ve görüşmeyi kesmiştim. Bu süreçte silahlı saldırıya uğrayınca bu saldırıyı benim yaptırdığımı düşünmesi gayet normal. Ancak daha sonrasında kendisiyle görüştüm. Babasının hatırından dolayı ona karşı böyle bir şey yaptırmayacağımı söyledim. Şu an arada bir telefonla kendisiyle görüşüyorum (kendisi de benim öyle bir şey yaptırmayacağıma ikna oldu).

Evimin narkotik köpekleriyle aranması ve çocuklarıma silah çekilmesinden sonraki süreçte bazı yetkililerle yaşadığım problemler hepinizin malumudur. Eray Kenanoğlu isimli kardeşe ulaşıp benimle ilgili saçma sapan ifadeler vermesi yönünde kendisine telkinde bulunmuşlar. Bu yüzden böyle ifadeler vermiş. Eray Kenanoğlu kardeşim bunu samimi bir şekilde bana anlattı.

Sedat Peker'in sözleri üzerine yorum yapmam doğru olmaz. Yaşananları her iki taraftan da aktarmaya çalışıyorum.

Biz anlatmaya devam edelim.

Savcılığa Gelen İhbar Baronları Açığa Çıkarıyor

Kitabın en başından beri bir şeyi fark ediyorsunuz. Yazdığım isimler ucundan kıyısından hep birbiriyle bağlantılı.

Açıkçası Veysel Şahin'in kurduğu sistem ve sahip olduğu güç Hollywood için film senaryolarına konu olacak cinsten.

Üstelik bu sistemin içerisinde, kaynak aldığım iddianame ve savunmalar hazırlandığında henüz baron olamamış Yaşam Ayavefe'nin de Veysel Şahin'in beraber çalıştığı isimlerden biri olduğunu görüyoruz.

Yani Yaşam Ayavefe bunca "maceraya" imza atmadan önce Şahin'in "eğitiminden" geçmiş biriydi.

Suçu ve suçluyu övmüyorum. Öyle ki bu satırlar yazıldığında Veysel Şahin'in dosyası halen İstinaf'ta bekliyordu.

Henüz sonuçlanmış bir yargı süreci söz konusu değil.

Ama yazacak çok şey var.

Tarih: 31 Ekim 2008.

Aslında Veysel Şahin ve Yaşam Ayavefe ismi ilk olarak 2008'de yapılan bu operasyonla Emniyet'in dikkatini çekti.

Gelin o günlere bir gidelim.

Emniyet, 2007'den itibaren Türkiye'de çığ gibi büyüyen yasadışı sanal kumar sitelerini takibe aldı.

Savcılığa bir ihbar geldi. İhbarın içeriğinde Holdemturk, Adapoker, Apllengc ve Vadipoker gibi internet sitelerinde kumar oynatıldığı bahanesiyle dolandırıcılık yapıldığı iddia ediliyordu.

Savcılık, gelen bu ihbarı ciddiye alarak araştırmaya başladı. Elde edilen istihbari bilgiler, ihbarın doğruluğunu destekliyordu. Bunun üzerine savcılık, bu yapılanmaya yönelik teknik ve fiziki takip sürecini başlattı.

Araştırmalar derinleşti.

Dinlemeler, raporlar ve istihbarat sonuçları neticesinde, söz konusu yapılanmaya bağlı 42 kişi tespit edildi. Nihayet, 19 Ocak 2009 tarihinde geniş çaplı bir operasyon gerçekleştirildi. Operasyon kapsamında 42 şüpheli gözaltına alındı.

Operasyonun ardından Büyükçekmece 2. Sulh Ceza Mahkemesi, gözaltına alınan şüphelilerden 17'si hakkında tutuklama kararı verdi. Tutuklama sürecinin ardından, 29 Mayıs 2009 tarihinde hazırlanan iddianame, 5. Ağır Ceza Mahkemesi tarafından kabul edildi. Bu iddianame, dolandırıcılık şebekesinin nasıl çalıştığını ortaya koyan detaylı bir belge niteliğindeydi.[1]

Gözaltı ve İddianame Detayları

Gözaltına alınanlar arasında Veysel Şahin ile Yaşam Ayavefe de bulunuyordu. İddianamenin kabul edilmesinin ardından, 3 Haziran 2009 tarihinde Yaşam Ayavefe, Tevfik Paklayıcı ve diğer üç kişi tahliye edildi. Ardından, 8 Temmuz 2009 tarihinde Veysel Şahin, eşi Demet Şahin ve diğer 10 kişi daha serbest bırakıldı.

Şüphelilere yönelik suçlamalar arasında suç işlemek amacıyla örgüt kurma ve örgüte üye olma, bilişim sistemlerini kullanarak dolandırıcılık ve banka veya kredi kurumlarının araç olarak kullanılması suretiyle nitelikli hırsızlık yer alıyordu.

İddianamede örgütün yapısı da çizildi...

Savcılık tarafından hazırlanan iddianamede, suç örgütünün liderinin Veysel Şahin olduğu ifade edildi. Şahin'in eşi Demet Şahin, kardeşi İsmail Şahin, Yaşam Ayavefe ve Kemal Şahin ise örgütün diğer önemli üyeleri olarak tanımlandı. Bu kişiler, örgütün işleyişini kontrol etmek, organizasyonu sağlamak ve eylemleri koordine etmekle suçlandı.

Örgütün hiyerarşik bir yapıya sahip olduğu ve bu yapının suçları işlemek için elverişli bir şekilde organize edildiği belirtildi. Veysel Şahin'in lider olarak tüm operasyonları yönettiği, görev dağılımını yaptığı ve üyelerine talimatlar verdiği iddia edildi.

- Parasal Faaliyetler: Demet Şahin tarafından yürütülüyordu.
- Teknik Destek: Yaşam Ayavefe ve Osman Siyami Ateş tarafından sağlanıyordu.

1 İstanbul Cumhuriyet Başsavcılığı İddianame No: 2009/788, Tarih: 28.05.2009

- Canlı Oyuncular ve Sahte İşlemler: Diğer örgüt üyeleri tarafından yürütülüyordu.

Poker Oyunundaki Dolandırıcılık

İddianamenin en dikkat çekici bölümlerinden biri, yasadışı kumar sitelerinde oynanan poker oyunuyla ilgiliydi.

Örgütün yazılımcılar tarafından aktif hale getirilen "el göster" butonu, kullanıcıların ellerini görmelerini sağlıyordu.

Bu buton sayesinde, oyuncuların hangi kartlara sahip olduğunu gören örgüt üyeleri, oyuna yerleştirdikleri kendi elemanları aracılığıyla rakip oyuncuların kazanmasını sistematik bir şekilde engelliyordu.

Bu yöntemle, kumar sitesi üzerinden yüksek miktarlarda haksız kazanç elde edildiği iddia edildi.

Savcılığın iletişim tespit tutanaklarına göre, Veysel Şahin'in örgüt üyeleriyle sürekli irtibat halinde olduğu ve tüm süreçleri koordine ettiği ortaya kondu.

Şahin'in, parasal faaliyetlerden teknik destek ve canlı oyuncuların organizasyonuna kadar her alanda talimatlar verdiği tespit edildi. Ayrıca, suç örgütünün işleyişine dair kapsamlı bir iş bölümü olduğu belirtildi.

Veysel Şahin, mahkemede yaptığı savunmada, suç örgütü kurma ve dolandırıcılık iddialarını reddetti. Yaptıkları faaliyetin yasal bir kumar sitesi işletmeciliği olduğunu ve bunun bir firma üzerinden yürütüldüğünü ifade etti.

Veysel Şahin mahkemede yaptığı savunmasında şu ifadeleri kullandı:

> "Ben bilgisayara nasıl girildiğini, orada ne şekilde kumar oynandığını bilemem. Kumar sitesi çalıştıran eşimin zaman zaman ricası üzerine bazı konularda eşime yardımcı oldum. Ancak kimseye ne kumar oynattım, ne de kumar oynatarak kimseyi dolandırdım. Yasadışı örgüt suçlamasını kabul etmem. Eşimin oluşturduğu iddia edilen çıkar amaçlı örgütün finans müdürü değilim."

İsmail Şahin'in İddialardaki Rolü ve Savunması

Veysel Şahin ve eşi Demet Şahin'in dışında, İsmail Şahin'in de organize suç örgütünde yönetici konumunda olduğu iddia edildi. İddianameye göre, İsmail Şahin'in örgütün faaliyetlerini koordine ettiği ve kendisine bağlı üyelerle iletişim kurarak talimatlar verdiği belirtildi. Özellikle canlı yardım elemanları ile cep bank görevlilerini yönlendirdiği ifade edildi.

İsmail Şahin, mahkemede yaptığı savunmada, oyun sitelerinde canlı yardım elemanı olarak görev yaptığını ve bu iş karşılığında 2.000 TL ücret aldığını söyledi. Savunmasında, "El göster" programını bildiğini kabul etti ancak bu programı oyuncuları dolandırmak amacıyla değil, geçmiş oyunları kontrol etmek için kullandıklarını iddia etti. Ayrıca, dolandırıcılık kastıyla hareket etmediğini dile getirdi.

Kısa kısa aktarıyorum.

İddianamede, Yaşam Ayavefe'nin de suç örgütü yapılanmasında, site tasarımı, yazılım, oyun geliştirme gibi teknik hususlarda sorumlu yönetici olduğu ve aynı zamanda suça konu oyun sitelerine de ortak olduğu belirtilmiş.

Site tasarımları ile ilgili olarak Veysel Şahin'den aldığı talimatları yerine getirdiği ve kendisine bağlı olarak teknik ekipte yer alan İrfan Bahadır, Osman Siyami Ateş'i koordine ettiğini anlatmış.

Ayrıca oyun sitelerindeki hileli oyunların, "el göster" programlarının çalışmasında aktif rol oynadığı tespit edilmiş.

Yaşam Ayavefe savunmasında; Veysel Şahin'in isteği üzerine oyun sitelerine teknik yardımda bulunduğunu, bu sitenin bir poker sitesi olduğunu kabul etmiş.

Öyle ki bunların suç olduğunu bilmediğini, herhangi bir dolandırma eyleminin söz konusu olmadığını ifade etmiş.

Ayavefe, "el görme" programının geçmiş oyunları takip etmek ve kazanan kaybeden oyuncuların portföyünü tespit etmek için kullanıldığını anlatırken, herhangi bir suç oluşumunun içinde olmadığını ifade ederek atılı suçu kabul etmemiş.

Bakın burada büyük bir skandal var.

Adım adım şüphelilerin ikrarları ile anlatacağım...

Mesela iddianamede yer alan isimlerden Kemal Şahin'in örgüt yapılanması içinde yönetici konumda olduğu, suç örgütüne ait oyun sitelerine giren mağdurların aldatıcı programlarla oyunda kaybetmelerini sağlamakla yükümlü olduğu belirtilmiş.

Yönetici konumda olması nedeniyle sitelere de ortak olduğu, yönetici ve ortak olarak diğer yöneticilerle sık sık toplantılara katıldığı belirlenmiş.

Hatta dolandırıcılık faaliyetine konu olan sitelerde eylemlerin gerçekleştirilmesi için ilgili birimleri yönlendirip koordine ettiği tespit edilmiş.

Kemal Şahin savunmasında ise "apllegc.com" isimli oyun sitesinde ücret karşılığı müşteri temsilcisi olarak hizmet yaptığını, Veysel Şahin'in patron olduğunu kabul etmiş.

Yaşam Ayavefe ile Demirhan Doruk Aktoprak'ın ilgili sitede sorumluluk aldıklarını, Osman Siyami Ateş ve Mehmet Solmaz'ın ise teknik eleman olduklarını anlatmış.

Kemal Şahin bir bir dökülmüş anlayacağınız.

Devamında da Koray Şahin'in sitenin tasarımını yaptığı, Mustafa Altun, Sezai Bakır, Ekrem Tekin ve Korkut Cici'nin cep bank görevlisi, Cahit Türksoy'un ise canlı takip görevlisi olduğunu, "el görme" programı kullanılarak oyuncuların dolandırıldığını ifade etmiş.

Bu, "el görme" programı da ne oluyor diyeceksiniz...

Adı üstünde.

Özetle kumar oynamak için girenlerin ellerini görmek için program yapmışlar.

Bu sayede belirli oranda oyuncuların kazanmalarına izin vermişler, oyuncu kazanmaya başlayınca el görme programı ile oyuncunun elini görüp kaybetmesi için hile yapmışlar.

Şüphelilerden Şahin Demiray'ın suç örgütünde canlı yardım görevlisi olarak görevlendirildiği, Veysel Şahin, Demet Şahin, İsmail Şahin ve Şenay Güner ile irtibatının olduğu tespit edilmiş.

Şahin Demiray savunmasında; sistemin işleyişi hakkında samimi beyanda bulunmuş olup, kendisinin oyun sitelerinde canlı yardım elemanı olarak çalıştığını anlatmış.

Daha sonra da Veysel Şahin vasıtasıyla oluşum içine girdiğini, yapmış olduğu faaliyetler karşısında aylık 1500 TL menfaat temin ettiğini, şüphelilerden İsmail Şahin'in kendisine "el göster" programını verdiğini, bu programın diğer oyuncuların elinin görülmesini sağladığını açık açık söylemiş.

Ancak Şahin Demiray kendisinin bunu kullanmaması nedeniyle geri alındığını, aynı programı İsmail Şahin ve Veysel Şahin'in başarıyla kullandıklarını dile getirmiş.

Bu program ile diğer oyuncuların ellerini görerek oyun oynayıp kazandıklarını övünerek anlattıklarına tanık olduğunu kabul etmiş.

İsimleri iddianamede geçen Şaziye Arzu Yıldırım Yalçın savunmasında; atılı suçu kabul etmemiş, şüphelilerden Veysel ve Demet Şahin'e 52 bin TL borç verdiğini, bunun dışında herhangi bir ilişkisinin olmadığını beyan etmiş.

Yine adı iddianamede geçen Arzu Keskin'in; dolandırıcılık eyleminde kullanılan oyun sitelerine ortak olduğu, oyun sitelerine girerek mağdurların dolandırılması eyleminde aktif rol oynadığı tespit edilmiş.

Fakat burada ilginç bir şey oluyor.

Arzu Keskin, gözaltına alınması için evine gidildiğinde evindeki bilgisayarı pencereden atmış.

Savunmasında bu durumu "annesinin kumar oynamasını istemediği için attığını" ifade etmiş.

Yorum yapmadan anlatmaya devam edeyim.

Kısa alıntılarla size tabloyu aktarmak istiyorum.

Adı aynı iddianamede geçen Ali Yücel Sedefoğlu'nun da dolandırıcılık eyleminde kullanılan sitelere ortak olması dolayısıyla yöneticiler arasında yapılan toplantılara katıldığı tespit edilmiş.

Savunmasında; Veysel Şahin ve Kemal Şahin'in talimatıyla belli bir ücret karşılığında oyun sitelerine oyun oynayıcı olarak girip oyun oynadığını, bunun dışında herhangi bir faaliyetinin olmadığını ifade etmiş.

Yani kumar sitesinde oynayan oyuncu da şebekenin bir parçası...

Devam edelim.

Veysel Şahin'e bağlı Osman Siyami Ateş'in de örgüt yapılanmasında teknik eleman olarak görev aldığı, örgüt faaliyetinde kullanılan sitelerin tasarımı, yazılımı, oyun geliştirme ve sistemin teknik yönden geliştirilmesi ile yükümlü olduğu tespit edilmiş.

Savunmasında "klaspoker" ve "apllegc" isimli sitelerin oyun yazılımlarını Demirhan Doruk Aktoprak ile birlikte yazdığını, buna karşılık prim aldığını açıkladı. "El göster" programını şüphelilere öğrettiğini ancak oyuna entegre etmediğini, dolandırıcılık eyleminin içinde yer almadığını ifade etmiş.

Tabii bizim için önemli olan bu yan isimlerden çok bu isimlerin savunmalarında anlattıkları örgüt yapısı...

Tam da bunlardan biri olan Hamza Ataman'ın, örgüt yöneticisi olan Demet Şahin'in talimatları ile hareket ettiği, örgüt yapılanması içinde cep bank havale görevlisi olarak yer aldığı tespit edilmiş.

Ataman yaptığı savunmada, Veysel Şahin vasıtasıyla bu oluşuma üye olduğunu, Veysel Şahin'in talimatıyla kendi adına iki adet banka hesabının açıldığını, hesabında toplanan paraları Demet Şahin'in Garanti Bankası Kâğıthane şubesindeki hesabına transfer ettiğini anlatmış.

Buna karşılık 1.500 TL aylık aldığını, bu işlemleri yaparken öncelikle oyun sitelerini legal bahis sitesi olarak bildiğini, sonradan yasadışı bir site olduğunu anladığını söylemiş. Ancak paraya ihtiyacı olması nedeniyle ayrılamadığını, dolandırıcılık eylemleri ile ilgili olarak bilgisinin olmadığını anlatarak işin içinden sıyrılmaya çalışmış.

Bir diğer teknik elemanlardan İrfan Bahadır da savunmasında bütün isimleri vermiş.

Hatta teknik konularda Yaşam Ayavefe'nin vermiş olduğu talimatlara uygun faaliyetlerde bulunduğunu söylemiş.

Veysel Şahin, Demet Şahin ve Yaşam Ayavefe ile irtibatının olduğu, şüphelinin özellikle "el göster" programı ile ilgili giriş ayarlamalarını gerçekleştirdiği, teknik aksamalar ile ilgili konularda teknik yardımlarda bulunduğu tespit edilmiş.

İrfan Bahadır, yaptığı savunmada şüphelilerden Yaşam Ayavefe, Demet Şahin ve Veysel Şahin'i tanıdığını, "Adapoker" ve "Holdemturk" isimli internet sitelerindeki teknik aksaklıkları gidermek göreviyle yükümlü olduğunu anlatmış.

Bu görevi karşılığı aylık yaklaşık 4.000 euro para aldığını, siteleri incelerken siteye ait dosyalar içinde "el göster.swf" isimli programı gördüğünü, bunu Yaşam Ayavefe'ye sorduğunu da aktarmış.

Karşılığında ise Yaşam'ın bu programla hile yapmaya çalışan oyuncuları tespit ettikleri cevabını verdiği, ancak bu programla masadaki tüm oyuncuların elinin canlı oyun esnasında görülebileceğini, bunun dolandırıcılıkta kullanımının mümkün olduğunu ifade etmiş.

Gelgelelim İrfan Bahadır, mahkemede yaptığı savunmada "el göster" programıyla ilgili bu ifadelerini reddetmiş.

"Jandarmada bana baskı yapıldı" diyen İrfan Bahadır, "El göster programı oyun oynandığı sırada oyun oynayanların elini göstermiyor, bildiğim kadarıyla oyun oynandıktan sonra oyuna katılanların oynadığı eski el durumunu göstermektedir. Şimdiki savunmam kapsamı dışındaki aleyhe beyanları kabul etmiyorum" ifadelerini kullanmış.

Bakın bunlar hep itiraf.

Mahkeme ve savcılık da farkında, olayın hep aynı isimlerin etrafında döndüğünün. Sanıkların savunmalarında hep aynı Veysel Şahin, Demet Şahin ve Yaşam Ayavefe isimlerini telaffuz etmesi mahkemeye yeterli gelmiyor.

Çünkü satır aralarında hep bir itiraf çıkıyor.

Ama asıl itirafı henüz okumadınız...

Savcılık tarafından Yusuf Paklacı adlı şüphelinin Yaşam Ayavefe'nin talimatıyla hareket ettiği belirlenmiş. Bunun örgüt yapılanması içinde canlı yardımcı ekibi olarak rol aldığı ve sitelere oyuncu gibi girerek mağdurların dolandırılmalarını sağladığı anlaşılmış.

Şüphelinin oyuncu olarak girdiği sitelerde dolandırıcılık yapmak suretiyle diğer oyuncuların para kaybetmesini sağladığı konuşmalardan tespit edilmiş.

Yusuf Paklacı da savunmasında dökülmüş.

"Adapoker.com" isimli oyun sitesinde canlı yardımcı olarak çalıştığını, bu eylemi ile ilgili olarak Yaşam Ayavefe'nin talimatlarıyla hareket ettiğini anlatmış.

İsmail Şahin, Arzu Keskin ve Osman Siyami Ateş ile MSN üzerinden zaman zaman konuştuklarını, canlı yardım ile ilgili yapması gerekenleri bu şahıslardan öğrendiğini, tüm oyunlarda hile yapıldığını bildiğini, kendisinin de bu eylemlere katıldığını itiraf etmiş.

Suç örgütü içine Yaşam Ayavefe aracılığıyla girdiğini, Demet Şahin ve Arzu Keskin ile internette Yaşam Ayavefe vasıtasıyla tanıştığını, Yaşam tarafından kendisine verilen bilgisayarda "el göster" programının yüklü olduğunu dile getirmiş.

Bu program sayesinde oyun alanında diğer oyuncuların ellerini görebildiğini, bu durumda ne yapması gerektiği hususunda Yaşam'dan talimat aldığını anlatmış.

İstediği kişiden para kazanıp, istediklerine para kazandırdıklarını, telefon konuşmalarında sık sık kullanılan "temizlemek" ve "yemek"ten kastedilenin "el göster" programı kullanılarak oyundaki oyuncuların kaybetmesini sağlamak olduğunu, kendisine ait internet hesabının Yaşam tarafından kullanıldığını ifade etmiş.

Bir ek bilgi vereyim; Yusuf Paklacı aynı zamanda Yaşam Ayavefe'nin kuzeni oluyor.

Bu ekip sadece yasadışı bahis organizasyonuna girmekle kalmamış, yasadışı kumar oynayan insanları üstüne bir de dolandırmışlar.

İddianamede dikkat çeken bir durum daha var.

Şüphelilerin bu dolandırıcılık işlemlerinden kazandıkları paralarla ilgili havaleleri dikkati çekerken Akbank ATM'lerindeki bir yazılım hatası sonucu aynı anda iki ayrı ATM'den şifre girildiğinde havale yapılan tutarın iki kez ödendiğini fark etmişler.

Tabii bu açığı tesadüf eseri mi fark ettiler, yoksa banka içerisinden mi bu bilgi sızdırıldı orası bilinmiyor.

Şüphelilerin bu internet yazılım açığından da yararlanmak suretiyle 67 bin 430 TL parayı mükerrer olarak çekip Akbank'ı örgütlü bir biçimde dolandırdıkları da tespit edilmiş.

Yani bu iş ayaküstü yaptıkları bir eylem...

Olaya bakın...

Öyle ki dava sürecinde de ilginç bir şey oluyor.

Karar aşamasında mağdur olduğunu belirten ve şikâyetçi olan bazı kişiler, her nasılsa zararlarının ödendiğini belirterek şikâyetinden vazgeçtiler.

İşin ilginci, vazgeçenlerden birisi de Akbank olmuş.

Bu kadar ifade ve savunmanın ardından savcı boş geçmemiş tabii.

Şüphelilerin organize biçimde suç işlemek amacıyla örgüt kurduklarını, kumar sitelerinde "el göster" programı gibi hilelerle dolandırıcılık yaptıklarını mahkemeye sunmuş.

Akbank'ın ATM'lerindeki açıktan faydalanıldığını da iddianameye eklemiş. Üstelik iddianamede bu dolandırıcılığın örgütlü bir şekilde yapıldığı yazılmış.

Aslında bu davanın yargılaması 7 Mart 2017'de bitti.

Sonucunda da Veysel Şahin, Demet Şahin, İsmail Şahin, Yaşam Ayavefe ve Kemal Şahin'in "Örgüt Kurma ve Yönetme" suçundan 3 yıl 4 ay hapis cezası ile cezalandırılmalarına karar verildi.[1]

---

1 İstanbul 5. Ağır Ceza Mahkemesi Dosya No: 2009/202 Esas, Karar No: 2017/83, Gerekçeli Karar Tarihi 07.03.2017

Ayrıca bu kişiler dahil olmak üzere üyelerine dolandırılan her mağdur için ayrı ayrı "dolandırıcılık"suçundan 3 yıl 4 ay hapis cezası kararı verilmiş.

Verilen kararda gördüğüm 4 mağdur için ayrı ayrı 3 yıl 4 ay verilmiş, 4 mağdur için ise 1 yıl 8 ay verilmiş ama hükmün açıklanması geri bırakılmış.

21 kişiye ise 1 yıl 8 ay ceza verilmiş ve hükmün açıklanması geri bırakılmış.

Diyeceksiniz ki bu cezalar neden bu kadar az?

Ezcümle onu da anlatayım. Yargılamanın başladığı 2008 yılı ve öncesinde sanal bahis, yasadışı bahis ve bundan kaynaklı kumar oynatmaya dair net bir kanun düzenlemesi yoktu. Haliyle cezai karşılığı da yoktu.

Ben Veysel Şahin ile konuşup bu davayı sorduğumda o da aynısını anlattı; "Murat Bey biz bu işi yaptığımızda bunun suç olduğuna dair bir kanun yoktu ki..."

İnsan bazen hayret ediyor gerçekten.

Bölümün başında da dediğim gibi Veysel Şahin ve ekibi mahkeme sonucu ile ilgili İstinaf başvurusunda bulundular.

İstinaf 6 ay içerisinde karar verdi. [1]

Sanıkların "Suç Örgütü Kurma ve Yönetme" suçlarından aldığı cezaları onadı. "Dolandırıcılık" suçlarından verilen cezalar açısından ise İstinaf başvurularını kabul etti.

Veysel Şahin bu dava sonrasında ekibi ile birlikte işlerini Kıbrıs'a taşıdı. Yaşam Ayavefe önce Kırgızistan'a gitti. Sonrasında KKTC'ye geri döndü.

Halil Falyalı ortaklığı oteller, kumarhaneler, şirketler ve akıl almaz bir lüks hayat Şahin ailesini ve ekibini bekliyordu.

Ta ki 2016 yılına kadar...

Ancak biz Yaşam Ayavefe ile kaldığımız yerden devam edelim

Handikap "Yaşam"

Tarih: 7 Eylül 2016

İstanbul polisi, sanal kumar çetesine yönelik o dönemin en büyük operasyonuna imza attı.

1 İstanbul Bölge Adliye Mahkemesi 6. Ceza Dairesi Esas No: 2017/1984, Karar No: 2017/ 2220, Tarih: 29.09.2017

Operasyonun hedefindeki çetenin İstanbul'daki ofisinde bir günde 1 ila 5 milyon lira para kazandığı belirlendi.

Çetenin İstanbul ayağını dolandırıcılık suçundan yargılanan Veysel Şahin'in yönettiği saptandı. Veysel Şahin ismi yasadışı bahis piyasasının en büyük isimlerinden birisi.

Veysel Şahin kısmına geleceğiz.

Yapılan tespitlerin ardından İstanbul, İngiltere ve KKTC'de "Handikap" adıyla eşzamanlı operasyon başlatıldı.

KKTC'ye Veysel Şahin'i gözaltına almaya giden polisler, Şahin'in bir gün önce operasyon bilgisini öğrendiği ve akabinde ailesi ile kaçtığını görünce şaşkınlığını gizleyemedi.

Karşılarında beklediklerinden daha derin bir yapı vardı.

Veysel Şahin, KKTC'den teknesiyle Lübnan'a kaçtı. Adayı terk eden tek kişi Veysel Şahin değildi. Yaşam Ayavefe de hemen KKTC'yi terk etti.

Ayavefe; Makedonya, Sırbistan, Karadağ (Montenegro),Yunanistan, İngiltere... Tüm ülkeleri gezdi.

Bunlar her gittikleri yere yasadışı sanal bahis sistemini devam ettirdiler.

Yasadışı sanal bahis sitesinde çalışan kaynağımın iddiasına göre Yaşam Ayvefe, Montenegro'da Veysel Şahin'e ait olduğu iddia edilen "Lidyabet" adlı bahis sitesinin işletildiği ve çalışanların kaldığı yere baskın dahi yapmış...

Veysel Şahin'in örgüt lideri olduğu, Ayavefe'nin de "Veysel Şahin'in yardımcısı" olduğu belirtilen dava İstanbul 5. Ağır Ceza Mahkemesi'nde görüldü.[1]

İddianamede Ayavefe için isnat edilen suçlama; suç örgütü yapılanmasında, site tasarımı, yazılımı, oyun geliştirme gibi teknik hususlarda sorumlu yönetici olduğu ve aynı zamanda suça konu oyun sitelerinde de ortak olduğu belirtildi.

Ayrıca örgüt lideri Veysel Şahin ve örgüt yöneticileri ile irtibatlarının bulunduğu iletişim tespit tutanağı ile de tespit edilmiş.

Aynı zamanda sitede bulunan poker oyununda oyuncunun elini gösteren bir program yaparak oyun oynayan kişinin kaybetmesini sağlamada rol aldığı iddia edilmiş.

---

1 İstanbul 5. Ağır Ceza Mahkemesi Dosya No: 2009/202 Esas, Karar No: 2017/83, Gerekçeli Karar Tarihi 07.03.2017

Yaşam Ayavefe mahkemede vermiş olduğu ifadede ise Veysel Şahin'in isteği üzerine oyun sitelerine teknik yardımda bulunduğu gibi suçlamaları kabul etmemiş.

Hatta bu sitenin bir poker sitesi olduğunu, suç olduğunu bilmediğini, herhangi bir dolandırma eyleminde bulunmadığını, el görme programının geçmiş oyunları takip etmek için kullanıldığını beyan ederek atılı suçlamaları da kabul etmedi.

Dava sonucunda, yargılanan birçok kişi gibi Yaşam Ayavefe suç işlemek amacı ile örgüt kurmak ve nitelikli dolandırıcılık suçlarından ceza aldı.

Tabii bu cezalar verilirken Ayavefe firariydi. Sahte pasaportla Bulgaristan sınırını geçmeye çalışırken Yunan polisleri tarafından yakalandı ve tutuklandı.

Yunanistan'da Nasıl Vatandaş Oldu?

Bakın bundan sonraki süreç inanılmaz...

Türk Emniyet Genel Müdürlüğü, Yaşam Ayavefe'nin Interpol tarafından yakalandığını sosyal medya hesabından duyurdu.

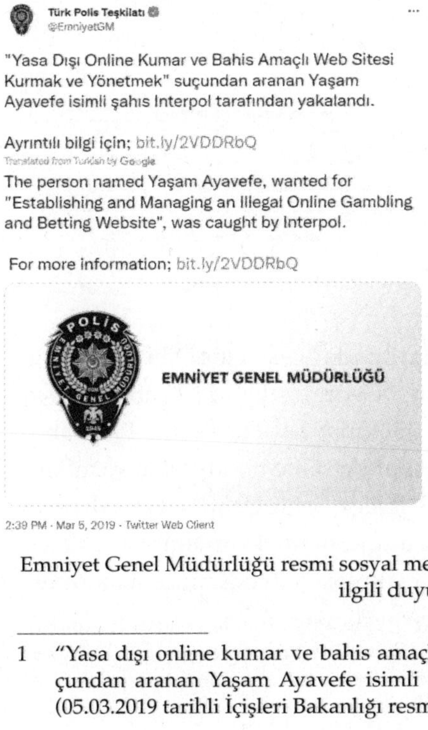
Türk Polis Teşkilatı
@EmniyetGM

"Yasa Dışı Online Kumar ve Bahis Amaçlı Web Sitesi Kurmak ve Yönetmek" suçundan aranan Yaşam Ayavefe isimli şahıs Interpol tarafından yakalandı.

Ayrıntılı bilgi için; bit.ly/2VDDRbQ

Translated from Turkish by Google

The person named Yaşam Ayavefe, wanted for "Establishing and Managing an Illegal Online Gambling and Betting Website", was caught by Interpol.

For more information; bit.ly/2VDDRbQ

EMNİYET GENEL MÜDÜRLÜĞÜ

2:39 PM · Mar 5, 2019 · Twitter Web Client

T.C. İÇİŞLERİ BAKANLIĞI EMNİYET GENEL MÜDÜRLÜĞÜ

Yasa Dışı Online Kumar ve Bahis Amaçlı Web Sitesi Kurmak ve Yönetmek Suçundan Aranan Yaşam Ayavefe İsimli Şahıs Interpol Tarafından Yakalandı

05.03.2019

Songünlerde ülkemizde gerçekleştirilen Yasa Dışı Bahis Operasyonları kapsamında İstanbulAğır Ceza Masası'nın talebiyle "Yasa Dışı Online Kumar ve Bahis Amaçlı WebSitesi Kurmak ve Yönetmek" suçundan Kırmızı Bültenle uluslararası seviyede Türkİnterpol Birimi tarafından aranan Yaşam Ayavefe isimli şahıs 28 Şubat 2019tarihinde ülkemize iadesi amacıyla Yunanistan İnterpol Birimi tarafındantutuklandı.

Emniyet Genel Müdürlüğü resmi sosyal medya hesaplarından Yaşam Ayavefe ile ilgili duyuru[1]

---

1 "Yasa dışı online kumar ve bahis amaçlı web sitesi kurmak ve yönetmek suçundan aranan Yaşam Ayavefe isimli şahıs İnterpol tarafından yakalandı." (05.03.2019 tarihli İçişleri Bakanlığı resmi sayfası)

Yunan basını da çok yakından takip etti bu süreci. Yunanistan'daki *Documento News* gazetesi süreci haberleştirdi.[1]

ΑΙΤΗΣΗ

0010665848000

ΑΡΧΗΓΕΙΟ ΕΛΛΗΝΙΚΗΣ ΑΣΤΥΝΟΜΙΑΣ
ΔΙΕΥΘΥΝΣΗ ΔΙΑΒΑΤΗΡΙΩΝ ΚΑΙ ΕΓΓΡΑΦΩΝ ΑΣΦΑΛΕΙΑΣ
ΑΙΤΗΣΗ - ΥΠΕΥΘΥΝΗ ΔΗΛΩΣΗ ΕΚΔΟΣΗΣ ΔΙΑΒΑΤΗΡΙΟΥ

(V2.7.2) 02/09/2017 13:08:09 (5B2E2CC3791C6B5)
Υπογραφή ασκούντων την επιμέλεια

Δηλώνω την ακρίβεια των ανωτέρω
Υπογραφή αιτούντος/ούσας

Documento gazetesi süreci gün gün haberinde anlattı

Yaşam Ayavefe 1 Eylül 2017 tarihinde "Georgios Dibizev" adına bir kimlik kartı alıyor. 2 Eylül'de "Georgios Dibizev" adına pasaport için başvuruyor. Bu sırada 25 Şubat 2019 tarihinde Promahonas'ta "Evgenios Kolpakov" adı altında sahte bir kimlikle yakalanıyor ve gerçek adının "Georgios Dibizev" olduğunu beyan ediyor.

Yunan makamlarının yaptığı araştırmada kendisinin Türk asıllı Yaşam Ayavefe olduğu ortaya çıkıyor ve hakkında uluslararası

1 "Κυβέρνηση συνέχεια της μαφίας" [Mafyanın Peşinden Giden Hükümet], *Documento*, 20 Şubat 2023, https://www.documentonews.gr/article/kyvernisi-synexeia-tis-mafias/?utm_source=onesignal&utm_medium=push&utm_campaign=2023-02-20-

tutuklama emri bulunuyor. Bu nedenle Promahonas'ta tutuklanıyor. 1 Mart 2019 tarihinde Türkiye'ye iade edilmek üzere Korydallos Cezaevi'ne nakłediliyor.

4 Mart 2019 tarihinde "Yasam Kalifatidis" adında bir kişi Rotterdam'da doğumu için nüfus dairesine kayıt başvurusu yapıyor.

İşte hikâye burdan sonra daha ilginç bir hal alıyor...

Türkiye Yaşam Ayavefe'nin iade edilmesi ile ilgili iade sürecini başlattı ve Selanik Temyiz Konseyi de 25 Temmuz 2019 tarihinde iadeyi onayladı.

Ancak Yaşam Ayavefe bu karara itirazda bulundu.

İtiraz sonucunda yaklaşık bir ay sonra kendisine Yunanistan'da sığınma hakkı verildi.

ΠΕΡΙΠΤΩΣΗ 119η
(επ) **AYAVEFE** (ον) **YASAM**
(ΝΤΙΜΠΙΖΕΒ ΓΕΩΡΓΙΟΣ)

2. Στις **01-09-2017** από το **Τ.Α. Αγίας Παρασκευής** εκδόθηκε το υπ' αριθ. [illegible] Δ.Τ. σε αντικατάσταση του υπ' αριθ. [illegible] σε άνδρα με φερόμενα στοιχεία **ΝΤΙΜΠΙΖΕΒ Γεώργιος** του Νικολάου και της Βαλεντίνα, γεν. 24-07-1987

6. Στις **25-02-2019** συνελήφθη από αστυνομικούς του Τμήματος Διαβατηριακού Ελέγχου Προμαχώνα, άνδρας, ο οποίος, κατά τη διενέργεια του ελέγχου, κατείχε και επέδειξε ως ταξιδιωτικό έγγραφο το υπ' αριθ. [illegible] δελτίο ταυτότητας, εκδοθέν στις 04-07-2018 από το Τ.Α. Παγκρατίου με στοιχεία **ΚΟΛΠΑΚΩΒ Ευγένιος**, το οποίο ήταν εξ' υπαρχής πλαστό (το εν λόγω δελτίο αποτελεί ξεχωριστή περίπτωση της παρούσας δικογραφίας). Ακολούθως, δήλωσε ότι ονομάζεται **ΝΤΙΜΠΙΖΕΒ Γεώργιος** του Νικολάου και της Βαλεντίνα, γεν. 24-07-1987 στη Ρωσία.

Στις 28-02-2019, το Τμήμα Interpol της Δ.Δ.Α.Σ. ενημέρωσε εγγράφως το Τ.Α. Σερρών ότι, τα αποτυπώματά του εν λόγω αλλοδαπό ταυτίζονται με του διεθνώς διωκόμενου, με την υπ' αριθ. Α-9897/9-2018 από 19-09-2018 **Ερυθρά Αγγελία** Διεθνών Αναζητήσεων του Ε.Κ.Γ. **INTERPOL Τουρκίας**, υπηκόου Τουρκίας (επ) **AYAVEFE** (ον) **Yasam** του Mehmet και της Nesrin, γεν. 27-09-1983 στα ADANA Τουρκίας.

Επιπλέον, προκύπτει ότι ο [illegible] στις **04-03-2019**, κατέθεσε αίτηση εκ μέρους του [illegible] **εγγραφής** στο Ειδικό Ληξιαρχείο Αθηνών της γέννησης **του ΚΑΛΙΦΑΤΙΔΗ Γιασάμ Γεώργιου**, ως υιού του, προσκομίζοντας πρωτότυπη **πράξη γέννησης** του Ληξιαρχείου της πόλης του **Ρότερνταμ Ολλανδίας, με σφραγίδα Αποστίλ**

Επιπλέον, προκύπτει και έτερη αίτηση του δικηγόρου [illegible] στις 18-04-2019, προς το Ειδικό Ληξιαρχείο Αθηνών, εκ μέρους **ΚΑΛΙΦΑΤΙΔΗ Γιασάμ Γεώργιου** του για την καταχώριση ληξιαρχικής **πράξης γάμου** του με την **ΑΪΑΒΕΦΕΕΒΑ Όλγα**,

Σημειώνεται ότι στην εν λόγω ληξιαρχική πράξη γάμου Αρχών Καζακστάν αναφέρεται ότι **το επώνυμο του ΚΑΛΙΦΑΤΙΔΗ Γιασάμ Γεώργιου μετά τον γάμο είναι**: **ΑΪΑΒΕΦΕ**, ένεκα της συζύγου και ως εκ τούτου προκύπτουν ως στοιχεία ταυτότητάς του: **ΑΪΑΒΕΦΕ Γιασάμ Γεώργιος**.

[illegible]	[illegible] **φάκελος Δ.Ε.Ε.**	https://www.facebook.com/photo?fbid=3623330484340198&set=a.362332011767456

Ayrıntıları Yunan gazetesi *Solomon*'dan Stavros Maliçudis'in ve haberinin yayınlandığı www.greekcorruption.dk haber sitesinden aktarmaya devam edelim...[1]

Ayavefe, Hıristiyan olduğunu, Türkiye'ye dönerse hayatının tehlikeye gireceğini iddia etti. Üç ülkenin vatandaşlığına sahipti (Türkiye, Dominik ve Sırbistan).

Eğer bir Hıristiyan ise neden illa Yunanistan'da sığınma başvurusunda bulundu?

23 Mayıs'ta Hıristiyan olarak vaftiz edilen ve adını da Leonidas olarak değiştiren Ayavefe, yakalandığı Yunanistan'da "Erdoğan muhalifiyim, Hıristiyanım, işkence görürüm" diye sığınma istedi.

Ayrıca Türkiye'deki mahkûmiyetinin asılsız olduğunu savundu.

Selanik Temyiz Konseyi, kendisinin haksız mahkûmiyet iddialarını kabul etmedi ancak Yaşam Ayavefe'nin, inancı ve "siyasi rejime karşı muhalif bir grubun üyesi" konumu göz önüne alındığında, Türkiye'ye iade edilmesi halinde "zulüm" riskiyle karşı karşıya kalacağını kabul etti ve Ayavefe'yi iade etmek yerine ona "mülteci" statüsü tanıdı.

16 Ekim 2019 tarihinde Yunanistan İltica Servisi'nden, "Uluslararası Koruma Yararlanıcısı Oturma İzni" aldı.

Yaşam Ayavefe ismi artık Yunanistan basınının manşetlerinde yer almaya başladı. Ayavefe de kendi hakkında PR çalışmaları yapmaya devam ediyordu.

Kıbrıs'taki bazı gazetelere ne kadar yardımsever olduğunu gösterebilmek için haberler yaptırıyordu.

"Yaşam Ayavefe sayesinde maaşlar ödendi" ve "Yaşam Ayavefe sayesinde hastaneye cihazlar alındı" vb. haberler özellikle Ayavefe'nin basın bülteni gibi çalışan Kıbrıs basınında yer alıyordu.

Sadece bu değil... Yaşam Ayavefe, Milaya Capital adlı şirketini Yunanistan'da da kurdu.

Yunanistan'da da "yardımlar" yapmaya devam ediyordu. Hatta haberlerde "işadamı ve hayırsever Ayavefe" diye geçiyor ve yaptığı yardımlar abartılarak bahsediliyor.[2]

1 "Επικερδής για τους Έλληνες Πολιτικούς η πολιτογράφηση quid pro quo αλλοδαπών στην Ελλάδα" [Yabancıların Yunanisdan'da vatandaşlığa alınması Yunan siyasetçiler için çok kârlı], Greek Corruption, Mayıs 2024, https://www.greekcorruption.dk/en/the-quid-pro-quo-naturalization-of-foreigners-in-greece-is-profitable-for-greek-politicians-2/

2 Bkz. "Dr. Yasam Ayavefe invests in solar energy through Milaya Capital Limited", 13 Mayıs 2022, https://nairametrics.com/2022/05/13/dr-yasam-ayavefe-invests-in-solar-energy-through-milaya-capital-limited/

Yaşam Ayavefe ofisinde

Yaşam Ayavefe'nin, Covid-19 pandemisinde Yunan Ulusal Sağlık Sistemi'ne (NHS), yerel yönetim kuruluşlarına ve kilise kurumlarına bir dizi bağışta bulunduğu bildirildi.

23 Mayıs 2020'de Pire'de Hıristiyan olarak vaftiz edildi ve Leonidas adını aldı.

Yani aslında iade edileceği sırada "Hıristiyanım" beyanının da doğru olmadığı bu şekilde ortaya çıkmış oldu.

Tabii Ayavefe nasıl bir güce sahip ise Türkiye'de ve hakkında başka ülkelerde çıkan tüm haberleri erişime engelletmeyi başardı, engelletemediklerine ise siber saldırı yaptırdı.

Yaşam Ayavefe, hakkındaki haberler için engelleme kararı aldırırken sınır tanımıyor

İstanbul Cumhuriyet Başsavcılığı'nın talebiyle "yasadışı online kumar ve bahis amaçlı web sitesi kurmak ve yönetmek" suçundan 2019'da Türk İnterpolü tarafından hakkında Kırmızı Bülten çıkarılan ve yakalanan Yaşam Ayavefe, hakkındaki haberler için dördüncü kez erişim engeli kararı aldırdı.

Dahası...

EGM'nin 5 Mart 2019 tarihli "Yasa dışı online kumar ve bahis amaçlı web sitesi kurmak ve yönetmek suçundan aranan Yaşam Ayavefe isimli şahıs, Interpol tarafından yakalandı" başlıklı resmi açıklamasıyla bu açıklamanın yer aldığı sosyal medya paylaşımları da Nizip Sulh Ceza Hâkimliği'nin 7 Ağustos tarihli kararıyla erişime engellendi.

Yani Emniyet Genel Müdürlüğü'nün resmi açıklamaları bile erişime engellenmişti.

Bakın değerli okurlar, dikkatinizi çekerim, "Emniyet Genel Müdürlüğü'nün paylaşımına erişim engeli getirildi" diyorum.

Üstelik bu, Ayavefe'nin EGM'nin söz konusu paylaşımları için aldırdığı "ikinci erişim engeli kararı" oldu.

Ayavefe, ilgili paylaşımlar için 17 Ağustos 2023'te de Bakırköy 3. Sulh Ceza Hâkimliği'nden de erişim engeli kararı aldırmıştı.

Kararla aralarında haber ve sosyal medya paylaşımlarının da yer aldığı toplam 85 haber için erişim engeli emri verildi.[1]

Sadece bu değil...

Yunan hükümetinde krize dönüşen Yaşam Ayavefe ve ailesinin vatandaşlık alma sürecini anlatmalıyım.

Kendisine fahri vatandaşlık verilmesini desteklemek amacıyla tavsiye mektupları sunuldu.

İlk tavsiye mektubu (6 Ekim 2020), Pire Metropoliti Seraphim tarafından imzalanmıştı. Mektupta, Yaşam Ayavefe'nin kilise ve hayır kurumlarına yaptığı bağışlar övgüyle vurgulanıyordu.

İkinci tavsiye mektubu ise (16 Ekim 2020) Kalkınma ve Yatırım Bakanı Adonis Georgiadis tarafından imzalandı ve Ayavefe'nin Yunanistan'daki yatırımlarına dikkat çekiliyordu.

Düşünün, aktif bir bakan, Interpol araması bulunan bir şahsa vatandaşlık için referans olmuştu.

---

1 "Türkiye'nin, Hakkında Kırmızı Bülten Çıkardığı Şahıs, Emniyet Genel Müdürlüğü'nü Erişime Engelletti", Free Web Turkey, 08 Ağustos 2024, https://www.freewebturkey.com/turkiye-nin-hakkinda-kirmizi-bulten-cikardigi-sahis-emniyet-genel-mudurlugu-nu-erisime-engelletti

Babasının hayrına mı yaptı peki?

Birazdan anlatacağım...

Ayavefe'nin niyeti tüm şirketlerinin genel merkezini Yunanistan'a taşımaktı.[1]

Yunan basını Yaşam Ayavefe'ye vatandaşlık tanınmasının perde arkasını yazdı. Haberlere göre, Yunan İçişleri Bakanlığı yetkilileri Ayavefe'nin bir suç bağlantısının olmadığını iddia etti.

Kırmızı Bültenle aranan Ayavefe'ye Yunan vatandaşlığının önünü açanlar ise Kalkınma Bakanı Adonis Georgiadis ve Pire Başpiskoposu Serafim.

Kiriakos Miçotakis Hükümeti, Türk Yaşam Ayavefe'ye en yüksek onurun verilmesini, onu siyasi muhalif olarak tanıtarak meşrulaştırdı.

Kendisine "AA6326458" numaralı Yunan Cumhuriyeti Pasaportunu verdi.

Ayavefe'ye 14 Haziran 2022 tarihinde "Fahri Vatandaşlık" verildi.

Yunanistan'ın, "Söz konusu kişi pandemi döneminde önemli miktarda tıbbi malzeme bağışı yaptı" şeklinde gerekçelendirdiği karar, 14 Haziran'da Cumhurbaşkanı Katerina Sakellaropoulou ve İçişleri Bakanı Makis Voridis tarafından imzalandı. Ertesi hafta Yunan resmi gazetesinde yayımlandı.

İlgili cumhurbaşkanlığı kararnamesinde, "Sağlık sistemi, söz konusu kişinin pandemi dönemindeki yardımları sayesinde çökme tehlikesinden uzaklaştı. Bu kişi ayrıca, yatırımları ile Yunan ekonomisine katkıda bulundu" ifadesi yer aldı.

Hürriyet'in haberine göre Yunan İçişleri Bakanlığı da konuya dair, "Kalkınma Bakanı Adonis Georgiadis ile Pire şehri Metropoliti Serafim, Ayavefe'ye vatandaşlık verilmesi yönünde tavsiyede bulundular.

Metropolit Serafim, Ayavefe'nin Pire'deki kiliselere ve hayır kurumlarına yaptığı bağışlardan övgü ile bahsetti.

---

1 "*Επικερδής για τους Έλληνες Πολιτικούς η πολιτογράφηση* quid pro quo *αλλοδαπών στην Ελλάδα*" [Yabancıların Yunanisdan'da vatandaşlığa alınması Yunan siyasetçiler için çok kârlı], Greek Corruption, Mayıs 2024, https://www.greekcorruption.dk/en/the-quid-pro-quo-naturalization-of-foreigners-in-greece-is-profitable-for-greek-politicians-2/

30581

ΕΦΗΜΕΡΙΔΑ ΤΗΣ ΚΥΒΕΡΝΗΣΕΩΣ

ΤΗΣ ΕΛΛΗΝΙΚΗΣ ΔΗΜΟΚΡΑΤΙΑΣ

22 Ιουνίου 2022 | ΤΕΥΧΟΣ ΔΕΥΤΕΡΟ | Αρ. Φύλλου 3141

ΠΕΡΙΕΧΟΜΕΝΑ

ΠΡΟΕΔΡΙΚΑ ΔΙΑΤΑΓΜΑΤΑ

1 Τιμητική Πολιτογράφηση του αλλοδαπού ΑΓΙΑΒΕΦΕ ΓΙΑΣΑΜ του ΜΕΧΜΕΤ.

ΑΠΟΦΑΣΕΙΣ

2 Έγκριση ίδρυσης Προγράμματος Μεταπτυχιακών Σπουδών με τίτλο «Απογραφή και Παρακολούθηση Δασών και Δασικών Εκτάσεων και Προστατευόμενων Περιοχών» του Τμήματος Δασολογίας και Διαχείρισης Περιβάλλοντος και Φυσικών Πόρων, της Σχολής Επιστημών Γεωπονίας και Δασολογίας, του Δημοκρίτειου Πανεπιστημίου Θράκης.

ΠΡΟΕΔΡΙΚΑ ΔΙΑΤΑΓΜΑΤΑ

(1)

Τιμητική Πολιτογράφηση του αλλοδαπού ΑΓΙΑΒΕΦΕ ΓΙΑΣΑΜ του ΜΕΧΜΕΤ.

Η ΠΡΟΕΔΡΟΣ
ΤΗΣ ΕΛΛΗΝΙΚΗΣ ΔΗΜΟΚΡΑΤΙΑΣ

Έχοντας υπόψη:

1. Το άρθρο 13 του ν. 3284/2004 «Περί κυρώσεως του Κώδικα της Ελληνικής Ιθαγένειας» (Α΄ 217) όπως ισχύει.

2. Το π.δ. 2/2021 «Διορισμός Υπουργών, Αναπληρωτών Υπουργών και Υφυπουργών» (Α΄ 2).

3. Το γεγονός ότι ο αλλοδαπός ΑΓΙΑΒΕΦΕ ΓΙΑΣΑΜ έχει προσφέρει εξαιρετικές υπηρεσίες στη χώρα καθώς έχει συνεισφέρει ουσιαστικά με τις χορηγίες του σε υγειονομικό υλικό, είδη πρώτης ανάγκης και τρόφιμα στην αποτελεσματική αντιμετώπιση της πανδημίας του κορονοϊού κατά την πιο κρίσιμη στιγμή απομακρύνοντας τον κίνδυνο κατάρρευσης του Εθνικού Συστήματος Υγείας, εξασφαλίζοντας τον απαιτούμενο χρόνο για τη λήψη πρόσθετων μέτρων και την ανεύρεση περισσότερων απαιτούμενων πόρων. Επίσης, με τις επενδύσεις του και την ανάπτυξη της επιχειρηματικής του δραστηριότητας στην χώρα έχει συμβάλει στη στήριξη της ελληνικής οικονομίας προβάλλοντάς την στους διεθνείς οικονομικούς κύκλους και ως εκ τούτου η απονομή της ελληνικής ιθαγένειας στο πρόσωπο του δύναται να εξυπηρετήσει εξαιρετικό συμφέρον της χώρας στο πλαίσιο της στρατηγικής ενδυνάμωσης της ελληνικής οικονομίας.

Με πρόταση του Υπουργού Εσωτερικών, αποφασίζουμε:

Πολιτογραφούμε τιμητικώς ως Έλληνα πολίτη τον αλλοδαπό ΑΓΙΑΒΕΦΕ ΓΙΑΣΑΜ του ΜΕΧΜΕΤ, γεννηθέντα στις 27-9-1983 στα Άδανα της Τουρκίας.

Στον Υπουργό Εσωτερικών αναθέτουμε τη δημοσίευση και εκτέλεση του παρόντος διατάγματος.

Αθήνα, 14 Ιουνίου 2022

Η Πρόεδρος της Δημοκρατίας

ΚΑΤΕΡΙΝΑ ΣΑΚΕΛΛΑΡΟΠΟΥΛΟΥ

Ο Υπουργός Εσωτερικών

ΜΑΥΡΟΥΔΗΣ ΒΟΡΙΔΗΣ

ΑΠΟΦΑΣΕΙΣ

Αριθμ. απόφ. 33/66 (2)

Έγκριση ίδρυσης Προγράμματος Μεταπτυχιακών Σπουδών με τίτλο «Απογραφή και Παρακολούθηση Δασών και Δασικών Εκτάσεων και Προστατευόμενων Περιοχών» του Τμήματος Δασολογίας και Διαχείρισης Περιβάλλοντος και Φυσικών Πόρων, της Σχολής Επιστημών Γεωπονίας και Δασολογίας, του Δημοκρίτειου Πανεπιστημίου Θράκης.

Η ΣΥΓΚΛΗΤΟΣ
ΤΟΥ ΔΗΜΟΚΡΙΤΕΙΟΥ ΠΑΝΕΠΙΣΤΗΜΙΟΥ ΘΡΑΚΗΣ

Έχοντας υπόψη:

1. Την παρ. 2 του άρθρου 13 του ν. 4485/2017 «Οργάνωση και λειτουργία της ανώτατης εκπαίδευσης, ρυθμίσεις για την έρευνα και άλλες διατάξεις» (Α΄ 114), οι οποίες αναφέρονται στις αρμοδιότητες της Συγκλήτου.

2. Την υπό στοιχεία 137509/Ζ1 (ΥΟΔΔ 490/2018) πράξη του Υπουργού Παιδείας, Έρευνας και Θρησκευμάτων, με την οποία διαπιστώνεται η εκλογή Πρύτανη και Αντιπρυτάνεων του Δ.Π.Θ. με θητεία τεσσάρων (4) ετών, από 01.09.2018 έως 31.08.2022.

3. Τον ν. 4485/2017 (Α΄ 114) και ιδίως τα άρθρα 30 «Γενικές διατάξεις», 31 «Όργανα διοίκησης των Π.Μ.Σ.», 32

Yunan Cumhurbaşkanlığı Kararnamesi 3141 sayılı Hükümet Gazetesi[1]

Ayavefe'nin Yunanistan'da 10 milyon euro'luk yatırımı bulunduğu, ayrıca Yunan bankalarında 3 milyon euro tuttuğu belirtildi.[2]

1 Yunanistan Cumhuriyeti Cumhurbaşkanlığı Kararnamesi 3141 sayılı Hükümet Gazetesi, Tarih 22.06.2022, Kaynak: Greek Corruption, "Ποιος είναι ο YASAM AYAVEFE που έκαναν Έλληνα [Yunanlaştırılan Yaşam Ayavefe Kimdir?], Greek Corruption, Mayıs 2024, https://www.greekcorruption.dk/en/who-is-yasam-ayavefe-they-made-greek/

2 "Türkiye'nin Kırmızı Bültenle Aradığı Yaşam Ayavefe'ye Yunanistan Vatandaşlık Verdi", *Takvim*, 15 Temmuz 2022, https://www.takvim.com.tr/guncel/2022/07/15/turkiyenin-kirmizi-bultenle-aradigi-yasam-ayavefeye-yunanistan-vatandaslik-verdi

Yunan basını Ayavefe'nin kiliselere yarım milyon euro'dan fazla bağışta bulunduğunu yazdı. Attika bölgesindeki belediyelere de tıbbi malzeme bağışlayan Ayavefe, Mikonos adasında 10 milyon euro'dan fazla yatırım yaptı.

Yunan ana muhalefet partisi SYRIZA başka bir ülkenin kırmızı bültenle aradığı bir kişinin Yunanistan'da uluslararası koruma statüsü almasına tepki gösterdi. Ayavefe'ye Yunan vatandaşlığı verilmesini 'Tüm hayal gücünü aşıyor' sözleriyle eleştirdi."

Yaşam Ayavefe'nin ve ailesinin vatandaşlık alması ise tam bir karışıklık çıkardı. Yunan medyasından *Documento* bu konunun üzerine gitti ve ayrıntılı bir dosya haber hazırladı.[1]

Gazetenin başlığı şöyle: "Yunan mafyası karısını, (Bakan) Adonis ise Ayavefe'yi yerleştirdi"

Gazete Kalkınma Bakanı Adonis Georgiadis'in, Türk kaçağı Yaşam Ayavefe'yi fahri vatandaşlık statüsüne taşımak için yazdığı tavsiye mektubunun perde arkasını sorguluyordu. İddiaya göre, Georgiadis'in eşi, Ayavefe'nin pasaport ve kimlik kartı çıkarma sürecinde devreye giren bağlantılar zincirinin bir parçasıydı.

Habere göre, Bakan Georgiadis'in mektubunda "uluslararası bir işadamı" olarak lanse edilen Ayavefe, aslında eşinin aracılığıyla Yunan mafyasıyla ilişki içindeydi. Bu mafya grubu, yeminli

1 "Η μαφία τακτοποίησε τη σύζυγο και ο Αδωνης τον Αγιαβέφε"[Mafya Karısını, Adonis ise Ayavefe'yi Yerleştirdi], Marios Aravantinos, *Documento*, 13 Şubat 2023, https://www.documentonews.gr/article/h-mafia-taktopoiise-ti-syzygo-kai-o-adonis-ton-agiavefe/

polis memurlarını da kapsayan ve suçlulara sahte kimlik kartı sağlayan bir suç şebekesiydi.

Dahası, Kasım 2018 gibi erken bir tarihte, Yunan polisinin İçişleri Servisi tarafından yürütülen bir soruşturma, Ayavefe'nin eşine sahte bir kimlik kartı verildiğini ortaya çıkarmıştı. Bu durum, Ayavefe'nin Yunan vatandaşlığına giden yolunda sadece bağışların değil, aynı zamanda derin ilişkiler ağının da rol oynadığını gösteriyordu.

2021 yılı sonunda, Yunan polisinin İçişleri Servisi tarafından yapılan bir operasyon, Ayavefe ailesiyle ilgili çarpıcı detayları ortaya koydu.

Polis, söz konusu olayla ilgili dava dosyasını Aralık 2021'de tamamlayarak savcılığa sundu. Yani Yunan adalet sistemi, Ayavefe ailesinin mafyayla ilişkisi ve yasadışı yollarla elde edilen belgeler hakkında bilgi sahibiydi. Ancak bu bilgi, Yaşam Ayavefe'nin skandal bir şekilde Yunan vatandaşlığına kabul edilmesinden en az altı ay öncesine dayanıyordu.

Daha çarpıcı olan ise iddialara göre Yaşam Ayavefe, bağışlar ve politik desteklerle kendisine vatandaşlık aldırmaya çalışırken, eşi mafya aracılığıyla sahte evraklar düzenleyerek vatandaşlık kazanmıştı. Bu durumun fark edilmesi üzerine yargılama süreci başlatılmıştı, ancak Ayavefe'nin vatandaşlık süreci bu bilgilere rağmen durdurulmamıştı.

Haberin ayrıntılarına bakmaya devam edelim:

> "Yatırım ve Kalkınma Bakanı ve ND Başkan Yardımcısı'nın, tavsiye mektubunda Ayavefe'nin önemli bir işadamı olduğunu söylerken, hatta adının *Forbes* dergisinin dünyanın en önemli işadamları listesinde yer aldığını yazarken, uluslararası arama emriyle aranan birinin ciddi bir ceza davasına –dolaylı da olsa– dahil olup olamayacağını nasıl araştırmadığı merak ediliyor. Sonuçta, düzinelerce kişinin dahil olduğu davayla ilgili kapsamlı raporlar 2021'in sonlarında basında yer almıştı.
>
> Konuyla ilgili bir soruda (Bakan) Georgiadis'e yöneltilen ve özellikle Yassam Ayavefe'yi tavsiye etmeden önce ihtilaflı dava dosyasının varlığından haberdar olup olmadığı sorusuna Kalkınma Bakanı, geçen sefer Ayavefe'nin vatandaşlığa kabul skandalını ortaya çıkardığımızda yaptığı gibi lakayt bir şekilde cevap verdi: 'Hiçbir fikrim yok, bu beni ilgilendirmez.'
>
> Ayavefe'nin vatandaşlığa alınmasına son imzayı atan sorumlu İçişleri Bakanı Makis Voridis ise *Documento*'ya verdiği resmi demeçte, Ayavefe'nin eşinin bu ciddi vakaya karıştığına dair hiçbir

bilgisi olmadığını ve bunu ilk kez duyduğunu söyledi. Aslında, İçişleri Bakanlığı'ndan iyi bilgilendirilmiş kaynaklara göre, vatandaşlığa kabul edilecek kişilerin profilini kontrol etmekten sorumlu yetkili departman, bu dosyanın varlığından hiçbir zaman haberdar edilmedi ve bu da meşru soruları gündeme getiriyor. Görünüşe göre NSS o dönemde ulusal güvenlikle ilgili değil, başka gözetleme faaliyetleriyle meşguldü."

Ayavefe'nin Eşinin Kimliği Ortaya Çıkıyor

Bu sırada dikkat çekici bir gelişme yaşanıyor.

Yunan medyasının radarına bu kez Yaşam Ayavefe'nin eşi Yulia Ayavefe giriyor. Ancak medyanın odak noktası yalnızca Ayavefe ailesi değil; asıl hedefleri hükümetteki ve bürokrasideki üst düzey isimlerin yolsuzluklara karışıp karışmadığını ortaya çıkarmak.

Burnuna pis kokular gelen Yunan medyası, hem Yaşam Ayavefe'yi hem de eşini mercek altına alıyor. Bu süreçte, bağışlar ve sahte evraklarla ilişkili iddialar gün yüzüne çıkarken, medyanın derinlemesine araştırmaları Ayavefe ailesinin tüm bağlantılarını ve olası yolsuzluk zincirlerini ortaya koyma çabasına dönüşüyor.

Devamını okuyalım:

> İçişleri Servisi'nin 1 Aralık 2021'de ilgili savcılığa ilettiği bilgiye göre, Konstantin ve Svetlana'nın Ayavefeeva Yulia adlı bir kadının farklı ayrıntılara sahip bir kimliği vardı, yani Savinskaya Yulia olarak görünüyordu. Ayavefeeva, Yaşam Ayavefe'nin eşi ve aslen Letonya'nın Riga şehrinden.
>
> ELAS İçişleri Servisi tarafından hazırlanan ve savcıya, ardından da soruşturma hâkimine gönderilen çok sayfalı dosyaya göre, uluslararası alanda aranan ve şu anda merhametli bir şekilde yardımsever Türk'ün eşi Yulia Ayavefeeva'nın Yunan vatandaşı kimliği sahtedir ve suç örgütü tarafından, çoğu –polise göre– uluslararası uyuşturucu kaçakçılığı çetelerinin üyesi olan ve çeşitli suçlardan yargılanan ya da haklarında mahkûmiyet veya tutuklama kararı bulunan eski Sovyetler Birliği ülkelerinden Arnavutluk doğumlu suçlulara verilen en az 185 kimlik kartından biridir.
>
> Yulia Ayavefeeva'nın kimlik kartını 2 Kasım 2018 tarihinde Omonia Güvenlik Departmanı'ndan aldığı anlaşılıyor. Kimlikte Yulia Savinskaia olarak görünen Ayavefe'nin babası Konstantinos Kokoris, annesi ise Svetlana Savinskaia.
>
> Kimlik kartının düzenlenmesinden sadece 14 gün sonra, Yunanlı Ayavefe'nin de pasaport başvurusunda bulunması dikkat çekici.

Con. Kokoris gerçekten de yetkililerin karşısına çıkan ve Savinskaia olarak görünen kişinin babası olduğunu beyan eden gerçek bir kişidir."[1]

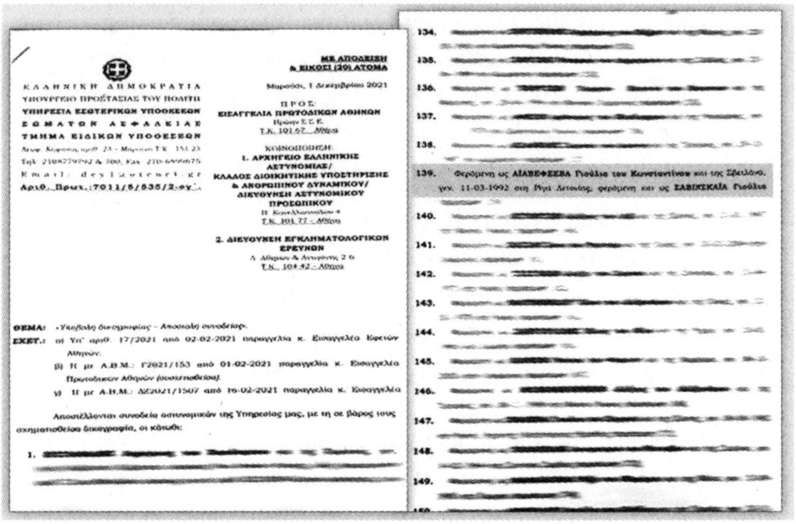

ΜΕ ΑΠΟΔΕΙΞΗ
& ΕΙΚΟΣΙ (20) ΑΤΟΜΑ

ΕΛΛΗΝΙΚΗ ΔΗΜΟΚΡΑΤΙΑ
ΥΠΟΥΡΓΕΙΟ ΠΡΟΣΤΑΣΙΑΣ ΤΟΥ ΠΟΛΙΤΗ
ΥΠΗΡΕΣΙΑ ΕΣΩΤΕΡΙΚΩΝ ΥΠΟΘΕΣΕΩΝ
ΣΩΜΑΤΩΝ ΑΣΦΑΛΕΙΑΣ
ΤΜΗΜΑ ΕΙΔΙΚΩΝ ΥΠΟΘΕΣΕΩΝ

ΠΡΟΣ:
ΕΙΣΑΓΓΕΛΙΑ ΠΡΩΤΟΔΙΚΩΝ ΑΘΗΝΩΝ

ΚΟΙΝΟΠΟΙΗΣΗ:
1. ΑΡΧΗΓΕΙΟ ΕΛΛΗΝΙΚΗΣ ΑΣΤΥΝΟΜΙΑΣ/ ΚΛΑΔΟΣ ΔΙΟΙΚΗΤΙΚΗΣ ΥΠΟΣΤΗΡΙΞΗΣ & ΑΝΘΡΩΠΙΝΟΥ ΔΥΝΑΜΙΚΟΥ/ ΔΙΕΥΘΥΝΣΗ ΑΣΤΥΝΟΜΙΚΟΥ ΠΡΟΣΩΠΙΚΟΥ
2. ΔΙΕΥΘΥΝΣΗ ΕΓΚΛΗΜΑΤΟΛΟΓΙΚΩΝ ΕΡΕΥΝΩΝ

ΘΕΜΑ:
ΣΧΕΤ.:

Αποστέλλονται συνοδεία αστυνομικών της Υπηρεσίας μας, με τη σε βάρος τους σχηματισθείσα δικογραφία, οι κάτωθι:

1.

134.

135.

136.

137.

138.

139. Φερόμενη ως ΑΙΑΒΕΦΣΕΒΑ Γιούλια του Κωνσταντίνου και της Σβετλάνα, γεν. 11-03-1992 στη Ρίγα Λετονίας, φερόμενη και ως ΣΑΒΙΝΣΚΑΪΑ Γιούλια

140.

141.

142.

143.

144.

145.

146.

147.

148.

149.

Medya bu kadar ısrarlı bir şekilde olayın üzerine gidince bir soruşturma başlatılıyor.

Soruşturma sırasında Konstantinos Kokoris yani Yaşam Ayavefe'nin sahte "kayınpederi" ifadeye çağrılıyor.

İçişleri Bakanlığı müfettişleri üzerine gidince itiraf etmek zorunda kalıyor. Kokoris, ücret karşılığında kendisini Ayavefe'nin babası olarak tanıttığını söylüyor.

Sabıkalı biri olduğu anlaşılan Kokoris, bu davada 7 Nisan 2021'de, dosyanın İçişleri Servisi tarafından savcılığa gönderilmesinden yedi ay önce ifade veriyor.

Kokoris özellikle şunları söylüyor:

> "Ekim 2018'in sonunda Kostas beni aradı ve istersem 500 euro karşılığında bir kızı sanal olarak kızım olarak teşhis etmeyi teklif etti. Maddi sıkıntılar nedeniyle kabul ettim ve ertesi gün Dimitris ile birlikte Atina Belediye Binası'nın yakınındaki Atina Nüfus Müdürlüğü'ne gittik. Orada doğruca ikinci kata çıktık, kapısında 'Müdür' yazan bir ofise girdik ve içeride üç kişi vardı.

1 "Συστατική επιστολή για την πολιτογράφηση Τούρκου διεθνώς καταζητούμενου έδωσε ο Αδ" [Uluslararası Aranan Bir Türk Vatandaşının Vatandaşlığa Alınması İçin Tavsiye Mektubu Sayın Bakan Tarafından Verilmiş], *Candiadoc*, 13 Şubat 2023, https://www.candiadoc.gr/2023/02/13/systatiki-epistoli-tin-politogra/

> Ofisteki sarı saçlı tek çalışan, Dimitris ona ne istediğimizi söylediğinde, bize birinci kata gitmemizi, kendisinin de bir çalışana telefonla işimiz hakkında bilgi vereceğini söyledi. Dimitris daha sonra bana aşağıda Kostas'ın bulunduğu arabada beklememi söyledi, kendisi ise yaklaşık bir saat kaldıktan sonra bana ikinci kattaki ofise geri dönmemi söyledi.
>
> Gerçekten de oraya gittiğimde bir kez imza attım ve Dimitris eline bana sertifika olduğunu söylediği bir kâğıt aldı. Sonra oradan ayrıldık ve ertesi gün üçümüz tekrar Omonia'nın Güvenlik Departmanı'na gittik. Orada Dimitris'in tanıdığı bir çalışan vardı ve 'kızımın' kimliğini almak için bize yardımcı olacaktı.
>
> İlk vardığımızda Dimitris, çeşitli belgeler, fotoğraflar ve içinde ne olduğunu görmenize izin vermeyen bir ambalaja sahip, içeriğini bilmediğiniz kâğıt bir paketle (kutu) birlikte kimlik bürosuna gitti. Yaklaşık on dakika kadar sonra aşağı indi ve hep birlikte bölümün karşısındaki bir kafede oturup bilgilendirilmeyi bekledik. Kutuyu ne için istediğini sorduğumda, Dimitri bana onu kimlik kartını verecek olan polis memuruna hediye edeceğini söyledi.
>
> Yaklaşık bir saat sonra karakol görevlisi bizi ikinci kattaki kimlik bürosuna çağırdı, orada bir belge imzaladım ve memur 'kızımın' kimliğini Dimitri'ye verdi ve memura kızın bir yere imza atıp atmayacağını sormam üzerine memur bana gerek olmadığını söyledi. Memurun masasının üzerinde, üstten açılmış ve içinde bir şişe viski olduğu anlaşılan kutunun bulunduğu çanta duruyordu.
>
> Hemen binadan ayrıldık, aşağı iner inmez Dimitri birini aradı ve ona George dedi ve birkaç dakika içinde gümüş rengi bir motosikletle şişman, kel, 60 yaşlarında yaşlı bir adam geldi ve Dimitri'nin kimlik kartını alıp gitti."

Yani her şey, Yunan memurlara verilen bir şişe viskiye hallolmuştu.

Yunanistan bürokrasisindeki çürümeyi yazsak roman olur. Bizimkinden sıra gelirse tabii...

Biz devam edelim...

Polise, bir kadının babası olduğuna dair yalan beyanda bulunduğu süreci anlattıktan sonra, Kokoris şunları ekliyor:

> "Belirtmek isterim ki 'kızımı' hiç görmedim, nerede olduğunu bilmiyorum, tüm prosedürün hiçbir anına katılmadım, kayıt memuru/polis, Dimitris'in bana söylediği gibi, çok parası olan bir Türk ile evli olduğu ve bu hizmet için bana bir ayakkabı hediye edeceği dışında onun hakkında hiçbir gerçek ayrıntı bilmiyorum. Bana söz verdiği gibi 500 euro'yu istedim ve yarın bankadan çekerek

bana vereceğini söyledi. O andan itibaren her ikisi de cep telefonlarını kapattılar ve bana hiç para vermeden ve benimle bir daha irtibata geçmeden ortadan kayboldular."

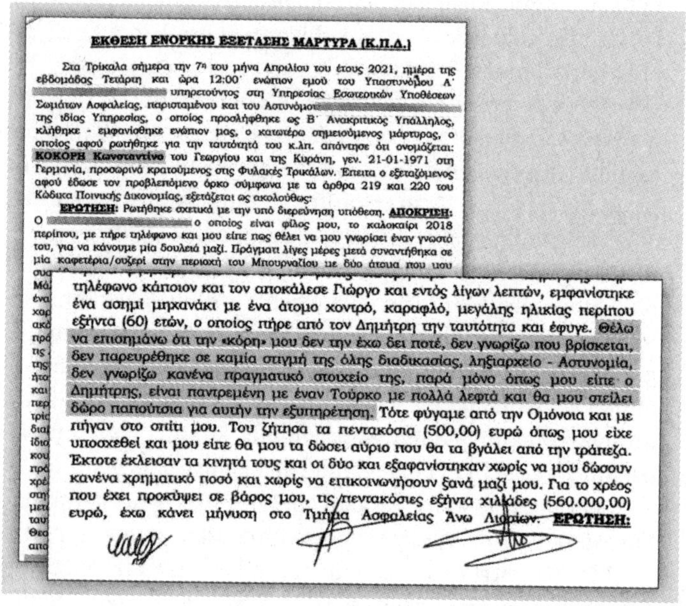

ΕΚΘΕΣΗ ΕΝΟΡΚΗΣ ΕΞΕΤΑΣΗΣ ΜΑΡΤΥΡΑ (Κ.Π.Δ.)

Στα Τρίκαλα σήμερα την 7η του μήνα Απριλίου του έτους 2021, ημέρα της εβδομάδας Τετάρτη και ώρα 12:00΄ ενώπιον εμού του Υπαστυνόμου Α΄ υπηρετούντος στη Υπηρεσίας Εσωτερικών Υποθέσεων Σωμάτων Ασφαλείας, παρισταμένου και του Αστυνόμου της ιδίας Υπηρεσίας, ο οποίος προσλήφθηκε ως Β΄ Ανακριτικός Υπάλληλος, κλήθηκε - εμφανίσθηκε ενώπιον μας, ο κατωτέρω σημειούμενος μάρτυρας, ο οποίος αφού ρωτήθηκε για την ταυτότητά του κ.λπ. απάντησε ότι ονομάζεται: **ΚΟΚΟΡΗ Κωνσταντίνο** του Γεωργίου και της Κυράνη, γεν. 21-01-1971 στη Γερμανία, προσωρινά κρατούμενος στις Φυλακές Τρικάλων. Έπειτα ο εξεταζόμενος αφού έδωσε τον προβλεπόμενο όρκο σύμφωνα με τα άρθρα 219 και 220 του Κώδικα Ποινικής Δικονομίας, εξετάζεται ως ακολούθως:

ΕΡΩΤΗΣΗ: Ρωτήθηκε σχετικά με την υπό διερεύνηση υπόθεση. **ΑΠΟΚΡΙΣΗ**: Ο ο οποίος είναι φίλος μου, το καλοκαίρι 2018 περίπου, με πήρε τηλέφωνο και μου είπε πως θέλει να μου γνωρίσει έναν γνωστό του, για να κάνουμε μία δουλειά μαζί. Πράγματι λίγες μέρες μετά συναντήθηκα σε μία καφετέρια/ουζερί στην περιοχή του Μπουρναζίου με δύο άτομα που μου

τηλέφωνο κάποιον και τον αποκάλεσε Γιώργο και εντός λίγων λεπτών, εμφανίστηκε ένα ασημί μηχανάκι με ένα άτομο χοντρό, καραφλό, μεγάλης ηλικίας περίπου εξήντα (60) ετών, ο οποίος πήρε από τον Δημήτρη την ταυτότητα και έφυγε. Θέλω να επισημάνω ότι την «κόρη» μου δεν την έχω δει ποτέ, δεν γνωρίζω που βρίσκεται, δεν παρευρέθηκε σε καμία στιγμή της όλης διαδικασίας, ληξιαρχείο - Αστυνομία, δεν γνωρίζω κανένα πραγματικό στοιχείο της, παρά μόνο όπως μου είπε ο Δημήτρης, είναι παντρεμένη με έναν Τούρκο με πολλά λεφτά και θα μου στείλει δώρο παπούτσια για αυτήν την εξυπηρέτηση. Τότε φύγαμε από την Ομόνοια και με πήγαν στο σπίτι μου. Του ζήτησα τα πεντακόσια (500,00) ευρώ όπως μου είχε υποσχεθεί και μου είπε θα μου τα δώσει αύριο που θα τα βγάλει από την τράπεζα. Έκτοτε έκλεισαν τα κινητά τους και οι δύο και εξαφανίστηκαν χωρίς να μου δώσουν κανένα χρηματικό ποσό και χωρίς να επικοινωνήσουν ξανά μαζί μου. Για το χρέος που έχει προκύψει σε βάρος μου, τις πεντακόσιες εξήντα χιλιάδες (560.000,00) ευρώ, έχω κάνει μήνυση στο Τμήμα Ασφαλείας Άνω Λιοσίων. **ΕΡΩΤΗΣΗ:**

candiadoc.gr haber sitesinde yayınlanan (13 Şubat 2023) ifade belgeleri

İfade verdiği sırada, 2008 yılından bu yana hakkında verilen iki mahkûmiyet kararı nedeniyle Trikala Cezaevi'nde tutuklu bulunan Kokoris, ifadesinde bahsettiği Dimitris'in, çeşitli daire ve kurumlardan çok sayıda polis memurunun yanı sıra hükümet yetkililerinin de birlikte çalıştığı suç örgütünün beyni olduğunu kabul etti.

Her şey Yaşam Ayavefe için yapılıyordu.

Uluslararası alanda aranan Türk vatandaşı Yaşam Ayavefe'nin vatandaşlığa kabul davası Eylül 2022'de *Documento* tarafından ayrıntılı olarak ele alındı.

Vatandaşlığa kabulden sorumlu İçişleri Bakanlığı'na göre Kalkınma Bakanı Georgiadis bir tavsiye mektubuyla Ayavefe'nin uluslararası bir işadamı olduğunu ve *Forbes* listesinde yer almasının da bunu kanıtladığını belirtmişti.

Ancak ortaya çıktığı üzere, Bakan Georgiadis yalan söylüyordu.

Documento'nun araştırması, Türk'ün dünyanın en zenginleri listesinde hiçbir zaman yer almadığını ortaya çıkardı.

Aksine, *Forbes*'un onun ismine tek bir atıfı vardı ve bu da gazetecilerin İngiltere'deki şüpheli bir ticari faaliyet olduğunu söylediği şeyle ilgiliydi.

O dönemde *Documento*, Georgiadis'le temasa geçmiş, Georgiadis de konuyla ilgilenmediğini ve vatandaşlık konusunun İçişleri Bakanlığı'nı ilgilendiren bir mesele olduğunu söylemişti.

Kesinlikle cevaplanması gereken bir diğer soru da; Ayavefe'nin mülteci ilan edildiği, dolayısıyla seyahat belgelerine sahip olduğu ve Türkiye'ye iade edilme riski bulunmadığı halde neden Yunan vatandaşlığına geçme ihtiyacı duyduğu ve Yunanlı olmadığı halde neden Yunanlı gibi göründüğüydü.

Diavgeia'da yayınlanan verilerden anlaşıldığı üzere, Yaşam Ayavefe, Yunanistan'da Milaya Capital Limited Unipersonal IKE şirketini kurduğu 2020 yılından bu yana zaten bir pasaport ve KDV numarasına sahipti.

Bu, Göç ve İltica Bakanlığı kaynaklarına göre, pratikte tüm Avrupa Birliği ülkeleri dahil olmak üzere Schengen bölgesi ülkeleri içinde seyahat edebileceği anlamına geliyordu.

Paradoks şu ki, 2020 gibi erken bir tarihte, Ayavefe, şirketinin kuruluş belgelerinde Yunan vatandaşlığına sahip olarak görünüyor. Başka bir deyişle, kendisine fahri vatandaşlık verilmeden önce en az iki yıldır Yunan vatandaşı olduğu anlaşılıyor.

Aslında *Documento* tarafından elde edilen belgelere göre Ayavefe, Mayıs 2020'de Ortodoks bir Hıristiyan olarak vaftiz edilmiş ve ardından evlenerek çocuklarını vaftiz ettirmişti.

Ayavefe'nin diniyle ilgili tüm eylemleri, kendisine sığınma hakkı tanınması ve Yüksek Mahkeme'nin Türkiye'ye iade edilmemesi kararından sonra gerçekleştirdiği belirlenmişti.

Ayavefe'nin durumunda konu, neden pasaport sahibi olduğu değil, zira kendisine sığınma hakkı verildiği için böyle bir durum söz konusu olabilirdi. Asıl Yunan olmadığı halde neden bir Yunan olarak ilan edildiği... Hükümet kaynakları *Documento*'ya, mülteci statüsündeki bir kişinin Yunanistan Cumhuriyeti'nin mülteci pasaportunun yanı sıra KDV ve AMKA'ya sahip olabileceğini, ancak kesinlikle Yunan vatandaşlığına sahip olamayacağını doğruladı.

Arada bir şeyler olmuştu. Yasalara hatta Yunan Anayasası'na bile aykırı bir durum vardı ortada.

Adı popüler olmayan biri için bu çok büyük güç ve para isteyen bir şeydi.

Başka bir deyişle, 2020 yılında Ayavefe'nin Yunan olmadığı ve Yunan devletinin resmi kayıtlarında hiçbir şekilde bu şekilde beyan edilemeyeceği açık.

Peki, ne oldu da Kalkınma Bakanı Georgiadis 2020'den itibaren onu yani "Türk" Ayavefe'yi Yunan olarak görmeye başladı?

Ayavefe'nin son yıllarda "Yunan" dışında üç milliyet değiştirdiğini, zaman zaman Türk, Sırp ve Dominik Cumhuriyeti vatandaşı olarak göründüğünü hatırlatmak gerekir.

İnanılır gibi değil...

Yani haberden anlaşıldığına göre Yaşam Ayavefe Yunanistan'dan iltica hakkı aldığı zaman eşi için mafya ile anlaşmış bile. Sahte anne baba bularak da vatandaşlık almasını sağlamış. Sonrasında da Bakan'ı, Cumhurbaşkanı'nı ve İçişleri Bakanlığı'nı ayarlayıp kendisi yasal olarak vatandaşlık almış.

Bu kadarı filmlerde olmaz...

Bu haberler medyada yayınlanınca tabii Yaşam Ayavefe hemen engelletmek için devreye girmiş. Yasal başvurularda bulunmuş.

Türkiye'deki birçok haber erişime engellenmiş. Hatta Avrupa'daki yayınlar için de kararlar çıkarttırmış ancak Avrupa'da bu işlememiş.

Balkan Araştırmacı Gazetecilik Ağı'nın (BIRN) açıklamasına göre BalkanInsight'ta, Yaşam Ayavefe hakkında çıkan makalelerin internette kalmaya devam edeceği belirtildi.

Hatta hüküm giymiş bir dolandırıcının Türk mahkemeleri aracılığıyla makaleleri kaldırma girişimleri gerçeği susturma girişimi olarak nitelendirildi.[1]

Eylül 2022'de, BIRN'in "BalkanInsight" web sitesi ve Yunan ortağı medya kuruluşu *Solomon*'un web sitesi, 2017'de çevrimiçi kumarbazları dolandırmaktan bir Türk mahkemesi tarafından suçlu bulunmasına ve 2019'da sahte pasaportla Bulgaristan sınırını geçmeye çalışırken Yunanistan'da tutuklanmasına rağmen Ayavefe'nin fahri Yunan vatandaşlığı almasına ilişkin bir soruşturmanın yayınlanmasının ardından siber saldırıya uğradı.

---

1 "BIRN Rejects Pressure to Delete News Reports About Turkish Fraudster" [BIRN, Türk Dolandırıcı Hakkındaki Haber Raporlarını Silme Baskısını Reddetti], BalkanInsight, 8 Ağustos 2024, https://balkaninsight.com/2024/08/08/birn-rejects-pressure-to-delete-news-reports-about-turkish-fraudster/

Ayavefe, üç mahkeme emriyle Türkiye'deki yüzlerce çevrimiçi içeriği kaldırmayı başardı.

Kaldırılan içerikler arasında haber makaleleri, sosyal medya paylaşımları ve önceki sayfalarda da yazdığım gibi Emniyet Genel Müdürlüğü'nün sosyal medya paylaşımları bile vardı.

Ayavefe'nin temsilcisi Temmuz 2023'te BIRN makalelerinin kaldırılmasını da talep etti ve karşılığında para teklif etti.

Ayavefe'nin avukatı, "Müvekkilim Dr. Yaşam Ayavefe'nin bir reklam şirketi var, bu durumda bize yardımcı olursanız kuruluşunuza reklam hizmetleri sağlayabiliriz, böylece daha büyük bir kuruluş haline gelebilirsiniz. Sizinle işbirliği yapmaktan mutluluk duyarız" diye yazdı.

BIRN ise bu teklifi reddederek Ayavefe ile ilgili yazıların kaldırılması talebini geri çevirdi.

Bunun üzerine BIRN, sunucu kiralayan bir hosting şirketi aracılığıyla farklı kişiler ve web siteleri tarafından iletilen onlarca telif hakkı ihlali şikâyeti aldı.

Şikâyetlerde, BIRN makalelerini ilk olarak kendilerinin yayınladığı iddia ediliyordu; ancak iddia edilen yazarlar, tarihleri değiştirerek BIRN makalelerini yalnızca yeniden yayınlamışlardı. BIRN bu sahte telif hakkı iddialarını bildirdi. BIRN'in Ayavefe hakkındaki makalelerinin hiçbiri telif şirketleri tarafından kaldırılmadı.

BIRN'in web sitesi, Ayavefe ile ilgili iki makalesi üzerindeki asılsız telif hakkı iddialarıyla ilgili haberleri yayınladıktan sonra Aralık 2023'te başka bir DDoS (siber) saldırısına uğradı. DDoS saldırıları, hedeflenen bir sunucunun, hizmetin veya ağın normal trafiğini bozmayı, hatta çökertmeyi amaçlar.

Ayavefe yerinde hiçbir zaman duramayan biri.

Yasadışı sanal bahis bağlantıları ve buradan gelen para kaynağını hep kendisi için kullandı.

Sahip olduğu vatandaşlıklar arasında Türkiye, KKTC, Dominik Cumhuriyeti, Yunanistan, Sırbistan ve Karadağ vatandaşlığı var.

Yani bilinen 5 ülkeden vatandaşlığı var. Yine Yunan basınından öğreniyoruz ki Yaşam Ayavefe Liberya Cumhuriyeti Diplomatı da olmuş.

Yaşam Ayavefe'nin Liberya Cumhuriyeti'nden aldığı diplomatik pasaportu

5 Ocak 2022 tarihinde verilen ve 5 Ocak 2024 tarihinde sona erecek olan "DP 0002945" numaralı Diplomatik Pasaport sahibi bir Liberya Cumhuriyeti Diplomatı Yaşam Ayavefe...

Liberya Cumhuriyeti'nin diplomatik pasaportu, ABD kolluk kuvvetleri tarafından yürütülen bir soruşturma kapsamında 350 bin dolara, Dominik Cumhuriyeti'nin pasaportu ise 100 bin dolara satın alınmış.[1]

Son bir bilgi verip Yaşam Ayavefe bölümünü bitireyim.

Yunan basını, TÜİK veritabanından yaptığı sorgulamada Ayavefe'nin kendisini nüfustan sildirdiğine ulaştı.

Yani Ayavefe Yunanistan'a vatandaşlık başvurusu yaptığında vatansızdı, Türkiye Cumhuriyeti vatandaşı değildi. TÜİK kayıtlarında "Yaşam Ayavefe" adında yalnızca 2015 doğumlu bir kişi bulunuyordu.

Üstelik görüldü ki Yaşam Ayavefe'nin babası Mehmet Ayavefe, Adana nüfusuna kayıtlı gözüküyordu. Babası Adana nüfusuna

1 "Επικερδής για τους Έλληνες Πολιτικούς η πολιτογράφηση quid pro quo αλλοδαπών στην Ελλάδα" [Yabancıların Yunanisdan'da vatandaşlığa alınması Yunan siyasetçiler için çok kârlı], Greek Corruption, Mayıs 2024, https://www.greekcorruption.dk/en/the-quid-pro-quo-naturalization-of-foreigners-in-greece-is-profitable-for-greek-politicians-2/

kayıtlı Ayavefe'nin resmi kayıtları devletin veritabanından bir şekilde silinmişti.[1]

* * *

Şimdi esas operasyona sıra geldi...

Veysel Şahin'in asıl yargılandığı ve her anı film sahnesi olan "Handikap" adı verilen bu davayı sizlere anlatmalıyım.

Her şey 29 Şubat-26 Nisan 2016 arasında yaşanıyor.

İstanbul Emniyet Müdürlüğü Kaçakçılık Şube Müdürlüğü'ne ihbar için gelen bir kişinin verdiği bilgiler doğrultusunda soruşturma başlatılıyor.

İhbarı yapan "Hayat" kod adlı kişi; Veysel Şahin'i 2009 yılında tanıdığını, kendisinin o dönem paraya ihtiyacı olduğu için internet üzerinden online kumar oynadığını, oyun için siteye girip üye olunduğunu anlatıyor.

Sohbet odasından verilen hesap numarasına EFT, havale, cep bank vb. yöntemler kullanarak para havale edildiğini belirtiyor.

Bu dönemde kendisini Hayrettin Evci (Veysel Şahin'in bacanağı) olarak tanıtan birinin arayarak hesaptaki parayı çekmemesini istediğini söylüyor.

Karşılığında ara sıra kendisine fazla ödeme yapıldığını, sürekli oyunda kalmasını istediğini, bu dönemde Yaşam Ayavefe isimli şüpheli ile Veysel Şahin arasında sorunlar olduğunu aktarıyor.

O dönemde Yaşam'ın da online kumar sitesi açtığını, Veysel Şahin'e rakip olarak işleri yürüttüğünü, yine Murat Şahin isimli kişinin (Veysel Şahin'in kardeşi) oyun oynayan müşterilerin yatırdığı paraların ATM'lerden çekim ve merkezlerde toplanması işinde görevli olduğunu, bu hususu da Hayrettin Evci'nin anlattığını belirtiyor.

Kısacası 2016'da yürüyen bütün düzeni anlatıyor.

Bu sırada bir ihbar daha oluyor.

İstanbul'da aylık 80 milyon TL'lik gayrimenkul geliri olan bir işadamı, İstanbul Kaçakçılıkla Mücadele Şube Müdürlüğü'ne gelerek, üniversite öğrencisi olan 22 yaşındaki yeğeninin illegal sanal kumar sitelerine ayda 70 bin TL para kaptırdığını ihbar ediyor.

İşadamının, yeğeninin bağımlı hale geldiğini ve hastaneye kaldırdıklarını ihbar etmesiyle birlikte düğmeye basılıyor.

---

1 "Who is YASAM AYAVEFE they made Greek?", Greek Corruption, https://www.greekcorruption.dk/en/who-is-yasam-ayavefe-they-made-greek/

Elde edilen bilgiler değerlendirildikten sonra soruşturma başlatılıyor.

Emniyet güçleri soruşturma kapsamında bahse konu kişiler ile ilgili hem telefon dinleme yapıyor hem de fiziki takip başlatıyor. Bir yandan da tespit edilen kişiler hakkında MASAK ve bilirkişi raporlar hazırlıyor. Bu sayede örgütün yapısı ortaya çıkarılıyor ve sonrasında da operasyon yapılıyor.

Tabii örgüt ile ilgili telefon konuşmaları veya mesajlaşmaları çok zor yakalanıyor. Çünkü yasadışı bahis veya yasadışı işler yapan bu tür yapılanmalarda FETÖ'nün ByLock'u gibi şifreli mesajlaşma sistemleri kullanılıyor.

Bu örgütün kullandığı program ise ICQ adlı bir program.

Örgüt tarafından bu kadar gizliliğe önem verilmesine rağmen İstanbul Emniyet Müdürlüğü yetkilileri çete üyelerini aylarca dinliyor ve takip ediyor. Elde edilen bulgular ve tespitler neticesinde de operasyon için düğmeye basılıyor ve günlük 40 milyon TL hacimli bir kumar şebekesi ortaya çıkarılıyor.

Bakın "günlük" 40 milyon TL'den bahsediyorum.

Oysa bu bir şey değil.

İngiltere ve Kıbrıs merkezli olarak kurulan 6 ayrı sanal kumar ofisinde yıllık 1,5 milyar dolarlık işlem belirleniyor.

Bu ofislerin dördünün İngiliz, ikisinin de Kıbrıslı kişiler tarafından yönetildiği tespit edilmiş.

Polis, mahkeme kararıyla kumar sitelerinin koordine edildiği bir ofise gizli kamera yerleştirerek, çete üyelerinin çalışmalarını kayda almayı başarıyor. Güvenlik kamera kayıtlarından sadece bir ofisin günlük kazancının 3 milyon TL olduğu anlaşılıyor.

7 ay süren takibin ardından 1 Eylül 2016 Perşembe günü şebekenin İstanbul, Ankara, İzmir, Aydın, Balıkesir, Eskişehir, Bitlis ve Elazığ'da yapılandığı belirleniyor.

8 ilde 82 adrese eşzamanlı operasyon düzenleniyor. Operasyon kapsamında 2 milyon dolar, 40 bilgisayar, 188 farklı kişi adına ATM kartları, 3 ruhsatsız tabanca ve sanal kumar malzemeleri ele geçiriliyor.

Akıl alır gibi değil ama sadece tek operasyonda gözaltına alınan 57 şüphelinin taşınır ve taşınmaz mal varlıkları ile banka hesaplarındaki paraların toplam 780 milyon dolar olduğu ortaya çıkıyor.

Soruşturma kapsamında şüphelilerin mal varlıklarına el konuluyor.

Uluslararası alanda liderliğini Londra'da yaşayan İngiliz Scott William Masterson'un yaptığı, Türkiye'de ise Veysel Şahin'in öncülük ettiği çeteye düzenlenen operasyonda gözaltına alınan 57 kişiden 39'u tutuklanıyor.[1]

Yakalananlar arasında Veysel Şahin yoktu.

Ancak operasyon yapılan kişiler arasında çok ilginç isimler vardı.

Veysel Şahin'in neden yakalanamadığını anlatacağım. Kısaca ipucu vermek gerekirse operasyon yapılmadan önce Şahin'e Emniyet'in içerisinden haber uçuruldu.

İsim isim yazacağım...

Ama kimlere operasyon yapıldı, öncelikle ona bakalım.

"Handikap" sanal kumar soruşturmasında, spor dünyasının ünlü isimleri, eşleri ve ünlü bir işadamının oğlunun da çetenin içerisinde ve oynayanlar arasında bulunduğu belirlendi.

Operasyon yapılan kişiler arasında eski basketbolcu Oğuzhan Türk de vardı.

Oğuzhan Türk'ün, Veysel Şahin'in yakın adamlarından biri olduğu, kumar oynayan kişilerin yatırdığı paraların aktarıldığı havuz hesaplarındaki paraları topladığı anlaşıldı.

Paraların aklandığı paravan üç şirketi olduğu iddia edildi. O dönemde TFF 1. Lig takımlarından Elazığspor'un kalecisi Çağlar

1 İstanbul Cumhuriyet Başsavcılığı Soruşturma No: 2014/61656-2016/36585

Şahin Akbaba'nın da yasadışı bahis şirketi bulunduğu, futbolcu tanıdıklarını da bu sitelerde kumar oynamaları için teşvik ettiği öne sürüldü. Çağlar Şahin Akbaba halen profesyonel olarak Boluspor'da kalecilik yapmaya devam ediyor.

Çağlar Şahin Akbaba, sahaya çıkacağı (o dönem TFF 1. Ligde yer alan) Göztepe maçı öncesinde sabah saat 04.00 sıralarında İstanbul Emniyet Müdürlüğü'nün düzenlediği "Handikap Operasyonu" kapsamında gözaltına alındı.

Gözaltının ardından sorgulanmak üzere İstanbul'a götürüldü. Sorgusunun ardından serbest bırakıldı.[1]

Doğan Haber Ajası'nda (DHA) yer alan habere göre, akşam saatlerinde Elazığ'da yayın yapan yerel bir televizyon kanalına telefonla bağlanan kaleci Çağlar, suçsuz olduğunun ispatlandığını, soruşturmayı yürüten savcıya ifade verdiğini belirterek, söz konusu davadan beraat ettiğini açıkladı.

Öte yandan soruşturmada şüphelilerden bilişim uzmanı Murat Bolten'in de İngiltere merkezli bir bahis şirketine teknolojik danışmanlık yaptığı, danışmanlık karşılığında aylık 15 bin dolar ücret aldığı belirlendi.

Şebekenin siteler için 9 milyon dolarlık bir "server" (internet sunucusu) sistemi kurduğu da öğrenildi. Sanal kumar işletenlerden birinin de ünlü spor yorumcusu Tolga Alpaslan olduğu saptandı. Alpaslan'ın uzun süredir Kıbrıs'ta yaşadığı öğrenildi.

Sanal kumar işletenlerden Tolga Alpaslan, Beyaz TV'de spor yorumculuğu yapıyordu

1 "Handikap Operasyonu'nda Gözaltına Alınan Elazığspor Kalecisi Serbest", T24, 4 Ekim 2016, https://t24.com.tr/haber/handikap-operasyonunda-gozaltina-alinan-elazigspor-kalecisi-serbest,363072

Soruşturma kapsamında kumar çetesi üyelerinin tüm mal varlıklarına tedbir getirilirken, çete lideri Veysel Şahin'in kardeşleri tarafından işletilen Florya'daki sosyete balıkçısı Chamada'ya da el konuldu.

Emniyet, kumar paralarının yatırıldığı ve toplandığı tüm hesap hareketlerini BDDK'dan istedi. Gelecek rapor doğrultusunda, birçok ünlünün kumar bağlantılarının ortaya çıkarılacağı düşünüldü. Polisin eldeki dijital verileri incelemesinin tamamlanması ardından "Handikap" operasyonunda 2. ve 3. dalga operasyonların başlatılacağı aşikârdı.

Ancak soruşturma dosyasında bir tespit ise dikkat çekiyordu.

Gençlerin porno ve kumardan korunması için 2007'de çıkarılan bir kanunla TİB'e porno ve sanal kumar çetelerini direkt kapatma hakkı verildiğinin altı çizilerek, porno sitelerini kapatan TİB'in, sayısı 1500'e kadar varan sanal kumar sitelerinden yalnızca 100'ünü kapattığı ortaya çıktı.

Elde edilen veriler, alınan ifadeler ve mali soruşturma neticesinde Handikap 2 ve 3 operasyonları yapıldı. Gözaltına alınan isimler arasında emekli emniyet müdürü, polisler, iş insanları vardı.

Başsavcılık alınan ifadeler neticesinde hakkında yakalama kararı çıkarılan Veysel Şahin ve 236 şüpheli için 25 yıla kadar hapis istemiyle iddianame düzenledi ve mahkemeye sundu.[1]

Veysel Şahin'in operasyondan önce Kıbrıs'ta bulunurken ailesiyle birlikte tekneyle Lübnan'a kaçtığı tespit edildi.

Bu uzun sürmedi.

Çünkü 6 ay firari olan Veysel Şahin'e babasının kalçasını kırdığı haberi geldi.

Sivas Koyulhisar İlçesi Boyalı Köyü'nde yaşayan babası Sümmani Şahin, kayısı toplamak için çıktığı ağaçtan dalın kırılması sonucu düştü, bel ve kalçasında kırıklar oluştu. Bunu duyan Veysel Şahin'in de kiraladığı özel uçak ile babasını İstanbul'da bir hastaneye götürmek üzere kente geldiği tespit edildi.

Burada şunu belirtmek gerek. Veysel Şahin'in *Birgün* gazetesinden Timur Soykan'a vermiş olduğu röportajda şu bilgiye dikkat çekmeliyim. Veysel Şahin, babasının kaza geçirdiği haberini alınca, ilk iş olarak, hemen hakkında yakalama kararı var mı yok mu diye soruşturma yapıyor. Bunun için de bir savcı ile görüşüp

1 Cumhuriyet Başsavcılığı İddianame No: 2016/4685, Tarih: 22.12.2016

durumu soruyor. Savcıdan, hakkında yakalama kararı yok, cevabını alınca da uçak kiralayarak Sivas'a geldiğini ve kumpasa düşürüldüğünü beyan etmiş.

Hemen gözaltına alındı.

Ses ve Görüntü Bilişim Sistemi (SEGBİS) üzerinden Büyükçekmece 3. Sulh Ceza Hâkimliği'nce sorgulanan Şahin, tutuklanarak Sivas E Tipi Kapalı Cezaevi'ne gönderildi.

Yasadışı bahis baronu Veysel Şahin tutuklanıyor

İngiltere ve Kıbrıs merkezli kumar ile bahis oynatan ve "ayda" 100 milyon dolar gelir elde eden uluslararası şebekenin lideri Veysel Şahin'e yönelik "Handikap" isimli operasyon neticesinde Başsavcılık, 37'si tutuklu 236 şüpheli hakkında iddianame düzenledi.

İddianame 99 sayfa...

Uzun uğraşlar sonucunda ulaştım.

Ancak öncesinde bir şeyi anlatmak istiyorum.

Sanıyorsunuz ki sadece zenginler, sırf zevk için kumar oynuyor. Eğer böyle düşünüyorsanız, çok yanılıyorsunuz. Bu bataklıktan mağdur olanların neredeyse tamamı, yoksulluk sarmalından bir türlü çıkamayan insanlar. Sanal bahis ise artık öyle bir noktaya geldi ki faiz belası gibi Türkiye'nin kanını emiyor, toplumu adeta ilmek ilmek çürütüyor.

Bu kitapta sıkça işleyeceğim bir konu var: Toplumsal çürüme.

Yasadışı sanal bahis ve kumar alışkanlığı, ahlaki, sosyal ve ekonomik olarak toplumumuzu geriye götüren en büyük tehditlerden biri. Eğer bu belaya karşı ciddi önlemler alınmazsa, ülkemizi

Pakistan ya da Afganistan'ın kaderine sürükleyecek tehlikeli bir yolun tam ortasındayız.

Bu yüzden yazmaya devam edeceğim. Çünkü gerçekleri söylemek, toplumsal bir sorumluluktur.

Gelin 99 sayfalık iddianamedeki ağzınızı açık bırakacak detayları anlatalım.

"Kaçak Yaşayanların" Hikâyesi

Bu iddianame, yasadışı kumar dünyasının karanlık yüzünü gözler önüne seriyor.

Daha girişinde, bu illegal şebekenin "aylık" 100 milyon euro kazandığını öğreniyoruz.

Düşünebiliyor musunuz?

Vergilendirilmemiş, kayıt dışı bir ekonomi ve bu kadar devasa bir para!

Peki, bu paralar kimlerin cebine giriyor?

Bu güç mücadeleleri, hukuksuzluk ve korkunç dengesizlik, aslında ülkemizin kanayan yarası...

Bizler faturalarımızı bir ay geciktirdiğimizde devlet kurumları anında harekete geçiyor. Ama bu "kaçak sektör", milyarlarca lirayı elini kolunu sallayarak dönüştürüyor.

Haksızlığa uğruyoruz. Gerçek şu ki: Bu ülkeyi ayakta tutanlar, her ay faturasını ödeyen, emeğiyle geçinen insanlar.

O yüzden şimdi, bu "kaçak yaşayanların" hikâyesini anlatalım.

Tarih: 29 Şubat 2016.

Her şey, İstanbul Emniyet Müdürlüğü Kaçakçılık Şube Müdürlüğü'ne gelen bir ihbarla başlıyor. Bir kişi, "internet üzerinden illegal bahis ve kumar oynatan bir şebekeyle tanıştığını" bildiriyor. Bu ihbar, devasa bir suç zincirini ortaya çıkaracak sürecin fitilini ateşliyor.

İngiltere, Kıbrıs ve Malta gibi ülkeler üzerinden işletilen bahis, tombala ve casino sitelerinin, Türkiye'deki suç faaliyetleriyle aylık yaklaşık 100 milyon euro'luk illegal gelir elde ettiği iddia ediliyor. Daha da çarpıcı olan, bu paraların kurulan paravan şirketler aracılığıyla Kıbrıs ve İngiltere'ye kaçırıldığı tespit ediliyor.

Bets10 adlı ünlü illegal bahis sitesinin, kazanılan kumar paralarını oyunculardan kredi kartı aracılığıyla tahsil ettiği ve işlemleri "kontör satışı" gibi göstererek yasal bir kılıfa büründürdüğü belirtiliyor. Böylece, hem Türkiye'den yüklü miktarda para yurtdışına kaçırılıyor hem de kumar faaliyetlerinin devletin radarına takılması engelleniyor.

Bu ciddi ihbara kayıtsız kalamayan emniyet ve yargı, 6 Nisan 2016 tarihinde kapsamlı bir soruşturma başlatıyor. Teknik ve fiziki takiplerle şüpheliler belirleniyor. Elde edilen bilgiler, şebekenin internet üzerinden spor müsabakalarına bahis ve çeşitli şans oyunları oynattığını ortaya koyuyor.

Bahis oynayanlardan toplanan paraların, "kiralık hesaplar" aracılığıyla aklandığı tespit ediliyor. Üstelik kara para, lüks konutlar, arabalar ve diğer değerli varlıklar satın alınarak sisteme dahil ediliyor.

Bu size tanıdık geliyor mu?

Sunulan tapeler ve şahısların ifadeleri hem düzenin işleyişini hem de bu düzen içerisinde yer alan kişileri anlamak açısından son derece çarpıcı detaylar barındırıyor. Her biri, bu devasa mekanizmanın nasıl çalıştığını gözler önüne seriyor.

Gelin kısa kısa iddianamede yer alan bu bilgilere yer verelim...

İşin garibi iddianamede Emekli Emniyet Müdürü Cengiz Ersal, Emniyet Amiri Çağatay Şenol, Polis memuru Abdullah Çil ve Cenk Bal'ın isimleri geçiyor ve ifadeleri alınmış.

İddianamede belki de en kilit noktada olan en önemli ifadeyle başlayalım.

Emniyet, çeteye ait paraların toplandığı ve organizasyonun yürütüldüğü adresleri tespit etti. Bu adresler ve çete mensupları fiziki takibe alındı. Takipler sırasında, Büyükçekmece'de çeteye ait olduğu belirlenen bir adreste, şüpheli Hakan Canbay'ın Sercan Karadeniz isimli bir kişiye para teslim edeceği bilgisine ulaşıldı. Bunun üzerine suçüstü yapmak için gerekli hazırlıklar başlatıldı.

4 Nisan 2016'da, işyeri yakınında bulunan ING Bank önüne gelen Sercan Karadeniz'e, şüpheli Hakan Canbay tarafından poşet içinde 650 bin TL teslim edildi. Tam bu sırada polis operasyon düzenledi ve poşetteki paraya el koydu.

Hakan Canbay, teslim edilen paranın Kıbrıs'ta satın almayı planladığı bir eve ait olduğunu öne sürdü. Ancak işyerinde yapılan aramada ele geçirilen 580 bin TL, 23 bin 525 dolar ve 1.170 euro nakit para, olayın boyutunu genişletti.

Bu gelişmeler üzerine Hakan Canbay, paniğe kapılarak iddianamede adı geçen polis memuru Abdullah Çil'i aradı. Aralarındaki telefon görüşmesi ise operasyonun seyrini değiştiren bir başka önemli delil oldu:

H.C.: Buradaki polis arkadaşlar geldiler de kimlik alıyorlar. Doğru mudur, yanlış mıdır? Seni bir arayayım dedim.

A.Ç.: Nerede?

H.C.: Burası kapının önü. At Kuyumculuk'tan Güler Kuyumculuğa para veriyoruz.

A.Ç.: Arkadaşlar neredenmiş?

H.C.: Kaçakçılık Vatan Emniyettenmiş. Beni de götürmek istiyorlar.

A.Ç.: Telefonunu götürme.

H.C.: Tamam.

A.Ç.: İmha et.

Mahkemede savcı, hem ele geçirilen paralarla ilgili hem de telefon konuşmalarıyla ilgili sorular yöneltti. Hakan Canbay, yaptığı savunmada:

— 650 bin TL'nin Kıbrıs'ta satın almayı planladığı ev için gönderdiği para olduğunu,

— 580 bin TL'nin Veysel Şahin'in internet üzerinden oynattığı kumarla ilgili olduğunu,

— Dövizin ise kuyumculuk faaliyetlerinden elde edilen gelir olduğunu iddia etti.

Polis memuru Abdullah Çil ile yaptığı telefon konuşmasını ise yakalandığı sırada kendisini sorgulayan polislerin gerçek polis olup olmadığından emin olmadığı için yaptığını ileri sürdü

Uzun yıllardır tanıdığı polis memuru arkadaşı Abdullah Çil'i arayarak durumu anlatmasının, aslında birlikte gittikleri "çapkınlık" konusuyla ilgili olduğunu iddia etti. Canbay, telefonda bu duruma dair fotoğraflar bulunduğunu öne sürerek, bu yüzden konuşmalarında talimat gibi görünen ifadeler kullandığını savundu.

Ancak bu tür çelişkili ve karmaşık ifadeler, çoğu zaman savunma stratejilerinde sıkça karşılaşılan klasik bir yaklaşım olarak değerlendirilir.

Suçtan kaçmak için uydurulan ifadelerdir genellikle. Doğru söylemediği diğer deliller ile ortaya çıkıyor tabii.

İfadeden devam edelim...

Hakan Canbay, Veysel Şahin'in tüm işlerini kendisinin kontrol etmediğini anlatmış. Sadece onlarla birlikte oluşturduğu 5 hesapla ilgili gelen paraları kendi belirlediği müdürlerinin, kendisine verdiği talimatlara istinaden, istediği kişilere teslim ettiğini belirtmiş.

Tabii aramalarda Canbay'a ait dijital materyaller de ele geçirilmiş.

Kendisinden elde edilen Toshiba marka, 500 GB kapasiteli hard disk içerisinde "Erkan" isimli klasör adı altında 125 adet dosya bulunmuş.

Dosyaların içinde Belluga, Betpass, Hilbet, Hilton, İnter, Jasmine, Klagaming, Litya, Lidya, Liman, Malpass, Pia, Savoy isimli yasadışı bahis siteleri ile ilgili deliller çıkmış.

Hakan Canbay'a dosyadaki şüpheliler tek tek sorulmuş...

Abdullah Çil'i polis memuru olması nedeniyle, Sedat Kolbaş'ı araba alım satımı yaptığı için, Oğuzhan Türk isimli kişiyi ortak arkadaşları Rober Güler nedeni ile tanıdığını anlatmış. Gökhan Elçin'i ise Kıbrıs'ta Malpas Otel'in sahibinin oğlu olduğunu bildiği "Fahri" isimli kişinin arkadaşı olması nedeniyle tanıdığını söylemiş.

Kimliği tespit edilemeyen bir kişiyle yaptığı telefon görüşmesine ilişkin, görüşmedeki ismi geçen kişinin "Umut" olduğunu aktarmış. Kendisinin kuyumculuk yaptığını ancak 4-5 sene önce kumar siteleri üzerinden, sahipleri kumar oynayan siteler üzerinden değişik şahısları bularak temin ettiği, bu kişilerin üzerinden yatan paralardan komisyon aldığını dile getirmiş. Söz konusu görüşmelerin de bununla ilgili olduğunu anlatmış.

Burada araya gireyim...

Neden Hakan Canbay'ın üzerinde bu kadar durulduğunu soranlar olabilir.

Asıl dikkat çekici olan, bu sistemi işleten kişilerin birbirine sıkı sıkıya bağlı, sınırlı bir grup oluşturması. Dikkatle incelendiğinde, "büyükbaş" olarak nitelendirilen isimlerin sayısının iki elin parmaklarını geçmediği görülüyor.

Ancak, sistemi çözebilmek için, bu kişilere bağlı çalışan alt isimlerin itirafları büyük önem taşıyor. Çünkü bu itiraflar, yeraltındaki devasa organizasyonu açığa çıkarmak için bir ipucu niteliğinde.

İşte Hakan Canbay da büyük isme ulaşmamız için tutmamız gereken, anlattıklarını okumamız gereken biri.

Mesela Hakan Canbay yaptığı görüşmelerde "Bahar" isimli biriyle temasa geçiyor. Ve görüşmeleri sonucunda Bahar'ın bahis sisteminin müdürü olduğunu anlıyor. Üstelik bu kişinin Veysel Şahin'in yanında çalıştığını görüyor.

Kendi verdiği kişilere ait hesaplara bu siteye ait paraların aktarıldığını, gelen parayı hesap sahiplerinin bankadan çektiklerini ve ofisine getirdiklerini anlatıyor.

Sonra da "Bahar" gibi birlikte çalıştıkları firma yetkilileri ya da müdürlerinin kendisini arayarak parayı ne şekilde vereceklerini yönlendirdiklerini itiraf ediyor.

Parayı alacak kişilerin işyerine yakın yerde bulunan ING Bank önünde paraları teslim aldıklarını, kendi kontrolündeki beş hesaba 3 milyon civarında para geldiğini söylüyor. Para üzerinden komisyon aldığını, Skype üzerinden haberleştiklerini de anlatıyor.

Ve nihayetinde Hakan Canbay, Veysel Şahin ile de görüşüyor.

Bunun Veysel Şahin'in kardeşi Murat'ın aldığı araba ile ilgili görüşme olduğunu anlatıyor. (Murat diye bahsedilen kişi Veysel Şahin'in kardeşi Murat Şahin.)

Veysel Şahin'in kardeşinin, Veysel Şahin'in çekinin ödenmesini isteyince, para da Veysel'in olduğu için ona sormadan işlem yapmak istemediğini söylüyor. Önce Veysel Şahin'e durumu anlatıp, onun talimatına göre işlem yapmasına ilişkin görüştüklerini dile getiriyor.

Bu görüşmede "Belligo.com" isimli yasadışı bahis sitesinden gelen 100 bin lira olduğu konuşuluyor. Haliyle bu dinlemeye takılıyor. Para alışverişi de böylelikle delillendirilmiş oluyor.

Hakan Canbay, Veysel Şahin ile yaptığı görüşmenin "klas game"in müdürleri olan "Emre" ve "Nursel" isimli çalışanların, kendisini internet üzerinden arayarak finans işini; yani para gelmesi ve aktarma işini kendisinden alacaklarıyla ilgili olduğunu, bu durumu Veysel Şahin'e aktardığını söylüyor.

Özetle Hakan Canbay, yasadışı sanal bahis baronu Veysel Şahin'in finansçısı ve daha fazlasını yapmak için uğraşıyor.

Erden Timur Neler Söyledi?

Ancak bu sırada ilginç bir şey oluyor.

14 Haziran 2016 tarihinde Hakan Canbay'ın, Neslen Sebahat isimli kişiyle yaptığı görüşmelerde, Veysel Şahin'in kara parayı aklamak için "NEF 13" adlı inşaat projesinden 24 adet lüks daire satın aldığı anlaşılıyor.

Projenin taksitlerinin bazen kendilerinin hesaptan para gönderek, bazen de kendisine para gönderdiklerini anlattığı görüşmede Hakan Canbay, 528 bin TL'nin banka aracılığıyla NEF'e yatırıldığını belirtiyor.

Burada bir soluklanmak gerekiyor.

Çünkü NEF firması, adını, Galatasaray Sportif AŞ Başkanvekili olmasıyla ve Mauro Icardi gibi yıldız futbolcuları transfer etmesiyle duyuran işadamı Erden Timur'a ait.

Erden Timur ile konuştum. Satın almayı doğruladı.

Tabii böyle yazınca rakip takım taraftarlarının "hurra" diyerek Erden Timur'a ve Galatasaray'a saldıracaklarını biliyorum. Ancak hem gerçeklerin yanında olan bir gazeteci olarak hem de çocukluktan beri bir Fenerbahçeli olarak buna izin vermem.

Aynı durum ilerleyen sayfalarda okuyacağınız Acun Ilıcalı'nın adının geçtiği soruşturma ve alınan reklamlar için de geçerli. Ben burada insanlara saldırmak için değil, Türkiye'yi vampir gibi sömüren, futbolunu, ekonomisini, ahlakını kirleten yeraltındaki bahis baronlarını gün yüzüne çıkarmaya çalışıyorum.

Bu vurguyu yapmak istedim.

Erden Timur'un sözlerine gelirsek... Konuşmamızda bütün açık yürekliliğiyle yaşananları anlattı. Veysel Şahin'in toplamda iki üç adet 4+1 daireye denk gelecek kadar 1+1 evler satın aldığını söyledi. Üstelik bunun için gelen kendisi değil, adamını göndermiş. Tabii Erden Timur evlerin kime satıldığını polisin operasyonuyla öğrendiğini belirtti.

Bugüne kadar 43 bin arsa ve ev sattığını söyleyen Erden Timur, haliyle kimlerin ev aldığını bilemeyeceklerini dile getirdi. Olayın 2016'da yaşandığını aktaran Erden Timur, konudan ofisine gelen polislerin kendisiyle görüşüp bilgilendirmesiyle haberdar olduğunu anlattı.

Hatta polisin Veysel Şahin operasyonuna, yaptığı bir hamleyle de destek olmuş.

Erden Timur'un kendisinden dinleyelim neler yaşandığını:

"Hatırladığım, tam bu 15 Temmuz 2016 döneminden sonraydı. Polis, 'Erden Bey ile görüşmek istiyoruz' demişti. Bizde o zaman Emre vardır. O da benimle birlikte girmişti polislerin görüşmesine ama polisler 'biz yalnız görüşmek istiyoruz' demişlerdi. Onlar da görüşmede 'biz Veysel Şahin'i araştırdık, böyle böyle birisi, sizle ilgili bir şey yok ama bu proje bitmiş, devredilirse ona biz operasyon düzenleyeceğiz ama daha delil topluyoruz, sizden ricamız bunları devretmeyin ki biz bunlara el koyalım, devrederseniz el koyamayız, bunları satarlar' diye uyardılar.

Biz de Veysel Şahin tarafını oyalamıştık. Sonra da zaten el konulmuştu. Tabii o günlerde adamların kim olduğunu da bilmiyordum, bahisle ilgili mi diye. Kumarhaneci diye zannediyorduk sonra bahisçi çıktı. 1+1 evler vardı küçük, gelmişlerdi hatırlıyorum. Toplamda 700-800 metrekareydi aldıkları. İki tane 4+1 ediyor. 24 daire çok gibi görünüyor ama toplamda iki üç tane büyük daire boyutunda hepsi.

Bizim evleri kimlerin aldığına da çok bakamayız. Ben şu ana kadar 43 küsur bin konut ve arsa satmışım. Teknik olarak da bilemeyiz. Adam televizyon da alıyor, araba da alıyor.

Satın alma işlemi Veysel Şahin ismiyle de olmadı. O zaman da zaten başka bir isimdi. Polisler de satın alan kişinin onun adamlarından biri olduğunu, onunla irtibatlı biri olduğunu söylemişti."

Erden Timur'un açıklamaları böyle... Samimiyeti için de teşekkürü bir borç bilirim.

* * *

Şimdi kaldığımız yerden devam edebiliriz.

Hakan Canbay'ın örgütü nasıl açığa çıkardığını anlatıyordum.

Canbay, "Uğur" isimli kişiyle yaptığı görüşmelerde Veysel Şahin'in sahibi olduğu şirketlerden bir tanesine müdür olan Uğur ile para transferine ilişkin konuştuğunu söylüyor.

Aynı tarihte Veysel Şahin'in şirket müdürlerinden olduğu düşünülen Burak Başel ile yaptığı görüşmede "Hacca mı gitti" diyerek Veysel Şahin'in Las Vegas'a gittiği üzerine konuşuyorlar.

Görüşmenin esasen 150 bin liralık bir paranın transferiyle ilgili olduğu kayıtlara geçiyor. Kayıtlardaki bir sonraki görüşmede bu sefer Veysel Şahin, Burak Başel ile görüşüyor. Sonuçta para trafiğini Veysel Şahin'in yönettiği net bir şekilde anlaşılıyor.

Haliyle Veysel Şahin adli süreç içerisinde savunma yapmak zorunda kalıyor.

Suçlamaların hiçbirini kabul etmeyerek hükmün açıklanmasının geri bırakılmasını talep ediyor.

"Ben sadece Hakan Canbay'a ait kumar ve bahis sitelerinde oyun ve bahis oynadım, bu sitelere hiçbir zaman ortak olmadım" diyerek topu Canbay'a atıyor.

Devamında özetle şunları söylüyor:

> "Oynadığım bahislerde kimi zaman kazandım, kimi zaman kaybettim. İddianamede ismi geçen Hakan Canbay'ı tanırım, kendisi bahsi geçen bahis sitelerinin sahibidir. Kendisinin ortakları konusunda net bir bilgi sahibi değilim. Oynadığım kumar ve bahis oyunlarında kazandığım ve kaybettiğim panolara ilişkin kendisiyle zaman zaman görüşürdüm, tanışıklığım bundan ibarettir. Hakan Canbay ile kazandığım zaman görüşmeler yapardım, kazandığım parayı bana veya söylediğim yere yollamasını konuşurdum. Hakan Canbay'la olan 12/06/2016 tarihli görüşmemi tam olarak hatırlamıyorum, konuşma oynamış olduğum bahis oyununa ilişkin olabilir. Aradan uzun zaman geçtiği için, detayını hatırlamıyorum. 09/05/2016 tarihli görüşme ise yine oynamış olduğum bahisten olan alacak verecek ilişkim hakkındadır. Ben Kıbrıs'ta ikamet ettiğim için zaman zaman kazandığım paranın ödenmesini İstanbul'da ikamet eden kardeşim Murat'a yaptırıyordum. Bu konuşma bahisten kazandığım para ile kardeşim Murat'ın çekinin ödemesini yapmaları hakkındadır. Ayrıca Berk Hakyemez'i, Ertuğrul Sarı'yı, Mustafa Sezen'i ve Hüseyin Daştan'ı bizzat tanımam. Hakan Canbay'ın çalışanı olabilirler. Ben kimseyle Skype ile konuşma ve yazışma yapmadım. İddia edilen Skype yazışmaları tarafıma ait değildir."

Her ne kadar baron da olsa uzun uzun Veysel Şahin'in savunmasını vermeyeceğim.

Ama NEF 13 projesinden aldığı daireler önemli. Aslında kara para aklama yöntemleri için inşaat sektörünü de nasıl kullandıklarını gösteriyor.

Savunmasında da bu konuya değinerek "NEF 13 Merter'de adıma kayıtlı olan yirmi dört adet daireyi 2015 senesi Mayıs ayında satın aldım" ifadeleriyle yaptığını kabul ediyor.

Devamında şunları söylüyor:

> "Ben soruşturmadan bir sene önce 24 adet taşınmazı satın almıştım ve ödemelerini muntazam olarak yapıyordum. Sadece

> bir sefer 528.000,00 TL'lik ödemeyi bahisten kazandığım para ile yaptım. Hakan Canbay'dan bahisten kazandığım parayı tarafıma ödemek yerine NEF 13 Merter firmasına adıma yatırmasını istedim. Hakan Canbay da kendi çalışanları aracılığı ile bu ödemeyi yapmıştır. Benim kumar ve bahis sitelerinin sahibi olarak bildiğim kişi Hakan Canbay'dır. Şahsımın bu bahis siteleri ile oynamak dışında hiçbir bağlantısı olmamıştır, söz konusu sitelerde ortaklığım ve ortaklık gelirim söz konusu değildir. Sedat Kolbaş'tan bahis sitelerinin gelirleri ile lüks arabalar aldığım yönündeki suçlama asılsızdır, benim Sedat Kolbaş'tan aldığım araç yoktur. Atılı suçlamaları kabul etmiyorum. Beraatimi talep ederim."

Özetle bütün suçu Hakan Canbay'ın üzerine atmış.

Tabii iddianameye giren isimler bunlarla bitmiyor. Kurulan düzen öyle iki kişiyle dönebilecek kadar küçük değil.

Şüphelilerden Süleyman Selçuk Baydut diye biri var.

Bu kişide ele geçirilen USB içerisinde 100 bin civarında telefon numarası olduğu anlaşılmış. "Data" isimli klasör içerisinde müşteri isimleri, mail bilgileri, telefon ve doğum tarihlerini gösterir 50 bin kişiden fazla kişiye ait listenin yer aldığı görülmüş. Yazışmalarında da yasadışı bahis sitelerinin şifreleri, kullanıcısı, kodlarının yer aldığı tespit edilmiş.

Şüpheli Tolga Alpaslan ile ilgili dinleme kaydında ise "Abi müdürü hallettim haberin olsun. Sen İhsanlarla paylaştın di mi numarayı. Söyledim evet. Selçuk'a da verdim. Kemal'e de verdim" şeklinde görüşmenin yukarıda belirttiği Cengiz Ersal'a para verilmesine ilişkin olduğu belirtilmiş.

Devamında Hakan Canbay'ın ofisinde bulunan kamera kayıtlarına el konulmuş ve incelenmiş. Kameralar görüntülü ve sesli kayıt yapmış.

Görüntüler ve ses kayıtları üzerinde yapılan incelemelerde ofise çok kişinin giriş çıkış yaptığı, nakit paraların devamlı girip çıktığı tespit edilmiş.

Hakan Canbay'ın odasına gelen üç kişiden mavi tişörtlü olan kişinin konuşmasında "'Betpark' senin mi" sorusuna "Benim tabii çok iyi gidiyoruz" cevabını verdiği anlaşılmış.

Mavi renkli tişörtlü kişinin konuşmasında, Kıbrıs hükümetinin yaptığı kanunlarla zora giren internet üzerinden çalışan Kıbrıs bahis sektörünün Türkiye'deki yapılanmayı öğrenmek için eğitim almak üzere 8-12 kişilik gruplarla Türkiye'ye girdiği de öğrenilmiş.

Hakan Canbay'ın da yanındaki kişilere "Ben havale yapmıyorum. TL nakitten virman yapıyorum" dediği duyulmuş. Sonrasında muhasebe yetkilisi ile konuşmalar yapıldığı kasanın 3 milyon 300 bin TL'ye ulaştığı belirtilmiş.

Her ne kadar birbirinden bağımsız olaylar gibi gözükse de100 bin telefon numarası, 50 bin kişilik liste, on binlerce şifre bilgisi, yüz binlerce satır kod bilgisi ile birlikte sürekli el değiştiren ve Hakan Canbay'da toplanan bir para var.

Üstelik konu sadece para da değil. Polis de işin içinde...

Polis memuru Abdullah Çil'in Hakan Canbay'ın ofisine geldiği anlar da kayıtlarda yer almış.

Canbay, polis Abdullah Çil odaya girerken belindeki silahı alıyor, sonrasında odaya Veysel Şahin'in kardeşi Murat Şahin yanında bir kişi ile birlikte geliyor.

Odaya girdiğinde polis memuru Abdullah Çil ile tokalaşıyor. Sonrasında görüşme bitiyor polis memuru silahını alıyor, ayrılıyor.

Hakan Canbay ofiste personeline konuşma yapıyor. Konuşma içeriği aslında uyarı niteliğinde.

Bilgisayarlarda "deepfreeze" (bilgisayar her kapatıldığında işlem kaydını silen) program olması gerektiğini, herhangi bir baskın halinde personelin bataryasız kullanılan laptopların fişinin çekilmesi ve bilgisayarların kapatılması gerektiği talimatını veriyor.

Odasındaki MAC bilgisayarlarda şifre resetlenmesi halinde log'ların (dijital kayıtların) silineceğini anlattığı, buna uygun güvenlik geliştirmesi yapılması gerektiğini söylediği kayıtlara yansımış.

Yani laptoplar bataryasız diğer bilgisayarlar ise özel programlar ile birlikte kullanılıyor ki bir baskın olduğunda kendileri için stratejik bilgilerin ele geçirilmemesi planlanıyor.

Tabii mahkeme sürecinde Hakan Canbay'a kamera görüntüleri soruluyor.

Kamera sistemini kendisinin yerleştirdiğini, ses kaydı olduğunu, iş yeri görüntülerinin kendi iş yerine ait olduğunu kabul ediyor.

Ancak o da topu Veysel Şahin'e atıyor.

Bürosuna gelen paraların hepsinin Veysel Şahin'e ait bahis sitelerinden kendisine aktarılan paraların sayılması ve başka şahıslara teslim edilmesi ile ilgili görüntüler olduğunu anlatıyor.

Hakan Canbay'a ait dijital materyaller üzerinede bilirkişi incelemesi gerçekleştirilmiş. Cep telefonunda yapılan tespitlerde Skype isimli sohbet programına ilişkin yazışmaların deşifresi yapılmış. Yapılan deşifrelerde kurulan yapının hiyerarşi içerisinde olduğu, bu hiyerarşik yapının mesaili sisteme göre çalıştığı ortaya çıkarılmış.

Hatta Hakan Canbay güvenliğe çok önem veriyor ve tüm çalışanlara şu mesajı göndermiş:

> "Mesai çizelgesindeki değişiklik nedeni ile bu çizelgeyi tekrar güncelleyip ileteceğim herkese ve herkes ilettiğim bankalara bakacak. Bir kez daha hatırlatıyorum. Yatırım onayları 5 dakika, çekim onayları 15 dakika. Kimse bilgisayarında iş ile alakalı bir bilgi tutmasın. Onu çizelge üzerinde göstereceğim. Bir kez daha hatırlatıyorum yatırım onayları 5 dakika, çekim onayları 15 dakika. Kimse bilgisayarında iş ile ilgili bilgi tutmasın. Gerekli bilgileri internet üzerinde güvenli bir yerde saklayacağız. Herkes bu bilgilere nasıl ulaşabileceği şeklinde bilgi vereceğim. Herkes telefonuna ICQ programı kursun. Kimse birbirini normalden veya WhatsApp üzerinden aramasın."

Aslına gözaltına alınan ve yakalanan kişilerin son derece sistemden haberinin olduğu ve yaptıklarının anlamını bildiği bu konuşmalardan da çok net anlaşılıyor. Ancak ifadelerde hemen hemen hepsi suçlamaları reddetmiş.

Hakan Canbay'ın ofisindeki kameradan elde edilen görüntü ve ses kayıtlarında, dijital materyallerde Veysel Şahin'in kurduğu, yönettiği yasadışı bahis sitelerinden Veysel Şahin'in talimatlarının nasıl uygulandığına dair yüzlerce konuşma kaydı geçiyor.

Mesela bir konuşmada "Veysel abiye para göndermemiz gerekiyor. Fırat Bey şimdi söyledi. / Hesapat. /Veysel Şahin Ziraat Bankası, alıcı adı CitynetT rading Uluslararası İşletme Ltd.Şti. KKTC Girne Şubesi alıcı hesap numarası 6764****-50** 325.000 TL tutar" diye yazışma yer alıyor.

Bu sadece yazışmalardan bir tanesi...

Hakan Canbay'ın ifadeleri ve ele geçirilen deliller irdelendiğinde savcılık, Hakan Canbay ile ilgili yasadışı bahis oynatılması sonucu elde edilen gelirleri ATM'den çeken diğer şüphelilerin paraları kendisine getirdiğinde bunların Veysel Şahin'in talimatı doğrultusunda olduğu belirlenmiş.

Hakan Canbay'ın, yasadışı bahis oynatılması sonucu elde edilen gelirle kendisi ve Veysel Şahin adına, NEF 13 isimli konut projesinden daire satın alma işlemlerine yardımcı olarak bu kapsamda para aktararak kara paranın aklanması suçunu işlediği aktarılmış. Ayrıca kumar oynanması için yer ve imkân sağlama, suç işlemek amacıyla örgüt kurma, 6136 sayılı yasaya muhalefet suçlarını işlediği de değerlendirilmiş.

Yasadışı bahis paralarının toplandığı ofis, parayı aklamak için alınan evler, ofise gelen polisler, iz bırakmamak için kullanılan şifreli programlar...

Daha yeni başlıyoruz, okuyacaklarınıza inanamayacaksınız.

Mesela savcı polis memuru Abdullah Çil'i karşısına alıp sorguladığında, Çil, Hakan Canbay'ı uzun zamandır tanıdığını, bu kişinin kuyumculuk yaptığını bildiğini, bunun dışından ne işler yaptığını bilmediğini beyan etmiş.

Savcı, "Polis baskınında neden seni aradı" diye sorunca da Hakan Canbay'ın gelenlerin polis olmadığı yönünde şüphesi olduğunu iddia etmiş.

Polis memuru Çil, "Onu rahatlatmak amacı ile konuştum" diyerek kendisini savunmuş. Birkaç kez eğlenceye gittiklerini, gittikleri yerde bayanlarla fotoğrafları olduğunu, polisin el koyması durumunda ortaya çıkacağı için telefonu imha et dediğini, Hakan Canbay'ın ofisine de birkaç kez gittiğini anlatmış.

Yani "Yersen" demiş...

Soruşturmada adı geçen polis sadece Abdullah Çil değil tabii.

Önceki sayfalarda da yazdığım savcı emekli emniyet Müdürü Cengiz Ersal'ı karşısına oturtmuş.

Ersal, şüphelilerden Cenk Bal'ı Kadıköy İlçe Emniyet Müdürlüğü'nde çalıştığı dönemde tanıdığını, Veysel Şahin'i 2004 yılında Tolga Alpaslan'ın evinde kahvaltıda tanıdığını anlatmış. Birkaç kez de Kıbrıs'ta kumar oynadıklarını, Murat Şahin'i Kıbrıs'ta birkaç kez gördüğünü, Halil Falyalı'yı Tolga Alpaslan ile sorun yaşadığı için bildiğini, birkaç kez yemekte karşılaştığını söylemiş.

Gerçekten öyle mi dersiniz?

Tolga Alpaslan ile Cengiz Ersal'ın telefon konuşmaları iddianameye yansımış.

O konuşmalardan birinde, "Sana Fransis diye bir adamın kartvizitini attım. / Tamam. / Bu adamın Hollanda'da lisans firması var bahis üzerine. Bir konuşursun bununla" ifadeleri kullanılmış.

Meğer Cengiz Ersal'ın attığı kartvizit sanal bahis ile ilgili bir lisans firmasının bilgilerini içeriyormuş.

Yine Cengiz Ersal'ın, Tolga Alpaslan ile yaptığı görüşmede yasadışı sanal bahis için kullanılan bir hesabın sahibinin bankaya zorla götürüldüğü bir olaydan bahsediliyor.

Hesabın sahibi sosyal medyadan kendisini polis kılığında tanıtan biriyle gittiği banka hesabındaki parayı çekmeye zorlanıyor.

Bankadaki çalışanlar durumu fark edince polise haber veriyor. Halbuki hesap Veysel Şahin'in kurduğu yasadışı sanal bahis organizasyonu için kullanılan hesaplardan biri. Haliyle yasadışı bahis örgütü olaya polis dahil olduğu için fark edileceklerini anlayarak alarma geçiyor.

Burada Emekli Emniyet Müdürü Cengiz Ersal devreye giriyor.

Telefon konuşmasında "Şimdi ben Beşiktaş Emniyetine gideyim, o tahkikat dosyasının derinleştirilmemesini söyleyeyim" ifadelerini kullanıyor.

Düşünebiliyor musunuz... Emekli Emniyet Müdürü çetenin yakalanan üyelerinin başı derde girmesin, şebeke ortaya çıkmasın diye nüfuzunu kullanarak dosya kapattırıyor.

Bir olay daha anlatayım.

Veysel Şahin'e ait VESBET bahis sitesinin çalışanlarından biri, tüm bilgisayarlara virüs bulaştırıyor. Girne'de iki günde 150 bin lirayı zimmetine geçiriyor. Ortaya çıkınca çalışan kişiyi hemen "kaldırmışlar".

Hesabına para geçiren yasadışı bahis sitesinin çalışanına 5 saat işkence edilmiş. Daha sonradan Adana'da birileri araya girince serbest bırakılmış. Fakat iş polise yansıyıp hürriyeti tahdit suçundan ceza alacaklarını anlayınca araya yine Cengiz Ersal girmiş.

Hatta Tolga Alpaslan ile olan konuşmasında, Vatan Emniyet Müdürlüğü'nde rütbeli polislerden Cenk Bal'ı bir gün öğle yemeğine davet etmek gerektiği bile dile getirilmiş.

Savcı bu konuşmaları sorduğunda ise Cengiz Ersal cevap olarak "Kıbrıs'taki dedikodular" diyerek yanıt vermiş.

Üstelik "Adam kaldırılan" konuşma sadece bu değil.

Cengiz Ersal ile Tolga Alpaslan arasındaki bir diğer konuşmada, kiralık olarak kullanılan banka hesaplarının sahibinin sanal bahis parası olan 22 bin lirayı çektiğinden bahsediliyor.

Yani bir vatandaş, kendisine ait olmayan yasadışı sanal bahis parasını kendi hesabından çekiyor. Evet böyle bir garabetten bahsediyorum.

Adam parayı çekince Tolga Alpaslan ile Cengiz Ersal arasında şu diyalog yaşanıyor:

> "Altan'ı ara. Hesap sahibi gitmiş kendi hesabından 22.000 TL çekmiş az önce. / Ne diyorsun ya, kim? / Kimse kim. Gidip bulsun. Bulamıyorsa çağırsın bizi. Gönderip adamı aldıralım evinden mi barkından mı neredense. / Onun arkasından bir şarjör boşaltırım ben. Bak ben onu öldürmeye geliyorum. / Bu adamdan hesabı kes neredeyse. Benim nasıl ne tip adam olduğumu biliyorsundur. Yani o parayı adamın kalın bağırsağından çıkartırım ben. Vakit geçirmeden söyle. Bizim cinayet masasında Şenol benden haber bekliyor. Çözemezsen aldırayım adamı."

Haliyle savcı bu konuşmayı sormuş.

Cevabında, kendi hesabını internet sitesinde kullanılsın diye verdiğini, sonra hesaptaki paranın çekildiğini, bu kişinin evinden alınmadığını, "sarhoşken söylediğim cümleler" diye belirtmiş.

Hani hep "bunlara nasıl bir şey olmuyor" diyoruz ya...

Hah işte nasıl bir şey olmadığını görmeniz açısından yazıyorum.

Şerefli, namuslu teşkilat mensuplarını tenzih ediyorum, ancak bu kişiler devletin gücünü arkalarına alarak görevini kötüye kullanıp çeteye hizmet eden polisler.

Devam edelim.

Şüphelilerden Levent Bingöl ve Fatih Şentürk yanlarında bir miktar para ile Atatürk Havalimanı'ndan Kıbrıs'a gitmek için uçağa binmeye hazırlanıyorlar.

Telefonda konuştuklarında bir sorun olursa havalimanında bulunan tanıdıkları olduğunu, hemen Cengiz Ersal'ı aramaları gerektiğini söylüyor.

Tam da o esnada sivil polisler şahısları durduruyor. Bunun üzerine, şahıslardan biri Tolga Alpaslan'ı arıyor, o da Cengiz Ersal'ı arıyor. Cengiz Ersal ise havaalanında görevli bir emniyet mensubunu arıyor.

Havalimanında daha sonra ne olduğuna dair iddianamede bir detay yok. Zaten savcı da bu tür detayları örgüt mensuplarının polisle nasıl yardımlaştığını anlatmak için ekliyor.

Mesela bir örnek vereyim.

Yine yasadışı sanal bahis sistemi içerisindeki Çiğdem Kucur isimli birini Emniyet yetkilisi ifadeye çağırıyor.

Bunun üzerine çetenin onlarca üyesinin de avukatı olan Kadir Kartal, Cengiz Ersal'ı arıyor.

> "Aziz Müdürüm. Şimdi biz Çiğdem Kucur diye bir kızımız hakkında Vatan Siber Suçlar bölümünden Murat Y**** diye bir arkadaşımız bir mail göndermiş. 'Siber Suçlarla Mücadele Şube Müdürlüğüne geliniz' diyor.
>
> — Tamam, Ben Cenk'le konuşurum. Oraya gidince Cenk Bey var onu bulsun.
>
> — Ben götüreceğim müdürüm.
>
> — Tamam. Herhangi bir şey söylememişler mi?
>
> — İstanbul Cumhuriyet Başsavcılığı'nın 2015/105419 sayılı soruşturması kapsamında..."

Bu görüşmenin hemen akabinde Cengiz Ersal Vatan Emniyet Müdürlüğü'nde görevli Cenk Bal'ı arıyor.

Devamını iddianameden okuyalım:

> "— Yanına gelebilirim de orada Murat Y***** diye bir arkadaşımız var mı?
>
> — Evet. Polis memuru.
>
> — Çiğdem Kucur diye bir kızımız var. İstanbul Savcılığının 2015/105419 şeyiyle. Yani bir dosyaya bakıp bir şey yaparsan bir de bizim o Kadir abi gelecek. Kadir Kartal var. Belki tanışırsın.
>
> — Yok abi hallederiz. Gelir, zaten odası yakın bana. Abi şimdi dosyaya baktım da vatandaşın birisi şikâyetçi olmuş. Bu iddia var ya...
>
> — Evet
>
> Para yatırıyorsun. Sonra senin cep telefonuna mesaj geliyor. Müşteki iki ayrı şey yapmış. İki ayrı siteden girişimde bulunmuş. Parayı kaptırmış. Tutmayınca şikâyetçi olmuş."

Yani dolandırılan bir vatandaş şikâyetçi oluyor.

Dolandıranların hesap sahibi ifadeye gidecek çete ile bağlantılı diye Emniyet'teki kaynaklar ile görüşüp durumu çözüyorlar.

Bakın konuşmalarda o kadar çok ayrıntı var ki. Okudukça adalet sistemine üzülüyorsunuz.

"— Müdürüm takipsizlik kararı alıyoruz.
— Sağ olun.
— Arkadaşlar çok iyi karşıladılar. İfadeyi verdik, gittik. O üst yazı benim kontrolümde gider merak etmeyin.
— Tamam.
— Veysel Bey'e de bilgiyi siz verirsiniz artık."

Ortaya çıkan tablonun özeti ise şu...

Emekli Emniyet Müdürü Cengiz Ersal, Veysel Şahin ile doğrudan irtibatlı. Devamlı görüşüyor. Aynı zamanda diğer örgüt yöneticisi Tolga Alpaslan'ın da yardımcılığını yapıyor.

Ersal, yasadışı suç örgütün içerisinde yer alan şüphelilerin suçtan zarar görmemeleri için örgüt mensuplarının aleyhine verilen şikâyet dilekçelerinin sumenaltı yapılması ya da suçun derine inmeden araştırılmaması için o dönem Siber Suçlarla Mücadele Şube Müdür Yardımcısı olarak görev yapan Cenk Bal ile irtibatlıydı.

Cenk Bal aldığı talimatlar neticesinde şikâyet dilekçelerinde suç örgütünün istediği şekilde ifade alınması yönünde örgüte yardım ediyordu.

Diğer polis Abdullah Çil de Hakan Canbay'ın yardımcısı olarak görev yapıyordu.

Örgütün en önemli isimlerinden biri olan Tolga Alpaslan, futbol yorumcusu olarak televizyon kanallarında yer alıyordu.

Hem de Gökçeklere ait Beyaz TV'de...

Tolga Alpaslan (sağda) Beyaz TV'de Rasim Ozan Kütahyalı ile birlikte program sunuyordu

Peki, Tolga Alpaslan ifadesinde ne demiş?

İşte burası önemli...

Öncelikle hiçbir suçlamayı kabul etmemiş. İstanbul'da yaşadığını anlatırken, Kıbrıs'taki SDRH Ltd. Şti. olduğunu kabul etmiş. Bu şirketin bazı sitelere altyapı hizmeti verdiğini anlatmış.

Şirketin nasıl çalıştığını ise şu sözlerle aktarmış:

> "Bahis ve kumarla ilgili hiçbir şirketin kurucusu değilim, benim yaptığım işlerden olan ön ödemeli şifre işi şu şekildedir; kişiler kendi hesap bilgilerini ya da kredi kartı bilgilerini kullanmak istemediklerinde internet üzerinden 16 haneden oluşan bir pin satın alırlar. Bu şifre ön ödemeli şifrenin geçerli olduğu internet üzerinden faaliyet gösteren tüm sitelerde geçerlidir, kişi internet sayfasında bu şifreyi kullanarak internetten alışveriş de yapabilir. Sattığımız şifrenin nerede kullanıldığını takip etmemiz mümkün değil. Biz esasen şifreyi satarız, bazen de elinde şifresi olan kişinin şifresini bozup satın alırız. Kıbrıs'ta bu işi yapmak yasaldır, şirketimiz yasal bir şirkettir."

Öte yandan ifadesinde Cengiz Ersal ile 15 yılı aşkın tanışıklığının olduğunu ve Ersal'ın arkadaşı olduğunu kabul etmiş. Hatta aile dostu olduğunu söylemiş.

"Kendisine gönderdiğim paraların bir kısmı kızı Kıbrıs'ta okuduğu için burs paralarıdır, diğer paralar da ayrıldı ve eşime gönderdiğim nafaka parasıdır" diyerek işin içinden sıyrılmak istemiş. Devamında ise şunları söylemiş:

> "Fatih Şentürk benim Kıbrıs'ta yasal olan ön ödemeli şifre satışıyla alakalı Türkiye müşterilerimi geri çevirmemek için Türkiye'de kullandığım banka hesabının sahibidir. Bu kişiler Atatürk Havalimanı'nda yakalanmışlar, üzerlerinde yakalanan paralarla benim hiçbir alakam yok, kendileri kumarbazdır, kumar parası olabilir."

Çetenin kollarının uzunluğunu görmeniz açısından bunları okumanızı istedim.

Bahis ve futbol yorumculuğundan yasadışı sanal bahis ve teknik altyapı hizmeti şirketi sahipliğine...

Bakın bu sistemin içerisinde yasadışı mafya olduğu kadar spor ve medya dünyasından da isimler var. Hem de yakından tanıdığınız isimler.

Hepsini yazacağım ancak önceki sayfalarda da adını andığımız, bu satırlar yazılırken Boluspor'un kalecisi olan Çağlar Şahin Akbaba'nın da kayıtları dava dosyasına girmiş.

Tolga Alpaslan'ın soruşturmanın yürütüldüğü zaman Elazığspor'da oynayan Çağlar Şahin Akbaba ile yaptığı telefon görüşmesinde şu diyalogları dikkat çekiyor:

"— Elazığ'dayız play-off'a kaldık. Perşembe günü maç var.

— İnşallah. Siz çıkar mısınız Süper Lig'e?

— Bilmiyorum ki abi play-off belli olmuyor.

— Yani zaten çıkarsanız ben kendi hayatımı sana bağlamışım. İyi valla ne yapalım ocağımıza incir ağacı dikmişler paraya para, oyunlar vardı vardı ya kombineler vardı ilk yarı Beşiktaş'a vardı bu hafta sırf millete para dağıtıyoruz.

— Senin bu adamlar hiç oyun çevirmiyor. Neyse sen gel zaten sezona güzel bir hazırlık yapalım, iyi birkaç sağlam bağla da yazın bizim maaşımız çıksın. Senin işine yarın büyük ihtimalle yollayacağız. Senden aldığımız bir de 1.350 var galiba onu da alacağım onu da yollayacağım."

Aynı gün bir konuşma daha yaşanmış ikili arasında:

"— Oturuyoruz Murat abi ile de...

— Yolladı haberin var mı, geldi değil mi?

— Doğrudur bakmadım valla kafam milyon hiç hesaplara bakmadım."

Bazı cümlelerin anlamsız ya da yüklemi düşük olduğunun farkındayım. Ancak iddianamedeki şekliyle, herhangi bir müdahalede bulunmadan aktarıyorum.

Sonuçta, aktif bir kaleci yasadışı sanal bahis sitesi sahibi ile konuşamaz mı, ne var bunda değil mi?

Tolga Alpaslan ise bu görüşmeleri "hatırlamıyorum" diyerek reddetmiş.

* * *

Bu bölümü bitirdikten sonra soruşturmada karşımıza iki isim daha çıkıyor.

Biri şüpheli Sırrı Hikmet Arslan, diğeri de Scott William Masterton.

Masterton, Veysel Şahin ile birlikte çeteyi yöneten bir diğer isim. Bunlar 150 yasadışı bahis sitesini yönetiyorlar.

Savcılık da Masterton'ın adına Sırrı Hikmet Arslan'ın telefon dinlemelerinden ulaşıyor.

Bunların hepsi şu anda derinlerine daldığımız Handikap Operasyonu'nda yakayı ele veriyor.

Savcı da Scott William Masterton'ın yasadışı bahis ve oyundan elde edilen suç ürünü paranın transferi için şüpheliler Ahmet Yaman ve Ahmet Fatih Erciyas'ın sahibi olduğu şirket hesaplarını kullandığını görüyor. Hatta şüpheli Sırrı Hikmet Arslan'ın kendisine ayrıcalık yaparak suça iştirak ettiğini değerlendiriyor.

Öyle ki Arslan'ın ifadesi tüm bu ilişkiler yumağını ortaya çıkarıyor.

Savcılık doğrudan Arslan'a isimler soruyor. Arslan, dosyada adı geçen Ahmet Yaman adlı kişiyi İngiltere'den tanıdığını anlatıyor.

Çete lideri Scott William Masterton ile Ahmet Yaman aracılığıyla tanıştığını aktarıyor.

Masterton, Ahmet Yaman'a ulaşamayınca Sırrı Hikmet Arslan'dan yardım istiyor.

Ayrıca yapılan bir ihbarda, "Ahmet Söğüt" isimli kişinin Ahmet Yaman ve Ahmet Fatih Erciyas isimli kişilere çek karşılığında kumar oynamak için 2 milyon fon parası verdiği iddialarını da yalanlıyor.

Sırrı Hikmet Arslan'ın telefonunda yapılan incelemede de bir diğer şüphelilerden Haydar Kuşçu'nun izine rastlanıyor.

Haydar Kuşçu, İngiliz Masterton'a yazdığı mesajda şunları söylüyor:

> "Scott sana söyledim problemlerim var. Türkiye numaramı aramayın ya da mesaj göndermeyin. Yunanistan'da kefaletle serbest kaldım. Geçtiğimiz 3 hafta bize İngiltere'de birkaç operasyon yapıldı, ayrıca tüm bu saçmalıklar İstanbul'daki araç kurşunlama olayıyla başladı. Ayrıca o Yunanlı yavşağa söyle benimle bir daha asla bağlantıya geçmesin. Sakın benim Türkiye numaramı arama ya da mesaj gönderme. Bu numarayı dinliyorlar. Yunanistan'dayım ayrılacağım, sen beni salak mı sanıyorsun adam ol. Parasını gönderdim eşyaları ya da paramı geri ver. Herkese yavşak diyorsun ve mağdur sensin bu saçmalık sıkar. Büyük bir hata yapıyorsun, ben Yunanistan'dayım 3 haftadır tutukluyum birkaç gün önce bırakıldım. 15 Haziran'da burada Kaçakçılık bürosu tarafından büyük bir operasyon yapıldı, sana bazı kâğıtlar gönderdim."

Daha sonradan attığı mesajlarda ise Kuşçu'nun sert tavrı sürüyor:

> "Ahmet'ten (Yaman) paramı ve ödemesini yaptım. Her şeyi istiyorum yakında İstanbul'da olacağım. Seni Ahmet ve diğerleri hakkında bilgilendiririm, ellerinde herhangi bir somut delil yok.

Ancak soruşturma yüzünden beni bırakmıyorlar. Paramı istiyorum hepsi bu pazartesi ödemesini ona söyle."

Burada Sırrı Hikmet Arslan'ın telefonunda kritik bir şey ortaya çıkıyor. Arslan'ın "Viber" isimli sohbet programını kullandığı anlaşılıyor.

Bu program üzerinden yapılan İngilizce yazışma Türkçe diline tercüme ettirilmiş. Yazışmalarda "Merhaba Scott. Bir süre benimle bu numaradan haberleşip lütfen paran hakkında endişelenme, benimleyken bir kuruş kaybetmezsin" ifadeleri kullanılıyor.

Öyle ki Arslan aslında bir itirafta da bulunuyor. Masterton'a, "Yetkililer arasında güçlü kuvvetlerim var ama polis kuvvetleri 450 bin kişi hepsini tanımam imkânsız. Sakin ol bizim de başımız büyük dertte, bana birçok sorular soruyorlar banka hesaplarıyla geçen hafta ve ondan önceki haftalarla ilgili soruların hepsi mükemmeldi dizayn edilmiş" ifadelerini gönderiyor.

Savcı, Scott William Masterton'un yasadışı bahis ve oyundan elde edilen suç ürünü paranın transferi için şüpheliler Ahmet Yaman ve Ahmet Fatih Erciyas'ın sahibi olduğu şirket hesaplarını kullandığını tespit ediyor.

Bu yüzden şüpheli Sırrı Hikmet Arslan'ın da kurduğu iletişim üzerinden suça iştirak ettiğini değerlendiriyor.

Öte yandan Sırrı Hikmet Arslan bu şekilde ifade verse de o ifadede adı geçenler söylediklerini yalanlıyor.

Mesela Ahmet Fatih Erciyas...

İfadesinde Ahmet Söğüt, Ahmet Yaman ve Sırrı Hikmet Arslan'ı tanıdığını, Ahmet Yaman'ın eski iş ortağı olduğunu, Ahmet Söğüt'ün Laleli'de döviz bürosunun bulunduğunu söylüyor. Sırrı Hikmet Arslan'ı ise Ahmet Yaman ile ortak iş yapması nedeniyle tanıdığını anlatıyor.

Ahmet Yaman ile ortak oldukları şirketi Sırrı Hikmet Arslan'ın satın almak istediğini, şirketin yurtdışına yapılacak para transferlerinde kullanılacağının söylendiğini, henüz devir olmadan önce şirket hesaplarının kullanılabilmesi için istenmesi üzerine şifreleri verdiklerini aktarıyor.

Birkaç gün sonra banka müdürlerinin kendisini arayarak hesaplarda anormal yükseliş ve hareket olduğunu söylediklerini, Ahmet Yaman'a durumu sorunca "Bir an önce bu işin yapılması gerekiyordu, sen merak etme sıkıntı olmaz, zaten şirketi senden alacağız" dediğini, araştırdığında hesaplarına 9 milyon TL paranın yatırıldığını anlatıyor.

Birkaç gün içerisinde yatırılıyor bu para!

Paranın Sırrı Hikmet Arslan tarafından yönlendirildiğini öğrendiğini, sonradan Ahmet Söğüt'ün alacağına mahsuben 2 milyon 700 bin TL hesaplardan çektiğini aktarıyor. Kalan para için icra takibi başlattığını öğrendiğini, bu paranın da Ahmet Yaman'ın Ahmet Söğüt'ten aldığı borca ilişkin olduğunu belirtiyor.

Bu kadar dalavere olunca kendisinin hesaplarının daha fazla kullanılmasını engellemek amacıyla hesapları kapattığını, kendisinin bu konu hakkında danışmak için Vatan Emniyet Müdürlüğü'nde tanıdığı Dinçer Sapmaz isimli müdüre gidip durumu anlattığını da anlatıyor.

Tam konuşurlarken Yunus Düz isimli bir kişinin de yanlarına geldiğini, konuştuklarını duyduğunu, bu kişinin kendisiyle birlikte yanında odadan çıktığını söylüyor. Devamında da Emniyet'in bahçesinde kendisine "Senin bahsettiğin paraların gerçekte kime ait olduğunu biliyorum, yıllardır bu işin içindeyim, bunlar kumar paraları sen bu paranın yarısını bize ver biz seni hem kanuni hem de fiili olarak koruruz" dediğini, kendisinin durumu kabul etmediğini ifadesinde tek tek dökülüyor.

Yani benim içime oturan, bu sözlerin Vatan Emniyet'in yani bilmeyenler için Vatan Caddesi'nde bulunan İstanbul Emniyet Müdürlüğü'nün bahçesinde konuşulabiliyor olması.

Özetle Ahmet Fatih Erciyas Hikmet Arslan'ı yalanlamış.

Ancak savcılık Erciyas'ın Emniyet'teki ifadesi ile savunmasındaki ifadesinin farklı olduğuna kanaat getirmiş.

Zira Emniyet ifadesinde Sırrı Hikmet Arslan'ın aracılığı ve yönlendirmesi ile şirket hesaplarını kullandırdıklarında bu durumu şüpheli Ahmet Yaman'a sorduğunu, bu kişinin de sorun olmadığını söylediğini anlatmış.

Haliyle savcı, Erciyas'ın savunmasının cezadan kurtulmaya yönelik olduğunu değerlendirmiş. Şüphelinin Erciyas'ın Ahmet Yaman ile birlikte şirket hesaplarını Scott William Masterton adlı kişinin yasadışı bahis ve kumar oynatılması ile kazanılan paranın transferi için kullanarak eyleme iştirak ettiğine kanaat getirmiş.

Aslında savcı şüphesinde haklı gibi duruyor. Dosyadaki şüpheli olan kişiler savunmalarında hayatın olağan akışına aykırı beyanlarına devam etmişler.

* * *

Biraz savcılık ifadelerini okumaya ara verip dertleşelim.

Bu ifadeleri yazmamın temel sebebi, işleyen çarkı tüm çıplaklığıyla görün istiyorum. Aktarılan paralar, kiralık hesaplar, birbirini satan çete elemanları, su gibi akıp giden milyonlarca, milyarlarca lira kara para...

Aslında okuru sıkmayı göze alarak tarihe not düşmek istiyorum. Ardımızdan gelenlere sağlam bir kaynak bırakmak, gazeteci olarak aynı zamanda mesleğimi doğru bir şekilde temsil etmeyi amaçlıyorum.

Sanmayın ki bu kitabı sadece ben yazıyorum. Yayınevinin emektarları, editör arkadaşlarım, eşim, çocuklarım, ailem, gazeteci dostlarım, avukat arkadaşlarım, büyük bir emek var arkasında.

En önemlisi de haber kaynaklarım...

Aklınıza hayalinize gelmeyecek yerlerden ulaşıyorlar. Yasadışı sanal bahis "sektörü" ve kara para aklama olayları gerçekten o kadar sanal ki temel gazetecilik ilkelerini çatırdatacak cinsten titizlik istiyor.

Cerrah titizliğiyle ilerlemediğimiz her adımda başımıza felaketler açacak şeylere neden olabiliyor. Gel gör ki kanıtlayamadığım şeyler benimle mezara gidecek, kimsenin hakkını yemeyeceğim. Fakat kanıtladığım konuların tamamını da kitaplarımda okuyacaksınız.

Öyle ki aslında doğru olduğunu bildiğim ancak somut bir delile dayandıramadığım şeyler kamuoyuna ulaşsa belki de her şey daha farklı olurdu. Fakat bizim işimizin çelişkisi de bu.

Neyse, nerede kalmıştık...

* * *

Adı: Oğuzhan Türk

O da soruşturmada şüpheli sıfatıyla ifade verenlerden biri.

Her bir ifade, çarkın nasıl döndüğünü biraz daha su yüzüne çıkartırken Oğuzhan Türk'ün sözleri de bunlara ekleniyor.

Esasen Türk, kritik bir bilgi veriyor. Halil Falyalı ile Veysel Şahin'i bir arada gördüğünü dile getiriyor. İş ortağı olduklarını, Şahin'i de bir buçuk yıldır tanıdığını anlatıyor.

Türk, dosyada adı geçen Scott Masterton ile de Macaristan'da tanıştığını, kendisinin kumar oynayıp oynamadığını sorduğunu söylüyor.

İngiltere'den Türkiye'ye birçok bahis sitesinin hizmet verdiğini, isterse indirim yaptırarak hesaplar artırabileceğini söylediğini dile getirmesi de dikkat çekiyor.

Oğuzhan Türk, Veysel Şahin'i bir buçuk yıldır tanıdığını, Kıbrıs'a gittiğinde kumarhanelere uğradığını, onunla da kumar oynarken tanıştığını, aralarında ticari ilişki olmadığını aktarıyor.

Halil Falyalı'yı ise Veysel Şahin'in yanında gördüğünü, birlikte otel yaptıklarını öğrendiğini anlatıyor.

Savcılık bununla da yetinmiyor, Oğuzhan Türk'ün adresinde arama yapıyor. Aramada "tempo artemisalia", "süper bahis" ve benzeri isimler yazılı para transferine ilişkin hesap tablosu bulu-yor.

Dinleme kayıtlarında Oğuzhan Türk'ün NEF inşaat projesinden alınan dairelerle de bağlantısı bulunuyor. Dairelerin satın alınması ve hızlı kiralama işlemlerini gerçekleştiren Türk, Veysel Şahin ile de görüştüğünü kabul ediyor.

Soruşturmanın bu aşamasında Cumhurbaşkanlığının adı da geçiyor.

Rıdvan Batuhan Batu isimli kişinin 9 milyon lira para yatırdığı ve çark içerisindeki kişilerden şikâyette bulunmasıyla Bakırköy Cumhuriyet Savcılığı ayrı bir soruşturma yürütüyor.

Oğuzhan Türk ise Batu ile mahalleden arkadaş olduğunu iddia ediyor.

Bu sırada bir ses kaydı dosyaya giriyor. Ses kaydında bir konuşma var. Aynen aktarıyorum:

> "...ondan sonra sinkaf ettiğimin kaçakçılığında hiçbir dosya yok. Düştüler bunların peşine niye o zaman Çağatay yapmıyor? Organize eden niye almıyor? Çağatay'ın gittiğinden emin misin Cumhurbaşkanlığına? Bizim olaydan sonra görüşmediniz mi? Siz hangi olaydan sonra baskın olayından sen ona çıkart buna azıcık yedirip dediğinde ben buna bir 10 verdim. Her ay buluşuyorduk olur ya sahip çıktık Veysel'in arkasındayız o da bunu o da bu da yani anladın mı onlar bu mantıkla var."

Doğru düzgün Türkçe konuşamayanların kurduğu bir çarkı düzgün bir Türkçe ile anlatmak da zor.

Oğuzhan Türk bu konuşmaların ticari amaçla yapılan konuşmalar olduğunu söylüyor.

Bu arada "Çağatay" ismini unutmayın!

Dosyada ifadesi alınan isimlerden Batuhan Batu, Oğuzhan Türk'ün şirketine soruşturma başlamadan 6 ay önce muhasebe sorumlusu olarak giriyor.

Oğuzhan Türk'ün zaman zaman kendisine para verip bu parayı önce kendi hesabına yatırdığını, sonra da Oğuzhan Türk'ün hesabına göndermesini istediğini anlatıyor.

Bu şekilde Akbank, Türkiye İş Bankası gibi bankalardan 5 günde, haftada, 15 günde veya ayda bir kez 30 bin, 50 bin, 100 bin, 500 bin TL gibi miktarlarda para verdiğini, kendisinin de Oğuzhan Türk'ün talimatına istinaden kişi veya şirketlere havale veya EFT yaptığını bir bir dökülüyor.

Görüşmelerde adı geçen Çağatay Şenol diye biri var.

Biraz önce "unutmayın" dediğim Çağatay bu.

Tanık olarak alınan beyanında İstanbul Emniyet Müdürlüğü'nde Emniyet Amiri olarak görev yaptığını belirtiyor.

"Rober" isimli kişinin işyerinde şüpheli Oğuzhan Türk ile karşılaştıklarını, bu kişinin bir dosya kapsamında Yeşilköy'de ifadesinin alındığını, sonra da birkaç kez kendisine uğradığını anlatıyor.

Çağatay Şenol ifadesinde, bu Rober isimli kişinin kendisine elinde kara para aklamaya ilişkin bilgiler olduğunu söylediğini, kendisinin de Kaçakçılık Şube Müdürlüğü'ne yönlendirdiğini aktarıyor.

Bakın...

İstanbul Emniyet Müdürlüğü'nde Emniyet Amiri! Bu isim Veysel Şahin'in ifadesinde de rüşvet istediği iddia edilen isim olarak tekrar karşımıza çıkacak.

Görüşmelerde adı geçen Cenk Karaçay'a sorulduğunda, Oğuzhan Türk isimli şüpheliyi tanıdığını, diğerlerini tanımadığını, kendisinin şoförü olarak çalıştığını, Oğuzhan'la ise kiralık araç istemesi üzerine tanıştıklarını söylüyor. Sonradan da araç istediğinde kendisini çağırdığını, kendisine şoförlük işini bırakmak istediğini söylediğinde, onun da "Sana işyeri açalım" dediğini aktarıyor.

Bunun üzerine VALVE Uluslararası Oyun Bilgi ve Teknoloji Sistemleri şirketini kurduğunu, Oğuzhan'ın kendisine 250 bin TL'yi elden nakit verdiğini, bu şirket adına açılmış ancak aktif olmayan değişik banka hesaplarının bulunduğunu belirtiyor.

Bunlarla Niyazi isimli, kendisinin tanımadığı, Oğuzhan'ın tanıdığı kişinin ilgilendiğini; Oğuzhan'ın yönlendirmesiyle bu kişiye banka şifrelerini verdiğini de açık açık söylüyor. Ancak Niyazi'nin ne tür işlem yaptığını bilmediğini, kendisinin suç kastıyla hareket etmediğini, Oğuzhan'ın yönlendirmesiyle kartları verdiğini belirtmiş.

İsimlere çok takılmayın.

Nasıl çalıştıklarını görüyorsunuz değil mi?

İfadesi alınan birçok şüpheli de ATM görevlisi olduğunu itiraf ediyor. Paraları götürdükleri yeri de itiraf ediyorlar.

Bu bilgiyi içeren örnek bir ifadeye de bir göz atalım. Bu itirafı yapan şüphelini ismi Ahmet Kayayıkan...

2016 yılı Mayıs ayında ismini Hilmi olarak öğrendiği bir kişinin sürekli ATM'lerden işlem yaptığını görünce durumu sorduğunu, bu kişinin internet üzerinden satış yaptığını söyleyince kendisinin de bu işe dahil etmesini istediğini anlatıyor.

Skype uygulaması üzerinden haberleştiklerini, gelen mesajlardan hangi adreste hangi ATM'lere gideceğinin söylendiğini belirtiyor. Cep bank yöntemiyle çektiği paraları bildirilen yerlere yatırdığını, Ufuk Kamış isimli kişiyle tanıştığını, kendisini Bakırköy İstanbul Caddesi üzerinde bulunan Embado Tekstil isimli işyerine götürdüğünü aktarıyor.

Bu adreste çalıştıkları şirkete ait olduğunu söylediğini, çekip yatırdıkları paranın bahis parası olduğunu bilmediğini söylemesi de ilginç. Madem öyle hiç mi şüphelenmedin, derler adama...

Üstelik aylık 2.200 TL para aldığını, kendisi adına hat açtırması ve işlemleri telefon hattı üzerinden yapması gerektiğini söylediğinde, numarasını hatırlamadığı bir hat açtığını, tüm işlemleri bu hat üzerinden yaptığını belirtmiş.

Bu firma ismi iddianamede çok fazla geçiyor. ATM'lerden çekilen para burada toplanıyormuş.

Farkındaysanız paranın çekileceği ATM'ler belli, paranın toplanacağı yerler belli, saat kaçta toplanacağı belli, hepsi örgütlü bir şekilde organize ediliyor.

Zaten savcılık da buna dikkat çekmek istiyor.

Aynı zamanda yine belirli ücretler verilerek birçok kişiye de çeşitli isimlerde firmalar kurdurulmuş.

Mesela şüpheli Sezer Arıcı, "Veysel Şahin" adına Ahmet Ekiz adlı bir kişiye para yatırdığını, şüpheli Süleyman Balcı, Kamil isimli bir kişinin isteği üzerine de Zeta Teknoloji Elektronik isimli şirket kurduğunu anlatıyor.

Şirket kuruluş masraflarını ve kirasını yine bu kişinin ödediğini, yatan paralardan haberinin olmadığını, haftalık 250 dolar para aldığını ifadesinde söylüyor.

Yine Hasan Balcı isimli kişi, "Kamil" isimli bir kişinin isteği ile Foren Kuyumculuk adında bir şirket kurduğunu, yurtdışından şirketin hesaplarına para aktarıldığını anlatıyor. Kendisinin tüm şifreleri bu kişilere verdiğini, karşılığında aylık 1.200 dolar aldığını aktarıyor.

Yine Bilal Kızıltaş, Kıbrıs'tan gelen paralar için Kamil isimli kişinin talimatı ile Lotus Teknoloji adı altında şirket kurduğunu ve haftalık 200 dolar aldığını beyan etmiş.

Yani senaryo aynı...

İddianamede yer alan tespitlere göre çeteyi, İngiliz Scott William Masterton ile Veysel Şahin yönetiyor.

Masterton adlı İngilizin Türkiye'ye gelerek havalimanındaki gümrüklü sahada toplantılar yaptığı, böylece gözaltına alınmaktan kurtulduğu, İngiltere'de yasal bahis şirketinin de üst düzey yöneticiliğini yaptığı aktarılıyor.

Kara parayı aklayan bir de döviz şirketi sahibi var.

İddianamedeki "Örgüt Yöneticisi" olduğu belirtilen Scoot William Masterton isimli kişi ile yazışmaları yer almış.

Aslında yazışmalarda her şey ortaya konmuş. Bu konuşmaya da göz atalım.

Önceki sayfalarda da adını andığım şüpheli Haydar Kuşçu; "Scott Masterton'u Dubai'de tanıdığını, kendisine iş teklif ettiğini ancak kabul etmediğini, bu kişinin bir kez Türkiye'ye geldiğinde kendisine misafir olduğunu, kendisine şirket üzerinden para transfer etmeyi teklif ettiğini" anlatıyor.

Ancak teklif ettiği paraların yasadışı bahis şirketiyle ilgili olduğunu öğrenince vazgeçtiğini söylüyor.

Arash Asgari isimli bir kişiyi İran'dan tanıdığını, işyerinde yapılan aramada bulunan, üzerinde Scott ibaresi yazılan ve parasal ibareler bulunan kâğıdın örnek olarak yazıldığını belirtiyor. Ne ifade ettiğini bilmediğini Scott Masterton ile yaptığı telefon görüşmesindeki konuların, bu kişinin kendisine Çin'de döviz vermek istediğini konuştuklarını ancak anlaşamadıklarını aktarıyor.

Aynı tarihte "Erdal Devrenk" isimli kişiyle yaptığı görüşmedeki konuların İran'da bulunan Haydar Hatemi isimli kişiyle yaptığı ticaretle ilgili olduğunu, kendisinin döviz ve altın işi yaptığını, suçlamaları kabul etmediğini belirtmiş.

Öte yandan Kuşçu'nun iPhone marka cep telefonunda yapılan incelemede İngilizce yazışmaların olduğu tespit edilmiş. Bilirkişi bu yazışmaları tercüme etmiş ve dava dosyasına koymuş.

"İngiliz Scott" adlı kişiyle yapılan yazışmada bu kişinin Scott William Masterton olduğu, Haydar'ın İngiliz Scott isimli kullanıcıyla olan diyaloğu kayıtlara yansımış:

> "*İngiliz Scott:* İlk önceliğin paranın güvenliği sonrasında iyi iş yapacağız güvenlik ağı daima riskli olur ama ben kumarbaz değilim ne zaman istersen Türkiye'de başlayabilirsin buna eminim anlamadığım konu testlere başlamak için ne bekliyorsun.
>
> *Haydar:* Sevgili büyük patron ben bu işi 22 senedir yapıyorum. Tüm işlerim kontrolüm altında hepsini kendi personelime şirketleriyle yapıyorum. Bu gizli ve bu konu hakkında hiç konuşmayız. Sen bize bir iş verdiğinde kimseye sormayız ve kendimiz hallederiz. Benim işim seninkiyle aynı, tek farkımız ben küçük miktarlarla çalışıyorum sen ise büyük...
>
> *Haydar:* Parayı nerede istiyorlar? Bir seferde benim Türkiye hesabıma gönderebilirler. Kumar parası mı eğer öyleyse sorun yok paranın hikâyesini bilmem gerek.
>
> *Haydar:* Teşekkürler büyük patron Çin'de miktar istediğin kadar arttırabilirsin ben hazırım. Türkiye için sadece sim kartları bekliyorum. Pazartesi günü onları Caroline'e göndereceğim. Harika iş senin için Çin'deki tüm miktarı alacağım. Ayrıca Türkiye'de bankadan bankaya uzun sürmeyecek.
>
> *Haydar:* 2 şirketim var ve Caroline'e vermeleri için sim kartları Vass ve Kamil'e verdim. Ancak Caroline'e kartları hiç vermemişler yenilerini aldım. Hepsini yarın gönderiyorum, bana verdiklerine dair yemin etmişlerdi.
>
> *Haydar:* Genellikle Yunanistan'dan Bulgaristan'a para gönderiyorum. Orada Ziraat Bankası diye bir Türk bankası var. Büyük çoğunluğu oyun parası. Kimse öyle olduğunu düşünmüyor bunu ortağımla paylaşabilirsin ancak başka kimseyle paylaşma. 5 yıldır böyle çalışıyorum.
>
> *Haydar:* Hayır oyundan gelen temiz para dostum. Bet365 parayı göndermekle güçlük yaşıyorlar bu nedenle günde 2 milyon euro yapabilirsin.
>
> *Haydar:* Seninle gerçekten ortak olmak istiyorum. Sana masrafları söyleyebilirim. Kârı sen ekleyeceksin. Neredeyse her ülkedeki

kaliteli çalışanlarla ve ofislerle organizasyon yapabilir mi? Hepsi senin için çalışabilir. Benim para transferi yapamayacağım ülke yok. Türkiye'deki firmaların hepsi benim kendi firmalarım, başka birinin değil. Paran senin hesabına ulaşana kadar benim kontrolümde olacak. Daha önce hiç para kaybetmedim. Sana açık konuşacağım sana tam masrafı söyleyeceğim ancak tüm işini istiyorum. Çin Türkiye başlamak için her şey hazır. Kimsenin birlikte çalıştığımızı bilmesini de istemiyorum."

Bunca konuşmanın açığa çıktığı davada ne oluyor?

Haydar Kuşçu, İngiliz Scott ile yani örgütün başındaki Scott William Masterton ile bağının olmadığını söylüyor.

Mahkeme de buna inanıyor ve bu delilleri, içeriğine rağmen görmezden geliyor.

Öyle ki Haydar Kuşçu öyle çok gizli bir isim de değildi. Bu davadan sonra tekrar basında yer aldı.

İstanbul Zeytinburnu'nda Alaattin Çakıcı'nın yeğeni Adem Çakıcı'nın silahlı saldırıda bacağından yaralanmasına ilişkin soruşturma neticesinde düzenlenen iddianamede biri firari, ikisi tutuklu 5 şüpheli hakkında toplam 61 yıla kadar hapis cezası talep edildi.

İddianamede Haydar Kuşçu hakkında "Tasarlayarak kasten öldürmeye teşebbüs suçuna azmettirme" suçundan 13 yıldan 20 yıla kadar hapis cezası talep edildi.

Olaydan hemen sonra İstanbul İl Emniyet Müdürlüğü Organize Suçlarla Mücadele Şube Müdürlüğü'nü arayan kimliği belirsiz bir kişinin ihbarı da iddianamede yer aldı.

İhbarda şu ifadelere yer verildi:

> "Alaattin Çakıcı'nın yeğeni Adem Çakıcı silahla vuruldu. Bu konuyu Gazi Mahallesi çocukları yaptı. Kapalıçarşı'da Hüseyin Demir ile Haydar Kuşçu arasında sorunun çözülmesi için, salı günü Doğan Yardımcı Bakırköy'de bir toplantı organize etti fakat toplantının sonunda sorun çözülemedi.
>
> Aynı gece de Alaattin Çakıcı'nın yeğeni Adem Çakıcı'ya attılar. Bu işi Bakırköy'deki toplantıda bulunan Doğan Yardımcı, Gazi Demir ve Cio lakaplı Cihan Meşeci'nin akrabası olan Göksel Meşeci planladı. Karşılığında Göksel Meşeci, Doğan Yardımcı ve Gazi Demir çok büyük paralar aldılar."[1]

---

1 "Çakıcı'nın Yeğeninin Yaralandığı Saldırıda 5 Şüpheli İçin İstenen Ceza Belli Oldu", *Sözcü*, 4 Ekim 2022, https://www.sozcu.com.tr/cakicinin-yegeninin-yaralandigi-saldirida-5-supheli-icin-istenen-ceza-belli-oldu-wp7399018

Hani Kuşçu'nun nereden geldiğini görün diye aktarıyorum.

Biz yasadışı sanal bahis ve kara para dünyasına geri dönelim...

Önceki sayfalarda Erden Timur'un sahibi olduğu NEF firmasından Veysel Şahin'in 24 daire satın aldığını yazmıştım.

Bu daireler satın alınırken ilginç bir ödeme yöntemi kullanılıyor. İlginç dememin sebebi şu: Para farklı farklı hesaplardan parça parça NEF'e gönderiliyor.

Mesela Hüseyin Daştan diye bir şüpheli var.

Daştan ifadesinde; "Ertuğrul Sarı isimli kişi ile tanıştıklarını, bu işyerinden ayrıldıktan sonra zor durumda olduğunu" anlatıyor. Hemen hesap açıp, telefon hattı çıkararak bu kişiye teslim ettiği hesabına şak diye 528 bin 572 TL para geliyor. Gelen parayı da hiç bekletmeden verilen IBAN numarasına ve açıklama kısmına "NEF 13 MERTER VEYSEL ŞAHİN" yazarak gönderiyor.

Yani yasadışı sanal bahisten gelen paraların aklanması için büyük projelerden evler alınmış. Belki sadece NEF değildir. Ancak sonuçta yasadışı sitelerden gelen paralar kiralık hesaplara aktarılıyor ve bu kişiler vasıtası ile de Veysel Şahin adına NEF 13 MERTER projesindeki 24 daire alımı ile ilgili hesaplara yatıyor.

Bu konuya sonra yeniden döneriz.

Veysel Şahin'in örgüt lideri olarak yargılandığı davayı bitirelim.

O İsim Yine Karşımıza Çıkıyor

Davadaki şüphelilerden Sercan Karadeniz ifadesinde dikkat çeken bir ismi ortaya atıyor.

Vakkas Altınbaş...

Önceki sayfalarda yazdığım Altınbaş Holding'in sahibi.

Damadı Bulut Akacan bu davadan üç yıl sonra yasadışı sanal bahisten tutuklanıyor.

Sercan Karadeniz ifadesinde Vakkas Altınbaş'ın şoförü olduğunu söylüyor. Devamında, "Hakan Canbay isimli kişiyle ING BANK'ın önünde buluştuk, poşet içerisinde bana parayı teslim etti, ben tam giderken sivil polisler beni yakaladılar alıp karakola götürdüler, ifade verdim benim bahis olayıyla örgütle hiçbir ilgim yoktur" ifadelerini kullanıyor.

Bu ifade verildiği dönemde Altınbaş Holding'de halen çalışmaya devam ediyordu. Hatta Bulut Akacan'ın da zaman zaman şoförlüğünü yapıyordu.

Sonuç olarak Vakkas Altınbaş ve damadı yine çıktı karşımıza!

Bakın Bulut Akacan ve Hakan Canbay arasındaki telefon konuşmasını aktarayım.

"Hakan Canbay: Alo.

Bulut Akacan: Alo.

H.C.: Efendim?

B.A.: He Hakan Bey, merhaba.

H.C.: Meraba.

B.A.: ...Bulut ben, Bulut Akacan.

H.C.: He he meraba.

B.A.: Nasılsınız?

H.C.: ...Söylemişti.

B.A.: Ne var ne yok?

H.C.: Teşekkür ederim siz nasılsınız?

B.A.: Ee sağolun iyiyiz biz de Kıbrıs'tayız işte işler tamam.

H.C.: İyi Allah kolaylık versin.

B.A.: Şimdi Ee.

H.C.: Buyurun?

B.A.: Siz nasıl Türkiye nasıl bu aralar iyi mi biraz karışık ama...

H.C.: Biraz karışık evet.

B.A.: Allah yardımcınız...

H.C.: İyi iyi olacak inşallah

B.A.: Ee inşallah inşallah bazen bilirsin.

H.C.: ...

B.A.: Bazı şeyler böyle sıfırdan Ee tekrar düzelmesi lazım.

H.C.: Arada bir kulak çekmek lazım evet

B.A.: Aynen öyle

H.C: ... Yapmak lazım. Buyrun Bulut Bey

B.A.: Hakan Bey ee şimdi bizim orda herhalde biee 800.00'e yakın bir şey çıkacak onu biz nasıl alıcaz?

H.C.: Ee şeyiniz var mı sizin Watshabınız var mı?

B.A.: Var.

H.C.: Heh Ben...

B.A.: Ordan mı...Tamam tamam.

H.C.: ...

B.A.: Tamam."

Bir konuşma daha oluyor aralarında. O da tape kayıtlarıyla iddianameye giriyor.

"**H.C.:** Alo

B.A.: Alo

H.C.: Ha Bulut Bey meraba
B.A.: Buyur ha meraba
H.C.: Iıı şimdi konuştum şeylen, 685 gibi bir rakam söyledi bana.
B.A.: Evet doğru doğru.
H.C.: Doğru mu tamam okey
B.A.: Doğrudur doğrudur
H.C.: Ben bugün bakim bugün olabilirse halledecem
B.A.: Tamam sıkıntı yok...
H.C.: Olmazsa yarın en geç hallederim
B.A.: Tamam tamam
H.C.: Tamam
B.A.: Tamam Hakan Bey çok teşekkür ederim çok sağolun
H.C.: Kolay gelsin efendim görüşmek üzere
B.A.: Sağolun bay bay."

* * *

"**H.C.:** Ha estağfurullah ya arkadaş geldi de ben sesli teyit almadan şey yapmıyorum
B.A.: Heh
H.C.: Onun için
B.A.: Tamam...
H.C.: Yani yanlış anlamayın
B.A.: ...Tamam
H.C.: ...Ben de tanımıyorum arkadaşı daha ilk defa görüyorum
B.A.: Tamam o benim şoförüm
H.C.: Tamam
B.A.: Sercan Karadeniz ismi
H.C.: Sercan Karadeniz tamam
B.A.: Evet alsın tamamdır tamam
H.C.: Teşekkür ederim sağolun Bulut Bey
B.A.: Tamam oldu sağolun sağolun."

Tabii tapelerle birlikte Hakan Canbay'ın ismi dosyada kabarık bir hal almaya başlıyor.

Veysel Şahin'in kardeşi Murat Şahin verdiği ifadede, Hakan Canbay'ı işlettikleri restoranda müşteri olarak gelmesi nedeniyle tanıdığını söylüyor.

Hakan Canbay'ın ofisinde birlikte görüntülenmesine ilişkin olayı da hatırlamadığını, Semih isimli arkadaşıyla Hakan Canbay'ın işyerine gittiklerini, aralarında alacak verecek meselesi bulunduğunu anlatıyor.

Mahkemede suçlamaları kabul etmiyor.

Veysel Şahin'in kardeşinin eşi Çiğdem Şahin ise ifadesinde işlettikleri restoranın kendi adına olduğunu anlatıyor. Dosya kapsamında tedbirler konulduğunu aktarıyor. Murat Şahin gibi o da suçlamaları kabul etmiyor.

Veysel Şahin'in kardeşi İsmail Şahin de verdiği ifadede "Veysel Şahin abim olur. Kendisi Kıbrıs'ta inşaat ve turizm işi yapar(!) Benim Kıbrıs'ta Improvil Investment Limited Şirketim var. Kiralama ve yatırım işi yapıyorum. Türkiye'de de Çağrım Kuyumculuk Restaurant A.Ş. kiralama şirketimiz var. Bu şirketi eşim Çiğdem Şahin ile birlikte açtık. Aynı şirketin içerisindeki Şamada Restaurant bize ait. Benim bahis olayları ile ilgim yok" diyor.

Fakat gel gör ki İsmail Şahin geçen sene Kıbrıs'ta otel aldı!

Eski adıyla Malpas, yeni adıyla Chamada Prestige Hotel Casino SPA'yı aldı. Otel hisseleri yüzde 32 Çiğdem Şahin, yüzde 30 Çağrı Şahin, yüzde 18 İsmail Şahin, kalan hisse Ersan Tömay'a devredilmiş.[1]

Bu isimlerin ifadelerini kısa da olsa aktarmalıyım.

Mesela Yusuf Şanlı...

Savunmasında "İnternette Turk Forum'da üyeyim. Buradan tanıştığım Mustafa isimli kişi bana, Suriye'deki Türkmenlere yapılacak yardım paralarının yatırılacağı banka hesaplarına ihtiyaç olduğunu söyledi. Benden hesap açıp vermemi istedi. 6-7 bankadan hesap açtırdım. Mustafa'yla buluştum kendisine verdim. Bankalardan 2-3 kez para çekip Mustafa'ya verdim. 2 ay sonra bankadan aradılar. Hesaplarımda sıkıntı olduğunu öğrendim" diyor.

Mesela Yusuf Öner...

Savunmasında, "Ben yaklaşık bir yıldır Hakan Canbay'ın ofisinde çalıştım. Hakan Bey yokken çanta ile poşet poşet paralar geliyordu. Bu paraları alıp Hakan Beyin odasına koyuyordum. Ofisimiz 24 saat ve 3 vardiya sisteminde çalışıyordu" diyor.

Mesela Zeki Kaçar...

Savunmasında, "Ben diğer sanıkları tanımıyorum. Bana okunan ifadeyi ben vermedim. Bir gün beni telefonumdan bir avukat aradı. İsmi Ekrem Tunç'muş. Kendisiyle buluştuk. Bana 'Sen internetten iddia oynatıyormuşsun. Aranman var. Karakola gidip

---

1 "Veysel Şahin'in Kardeşi İsmail Şahin'in Satın Aldığı Chamada Otel'de Ruhsatsız-Kaçak İnşaat", (özel haber), Mikro-Makro, 6 Eylül 2023, https://mikro-makro.net/veysel-sahinin-kardesi-ismail-sahinin-satin-aldigi-chamada-otelde-ruhsatsiz-kacak-insaat

ifade vermen gerekiyor. Birlikte gidelim' dedi. Ben kendisine; bu olaylarla ilgimin olmadığını söylediysem de bana 'Sen aranıyorsun. Benim söylediğim gibi ifade ver' dedi" ifadelerini kullanıyor.

Devamında ise şunları söylüyor:

> "Söyleyeceklerimi, karakolda vereceğim ifadeyi bana öğretti. 'Birahanede bir kişiyle tanıştığımı, isminin Ahmet Ekiz olduğunu, bu kişinin tekstil işi yaptığını söylediğini, bankalarda hesap açtırıp kullandırdığım takdirde karşılığında para vereceğini söylediğini, bankalarda hesap açtırdığımı, para çekip verdiğimi' söylememi istedi. Ben de onun söylediği şeyleri karakolda söyledim. İfadem alındıktan sonra serbest bıraktılar. Aslında böyle bir şey olmamıştı. Tamamen avukatın yönlendirmesi ile o şekilde ifade verdim."

Gerçekten de ifade veren onlarca kişi bu şekilde konuşmuş.

Yani buraya alsam daha sayfalarca sürer. Fakat aşağı yukarı hepsi böyle...

Beni *Cumhuriyet* gazetesindeki köşemden tanıyanlar bilir. Uzun zamandır dolandırıcılık hikâyelerini anlatıyorum.

Anlıyorum, vatandaşımızın büyük bir çoğunluğunun paraya ihtiyacı var. Geçinemiyorlar. Sürekli bir sıkıntı ve boğulma hissiyle yaşıyorlar. Hele de borçları varsa tam bir savrulma içerisine giriyorlar. Fakat dolandırılacaklarını düşünmeden tanımadıkları kişilere böylesine kolay inanmalarını aklım almıyor.

Belki de bilinçaltında giriştikleri işlerdeki kişilerin dolandırıcı olduğunun farkındalar. Ancak o kadar paraya ihtiyaçları var ki bilinçlerinde bunu bastırıyorlar. Bilemeyiz. Bildiğimiz tek bir şey var, ülkemizde böyle bilinçaltında dolandırıldığını, kullanıldığını bilse de üç beş kuruş kazanmak için bu yollara girecek milyonlarca masum insan var.

Neyse...

Gelin bu ifadeleri geride bırakıp, Veysel Şahin'in kendisine operasyon yapılacakken polisten haber alıp nasıl kaçtığını anlatayım.

Star gazetesinde 7 Kasım 2017'de bir haber çıktı ve şu ifadeler yer aldı:

> "Şahin'in tahliyesi için Ankara ve İstanbul'da ortaya adeta servetlerin döküldüğü iddiaları üzerine Büyükçekmece Başsavcılığı Adalet Bakanlığına yazı yazarak, Silivri Cezaevi'nde tutuklu bulunan Veysel Şahin ile kimlerin görüştüğünün tespit edilmesini istedi."

Şahin'in iddiasına göre tutukluluğundan dört gün sonra başlamak üzere bazı avukatlar kendisinden istenen rüşvet taleplerine aracılık etmek için hapishaneye geliyorlardı.

Hapishaneden çıkamayacağını anlayan Şahin, kendisinden rüşvet istendiğiyle ilgili 12 Mart 2018'de suç duyurusunda bulundu.[1]

Veysel Şahin'in 20 Mart 2018 tarihinde Büyükçekmece Başsavcılığına verdiği ifadede öğrendik.

İfade aynen şöyle:

> "Benim Büyükçekmece 8'inci Asliye Ceza Mahkemesi'nin 2017/545 esas sayılı dosyasından tutuklu olarak yargılanmam devam etmektedir. Ben bu tutuklu olduğum dosyanın başlangıcında Kıbrıs'ta otelcilik işi yaptığımdan dolayı ta oradan itibaren başlayan biri süreç var. 2016 yılı mayıs ayı ortalarında İstanbul Emniyet Müdürlüğü Kaçakçılık ve Organize Şube Müdürü, soy ismini bilmiyorum, Çağatay ismindeki müdür benimle iletişime geçti. Girne'deki Cratos Otel'e gittim. Bu bahsettiğim kişi esmer, siyah dalgalı saçlı, 30'lu yaşlarda, bıyıksız, yakışıklı bir kişiydi. Otelde bir odada yapılan görüşmede 'Senin, kardeşlerin ve eşleri hakkında kaçakçılık şubede açılmış bir dosya var. 500 bin TL verirseniz bütün isimleri çıkarttırırız' dedi. Ben de kendisine 'Varsa öyle bir dosya, gönderin örneğini, göreyim. Daha sonra konuşuruz üzerinde' dedim. Bunun üzerine vedalaştık, ayrıldım. Takriben bir hafta sonra o dönemde kullanmış olduğum telefonumun WhatsApp'ına benim daha önceden 2009 yılında oynatmış olduğum pokerle ilgili bilinen bilgilere aile bireylerimin isimleri de eklenerek yapılmış bir dosya geldi. Oğuz veya Oğuzhan isimli bir aracı vasıtasıyla iletişim sağlandı. Bütün bu söylediklerimi daha sonra ispat edecek konumdayım. Tabii herhangi bir para vermedim."

Hani önceki sayfalarda Çağatay Şenol ismini unutmayın demiştim.

Kıbrıs'a gidip Veysel Şahin'e haber verdiği iddia edilen kişi...

Veysel Şahin devam ediyor:

> "Bu olaydan yaklaşık 1,5 ay kadar sonra maalesef 30 Temmuz 2016 tarihinde benimle ilgili İstanbul adliyesinde yine örgüt

1 "Yasadışı Kumar Operasyonunda Rüşvet İddiası: 'Bir Dosya Var, 500 Bin TL Verirseniz Bütün İsimleri Çıkartırız", Gerçek Gündem, 12 Kasım 2021, https://www.gercekgundem.com/guncel/312238/yasa-disi-kumar-operasyonunda-rusvet-iddiasi-bir-dosya-var-500-bin-tl-verirseniz-butun-isimleri-cikartiriz

> lideri olarak bir dosya yapıldı. O olayda tutuklanmadım. O dosyada benim gibi başka otel sahipleri de vardı. Sonradan kendi aramızda konuştuğumuzda meğer onlardan da benzer şekilde paralar istenmiş. Hatta adli ayağında bu durumlar olmuş. Zaten İstanbul adliyesinde, bu konularla ilgili savcı, hâkim sürüldü. Kaçakçılık Organize Şube Müdürü Çağatay sürüldü. O dönem bu işin borsası olmuştu."

Düşünebiliyor musunuz? Adliyede, yasadışı bahis ve kara para baronu olduğu iddiasıyla hakkında onlarca delil toplanabilecek bir kişiye, sırf zengin olduğu için uydurma suç dosyaları hazırlanıyor.

Neden? Çünkü amaç suçluyu yakalamak değil, yasadışı elde ettiği gelirden pay alabilmek.

Adalet düzeninin geldiği nokta akıl alır gibi değil. Biliyorsunuz aynı durumu FETÖ borsasında da yaşadık...

Baron olduğu tam ortaya çıkacakken kendisinden para koparmaya çalışan "devlet memurları" yüzünden sanki mağdur olmuş gibi davranan Veysel Şahin anlatmaya devam ediyor:

> "Büyükçekmece'de şu anda yargılanmama neden olan bu operasyona ben de dahil edilmişim. Oysa benim buradaki suçla bir alakam yoktur. Bu kez Kaçakçılık ve Organize Şube müdürü olan Gaffar isimli görevli beni bu dosyaya dahil etmiş. Kendisini hiç görmedim. Benden doğrudan bir para istemedi. Ancak ben içerdeyken buraya gelen avukatlar vasıtasıyla 500 bin dolar, 1 milyon dolar gibi rakamlar telaffuz edilerek benden hem tahliye hem de başka dosyalarımın kapanmasına yönelik para talep edildi."

Çağatay Şenol isimli emniyet müdürü şikâyetin bu noktasında ortaya çıkıyor:

> "Çağatay isimli müdürden işin başlangıcındaki İstanbul'daki o dosyaya beni kattığı için şikâyetçiyim. O dosyada yukarıda belirttiğim gibi Kıbrıs'ta iken benden para talep etmişti. Benimle ilgili olumsuz bir algıya neden oluşmasından dolayı şikâyetçiyim.
>
> Gaffar isimli müdürden ise beni usulsüz olarak bu dosyaya kattığı için şikâyetçiyim.
>
> Şu anda emniyetin yapmış olduğu bu usulsüz işlemden dolayı halen içerdeyim. Bu şekilde haksız olarak içerde kalmama neden olan kim varsa bunların araştırılmasını istiyorum.
>
> Ben buradan çıktıktan sonra somut delillerimle savcılığınıza gelip sunacağım. Şu anda somut bir kanıtım yoktur, zaten dokuz

aydan beridir tutukluyum. Emniyetle alakalı olarak İçişleri Bakanlığı'nın kendi personeliyle ilgili gerekli incelemeyi yapmasını istiyorum. İnsan hayatı bu kadar ucuz olamaz."[1]

Veysel Şahin'in tahliyesi için Ankara ve İstanbul'da ortaya adeta servetlerin döküldüğü iddiaları üzerine, Büyükçekmece Başsavcılığı Adalet Bakanlığı'na yazı yazarak Silivri Cezaevi'nde tutuklu bulunan Veysel Şahin ile kimlerin görüştüğünün tespit edilmesini istemişti.

Kayıtlara bakınca iddiaların doğru olacağı ihtimali kuvvetlendi.

Veysel Şahin'i sadece iki ay içinde 103 avukat tam 303 kez ziyaret ederek bir rekora imza atmıştı.

Çağatay Şenol'un ismini arama motorunda taradığımızda darbe girişimiyle ilgili polislerin yargılandığı davada tanık olarak ifade verdiğini görüyoruz.

Şenol, 15 Temmuz FETÖ'cü darbe girişimi sırasında Özel Harekât Amiri olarak görev yapıyordu ve üstlerinden Huber Köşkü'ne giderek Cumhurbaşkanı Tayyip Erdoğan ve ailesini koruma emri almıştı.

Ancak Şenol, Atatürk Havalimanı'nda helikopterin kalkmasına izin verilmediği için köşke gidememişti.

Şenol'un ismine bu tarihten sonra 21 Ekim 2019'da rastlıyoruz.

Sabah gazetesinde yer alan haberde, dönemin İstanbul Emniyet Müdürü Mustafa Çalışkan'ın, Çağatay Şenol'u Küçükçekmece Emniyet Müdür Yardımcısı olarak görevlendirdiğini görüyoruz.

Özetle işin içinde öylesine devletin üst kademelerindeki isimler var ki kimin ne kadar araştırıldığı açıkçası belli değil.

Bu soruşturmalar sonucunda ne olup bittiğini sordum, kimse bir şey bilmiyor. Yani bir sumenaltı edilme durumu, "dursun şimdi, sonra bakarız" havası gördüm.

Sonuçta sayfalarca yazdığımız davanın gerekçeli kararında, yurtdışı kaynaklı yasadışı bahisle ilgili yapılan işlemlerde elde edilen nakit paranın başkalarına ait banka hesapları üzerinden aklandığının altı net bir şekilde çizilmiş.

Yapılan işlemlerde üst kademede bulunan kişilerin kendi kimlik bilgilerini gizleyerek ücret veya maaş karşılığında çalışan kişilerin adına işyeri, banka hesapları açtıkları da sabit.

1 "Peker'in Rüşvet İddiasını Pekiştirecek Bir İfade", Diken, 12 Kasım 2021, https://www.diken.com.tr/pekerin-rusvet-iddiasini-pekistirecek-bir-ifade//

Ayrıca örgüt lideri, lider yardımcıları ve yöneticilerinin kimlik bilgilerinin gizlendiği, kendilerine direkt olarak ulaşılmasını engellemeye yönelik tedbirler alındığı da vurgulanmış.

Örgüt içerisindeki tüm bu unsurlar bir arada değerlendirildiğinde, illegal bahis-kumar oynanmasına aracılık edilmesi amacıyla bir kısım sanıkların organize şekilde hareket ettikleri belirtilmiş.

Gerekçeli kararda yasadışı sanal bahis oynatılmasının "belli bir düzen içerisinde" gerçekleştirildiği anlatılırken, sanık Veysel Şahin'in örgüt lideri olduğu açıkça vurgulanmış.

Şahin'in yardımcıları vasıtasıyla, Türkiye'de ofisler kurulduğu, yine bu sistem çalışmaları için elemanlar temin edildiği, internet sitelerinde oynanan bahis oyunlarından paraların yatırılması için üçüncü kişilerin temin edilmesi suretiyle bu kişilerin banka hesaplarının kullanıldığı aynen anlatılmış.

Hatta alt bayiliklerin oluşturulduğu anlaşılmakla bu eylemlerin organize şekilde hareket etmeksizin yapılamayacağı, baştan itibaren organize, planlı ve seri şekilde hareket etmeleri gerektiği de üstüne basa basa gerekçeli kararda anlatılmış.

Ayrıca sistem, Veysel Şahin'in talimatları doğrultusunda ve kurulan sistem içerisinde uzun bir süre kesintisiz bir şekilde, sürekli eklenen kişiler vasıtasıyla devam ettirildiği, bu itibarla eylemlerin devamlılık gösterdiği anlatılmış.

İllegal bahis sitelerinin oluşturulması, lisansların alınması, sistem altyapılarının oluşturulması ve sanal ortama hazır hale getirilmesini, yurtdışı örgüt lideri olan sanık Scott Willam Masterton'ın sağladığı vurgulanmış.

Bu sitelerin hangileri olduğu da açık açık yazılmış. Ben de kamuoyuna açıklayayım: Adafutbol, Bahiskolik, Beluga, Betebet, Betgaranti, Betmisli, Betpas, Birebinbir, Comloo, Desktigo, Goldenbahis, Grandbetting, Hiltonbet, Hititl.Com, İnterbahis, Jasminbet, Klasgaming, Klaspoker, Kolay724, Laligagame, Lidyabet, Limanbetting, Malpas, Motbet, Oleylo, Oley24, Piabet, Pronet, Pronetgaming, Restbet, Retbet, Savoy, Scorgame, Skorbet, Superbahis666, Tiplixbet, Tombalatv ve Vevobahis...

Hepsi de Veysel Şahin'e ait.

Herhalde ne kadar büyük bir yapıdan bahsediyorum anlaşılmıştır.

Öyle ki yetmedi, yargılama sürerken yeni isimler de davaya eklendi. Yani aynı suçlamalarla farklı isimler hakkında Büyükçekmece Cumhuriyet Başsavcılığında bir iddianame daha hazırlandı.

Bu isimlerden en önemlisi de Derkan Başer... Hani şu Dilan Polat ve Engin Polat ikilisinin davasında da çok konuşulan isim.

Büyükçekmece'deki yargılamayı da ayrıca yazacağım.

İstanbul 42. Asliye Ceza Mahkemesi'ndeki yargılama, 61 duruşma ve 7 yıl sürdü. 61. duruşma sonunda Mayıs 2023 tarihinde karar açıklandı.

Davayı karara bağlayan mahkeme, sanık Scott William Masterton ile Mehmet Ali Hürer hakkındaki yakalama emirlerinin infazının beklenmesine karar verdi.

Veysel Şahin, "7258 Sayılı Yasaya Muhalefet", "Suç İşlemek Amacıyla Örgüt Kurma", "Suçtan Kaynaklanan Mal Varlığı Değerlerini Aklama" suçlarından toplamda 21 yıl 8 ay hapis ve 1 milyon 666 bin 600 TL adli para cezasına çarptırıldı.

Hakan Canbay'a, 19 yıl 2 ay hapis ve 1 milyon 666 bin 600 TL adli para cezası verildi.

Aralarında Tolga Alpaslan'ın da olduğu 63 sanık hakkında, "7258 Sayılı Yasaya Muhalefet" suçundan ayrı ayrı 4 yıl 2 ay hapis, "Suç İşlemek Amacıyla Kurulan Örgüte Üye Olma" suçundan ise 2 yıl 1 ay hapis cezası verildi.

105 sanığı "7258 Sayılı Yasaya Muhalefet" suçundan 1 yıl 8 ay hapis ve 5 bin TL adli para cezasına çarptıran mahkeme, hükmün açıklanmasının geri bırakılmasına karar verdi.

Emekli Emniyet Müdürü Cengiz Ersal ise soruşturma aşamasında vefat etti.

1977 Sivas doğumlu Veysel Şahin, ilk olarak 2009 yılında yargılandığı davada ceza aldıktan sonra rotayı Kıbrıs'a çevirdi. Kıbrıs'ta yasadışı kumar sistemini kuran ve kazandığı paralarla otel, lüks araçlar, evler aldı. Hatta Futbol Ozanköy isimli kulübün başkanı oldu ve başına Sergen Yalçın'ı getirdi.

Yanlış duymadınız.

2017 yılında K-Pet 1. Lig Beyaz Grup'ta lider olan Ozanköy isimli kulübün "Fahri Başkanı" oldu.

Fahri Başkanlığa getirilmesi ile ilgili *Havadis*'e konuşan Veysel Şahin, "Ozanköy'ün Süper Lig'e yükselmesi için her türlü fedakârlığı yapmaya hazırım" dedi.

Ki yaptı da...

"Fahri Başkan" Veysel Şahin (solda)

Ozanköy Başkanı Sami Otçuoğlu, fahri başkan Veysel Şahin'in aracılığıyla yapılan görüşmelerde Sergen Yalçın ile anlaşma sağlandığını açıkladı.

O dönem Kayserispor'dan ayrılan Sergen Yalçın, Özanköyspor'da sportif direktör ve danışman olarak görev yapmak üzere anlaşmıştı

Tabii takıma "taze kan" gelince kulüp atağa kalktı.

Yeni sezonda büyük hedefler ortaya koyan ve sezon bitmeden transfer harekâtına başlayan Ozanköy, transfer gündemine bomba gibi düşen Doğan Türk Birliği'nden Salih Güvensoy (Çiko) ve Yenicami'den Hüseyin Sadıklar'a resmi imzayı hemen attırdı.

Serbest transfer hakkı bulunan iki milli futbolcu da imza için anlaşmaya varılan ücretlerin kendilerine ileriye dönük tarihli çek olarak verilmesiyle, 3'er yıllığına Ozanköy'e imzayı attı.

İmzalar Ozanköy Başkanı Sami Otçuoğlu, sponsor Bulut Akacan ve finansör destek fahri başkan Veysel Şahin huzurunda atıldı![1]

Bulut Akacan yine karşımıza çıktı... Altınbaş'ın sahibi Vakkas Altınbaş'ın damadı.

Önceki sayfalarda yargılandığını yazdığımız Bulut Akacan'ın dosyası 4 yıldır devam ediyor. Başka neyden yargılanıyordu?

2023 yılında da Mali Suçlarla Mücadele Şubesi, Interpol tarafından aranan ve KKTC'den ihraç edilen "Comanchero" isimli kanun kaçağı motosiklet çetesinin uluslararası başkanı olan Avustralya vatandaşı Mark Dougles Buddle'a 1 milyon 200 bin dolar karşılığında üç adet lüks daire satmıştı.

Bulut Akacan, "Suç Gelirinin Aklanmasının Önlenmesi Yasası" ve "Şüpheli İşlem Bildirim Yükümlülüğüne Aykırı Hareket Etmek" yasasına aykırı hareket ettiği gerekçesi ile de mahkemeye çıkmıştı.

Avukat Kıvanç Rıza, müvekkili Bulut Akacan için mahkemede halihazırda dört kişinin kefil olabileceğini belirterek hepsini ayrı ayrı duruşmada dinletti.

Bulut Akacan için ilk tanık Malpas Otel'de Casino bölümünde güvenlik müdürü olarak görev yapan Süleyman Hastan'dı. Hastan, hiçbir baskı altında kalmadan Bulut Akacan'a kefil olabileceğini, bunun için evini ve 37 bin euro'luk arabasını teminat olarak gösterebileceğini söyledi.

İkinci kefil Altınkaya Otel'in sahibi gösterilirken, Mustafa Otcuoğlu zanlı Bulut Akacan ile gönül bağı olduğunu ifade ederek 16 milyon sterlin değerindeki otelini, 180 arabasını, 40 evini ve döviz bürosunu teminat olarak gösterebileceğini kaydetti.

Paralara bakar mısınız?

Emlak işi yapan üçüncü tanık ise Enver Hoca, B.A.'ya kefil olabileceğini, arazilerinin olduğunu ve değerinin 400 bin sterlin olduğunu ifade etti.

Altınkaya Otel'in direktörü ve dördüncü tanık olan Şifa Otcuoğlu ise İnterRent isimli Rent a Car şirketi, ayrıca Altınkaya Otel'de 500 bin sterlinlik hissesi olduğuna değinerek teminat gösterebileceğini belirtti.[2]

Sizi böyle savunacak kaç kişi var etrafınızda...

---

1 "Ozanköy, Çiko ve Sadıklar'ı Bitirdi", *Havadis*, 5 Mayıs 2017, https://www.havadiskibris.com/ozankoy-ciko-sadiklari-bitirdi/

2 "Tutuklu Yargılanacak", Devrim Demir, *Yeni Düzen*, 19 Eylül 2019, https://www.yeniduzen.com/tutuklu-yargilanacak-119004h.htm

Öte yandan Veysel Şahin 42. Asliye Ceza Mahkemesinden ceza almaya aldı. Aldığı ceza ile ilgili de İstinaf başvurusunda bulundu.

Ancak tek ceza aldığı ve yargılandığı dosya bu değildi.

* * *

Birkaç sayfa önce bahsettiğim, 2017 yılında Büyükçekmece 8. Asliye Ceza Mahkemesi'nde 60 sanığın yer aldığı bir iddianame daha vardı.

Bu davada ana davada yer almayan sanıklar da yer alıyordu.

Kimdi bunlar?

Derkan Başer, Gürcan Çarkçı, Gürkan İlgün, Haluk Güvençoğlu, Sercan Çarkçı, Serdar Karabaş, Veysel Şahin, Erdemir Savun ve Ertaş Savun...

Aslında her şey İstanbul Beylikdüzü İlçe Emniyet Müdürlüğü Asayiş Büro Amirliği'ne kimlik bilgilerini vermek istemediğini belirterek gelen şahsın anlattıklarıyla başladı.

İhbarında şunları söyledi:

> "Büyükşehir Mahallesi E5 Yanyol GinzaLavinya A Blok kat:8 D:64 Beylikdüzü adresinde İnternet üzerinden oyun oynatıldığını, tam olarak içeriğini bilmediğini ve günlük bazı hesaplar üzerinden yüklü miktarda paraların döndüğü, bu işlemlerin kayıtlı olmadığı, kontrol edilmesi gerekiyor."[1]

Bu ihbar üzerine ihbar yapılan adrese polis ekipleri gidiyor.

Kapıyı açan şahıs "buraya yeni taşındıklarını, bilgisayar üzerinde programcılık yaptıklarını" anlatıyor.

Polis dairenin içerisine bakıyor tabii.

Dairenin işyeri olduğu, masaüstü ve dizüstü bilgisayarların olduğu, masa üzerinde çok miktarda farklı isimlere tanzim edilmiş çeşitli bankalara ait banka kartları ile cep telefonları, sim kartları görülüyor.

Aynı yöntem yani...

Daire içerisinde Uğur Güldürenoğlu, Can Gülcan, Serhat Üstündağ, Bahadır Koşucu ile Ayhan Belen isimli şahıslar olduğu tespit ediliyor.

Vergi levhasına göre işyerinin Serhat Üstündağ adına açıldığı, şahıslarla yapılan mülakatta bu işyerinin yeni açıldığını tam olarak ne yapıldığını bilmediklerini söyledikleri kayıt altına alınıyor.

---

1 İstanbul Cumhuriyet Başsavcılığı Soruşturma No: 2017/26607

Daha sonra da şahıslarla yapılan mülakatta hatırlayabildikleri kadarıyla Betvigo, Fortis, Marin, Betkarat, Colunybet, Radobet, Mrbahis, Betsit ve Respedpay gibi yasadışı bahis sitelerinin işyerinde para transferinin yapıldığını bir bir anlatıyorlar.

İşyerinin ise "Dayı" lakaplı 0538 823 3*** numaralı telefonu kullanan şahıs tarafından açıldığını sözlü olarak polislere aktarıyorlar.

Tabii hemen bahse konu adreslere baskın yapılıyor.

Adreslerde 5 adet hard disk, "Transcend" marka ayrıca bir hard disk, 3 adet Laptop, 1 adet flash bellek, 39 adet cep telefonu, 17 adet sim kart, 319 adet ATM kartı ile çeşitli bankalar ve şahıslar adına düzenlenmiş banka kartları ele geçiriliyor.

Serhat Üstündağ gözaltına alınıyor.

Gözaltındayken itirafçı oluyor.

Yasadışı bahis sitelerinden işlem yaptıklarını, kendilerine bu işi yaptıranın "Dayı" lakaplı Serdar Karabaş olduğunu söylüyor.

Karabaş'ı görse tanıyacağını söyleyince fotoğraf teşhisi yaptırılıyor. Fotoğraftaki ismin Serdar Karabaş olduğunu doğruluyor.

Ayrıca Beylikdüzü Bizimkent Story isimli yerde aynı işi yapan Sercan Çarkçı'nın ofisinin olduğunu ancak bu ofisin hangi kat ve dairede olduğunu bilmediğini de söylüyor.

Sonradan anlaşılıyor ki Serkan Çarkçı, "Dayı" lakaplı Serdar Karabaş'ın ortağı. Onu da fotoğrafla teşhis ediyor.

Soruşturmanın devamında şüphelilerden Olcay Kaya ile Tamer Düzgün isminde iki kişi de gözaltına alınıyor.

Bu iki kişinin kendilerine hesap açtırıp para çektiren ve bu paraları teslim alanın Gürkan İlgün olduğunu söylüyor.

Sorgulanmak üzere şubeye gelen Gürkan İlgün de "Dayı'nın" yanında bulunan Ertaç Savun ve Erdemir Savun ile tanıştığını anlatıyor.

"Dayı" Serdar Karabaş'ın talimatlarıyla da banka hesabı sahipleri olan kişilerden elde edilen para çekim işlemleri sonrasında bu şahıslarla görüşerek "Dayı" ile beraber çekilen paraları elden teslim aldıklarını söylüyor.

Bu paraları da Serdar Karabaş'ın Ertaç ve Erdemir Savun'a götürdüğünü dile getiriyor. Bunların ise paraları, İstanbul Küçükbakkalköy muhitinde bulunan sosyal tesisler civarında kasa olarak tabir edilen, sanal kumar işleri yapan, açık kimlik ve adres bilgilerini bilmediği Murat adında birine verdiklerini dile getiriyor.

Film sahnesi gibi düşünün.

Para dolu bir çanta var ve farkındaysanız sürekli el değiştiriyor.

Bunları anlatan Gürkan İlgün ise sadece banka hesap sahiplerinden para toplamakla görevli olduğunu iddia ediyor.

Özetle verdiği isimlerin yasadışı sanal bahis işi yaptıklarını itiraf ediyor.

Alınan ifadelerin ardından gözaltına alınanların önceden Veysel Şahin adına çalıştıkları belirleniyor. Hatta bütün bu sistemin gayri resmi olarak da Veysel Şahin'e çalıştığından şüpheleniliyor.

Ancak bu operasyonlar yapıldığında Veysel Şahin daha tutuklanmamış, firariydi. Derkan Başer'in ise 6 Temmuz 2017 tarihinde İstanbul Atatürk Havalimanı'ndan çıkış yaptığı, sonrasında da herhangi bir ülke giriş kaydının bulunmadığı tespit edilmiş.

Yani o tarihte firari konumda.

Bunu Derkan Başer'e sordum; "Ana davada ben yoktum. Sonra eşimi doğum yapması için Kıbrıs'a götürdüm. Sonra geldim kendi rızamla teslim oldum" dedi.

Toplanan deliller ışığında buradaki yasadışı sanal bahisin belli bir düzen ve sistem içerisinde gerçekleştiği belirleniyor. Ve tüm bu sistem de Veysel Şahin'e çalışıyor. Yardımcıları ise Derkan Başer ile Erdemir Savun...

Türkiye'de de Serdar Karabaş ve Gürcan Çarkçı tarafından idare edilen sistem için üçüncü kişilerden elde edilen banka hesaplarının kullanıldığı aktarılıyor.

İddianamede en önemli kısım olan paranın nakledilmesi için de hiyerarşik bir bağ olduğu vurgulanıyor. Hatta herkes en üstteki yöneticiye değil, kendisinin bir üstündekinden talimat alıyor, alttaki üyeler kazançlarını ofis yöneticilerinden temin ediyor diyerek iddianamenin temeli oluşturulmuş. [1]

Diğer davadan yargılanan Veysel Şahin gelip burada da savunma yapmış.

Özetle savunmasında yargılanan sanıkların hemen hemen tamamını tanımadığını, sadece Derkan Başer'i tanıdığını söylemiş. Ki bu aslında bir nevi doğru. Örgütsel yapı içerisinde çoğu kişinin birbirini tanımaması üzerine bir düzen kuruluyor.

---

1 İstanbul Büyükçekmece Cumhuriyet Başsavcılığı 17/11/2017 Tarih: 2017/8394 esas sayılı iddianamesi

Ancak Veysel Şahin bunu kullanarak şunları söylüyor:

> "Örgüt lideri diye yargılanıyorum ancak 60 kişiyle bir iletişimim yok, bana direkt veya dolaylı yoldan teslimat yapılmadı, kimse beni simaen tanımıyordur, bu nasıl bir örgüt liderliğidir, anlaşılır bir şey değildir."

Şahin, beraatını talep ederek savunmasını bitiriyor.

Derkan Başer ise savunmasında Veysel Şahin ile benzer şeyleri söylüyor. Yani pek bir şey söylemiyor. Suçlamaları kabul etmiyor. Şahin ile olan tanışıklığını doğruluyor.

Yazılım şirketi olduğunu belirterek, "Benim ismimi neden verdikleri hakkında hiçbir fikrim yoktur, hiçbirisiyle iletişimim olmamıştır, savunmama ekleyeceğim bir şey yoktur. Suçsuzum, beraatimi talep ederim" ifadelerini kullanıyor.

Sanıklardan Gürcan Çarkçı ise savunmasında banka hesaplarının nasıl kullanıldığına dair ilginç bilgiler veriyor.

Uzun uzun buraya almayacağım ancak şu kısmı kamuoyuna sunmak istiyorum:

> "Adıma 11 tane hesap bulunduğu doğrudur, 3-4 tane de şirket hesabım bulunmaktadır, benim sermayem lüks araba kiralamaya yetmediği için araba firmalarıyla bu şekilde anlaşma yapıyorduk. Ben ayda 10 bin TL gönderiyorsam, 10 bin TL bana geri gönderilirdi, + ve - dengesi bu yüzden eşittir, bu paraları bana çalıştığım firmalardaki kişiler göndermekteydi, ben araçları teslim aldığımda bu parayı gönderirdim, daha sonra arabayı teslim ettiğimde de geri alırdım."

Aslında banka hesaplarında parayı dolaştırıyorlar.

Giren çıkan para genel itibarıyla aynı oluyor fakat dolaştırma sonucunda yasadışı bahisle elde edilen para aklanıyor.

Bunca içi boş savunmaya karşılık sanık Ayhan Belen yasadışı bahis sitelerinin teknik altyapısı ile ilgili ilk kez kayıtlara geçen bir bilgiyi veriyor.

Ayhan Belen şunları aktarıyor:

> "Ben yakalandığım işyerinde reklam işi yapıyordum, hesaplardaki paraların aktarılmasına bakıyordum, panel görevlisiydim, panelin ismi Pronet'tir. Bu panelde paraların yatıp yatmadığına dair bilgiler geliyordu, para yatarsa onaylıyordum. Bu Pronet sitesi bildiğim kadarıyla sadece paralarla alakalı sitedir, benim çalıştığım bilgisayarın ekranında sadece para giriş çıkışlarıyla ilgili

ekran vardı, ben şüphelenip sorduğumda böyle bir şey olmadığını söylemişlerdi, site ismi panelde yazmıyordu."

Ha bu arada "Pronet sitesi" diye bahsettiğimiz "Pronet Güvenlik" değil. Bizim kitabımızda yer alan Pronet, "Pronet Gaming" adlı oyun altyapısı sunan site.

Pronet bugün Türkiye'de bütün yasadışı sanal bahis sitelerinin teknik altyapısını sunan hizmeti sağlıyor. Buna yönelik neden hiçbir davada teknik soruşturma yapılmaz anlamıyorum.

Evet büyük ihtimal sunucuları yurtdışındadır ama en ufak olayda bant daraltma yaparak Twitter'a bile giremediğimiz bir ülkede böyle sistemlerin yürürlükte kalabilmesi ilginç geliyor.

* * *

Bütün savunmaları tek tek vererek konuyu uzatmayalım.

Hepsi benzer şeyleri sayıklıyor.

Birbirlerini tanımıyorlar. Ya yüzlerini bir kere görmüşler ya da hiç tanışmamışlar. Her şey tesadüf eseri olmuş. Aslında hepsi normal işinde gücünde insanlar ama nasıl olmuşsa bu sisteme dahil edilmişler. Hepsi yasadışı bir şey yaptığını düşünmüyor. Hepsi para alıp veriyor ya da şirketlere ortak oluyorlar ama paranın kaynağını kimse sormuyor vs. vs...

2017 Kasım ayında başlayan süreçte mahkeme Nisan 2018'de kararını açıkladı.

Sanık Serhat Üstündağ bütün soruşturmayı başlatan ihbarı yaptığı ve itirafçı olduğu gerekçesiyle ceza almıyor.

Veysel Şahin ise "Suç işlemek amacıyla örgüt kurma" suçundan 5 yıl ve "yasadışı bahis" suçundan verilen 5 yıl 6 ay yani toplamda 10 yıl 6 ay hapis cezası alıyor.

Derkan Başer ve Erdemir Savun, "Örgüt yöneticiliği" ve "7258 sayılı yasanın 5-b maddesine muhalefet" gerekçesiyle 9 yıl 3 ay ceza aldı.[1]

Veysel Şahin ana dosyadan tutuklu olduğu için tutukluluğunun devamına karar verildi.

Derkan Başer'in daha önceden almış olduğu bir cezadan dolayı "Hükmün açıklanmasının geri bırakılması" da ceza aldığı için iptal edilip cezaya eklendi.

1 Büyükçemece 8.Asliye Ceza Mahkemesi Dosya No: 2017/545 Esas, Karar No: 2018/256, Karar Tarihi: 26.04.2018

Tüm bu yargı sürecinin sonucunda sanıkların İstinaf Mahkemesine yönelik başvurusu 26 Nisan 2018 tarihinde reddedildi ve karar kesinleşti.[1]

Ancak istinaf karar vermeden günler önce çok şaşırtıcı gelişmeler yaşandı.

Büyükçekmece 8. Asliye Ceza Mahkemesi'nde suç örgütü kurmak suçlaması ile tutuklu yargılanan Veysel Şahin ve sağ kolları Derkan Başer, Erdemir Savun, Gürcan Çarkçı 5 Nisan'da tutukluluklarına yapılan itirazın mahkeme tarafından reddedilmesi üzerine avukatları aracılığı ile üst mahkemeye itiraz etti.

Bakırköy 10. Ağır Ceza Mahkemesi de 13 Nisan 2018'de itirazları haklı bularak Veysel Şahin ve 3 adamının tahliyesine karar verdi.

Haydaa... Nasıl oldu bu iş?

Tahliye kararları aynı gün içinde faksla Metris ve Silivri cezaevlerine gönderildi.

Şahin'in adamları 13 Nisan 2018 saat 20.00 sıralarında Metris Cezaevi'nden salıverildi.

Aynı saatlerde Silivri Cezaevi'nden salıverilmesi beklenen Veysel Şahin'in tahliyesi ise bazı eksikliklerden dolayı gerçekleşmedi.

Bu sırada ise Bakırköy Cumhuriyet Başsavcılığı, Şahin ve adamlarının tahliyesine itiraz ederek yakalama kararı çıkarılması için aynı mahkemeye başvurdu.

Aynı gün yani 13 Nisan 2018'de saat 22.00 sıralarında toplanan Bakırköy 10. Ağır Ceza Mahkemesi, Şahin ve adamları hakkındaki tahliye kararının kaldırılmasına ve haklarında yakalama kararı çıkarılmasına hükmetti.

Bakırköy 10. Ağır Ceza Mahkemesi Başkanı ve üye hâkimler tarafından verilen kararın gerekçesinde "Tahliye kararının eksik dosya yüzünden verildiği" belirtildi.

Bakırköy 10. Ağır Ceza Mahkemesi'nin 2. kararı tahliye bekleyen örgüt lideri Veysel Şahin'in tutukluluğunun devamını sağladı.

Ancak bu karardan sadece 3-4 saat önce Metris Cezaevi'nden tahliye edilen Derkan Başer, Savun, Çarkçı kayıplara karıştı.

Aradan geçen zaman içinde de halen yakalanamadılar.

Yani her şey birkaç saat içinde yargının içerisindeki birileri tarafından organize edildi.

1 İstanbul Bölge Adliye Mahkemesi 14. Ceza Dairesi Esas No: 2018/2000, Karar No: 2018/1042

Derkan Başer ve Erdemir Savun soluğu saatler içinde Gürcistan'da aldı.

Veysel Şahin'in dahil olduğu ve yargılandığı, ceza aldığı, istinafta olan, devam eden 4 ayrı mahkemede dosyası var.

Veysel Şahin'in yargılandığı davaları başından itibaren anlatıyorum. Kendisinin iddiasına göre rüşvet istenilmiş ve bu rüşvet ile serbest kalırsın denilmiş.

İşte Veysel Şahin'in cezaevinden avukatı aracılığı ile gönderdiği o mektup, "Bugün çıkacağız yarın çıkacağız derken 4 buçuk yıldır içerideyim" sözleriyle başlıyor.

780 milyon dolarına el konulduğu iddia edilmişti. Sadece forex şirketindeki 1 milyon 250 bin dolarına bloke konulduğunu anlatıyor.

Yasadışı bahis ile ilgisi olmadığını, farklı iş kollarında yatırımları olduğunu savunuyor:

> "Örneğin, Kıbrıs'ın en büyük ecza deposu bana ait. Şu an piyasa değeri hayli yüksek olan Londra merkezli yazılım firmam var. Yine Kıbrıs'ta otel sahibiyim. Kiracı olduğum farklı bir casinonun işletmecisiyim. Gayrimenkul danışmanlık şirketim var. Ve daha niceleri..."

Londra'daki yazılım şirketinin bahis ile ilgili olduğunu tahmin ediyorum.

Veysel Şahin açıklamanın devamında 2016 yılına kadar bir sorun ile karşılaşmadığını, ismi duyulduktan sonra ise rahatsızlık verenlerin ortaya çıktığını anlatıyor.

Hakkındaki soruşturmaları kaldırtmak için rüşvet verdiği iddialarını yalanlıyor ve şöyle diyor: "Benim bütün meselem ilk başta ve daha sonra istenilen rüşvetleri vermemek oldu."

Medyada "5 milyar dolar parası var" haberleriyle hedef tahtasına dönüştüğünü anlatan Veysel Şahin, iki buçuk ay içinde kendisini 103 avukatın ziyaret ettiğini ve 303 görüşme yapıldığını doğruluyor.

Yani günde 5 avukat ile görüşme yapmış.

Çok çarpıcı iddialarda bulunuyor:

> "Öyle absürt tekliflerle karşılaştım ki dillere pelesenk olur. Örneğin adam geliyor diyor ki '300 milyon dolarına el konulduğunu biliyoruz. Yarısını bize ver hem seni çıkartalım hem paranın yarısını almış ol'. Ben de cevap olarak diyorum ki; 'Sözleşme yapalım.

> Paranın yüzde 10'unu bana peşin verin gerisi sizin olsun, tahliye etmenize de gerek yok.' Veya 150 milyon dolar, 40 milyon dolar, 15 milyon dolar gibi bir sürü saçma sapan tekliflerle karşılaştım. Siz sanıyor musunuz ki bunlardan birine 'evet' deyip anlaşsaydım şu an buradaydım. Zindaşti de burada yatıyordu ve onun gibi onlarcasını gördüm çıkıp giden. Onların suçlamaları yanında benim içinde bulunduğum iddia edilen suç grubu oldukça hafif olsa gerek."

Bakın bu iddiaları sıradan bir suçlu dile getirmiyor. Yargı ve avukatlık dünyasında yaşananları anlamanız açısından altını çizmek istiyorum.

Şu laf çok önemli: *Zindaşti de burada yatıyordu ve onun gibi onlarcasını gördüm çıkıp giden...*

Veysel Şahin, hakkındaki tahliye kararıyla ilgili ise şunları savunuyor:

> "Oradaki hâkimler tamamen dosya üzerinden giderek ismim henüz kulaklarına üfürülmediği için yanlışlıkla doğru kararı verdiler..."

Haksız mı? Maalesef bu konuda hangimiz kesin bir şey söyleyebilir.

İşte geldiğimiz nokta bu...

Öyle ki saatler içerisinde yaşanan bu kadar ilginç olaya bir yenisi daha ekleniyor.[1]

Biraz daha yakın günlere gelelim...

Tarih: 2 Mart 2023.

Bakırköy 14. Ağır Ceza Mahkemesi'nin üç hâkimi, mesai bitmek üzereyken cezası kesinleşmiş olan ve altı yıldır hapiste yatan Şahin hakkındaki kesinleşmiş kararı bozdu.

Veysel Şahin'in avukatı Ersan Şen'in yaptığı itiraz sonucunda "Veysel Şahin müdafiinin itirazının kabulüne, itiraza konu ek kararın kaldırılmasına, yargılanmanın yenilenmesine ve infazın durdurulmasına" denilerek tahliye kararı verildi.

Yani mahkeme, Veysel Şahin'in almış olduğu cezayı, ki kesinleşmiş olan cezasını, bu kararla bozdu.

Yani apaçık Ersan Şen'in yaptığı itiraz dilekçesiyle, kesinleşmiş bir mahkeme kararı ortadan kaldırıldı.

1 "Veysel Şahin Tahliye Oldu", Yargı Kulisi, 21 Nisan 2023, https://www.yargikulisi.com/veysel-sahin-tahliye-oldu/433/

2 Mart günü saat 17.01'de Veysel Şahin hakkında tahliye kararı verildi ve karar UYAP'a yüklendi. Yani tam mesai bittiği saatte UYAP'a yüklendi.

Tahliye kararını bekleyen Veysel Şahin cezaevinde eşyalarını toplamış, üzerini çoktan değiştirmişti.

Ancak savcılar, Sami Şahin ve Mehmet Ayhan, devreye girdi. Saat 19.00'da mahkeme kararının hukuksuz olduğunu yazan ve Şahin'in tahliye edilmemesi gerektiğini söyleyen tutanağı tuttular.

Tutanakta, "Verilen 5 yıl 6 ay hapis cezasının infazının durdurulmasına ve sanığın derhal tahliyesine karar verilerek bu kararın mesai saati sona erer ermez 17.01'de onaylanarak Cumhuriyet Başsavcılığımız ekranına düşürülmesi üzerine tutanak tutuldu" ifadeleri yer aldı.

Devamında da "Tutanak tutulduktan sonra Mahkemece 02.03.2023 günü saat 22.01'de yeniden aynı tarih ve aynı D.İş numarası ile Büyükçekmece 8. Asliye Ceza Mahkemesi'nin anılan D.İş kararına karşı bu defa da taleplerin ve itirazın reddine karar verildiğine ilişkin ek karar Cumhuriyet Başsavcılığımız ekranına düşürülmüştür 02.03.2023 saat 22.10..." denildi.

İşte o tutanağı da kitaba, tarihe not düşmek adına ekliyorum:

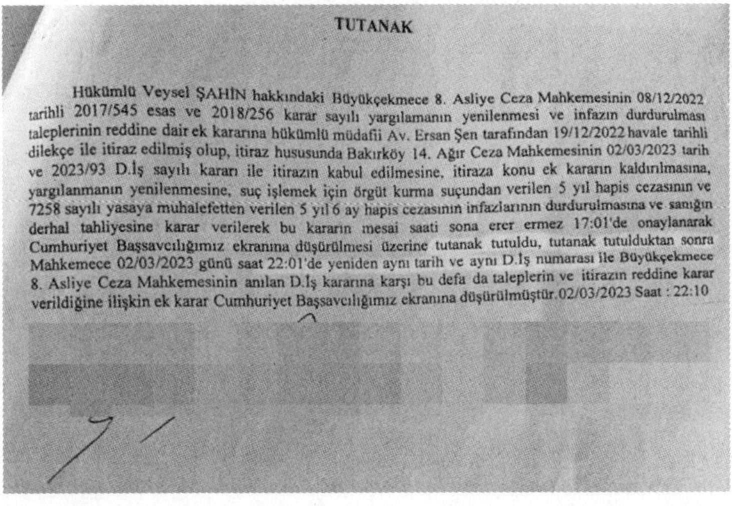

TUTANAK

Hükümlü Veysel ŞAHİN hakkındaki Büyükçekmece 8. Asliye Ceza Mahkemesinin 08/12/2022 tarihli 2017/545 esas ve 2018/256 karar sayılı yargılamanın yenilenmesi ve infazın durdurulması taleplerinin reddine dair ek kararına hükümlü müdafii Av. Ersan Şen tarafından 19/12/2022 havale tarihli dilekçe ile itiraz edilmiş olup, itiraz hususunda Bakırköy 14. Ağır Ceza Mahkemesinin 02/03/2023 tarih ve 2023/93 D.İş sayılı kararı ile itirazın kabul edilmesine, itiraza konu ek kararın kaldırılmasına, yargılanmanın yenilenmesine, suç işlemek için örgüt kurma suçundan verilen 5 yıl hapis cezasının ve 7258 sayılı yasaya muhalefetten verilen 5 yıl 6 ay hapis cezasının infazlarının durdurulmasına ve sanığın derhal tahliyesine karar verilerek bu kararın mesai saati sona erer ermez 17:01'de onaylanarak Cumhuriyet Başsavcılığımız ekranına düşürülmesi üzerine tutanak tutuldu, tutanak tutulduktan sonra Mahkemece 02/03/2023 günü saat 22:01'de yeniden aynı tarih ve aynı D.İş numarası ile Büyükçekmece 8. Asliye Ceza Mahkemesinin anılan D.İş kararına karşı bu defa da taleplerin ve itirazın reddine karar verildiğine ilişkin ek karar Cumhuriyet Başsavcılığımız ekranına düşürülmüştür.02/03/2023 Saat : 22:10

İnanılmaz değil mi?

Savcılar, kararın tutanakta mesai saati bitiminde UYAP'a yüklenmesinin altını çiziyor.

Karar veren mahkeme saatler sonra savcıların itirazı neticesinde tekrar mahkeme salonuna gelip kendi verdikleri kararı değiştiriyorlar.

Bakın verdikleri kararı da ekliyorum:

> "Verilen kararın Sehven Cumhuriyet Savcısından mütalaa alınmadan verildiği, karar başındaki mütalaa alındığına yönelik ibarelerin ise matbu olup sehven yazıldığı ve kararın onaylandığı anlaşılmakla incelendi."

Cumhuriyet Savcısının "yazılı mütalaası alındı" diyerek saatler önce verdikleri kararı iptal edip Ersan Şen'in başvurusunu reddedip dosyayı tekrardan ait olduğu Büyükçekmece 8. Asliye Ceza Mahkemesine iade ediyorlar.

Hükümlü Veysel ŞAHİN hakkındaki Büyükçekmece 8. Asliye Ceza Mahkemesinin 08/12/2022 tarihli, 2017/545 Esas - 2018/256 Karar sayılı yargılamanın yenilenmesi ve infazın durdurulması taleplerinin reddine dair ek kararına hükümlü müdafii Av. Ersan ŞEN tarafından 19/12/2022 havale tarihli dilekçe ile itiraz edildiği, itiraz üzerine mahkememizin 02/03/2023 tarihli - 2023/93 D.İş sayılı kararı ile hükümlü Veysel ŞAHİN müdafiinin itirazının kabulüne, itiraza konu ek kararının kaldırılmasına, yargılamanın yenilenmesine ve infazın durdurulmasına karar verilmiş ise de; verilen kararın sehven Cumhuriyet Savcısından mütalaa alınmadan verildiği, karar başındaki mütalaa alındığına yönelik ibarelerin ise matbu olup sehven yazıldığı ve kararın onaylandığı anlaşılmakla incelendi, Cumhuriyet Savcısının yazılı mütalaası alındı.

GEREĞİ DÜŞÜNÜLDÜ İSTEMGİBİ:

Sanık hakkında örgütlü suçlarla ilgili olarak derdest olan İstanbul 42. Asliye Ceza Mahkemesinin 2018/48 Esas ve İstanbul 53. Asliye Ceza Mahkemesinin 2016/358 Esas sayılı dosyaları ile itiraza konu Büyükçekmece 8. Asliye Ceza Mahkemesinin 2017/545 Esasdan tefrik edilen Büyükçekmece 8. Asliye Ceza Mahkemesinin 2018/48 Esas sayılı dosyasının birleştirildiği ve talep konusu hakkında anılan bu dava dosyası üzerinden karar verilebileceği, bu itibarla itirazın reddine karar verilmesi gerektiği anlaşılmakla:

1-Hükümlü Veysel ŞAHİN hakkındaki mahkememizin 02/03/2023 tarihli - 2023/93 D.İş sayılı olup, itirazının kabulü - itiraza konu ek kararının kaldırılması - yargılamanın yenilenmesi- infazın durdurulması niteliğindeki değişik iş kararının **İPTALİNE,**

2-İtiraza konu Büyükçekmece 8. Asliye Ceza Mahkemesinin 08/12/2022 tarihli, 2017/545 Esas - 2018/256 Karar sayılı yargılamanın yenilenmesi ve infazın durdurulması taleplerinin reddine dair ek kararında herhangi bir isabetsizlik bulunmadığı, kararın usul ve yasaya uygun olduğu anlaşıldığından, yerinde görülmeyen **İTİRAZIN REDDİNE,**

3-Dosyanın Büyükçekmece 8. Asliye Ceza Mahkemesine **İADESİNE,**

4-Karardan bir suretin mahkemesince itiraz edene **TEBLİĞİNE,**

Dair, talebe uygun, dosya üzerinde yapılan inceleme sonucu oybirliği ile CMK'nın 271/4. maddesi gereğince kesin olarak karar verildi.02.03.2023

Nefes kesen sürecin sonunda, belki de saatler içerisinde yaşanan yargı içerisindeki bilek güreşinin sonunda Veysel Şahin, 2017'deki Handikap Operasyonu'nda tutuklanarak 10 yıl 6 ay hapis cezası aldı.

2018'de ve 2 Mart 2023'te hakkında iki defa tartışmalı tahliye kararları verilen ancak tahliye olmadan kararlar iptal edilen Şahin, 14 Nisan 2023'te cezasını tamamlayarak serbest kaldı.

Şahin, serbest kalmasının hemen ardından 6 Mayıs 2023 tarihinde, 2016'da açılan davadan ceza aldı.

Cezası, "7258 Sayılı Yasaya Muhalefet", "Suç İşlemek Amacıyla Örgüt Kurma", "Suçtan Kaynaklanan Mal Varlığı Değerlerini Aklama" suçlarından verildi. Toplam 21 yıl 8 ay hapis ve 1 milyon 666 bin 600 TL adli para cezasına mahkûm edildi.

Şahin'in bu davada aldığı ceza, bu satılar yazılırken halen İstinaf Mahkemesinde bekliyordu.

Peki, Veysel Şahin şu an nerede dersiniz?

Mayıs ayının sonunda Arnavutluk'taki Voxnews.al sitesi "Çevrimiçi spor bahisleri endüstrisinde 200 milyon euroluk kirli lobicilik!" başlıklı makaleyi yayınladı.

Makale, bir Türk vatandaşının çevrimiçi spor bahisleri için bir değil birden fazla lisans alma isteğine ilişkin elde edilen bilgilere dayanıyor.

Makalede "Bir Türk vatandaşının" Arnavutluk'taki işletmelerini genişletme konusundaki ilgisinin çevrimiçi spor bahisleriyle sınırlı olmadığını, aynı zamanda diğer sektörleri de kapsadığını inceliyor. Haberin içeriğinde Veysel Şahin'in tanıtımı da yapılıyor.[1]

Eveleyip gevelemeyelim, Veysel Şahin şu anda Arnavutluk Tiran'da yaşıyor.

Örgütte Sivrilen İsim

Veysel Şahin'in başında olduğu yasadışı sanal bahis örgütünü uzun uzun tüm detaylarıyla anlattım.

Hep birlikte aslında tarihe bir not düştük. Bunlar nasıl çalışıyor, nasıl örgütleniyor, para transferlerini nasıl sağlayıp, kara parayı nasıl aklıyorlar, hiyerarşileri nasıl, kendilerini nasıl koruyorlar, hepsini en ince detayına kadar yazdım.

Gördük ki o örgütün içerisinden de bir isim sivrildi.

Derkan Başer...

Veysel Şahin'e yönelik Handikap Operasyonu kapsamında tutuklanan Derkan Başer, davanın 26 Nisan 2017'deki karar duruşmasından iki hafta önce kaçmıştı.

Nasıl kaçtığını anlattım.

---

1 "'Peshkaqeni' turk i basteve online mban peng dhënien e licencave në Shqipëri?" [Türk Online Bahis 'Köpekbalığı' Arnavutluk'ta Lisans Verilmesini Engelliyor mu?], *Pamfleti*, 16 Ağustos 2024, https://pamfleti.net/aktualitet/peshkaqeni-turk-i-basteve-online-mban-peng-dhenien-e-licencave-ne-shq-i240257

Birkaç saat içerisinde bozulan bir tahliye kararıyla cezaevinden çıktı. Tahliyeden 2 saat sonra çıkartılan tutuklama kararı bir işe yaramadı.

Kayıplara karıştı.

Derkan Başer firari olarak aranırken Gürcistan'a kaçtığı tespit edildi. Veysel Şahin cezaevindeyken Kıbrıs'taki işleri idare eden 4 kişiden biri olduğu belirtiliyor. Bu isimler Murat Şahin, Sibel Bal Kotan, Ceren Çaycılar ve Derkan Başer.

Veysel Şahin cezaevindeydi ama yasadışı bahis devam ediyordu.

Veysel Şahin'in sahibi olduğu Pronet Gaming altyapısı üzerine kurulu daha önce Veysel Şahin'e ait olan Jasminbet isimli bahis sitesi –ki bu site büyük cirolar yapan bir site– Derkan Başer'in kontrolüne geçti ve operasyon merkezi yeniden şekillendirildi.

Pronet Gaming ve Panama Papers Bağlantısı

Pronet Gaming altyapısı üzerine kurulmuş olan onlarca oyun sitesi var. İngiltere merkezli bir şirket.[1]

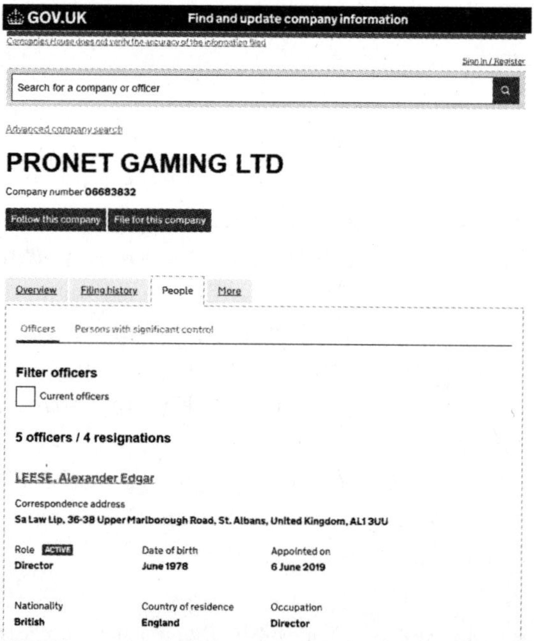

1 Birleşik Krallık Hükümeti resmi web sitesi (www.gov.uk) kayıtlarındaki şirket numarası (Company number): 06683832, https://find-and-update.company-information.service.gov.uk/company/06683832/officers

Bu altyapının sahibi Veysel Şahin.

Kurucusu ise Burak Basel'di. Bu altyapı üzerinde bulunan siteler Pronet sistemine para yatırıyor.

Burak Basel sadece altyapı sağlayarak suya sabuna dokunmadan büyük paralar kazanıyor.

Basel'in ismi dünyaca ünlü Panama Papers belgelerinde de yer alıyor.

Dünyaca ünlü dediysem bu iyi bir şey değil.

En basit şekliyle anlatacak olursak, vergi vermemek adına vergi cenneti Panama'da kurulu paravan şirketlerin kayıtları, sahipleri ve bağlantılı şirketlerin açıklandığı gazetecilik faaliyeti "ParadisePapers" evrakları dünyada büyük ses getirmişti.

200 binden fazla belge dünya kamuoyuna açıklanınca gördük ki Türkiye'de zengin olup da vergi kaçırmak için Malta'da şirket açmayan isim kalmamış. Bunu da ParadisePapers belgelerinden görüyoruz.[1]

İşte o belgeler içerisinde Burak Basel'in bağlantılarının yer aldığı şema da şöyle:

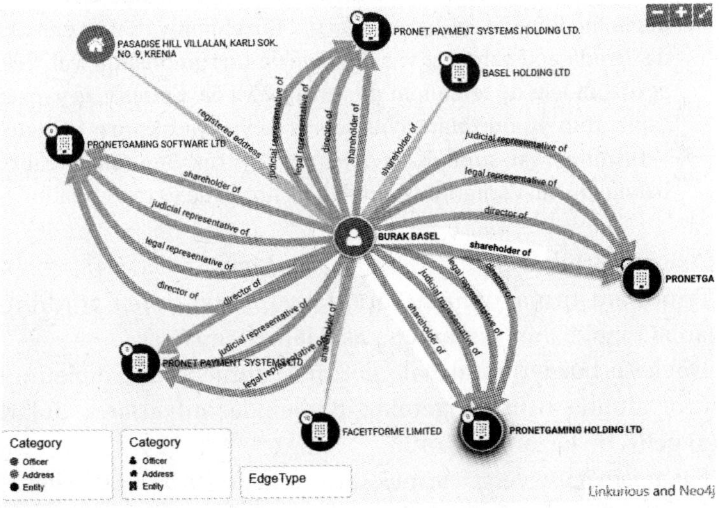

Dediğim gibi yasadışı sanal bahis sitelerinin büyük bir kısmı Pronet altyapısını kullanıyor.

1 Bkz. ParadisePapers Officer: Burak Basel, https://offshoreleaks.icij.org/nodes/56096721

Mariobet, Restbet, Perabet, Hilbet, Betmatik, Erosbet, Vsbahis, İntbet, Betcolic, Supertotobet, Tipobet365, Betpas, Jetbahis ve daha onlarca bahis ve casino siteleri Pronet sayesinde ayakta.

Aslında Kıbrıs'ta ilk bet; yani bizim ülkemiz yasalarına göre yasadışı bahisi başlatan kişi Erbil Arkın.

Bugün adada Colony, Palm Beach, The House Restorant, bet ofisler, Antalya'da tersane, turizm şirketi, İngiltere'de golf sahası ve daha birçok ülkede yatırımı olan bir kişi.

5. Cumhurbaşkanı Cevdet Sunay'ın torunu Fatma Hanım ile evli olan Erbil Akın, evlendikten sonra Elf Madeni Yağları'nı kurmuş. Sonrasında Fatma Hanım'la boşanmış.

Haber Kıbrıs gazetesi ile yaptığı röportajda da işlerini anlatmış:

> "İki tane casinomuz var. Otellerimiz var. İngiltere'de betting dükkânlarımız vardı. Adada bu işi ben başlattım. Ancak ne yazık ki devlet bu işte kontrolü sağlayamadı. Çok fazla lisans veriliyor gerek casino, gerekse bet ofislere. Biz sürekli kısıtlama yapmaları konusunda uyarıyoruz ancak ne yazık ki devletin aldığı para tatlı geldiği için bunu durduramıyorlar. Düşünebiliyor musunuz, 30 casino var şu anda ve 5-6 lisans da sırada. İstediğin kadar da bet ofisi aç. Bu çağda hiçbir şeyi yasaklayamazsınız ancak mutlaka kontrol altında tutmalısınız, bu kadar aşırı derecede bet ofis ve casino bence doğru değil. İngiltere'de 34 bet ofisi açtık. Güzel paraya sattık zamanında. Orada golf sahamız var. Türkiye'de turizm ofisimiz var. Tekne sevdiğim için de tersanem de var Antalya'da. Kısacası, iş yapacaksanız, tüm yumurtaları aynı sepete koymayacaksınız. Lübnan'da yatırımımız var, şimdi Karayibler'e bakıyoruz. Ben sadece Kıbrıs'a bakmıyorum. Varlığımın önemli bir parçası da yurtdışındadır."

Aslında Erbil Akın doğru bir şey söylüyor.

Bunca araştırma, okuma, röportaj yaptıktan sonra gördüm ki yasadışı sanal bahisi tamamen yasaklamak imkânsız.

Devletin burayı yasal hale getirip, vergilendirip, denetim ve kontrol altında tutması gerekir. Böylelikle milyarlarca dolarlık vergi geliri de kazanılmış olur.

Fakat işin içine vergi vermek girince nedense bu işlerin yasadışı olarak kalması herkese daha tatlı geliyor.

Neyse konuyu dağıtmayalım...

Veysel Şahin'in Kıbrıs bağlantıları ve akrabaları ile devam eden bahis işlerinin finans ayağı Gürcistan'a taşındı.

Derkan Başer, halen yaşadığı Gürcistan'da yasadışı bahis organizasyonunda büyük bir pazarı kontrol ediyor.

Veysel Şahin'den koptuğu iddia edilen Derkan Başer'in yine kendisi gibi 2018'de Gürcistan'a firar eden Metro Turizm'in sahibi Galip Öztürk'le Batum'da bir AVM ve bir otel satın alarak iş ortağı oldukları ortaya çıkmıştı.

Anlayacağınız Başer'in cezaevinden çıktıktan sonra firari durumuna düşmesiyle ortaya çıkan yasadışı sanal bahis hikâyesi devam etti.

Derkan Başer 1980 Tokat Zile doğumlu.

Tahliye edildikten sonra saatler içerisinde kaçtığı Gürcistan'da adım adım sistemini örgütledi.

Kendisi gibi firari olan Galip Öztürk ile birlikte yasadışı bahis organizasyonunu da şekillendirmeye başladı. Otel, Casino derken kurduğu bağlantılarla vatandaşlık da aldı.

İlk defa bu kitapta göreceğiniz Derkan Başer'in geçici Gürcistan kimlik kartı

Derkan Başer ve Galip Öztürk Gürcistan'daki sosyal hayatlarını sergilemekten de geri durmadılar.

"Faillerin ocakbaşı sefası"

Cinayetten müebbet hapse çarptırıldıktan sonra firar eden Metro Turizm'in sahibi Galip Öztürk ile Interpol tarafından kırmızı bültenle aranırken Gürcistan'da buluştular.[1]

Derkan Başer ve Galip Öztürk'ün Batum'daki 90'S Ocakbaşı adlı restoranda yemek yerken çekilen bu fotoğrafları, sosyal medyada paylaşıldı.

Buna karşılık Derkan Başer için 2021 yılında su yine kaynadı.

9 Kasım'da yapılan bir ihbarda, "Abdulsamet Aksu" adı ortaya atıldı.

Keza bu anlatacağım hikâyenin ucu gün geldi Dilan Polat - Engin Polat çiftine kadar ulaştı.

Siber Suçlarla Mücadele Şube Müdürlüğü'ne ulaşan ihbarda şu ifadeler yer aldı:

> "Holiganbet, Limanbet, İnterbahis, jasminbet, anonimbet ve portobet isimli yasa dışı bahis sitelerinin İstanbul sorumlusu Abdulsamet Aksu isimli şahıstır. Bu şahıs belirttiğim yasa dışı bahis sitelerindeki hesaplar üzerinde dönen tüm paralardan %5 komisyon alır. Ayrıca bu şahsın S Force Finansal Danışmanlık Hizmetleri isimli şirketi ve Fenerbahçe Kadıköy'de faaliyet gösteren Force Kalamış Cafe isimli iş yeri vardır. İsmini belirttiğim yasa dışı bahis sitelerinin patronu bu şahıstır. Şahsın sahibi olduğu Force Kalamış Cafe isimli iş yerinin yan tarafında kafeye bitişik bir şekilde Abdulsamet Aksu isimli şahsın kullanmış olduğu bir ofis vardır. Bu ofise parmak iziyle girilir."

İhbarda Aksu'nun kara para aklama işlerinde kullandığı adamların isimlerine, arabasının plakasına, diğer dükkânlarının bilgisine kadar yer verilmiş.

İhbarın sonunda da "Abdulsamet Aksu isimli şahsın sahada çalışan elemanları vardır, bu elemanların özellikleri üçüncü şahıslara şirket açtırarak bu şirket üzerinden yine üçüncü şahıslara GSM hattı banka hesapları ve papara hesapları açtırdılar. Bunları yasa dışı bahis sitelerinde ve yasa dışı bahis işleminin finansal ayağında kullanırlar. Yine yukarıda belirttiğim üzere bu oluşumun yazılım ve panel işlerini yapan şahıslar vardır. Bu şahıslar hem yasa dışı bahis sitelerini yazılımın hem de yasa dışı bahisten elde edilen paraların transfer işlerini yürütmektedir" denilerek yaptıkları bir bir anlatılmış.

---

1 "Faillerin Ocakbaşı Sefası", Toygun Atilla, *Hürriyet,* 29 Ocak 2021, https://www.hurriyet.com.tr/gundem/firarilerin-ocakbasi-sefasi-41727284

Peki Aksu tek başına mı hareket ediyordu?

Derkan Başer ile ilgisi ne?

Geleceğim...

Siber Suçlar ekipleri ihbarın ardından hemen Cumhuriyet Başsavcılığı tarafından soruşturma izni alarak işe koyulmuş.

Aksu'nun, Şanlıurfa Siber Suçlarla Mücadele Şube Müdürlüğü tarafından 2019 yılında "Bilişim ve Banka Sistemleri Aracılığıyla Hırsızlık" suçundan firari olduğu belirlenmiş.

Yine İstanbul Emniyet Müdürlüğü Siber Suçlarla Mücadele Şube Müdürlüğü'nün sistem arşivine bakılmış ve 2018 yılında MASAK tarafından hesabının yasadışı bahiste kullanılmış olabileceği yönünde rapor tanzim edilmiş.

İstanbul Cumhuriyet Başsavcılığı'nın soruşturma yürüttüğü ve bu kapsamda Ataşehir Asayiş Büro'da ifade verdiği ortaya çıkmış.

Soruşturma kapsamında bir tanık dinlenmiş. Fatih K. isimli tanık "197portobet.com" adresindeki yasadışı bahis sitesinde oyun oynarken, Deeper İnşaat Elektrik Lastik San. isimli firmaya havale yaptığını beyan etmiş. Bu firma 2022 yılında Hakan Gül tarafından kurulmuş.[1]

Bahis oynamak için inşaat şirketine para yatırmak da ne alaka diye sorulmuş tabii.

Görülmüş ki bu sadece bir şirketten oluşan bir yapı değil.

İhbar konusunda kişiler ve ilgili şirketler takibe alınmış.

Finansal Hareket Analiz raporunda 32 şahsa ve 11 şirkete ait hesap hareketi olduğu, yapılan analiz çalışmaları sonucunda bu şahısların yaklaşık toplam genel finansal işlem hacminin 1 milyar 102 milyon TL olduğu tespit edilmiş.

Uzun uzun şirketlerin adlarını yazmayayım. Haliyle hepsinin foyası ortaya çıkmış. Bunlar yasadışı sanal bahisten elde edilen kara paranın dolaştırılması amacıyla kurulan hayali şirketler.

Mesela Batuhan A. isimli tanığın beyanları ve hesap hareketleri de incelenmiş.

Holiganbet, portobet, casinolevant.com isimli siteler ve "Nenehatun2pet Hayvancılık" isimli şirket arasında para transferleri tespit edilmiş. Bu şirket 2022 yılında kurulmuş ve sahibi Mehmet Türk gözüküyor.[2]

---

1 Türk Ticaret Sicili Gazetesi Tarih 02.07.2022, Sayı 10590, Sayfa 866

2 Türk Ticaret Sicili Gazetesi Tarih 17.11.2022, Sayı 10706, Sayfa 966

Bu tespitlerden sonra İstanbul merkezli 10 ilde yasadışı bahis operasyonu yapıldı.

Operasyonu Ali Yerlikaya sosyal medya hesabından duyurdu.

Başka şahıslar adına şirket hesapları açan, bu hesaplar üzerinden yasadışı bahisten elde edilen suç gelirini aklayan ve örgüt elebaşılığını Abdulsamet Aksu'nun yaptığı 22 paravan şirket belirlendi.

10 ilde başlatılan "Sibergöz Operasyonu" ile elebaşı dahil 45 kişi gözaltına alındı, muhtelif miktarda nakit para ele geçirildi.

21 kişi çıkarıldığı mahkemece tutuklandı.

Soruşturma sürerken CİMER'den 18 Şubat 2023 tarihinde bir ihbar daha geldi.

Abdulsamet Aksu ve Force Cafe Organizasyonu

İhbarda Abdulsamet Aksu ve Derkan Başer'in Fenerbahçe Kalamış'ta bulunan Force Cafe üzerinden yasadışı sanal bahisten elde edilen paranın toplama ve nakil işini organize ettiği iddia edildi.

Dahası ihbarda bu organizasyonu Siber Suçlarla Mücadele Şube Müdürlüğü'nden kimi polislerle de beraber yürüttükleri ileri sürüldü.

Tüm bu ihbar, soruşturma ve ifadelerin ardından iddianame düzenlendi.[1]

İstanbul Anadolu Cumhuriyet Başsavcılığı Terör ve Örgütlü Suçlar Soruşturma Bürosu savcıları tarafından hazırlanan 106 sayfalık iddianamede yok yok.[2]

İddianamede, yurtdışından yönetilen yasadışı bahis çetesinin yöneticisi ve üyesi olmakla suçlanan 69 şüpheli yer aldı.

Soruşturma kapsamında çıkartılan örgüt şemasında, elebaşı olarak "Türkiye sorumlusu" diye tanımlanan Aksu gösterildi.

59 şüpheliden 7'si şüpheli "örgüt yöneticiliği" ile, diğerleri ise "örgüt üyesi olmakla" suçlandı.

Muhammed Mustafa Altundağ isimli şahıs etkin pişmanlık hükümlerinden yararlanarak itirafçı oldu. Ancak verdiği ifade tutarlı gözükmemiş.

1 İstanbul Anadolu Cumhuriyet Başsavcılığı Terör ve Örgütlü Suçlar Soruşturma Bürosu Soruşturma No: 2022/282129

2 İstanbul Anadolu Cumhuriyet Başsavcılığı Terör ve Örgütlü Suçlar Soruşturma Bürosu İddianeme No: 2024/11593 İddianame Tarihi: 21.02.2024

Örgüt yöneticisi olarak yargılanan Sinan Civelek'e ait el konulan dijital materyallerde daha önceki örgütlerde de gördüğümüz ICQ programı ve bu programda yapılan yazışmalar tespit edilmiş.

Evinde çıkan telefonun kime ait olduğunu bilmediğini, evdeki belgelerin eve nasıl geldiğini de bilmediğini söylemiş. Klasik avukat nasihati ile hareket ederek suçlamaları bahanelerle reddetmiş.

Yine örgüt yöneticisi olarak iddianamede yer alan Ertan Özdemir'in yaptığı telefon konuşmalarının tapeleri iddianameye yansımış.

Ertan Özdemir o konuşma kaydında 27 tane siteye baktığını, dönen paranın günlük 15 milyon dolar olduğunu bir bir söylemiş.

Hatta telefonda bu kadar parayı çevirip aklamanın zorluğundan yakınmış. Parayı herkesin Bitcoin olarak almadığını, nakit isteyenlerin de olduğunu söyleyerek dert yanmış.

Hatta telefon konuşmasının sonunda "Nakiti döndürüyorum, altını döndürüyorum betece (Bitcoin) çıkıyorum, bir sürü aklayıp gönderiyorum yani abi o yüzden eee..." ifadelerini dile getirmiş.

Öte yandan örgüt üyeleri kafede bir arada otururken, şüphelilerden Mahir Uçak isimli kişi Ertan Özdemir'in yanına gelmiş. Siyah poşetlerden POS cihazı çıkarmış ve banka kartlarını okutmuşlar.

Şüphelilerden Muhammet Turak da Ertan Özdemir'in adını vererek yasadışı bahis organizasyonunu yönettiğini söylemiş.

Diğer şüphelilerden Muhammed Mustafa Altundağ da Ertan Özdemir'in Aksu'ya bahis sitelerinde para akışını sağlayabilmek için şirket ve şahıslara ait banka hesapları temini yaptığını anlatmış.

Özdemir'in ortalama aylık kazancının 1 milyon TL olduğunu, parayı Aksu'dan aldığını dile getirmiş.

Samet Yiğit yine örgüt yöneticisi olarak yargılanıyor.

Şifreli yazışma kullanırken konuşmalar nasıl yansıyor diye merak ediyorsunuz. Mesela birazdan okuyacağınız konuşma banka müşteri temsilcisinin normal hattan araması ile kayıtlara girmiş.

Bazen de emniyet ortam dinlemesi yapıyor.

Samet Yiğit adlı kişi başkaları adına alınmış banka hesaplarını yönetiyor. Bankalar gerçek hesap sahiplerini aradığında da kendisi cevap veriyor. Çünkü hesaplarını kullandığı kişilerin bilgileri kendilerinde var.

Ancak bakın ne oluyor...

Bir bankanın müşteri hizmetleri yetkilisi durumu anlamış. O konuşmayı okuyalım.

5 Ağustos 2023 günü yapılan konuşma...

"QNB FİNANSBANK MÜŞTERİ TEMSİLCİSİ: İyi günler enpara güvenlik biriminden arıyorum, İsmail Bey ile mi görüşüyorum?

Samet Yiğit Ünlü: Buyurun benim

QNB FİNANSBANK MÜŞTERİ TEMSİLCİSİ: Abdullah Aksoy adına bir yüz yirmi bin TL para transferiniz olmuş bilginiz var mıydı bu işlemde.

Samet Yiğit Ünlü: Evet benim bilgim dahilinde.

QNB FİNANSBANK MÜŞTERİ TEMSİLCİSİ: Ne amaçla göndermiştiniz.

Samet Yiğit Ünlü: Iıı kendisine bir borcum vardı onu ödedim elden aldığım.

QNB FİNANSBANK MÜŞTERİ TEMSİLCİSİ: Kendisini bire bir yüz yüze tanıyor musunuz siz?

Samet Yiğit Ünlü: Evet

QNB FİNANSBANK MÜŞTERİ TEMSİLCİSİ: Nerede yaşıyor kendisi?

Samet Yiğit Ünlü: Kendisi şu an Urfa'da.

QNB FİNANSBANK MÜŞTERİ TEMSİLCİSİ: Anladım, herhangi bir polisim savcıyım diye bu tür arama ya da sosyal medya üzerinden bi yatırım vaadiyle yönlendirme aldınız mı?

Samet Yiğit Ünlü: Yok hayır...

QNB FİNANSBANK MÜŞTERİ TEMSİLCİSİ: Herhangi bir şüpheli bir durum yok değil mi işlemle ilgili?

Samet Yiğit Ünlü: Hayır tabii ki de yok."

Burayı dikkatli okuyun lütfen!

"QNB FİNANSBANK MÜŞTERİ TEMSİLCİSİ: Peki baba adınız ve doğum tarihinizi öğrenebilir miyim?

Samet Yiğit Ünlü: Tabii ki bir dakikanızı alacağım.

QNB FİNANSBANK MÜŞTERİ TEMSİLCİSİ: Ben şu an İsmail Bey ile görüşmüyorum sanırım?

Samet Yiğit Ünlü: Hayır kendisiyle görüşüyorsunuz.

QNB FİNANSBANK MÜŞTERİ TEMSİLCİSİ: Anladım, neden bekletiyorsunuz baba adınızı?

Samet Yiğit Ünlü: Şu an kimliğime bakmak istiyorum da ondan bekletiyorum sizi.

QNB FİNANSBANK MÜŞTERİ TEMSİLCİSİ: Baba adınızı hatırlamıyor musunuz efendim.

Samet Yiğit Ünlü: Efendim.

QNB FİNANSBANK MÜŞTERİ TEMSİLCİSİ: Baba adınızı hatırlamıyor musunuz?
Samet Yiğit Ünlü: Hatırlıyorum, uykudan yeni kalktığım için biraz kafam dağınık.
QNB FİNANSBANK MÜŞTERİ TEMSİLCİSİ: Anladım ben teşekkür ederim sağ olun iyi günler.
Samet Yiğit Ünlü: İyi günler."

Sistemin nasıl işlediğini anlamamız açısından şahane bir örnek değil mi?

Emniyet hemen gerçek kişiye yani İsmail Arslan'a ulaşmış ve sormuş.

İsmail Arslan ifadesinde, "Hesaplarımı Murat Eskiyayla aracılığıyla Samet Yiğit Ünlü isimli şahsa 2 adet banka kartını mobil bankacılık bilgileriyle birlikte verdim, karşılığında 3000 TL aldım" demiş.

Samet Yiğit Ünlü 2 Ekim 2023 tarihinde tutuklanmış ama itiraz üzerine 14 gün sonra 16 Ekim'de tahliye edilmiş.

Dava kapsamında Muhammed Mustafa Altundağ isimli örgüt üyesi etkin pişmanlıktan yararlanmak istediğini belirtmiş ve her şeyi itiraf etmiş.

İfadesinde Aksu'nun yasadışı bahis sitelerinin finans işleriyle uğraştığını anlatmış. Aksu'nun ICQ uygulamasıyla haberleştiğini de açık açık söylemiş.

İfadesinde şunları aktarmış:

"Abdulsamet Aksu isimli şahıs size bahsettiğim yasa dışı bahis sitelerindeki finansal işlemleri sağlayan en tepe kişidir. Bülent Kuşan isimli şahsı yaklaşık 2 yıl önce Kalamış'ta bulunan kafede İnan Çelik ve Kaan Abanoz isimli şahıslar aracılığıyla tanıdım. Bülent Kuşan isimli şahıs yasa dışı bahis sitelerinde kullanılan banka hesaplarını temin etmekle görevli kişidir. Ertan Özdemir banka hesaplarını temin etmekle görevli, sohbet arasında 80-100 hayali şirketinin olduğunu söylemiştir. Ertan Özdemir'in bu şirketleri yasa dışı bahis sitelerindeki paraların aklanmasında kullandığını biliyorum. Onur Soğancı jasminbet, hullbet, dellabet, portobet ve ajaxbet isimli yasa dışı bahis sitelerinin sahibi olarak bildiğim Derkan Başer'in yeğenidir."

Davada savunma yapan diğer isimlerden olan Erhan Öztunç da ifadesinde, bu örgütün kendisine zorla 6 milyon liralık senet imzalattırdığını dile getirmiş.

Üstelik senet Ertan Özdemir adına düzenlenmiş.

Erhan Öztunç, Abdulsamet Aksu'nun da kendisini nezarethanede "buradan çıkamazsın" diyerek tehdit ettiğini de açıklamış.

Özetle savcılık bütün bu itiraf ve ifadelerin ışığında bir iddianame hazırlamış.

İddianamede Derkan Başer ile Abdulsamet Aksu'nun örgütün yöneticisi ve liderleri olduğu, diğer isimlerin örgüt yöneticisi olduğu gerekçesi ile cezalandırılmalarını istemiş.

Bu dosyanın yargılaması devam ediyor.

Tabii burada şöyle düşünmek gerekiyor. İlk olarak 2002'de yapılan operasyonlardan bu yana aslında temelde neredeyse hiçbir şey değişmiyor.

Aradan 23 yıl geçiyor fakat bu sorun bir türlü çözülemiyor. 23 yıl içerisinde milyonlarca insan bu batağa saplanıyor, sömürülüyor, suça karışıyor. Belki buralarda hile programlarıyla parası çalınan garibanlar hileyle yenildiğinin farkına bile varmadan hayatlarına son veriyor.

Türkiye'de her şey değişiyor garibanlık değişmiyor. Milyarlarca dolarların kazanıldığı bir yasadışı sistemden hepi topu 10 kişi zengin olup yurtdışına yerleşiyor. Ne yakalanabiliyor ne cezalandırılabiliyor.

Olan yine garibana oluyor...

Dilan Polat ve Engin Polat Bize Ne Anlatıyor?

Sadece bu davalar ve yargılamalarla değil, Derkan Başer ismi bir kez daha Türkiye gündemine girdi.

Dilan Polat ve Engin Polat davası...

Aslında kara para ve yasadışı sanal bahis dünyasının magazin yüzü olan bu çiftin hikâyesine bakalım.

Gecekonduda başlayan bir hayat nasıl lüks bir villada sürüyor?

Son birkaç yılın en dikkat çeken isimlerinden biri olan Polat ailesi, sosyal medya şovlarından soruşturma dosyalarına uzanan bir hikâyenin merkezinde yer alıyor.

Günde 750 bin TL harcama yaptığına dair açıklamaları, özel jetlerle yapılan yolculukları ve akıl almaz lüks harcamalarıyla Dilan ve Engin Polat çifti, hem kamuoyunun ilgisini hem de emniyet ve mali denetim birimlerinin dikkatini çekti.

İşin garibi, sessizce yaşasalardı şimdi kimse onları tanımıyor, ne Emniyet ne de maliye peşlerine düşüyor olacaktı.

Dilan Polat'ın dolar ve euro desteleriyle yaptığı saç tasarımları, pahalı hediyeler, alınan lüks eşyalar ve bu hayatın cevapsız bırakılan kaynağı, kamuoyunda büyük bir tepki yarattı. Özel uçaklarla verilen pozlar, lüks arabalar ve akıl alması zor bir hayat standardı, zenginleşme hikâyesinin gösterişli yüzünü ortaya koyarken, arka planda ise ciddi iddialar yükselmeye başladı.

Ancak tüm bu gösterişin yaşandığı bir ülkede, evine ekmek götürebilmek için günde 12 saat çalışan, asgari ücretle yaşayan insanların alın teri hiçe sayıldı. Çocuğuna bir mont alamadığı için, okul masraflarını karşılayamadığı için canına kıyan anne ve babaların hikâyeleri toplumun kanayan yarası oldu. Olmaya da devam ediyor. Kitabın başında yazdığım İsmail Devrim'in hikâyesi aslında hepimizin hikâyesi.

Konya Ereğli'de anne Maviş Eşme'nin hikâyesini unuttuk bile. 2013 yılında tarlada çalışırken camları kırık kerpiç evde yaşamak zorunda kalmıştı. Öncesinde tarlada çadırda kalıyordu. İki çocuğu vardı. Taşbaşı Mahallesi Elmacı Sokak'ta 2 katlı kerpiç evin 1'inci katında ikiye bölünmüş olan tek odalı bölümünde oturan ve eşi askerde olan 2 çocuk annesi Maviş Eşme, gece saat 03.30 sıralarında bebeği Ayaz'ı emzirmek için uyandı.

Maviş Eşme, henüz nüfusa kaydettirmediği oğlunu yatağında hareketsiz ve burnundan kan gelmiş görünce çığlık attı. Üst katta ve bitişindeki evde kalan yakınları yardıma koştu. Ancak Ayaz bebeğin öldüğü anlaşıldı. Aile sabah saatlerinde ise defin işlemleri için ölüm raporu almak üzere Ereğli 2 Nolu Sağlık Ocağı'na gitti.

Eve gelen sağlık görevlileri, vücudunda darp, yara ve boğulma izi bulunmayan Ayaz'ın ölümünden şüphelenip, polise haber verdi. Ayaz bebeğin yapılan otopsisinde ise zatürreden öldüğü anlaşıldı. 40 günlük Ayaz soğuktan ölmüştü.

Yoksulluk yüzünden ne bir hikâyesi oldu ne de bir hayatı.

İşte böyle bir Türkiye'de Dilan Polat ve Engin Polat çiftinin gösterişli yaşam tarzı, yalnızca ekonomik eşitsizliklerin acımasız yüzünü değil, aynı zamanda toplumsal öfkeyi de büyüttü.

Türkiye zaten bu çarkı kıramadığı için bir arpa boyu yol yürüyemiyor.

Yoksulluğu da uçsuz bucaksız zenginliği de yok etmediği sürece çatışmalar, çekişmeler, dengesizlikler içerisinde bir ülke olmaya devam edeceğiz.

Polat çiftinin hikâyesi de parlak görüntüsünün ardında, sahte faturalar, kara para aklama iddiaları, yasadışı bahis gelirleri ve Mali Suçları Araştırma Kurulu (MASAK) raporlarına yansıyan yüzlerce milyon liralık şaibeli işlemlerle bambaşka bir tablo ortaya koyuyor.

Vergi kaçırma ve organize suç örgütü iddialarıyla başlayan hukuki süreç, yalnızca Polat ailesinin değil, bu düzenin gölgesinde şekillenen geniş bir sistemin izlerini taşıyor.

Gelin, bu zenginleşme hikâyesini bir de resmi raporlar ve adli belgeler ışığında birlikte inceleyelim. MASAK ve vergi müfettişlerinin ortaya koyduğu "dijital aklama mekanizmasını" detaylarıyla anlamaya çalışalım.

Her şey Dilan-Engin Polat ailesinin akıl almaz yaşantısının ve bu yaşantıya istinaden şirketlerinde ödediği veya ödemediği vergi miktarlarının mali şube tarafından mercek altına alınmasıyla başladı.

Emniyetin yaptığı çalışma ve MASAK'ın hazırladığı ön rapor ile birlikte İstanbul Başsavcılığı soruşturma başlattı. 49 sayfalık MASAK ön raporunda sahte e-ticaret, vergi kaçırma, kredi kartı dolandırıcılığı ve yasadışı bahis kuşkularına yer verildi. MASAK raporunda para hareketleri örümcek ağını andıran grafiklerle ortaya konuldu.[1]

---

1 Hazine ve Maliye Bakanlığı Mali Suçları Araştırma Kurulu Başkanlığı (MASAK) Analiz Raporu Tarih 04.10.2023 Sayı: 2023-968-9-3766572

49 sayfadan oluşan MASAK raporunda Dilan ve Engin Polat'ın aile yakınlarının isimleriyle de kurdukları şirketlerin para hareketleri, 46 ilde açtıkları güzellik merkezleri, kozmetik ürün satışları ve lüks araç alımları ayrıntılı bir şekilde anlatıldı. Dilan Polat ve eşi Engin Polat'ın kendi ve akrabaları üzerine de kurdurduğu şirketlerin hesabına gelen para miktarının 500 milyon TL olduğu tespit edildi.

Bu rapordan sonra mahkeme sürecine kadar toplam 4 rapor hazırlandı. Şu anda okuduğunuz bilgiler MASAK'ın hazırladığı ön raporda yer alan bilgiler.

Raporda bu şirketlerin isimleri ve unvanlarına da yer verildi:

> "Şirketlerden bazılarının, birçok ilde şubeleri bulunacak şekilde güzellik ve medikal alanlarda hizmet verdiği, kozmetik ürünlerinin kendi internet sitelerinde ve Trendyol, Hepsiburada, Amazon gibi elektronik ticaret aracı hizmet sağlayıcılar üzerinden satışını yaptığı belirlenmiştir. Şirketlerin hesabına gelen para transferinin büyük kısmının 500 milyon TL'den fazla bankaların ve İYZİCO adlı ödeme kuruluşunun pos ödemeleri ile Trendyol satışlarından kaynaklı ödemeler olduğu anlaşılmıştır."

Dilan Polat ve Engin Polat'ın para akışı MASAK'ın hazırladığı grafikte detaylıca ortaya kondu. Raporda çiftin ayrıca internet üzerinden yaptığı satışlarda vergi matrahını düşürmek için sahte belge kullanıldığı iddiasına da yer verildi.

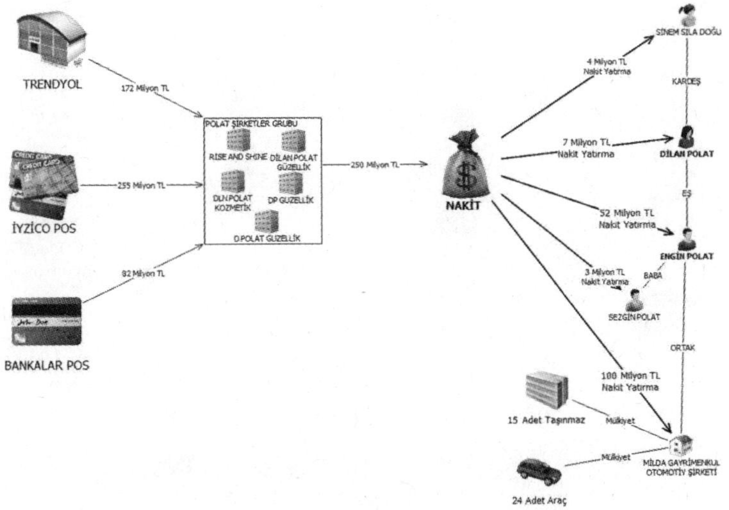

Dilan-Engin Polat'ın para akış grafiği (Kaynak: MASAK)

Dilan Polat ve Engin Polat, lüks yaşantıları, otomobilleriyle magazin dünyasının gündemine gelmişlerdi. MASAK raporunda, 250 milyon liralık nakit paranın lüks otomobil alımında kullanıldığı belirtildi.

MASAK ön raporunda şu ifadeler kullanıldı:

> "Diğer yandan elektronik ticaret ile satış yapan ve gelir elde eden bu şirketlerin mal alışlarına bakıldığında, mal alışlarının büyük bir kısmının, yine hedef kişilerle bir şekilde bağlantılı olan tedarikçilerden gerçekleştirildiği; ancak bu tedarikçilerin aslında gerçek bir mal alışı olmayan, beyanname vermeyen, çalışanı olmayan, bankacılık hareketi olamayan, çeşitli nedenlerle mükellefiyeti re'sen terkin edilen, hakkında sahte belge düzenleme kaydı olan kurumlar olduğu, sahte olduğuna dair kuvvetli şüphe barındıran mal alışların toplamı 200 milyon TL'den fazla olduğu..."
>
> "Elde edilen hasılatın nakit olarak çekilip kurum hesaplarından uzaklaştırıldıktan sonra kendi şahsi hesapları ile özellikle Milda Gayrimenkul unvanlı bağlı kurum hesaplarına nakit olarak yatırılıp lüks araç ve gayrimenkul alınmasının, diğer hususlar ile birlikte değerlendirildiğinde Türk Ceza Kanunu'nun 282'nci maddesinde yer alan suçtan kaynaklanan malvarlığı değerlerini aklama suçuna matuf fiiller olabileceği..."

MASAK uzmanı aynı zamanda Polat ailesinin tüm işlemlerine ait şemayı da çıkarıyordu:

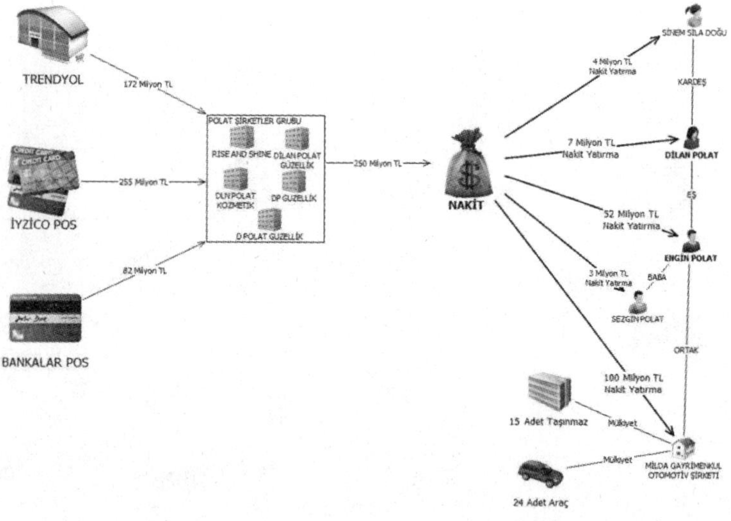

Dilan-Engin Polat, kozmetik ürünleri internet üzerinden pazarlıyorlardı

MASAK raporunda, 200 milyon TL'lik e-ticaretin gerçek alış satış işleminin yapılmadığı, sahte belge düzenleyen kurumlar ile bankacılık hareketi olmayan mükellefler üzerinden gerçekleştirildiği kaydedildi. Dilan ve Engin Polat'a ait "RiseAndShine" Kozmetik, Dilan Polat Güzellik Kozmetik, Dln Polat Güzellik ve Kozmetik, DipomedMedikal Kozmetik, DP Güzellik Kozmetik şirketleri üzerinden sahte olduğu değerlendirilen alışların 225 milyon 743 TL olduğu belirtildi.

MASAK raporunun son sayfalarında, şüpheli para işlemlerinin POS cihazları kredi kartı dolandırıcılığı ve yasadışı bahis kuşkusuna dikkat çekilerek, bunun için banka hesapları ve diğer verilerin incelenmesi talep edildi.[1]

Bu ana kadar sanırım Polat çifti konunun ciddiyetini kavrayamamıştı.

Yanında bulunan hiç kimse de uyarmamış ve toplumun gösterdiği tepkinin nedenini anlamamış, sorgulamamıştı.

Dilan Polat gerçek dünyada bile değildi. Ani gelen zenginlikle beraber hayal dünyasında yaşıyordu. Eleştirileri, tepkileri insanların onu kıskandığına yordu.

Dilan Polat bırakın yanlış anlaşıldığını anlatmayı, sosyal medyadan yayınladığı videolar ile kendisini eleştiren kişilere hakaret etmeye ve devlet yetkililerini ima ederek paylaşımlar yapmaya devam etti.

Hatta Dilan Polat katıldığı televizyon programında kahvesine koyduğu altın tozu ve sonrasında "bazen günde 750 bin TL harcıyorum" açıklaması ile tüm tepkileri üzerine çekmeyi başardı.

"Bu paranın kaynağı ne" sorusunun daha da ısrarlı bir şekilde sorulmasına neden oldu.

Çağlayan'da başlayan soruşturma kamuoyunun gündemini epeyce meşgul etti.

Ben de o günlerde kullanıcıların daveti üzerine Twitter'da "space odası" denilen bir grup kişinin sesli ve görüntülü konuşma yapabildiği online bir sohbete katıldım.

Sohbette aslında Polat çiftinin avukatı vardı ve sorular soruluyordu. Sohbetin bir kısmında Engin Polat da katıldı.

1 "Dilan Polat Engin Polat Dosyası Yeni Gelişmeler", *Hürriyet*, 11 Kasım 2023, https://www.hurriyet.com.tr/bilgi/galeri-dilan-polat-engin-polat-dosyasi-son-dakika-masak-raporu-ortaya-cikti-sahte-e-ticaret-vergi-kacirma-kredi-karti-dolandiriciligi-ve-yasadisi-bahis-kuskulari-42359636/1

Sosyal medyayı ve ana akım medyayı günlerce meşgul eden "altınlı kahve"

Ben de "Şirketlerinizin üzerinde tedbir var mı?" diye soru sordum.

Kendisi benim "prim yapmaya çalıştığımı" iddia etti.

Soru sormaya çalışırken benimle bir tartışma yaşadı.

Aslında ilk başta fazla magazinsel olduğunu düşündüğüm konu ile hiç ilgilenmemiştim.

Hatta bu konuşmadan 1-2 gün önce hiç tanımadığım Dilan Polat'ın kardeşi Sıla Polat beni aradı ve kendilerini ifade edemediğini anlattı.

Sonrasında daha ayrıntılı incelemeye başladım. Ben de dosya ile ilgili bilgi almak amacı ile polis kaynaklarım ile görüştüm.

Emniyetteki yetkililer Polat ailesinin, firari olarak Gürcistan'da bulunan yasadışı sanal bahis lideri Derkan Başer ile bağlantılı olduğunu düşündüklerini ve hesaplarda bunu doğrulayacak yönde hareketlerin olduğunu anlattı.

Hatta dosyanın Anadolu Adliyesi'ne devredildiğini bildirdiler. Ben de bunu *Cumhuriyet* gazetesindeki köşemde yazdım.

Yazım yayınlandıktan sonra çok ses getirdi ve sonrasında bir kişi mesaj yolu ile ulaştı.

Gazetede yayımlanan yazım hakkında bilgi vermek istediğini belirtti. Bana ulaşan tabii ki sadece bu kişi değildi. Onlarca kişi aynı hususta bilgi vermek için mesaj gönderdiler. Hepsini dinledim, anlattıkları ve iddia ettiklerini araştırdım tabii ki.

İçlerinden sadece birisi Derkan Başer'i ve Veysel Şahin'i tanıdığını, hatta sistemlerinde görev aldığını, Engin Polat'ın Kıbrıs'a geldiğini ve Derkan Başer ile görüştüğünü iddia etti. Bu iddiasını da yer, zaman, tarih vererek destekliyordu.

Elde ettiğim bilgiler ve yazımı katıldığım televizyon programında da anlattım. Hatta Polatların soruşturma devam ederken dahi hesaplarında büyük para hareketliliğinin olduğunu söylediler.

Sonraki günlerde Anadolu Başsavcılığı bilgime başvurmak için beni savcılığa davet etti. Soruşturmayı yürüten savcının adliyedeki makam odasına gazeteci kimliğimi ibraz ederek gittim.

Savcı, yazımda ve televizyonda anlattığım bilgileri sordu. Bana gelen ihbarı kendisine ilettim ve ekleyecek hususum olmadığını belirterek ifade verdim. Sonra adliyeden ayrıldım.

Yine aynı durumda olan ve yaşadıkları lüks hayatı gözlerimize sokan benzeri isimler hakkında araştırma yapmaya başladım. Ulaşabildiğim belge ve bilgileri de kamuoyu ile paylaştım.

Sonrasında savcı bir kez daha beni aradı ve tekrar gittim. Bilgi veren kişinin ifade verip veremeyeceğini sordu, ben de kaynağımı açıklamayacağımı, kendisine soracağımı, kabul ederse iletişime geçmeleri gerektiğini belirttim.

Kaynağıma sordum, ifade vermeyi kabul etti; tek şartı "Beni öldürürler, bu yüzden ismimi açıklamasınlar" oldu.

Sonrasında duydum ki savcılığa gidip ifade vermiş. Anadolu Başsavcılığı bunun haricinde Tuzlaspor ile ilgili yazdığım yazılar nedeniyle beni 2 defa daha savcılığa davet etti ve bilgime başvurdu.

Elimde devlet imkânları olmamasına rağmen en az savcılar kadar araştırıyordum.

Soruşturma Anadolu Adliyesi'nde devam ederken inanılmaz gelişmeler oldu. Önce Polat ailesi ve sonrasında bağlantılı olduğu iddia edilen kişiler hakkında operasyonlar yapıldı.

Operasyon yapılan kişiler tutuklandı. Kara para aklamak, vergi kaçırmak, örgüt kurmak suçlamalarıyla haklarında soruşturma başlatılan kişilerin yöneticisi olduğu şirketlere kayyum atandı.

Polat ailesi soruşturmasında etkin pişmanlıktan faydalanmak isteyen ailenin hem avukatı, hem de muhasebe işlerine bakan Ahmet Gün'ün ifadesi ortaya çıktı.

Ahmet Gün savcılık ifadesinde, "Burada mal karşılığı olmayan yüklü miktarda para girişi olmaktadır. Bu paranın kaynağının da bahis ya da başka bir kara para aklama olabileceğinden şüpheleniyorum ancak bunlar analiz sonucu ortaya çıkacak şeylerdir. Yani iptal edilen faturalar karşılığında bu şirketlerin hesabına giren kaynağı belirsiz yüklü miktarda para hareketi bulunmaktadır" dedi.[1]

Yine soruşturma kapsamında ifadesi alınan Ahmet Gün'ün çalışanı Songül K. da işleyen sisteme dair önemli bilgiler verdi. [2]

Songül K. ifadesinde "Ben bunların Engin Polat ve Dilan Polat çiftine ait olduğunu bilmiyordum. Engin Polat'ı bir ay önce Ahmet Gün isimli şahsın bürosunda gördüm. Fakat Engin Polat ile yüz yüze gelmemi engelleyip beni başka bir odaya aldı. Bana dönerek 'Seni polisler ifade almak için çağırabilir, biz ne söyleyeceğin konusunda seni hazırlayacağız' dedi" ifadelerini kullandı.

O günden iki gün sonra Ahmet Gün'ün kendisini tekrar arayarak ofise çağırdığını anlatan Songül K. "Ofisinde kendisi, Harun ve Zümrüt isimli çalışanları vardı. Bana hitaben Songülcüğüm, 'Bu arkadaşlar seni olası bir ifadeye karşı hazırlasınlar. Bir şey olmaz çıkmaz ama biz yine en kötüsünü düşünelim, ne söyleyeceğini bilelim. Sen biraz korkak bir tipsin. Bizim çocuklar gibi canavar ol. Haklarını ve hukukunu bil. İfadeni yazılı isterlerse biz göndeririz' dediğini" iddia etti.

Daha önceki yasadışı bahis yargılamalarında da aynı yöntemin uygulandığını görmüştük değil mi?

Hazırlanan ve ezberletilen ifadeler...

İfadesinde Ahmet Gün ile arasında geçen diyaloğu anlatan Songül K., şöyle konuştu:

> "İfaden şöyle olsun, dedi. Esenyurt'ta oturan Murat Akın isminde gayrimenkul işi ile uğraşan zengin görünümlü bir emlakçının tavsiyesi üzerine seni bulmuşuz, yabancı yatırımcılar var, Türkiye'de şirket kurmak istiyorlar, hazır kurulmuş temiz, borcu olmayan firma varsa satın alabilecekler, hem devir alınırsa kuruluşa göre bankacılık işlemlerini devir alınan şirkette daha hızlı yürütebilecekler. Bana sanki muhasebeci arıyormuşsun gibi iki isim salla, temiz şirket var mı diye sorduğunu söyle, çünkü bu yasal bir işlem, muhasebeciler bunu yapar. Onlar yok derse o zaman beni arayarak temiz şirket var mı diye sorduğunu, sonra o da

1 "Dilan ve Engin Polat Soruşturmasında Avukat Ahmet Gün'ün İfadesine Ulaşıldı", Büşra Alakoyun, Anadolu Ajansı, 19 Kasım 2023, https://www.aa.com.tr/tr/gundem/dilan-ve-engin-polat-sorusturmasinda-avukat-ahmet-gunun-ifadesine-ulasildi/30583

2 "Polatların Muhasebecisi Konuştu: Ahmet Gün Nasıl İfade Vereceğimi Söyledi", 10haber.net, 08 Kasım 2023, https://10haber.net/gundem/polatlarin-muhasebecisi-konustu-ahmet-gun-nasil-ifade-verecegimi-soyledi-287890/

bana elinde borcu harcı olmayan firma olduğunu vereyim hem de benim kapanış işlemleri masrafından kurtardığını söylememi, bunun üzerine Murat Bey ile onun ofisine gittiğimizi, hisse devri işleminin orda gerçekleştiğini Murat Beyin yabancı yatırımcı Samira Hanımı orada gördüğünü, Murat Bey'in vekâletinin dosyada olduğunu gördüğümü ifademde söylememi istedi."

"Kara Para Aklama Diye Bir Şey Yok"

Ahmet Gün'ün polis tarafından gözaltına alındığında nasıl ifade vermesi gerektiğini iddia eden Songül K., devamında şunları anlattı:

> "Firmanın da zaten boş beyanname verdiğini, şüphelenmemem gereken bir durum olmadığını, stok affı talebinde bulanacağımı söylememi, Murat Bey'in de bulunduğunu ifade etti. Ben de Murat Bey ile nerede ve nasıl görüştüğümü evrak alışverişini nasıl yaptığını sorarlarsa ne diyeyim dediğimde bana 'Bir telefon kullanmaz, haciz işlemi olduğu için hat almamış genelde sabit telefon numaradan arar ve kendi gelirdi dersin' dedi. Ben de kendisine bu kurduğun senaryonun saçma olduğunu ve bizim neyle suçlandığımızı, 'Niye her şeyi olduğu gibi söylemiyoruz' dediğimde; bana 'Zaten bu işten bir şey çıkmaz, kara para aklama diye bir şey yok. Olsa şimdiye kadar onları içeri alırlardı. Zaten işyerlerinde arama yapıldı bir şey çıkmadı' dedi."

İşte bu kadar basit!

Bakın bu gelişmelerden önce Ahmet Gün, Polat ailesinin avukatı sıfatı ile televizyon programlarına katılıp haklarındaki iddiaları yalanlıyordu.

Polatlar hakkında soruşturma Anadolu Adliyesi'nde sürerken, Anadolu Adliyesi Başsavcısı İsmail Uçar, adliyede bazı hâkim ve savcıların rüşvet aldığını ve bu rüşvet karşılığında dosyalarda şüpheli lehine kararlar verildiğini ileri sürdü.[1]

Hatta Uçar, şüpheliler hakkında basında çıkan yazıların engelletildiğini belirten bir dilekçe yazdı ve bu dilekçeyi HSK'ya sundu.

Bu vahim iddia görevi başındaki bir Başsavcı tarafından dile getirilince HSK konuyu ciddiye aldı ve konu ile ilgili müfettiş atadı. Müfettiş ilk başta başsavcının sonra da dilekçe ekindeki raporu hazırlayan diğer savcıların ifadesini aldı.

---

1 "Başsavcının Rüşvet Çığlığı", Timur Soykan, *Birgün*, 13 Ekim 2023, https://www.birgun.net/makale/bassavcinin-rusvet-cigligi-curuyoruz-475523

Soruşturma ise her gün yeni bir gelişme ile devam ediyordu.

Soruşturma savcıları G.K. ve M.B. güz kararnamesi ile başka görev yerlerine gönderildiler. G.K. ve eşi hakkında türlü iddialar dile getirildi. G.K. emekli olduğunu belirtti. Başsavcı ise Yargıtay üyesi seçildi.

Soruşturma devam ederken hem başsavcı hem de savcılar değişti.

Tabii bu sırada medyada her gün bir Polat haberi vardı. Dilan Polat'ın parmağı kanadı, Engin Polat şunu okuyor, Dilan kilo verdi, Dilan psikiyatri servisine kaldırıldı, Engin Polat namaza başladı, Dilan mektup gönderdi...

"Dilan taraftarı" diyebileceğimiz bir kesim tarafından kamuoyunda var olan öfke karşısında "kumpas kuruldu, suçsuzlar" algısı yerleştirilmeye çalışılıyordu. Sanki uçağı kaçırınca özel uçak kiralayıp gönderen asgari ücretli bu taraftarlarmış gibi, saçlarına dolar ve euro rulolarını yap diyen üç kuruş maaş alan emekli kadınlardı!

Kim niye kumpas kurmak istesin? Televizyonda dizi izleye izleye toplumdaki uyuşma, gerçeklerle hayali şeyleri birbirine karıştırma ve kıyas yeteneğindeki gerileme akıl almaz boyutlara geldi.

Bu sırada Polat ailesi ile ilgili dosyaya ön MASAK raporunun dışında Vergi Denetim Kurulu Başkanlığı tarafından hazırlanan 657 sayfalık "Aklama Suçu İncelemesi ve Araştırma Görevi Ön Değerlendirme Yazısı" girdi.

Çok kısa süre sonra da herkesin merakla beklediği İddianame hazırlandı.

İddianame önce Asliye Ceza Mahkemesine gönderildi ancak mahkeme, iddianamenin Ağır Ceza Mahkemesi kapsamında olduğunu belirterek iddianameyi iade etti. Savcılık bu duruma itiraz etti ve son karar olarak Asliye Ceza Mahkemesi iddianameyi kabul etti.

İddianame 75 sayfa ve şüpheli olarak 28 kişi var.[1]

Engin Polat "Örgüt lideri", Dilan Polat ile toplam 5 kişi "Örgüt yöneticisi", diğerleri "Örgüt üyeliğinden"suçlandılar.

Burada kritik bir nokta var.

---

1 İstanbul Anadolu Cumhuriyet Başsavcılığı Terör ve Örgütlü Suçlar Soruşturma Bürosu İddianame No: 2024/35923, Tarih: 28.06.2024

Yasadışı sanal bahis dosyalarında birçok somut olayı ilişkilendirmek çok zordur ama imkânsız değildir.

Bu davanın başlangıcındaki savcı da değişti, dosyadaki emniyet yetkilileri de değişti. Gizli tanığın ismi, adresi sanal bahis baronlarının tetikçileri tarafından ifşa edilmeye çalışıldı ve bu sayede davaya katkı sunmak isteyen kişiler korkutuldu. Davada en kilit isim olan sahte faturaları kesen isim etkin pişmanlıktan yararlanıp itiraflarda bulundu, sonrasında savcı değişince ifade değiştirdi.

Şu bir gerçek, bu tür yasadışı sanal bahis dosyalarında tepedeki kişilerin telefon irtibatları zor tespit ediliyor. Zira kriptolu özel yazılım kullanıyorlar ki iddianamede de bu belirtilmiş. Para izinin de sürülmesi çok zor. Paraların banka havalesi ile gönderilmesini beklemek saflık olur. Para taşımada kripto, soğuk cüzdan, kiralık banka hesapları gibi yöntemler kullanılıyor.

Gelelim iddianameye...

Kimse ile alıp veremediğim yok. Tamamen ulaşabildiğim dosyadaki evraklar ve iddianame kapsamında gördüklerimi yazacağım. Lütfen çok dikkatli okuyun.

İddianame 75 sayfa.

25 sayfa sanıklar hakkında bilgi, iddianamenin 26. sayfasının girişinde kara para ve aklama yöntemleri anlatılmış ve sonunda şu ifadeler kullanılmış:

> "İşbu soruşturmamızın konusunu oluşturan somut olayda da, yukarıda genel hatlarıyla izah edilmeye çalışılan yasa dışı faaliyetlerden kazanılmış maddi unsurların ticari hayat içerisinde aklanması şeklindeki sürecin vaki olduğu eylemler bütünü karşımıza çıkmaktadır."

Şunu kabul etmek lazım... İddianamede savcı kara parayı ve sistemi gayet iyi anlatmış. Öncül suç olarak yasadışı sanal bahis gösterilmiş. Savcı sanal bahis olayını çok iyi anlattığını ve irtibatlandırdığını düşünerek mi yoksa MASAK yetkililerinin uyarıları ile mi birincil öncül suç olarak belirlemiş bilmiyorum. Bunun yerine sahte fatura gerçeği birincil suç olarak gösterilebilirdi. Yasadışı sanal bahis iddialarında Engin Polat ile Derkan Başer'in bağlantısı tanıkların ifadesinde belirtilen bilgiler ile delillendirilmiş.

İddianame girişinde "Şüpheli Engin Polat liderliğinde kurulmuş ve işletilmiş bir suç örgütünün fikir ve eylem birliği içerisinde hareket edip fiiller üzerinde ortak irade ve müşterek hâkimiyet tesis etmek suretiyle aklama sürecini işlettiği tespit edilmiştir" denilmiş ve devam etmiş:

> "Polatlar grubunun tek elden yönetildikleri değerlendirilen şirketlerin mal alışlarının büyük bir kısmının, Engin Polat'ın ailesinin ortağı ve/veya yöneticisi olduğu şirketler ile yine hedef kişilerle bir şekilde bağlantılı olan tedarikçilerden gerçekleştirildiği, ancak bu tedarikçilerin aslında gerçek bir mal alışı olmayan, beyanname vermeyen, çalışanı olmayan, bankacılık hareketi olmayan, çeşitli nedenlerle mükellefiyeti re'sen terkin edilen, hakkında sahte belge düzenleme kaydı olan şirketler olduğu, sahte olduğuna dair kuvvetli şüphe barındıran mal alışların toplamının milyonlarca Türk Lirasını bulduğu görülmüştür."

Yani beyanname vermeyen, hakkında sahte belge düzenlediğine dair kayıt bulunan, aktif olmayan şirketlerden sahte faturalar ile mal alınmış gibi gösterilmiş!

Devam edelim...

> "Engin Polat'ın liderliğinde organize şekilde hareket eden suç örgütünün yasa dışı yollarla elde edilmiş para şeklindeki mal varlığı değerlerini kurdukları çok sayıdaki şirketi aracı kılarak dolaşıma soktukları, gerçek olmayan mal-hizmet satışına dayalı olarak düzenlenen faturalarla vergi mevzuatına aykırı hareketlerle bu paranın takibini zorlaştırmayı amaçladıkları, en nihayetinde şirketlerde biriken paraları çoğunlukla nakit çekme suretiyle topladıkları, son hamle olarak paralarını şirketler içerisinde en temiz şekilde tuttukları Engin Polat'ın tek ortağı ve yöneticisi olduğu Milda Gayrimenkul Otomotiv Sanayi ve Ticaret A.Ş. unvanlı şirketin banka hesaplarına nakit yatırdıkları, aklama sürecini bu şekilde tamamlamaya çalıştıkları anlaşılmıştır."

Savcının iddianamedeki tespiti bu...

Peki, sisteme sokulan para nasıl çıkarılmış?

> "Bunun dışında iddianamemizin ilerleyen bölümlerinde değinileceği üzere bir kısım yasa dışı yollardan edinilen paraların da 'soğuk cüzdan yöntemi' ile kaydi olarak sisteme sokulmadan transfer edilerek aklamaya tabi tutulduğu görülmektedir."

Peki, kara para olduğu iddia edilen paranın, yasadışı bahisten elde edildiğine dair bir delil, tespit var mı?

Savcı bu bağı tanık ifadelerine dayandırmış.

İlk olarak gizli tanık "Mert"in ifadelerine yer verilmiş.

Bu gizli tanık ifadesinde şunları anlatmış:

> "Ben 2014-2017 yıllarında Veysel Şahin'in sanal bahis oynattığı iki sitenin müdürlüğünü yaptım. Derkan Başer, Veysel Şahin'in cezaevine girmeden önce Veysel Şahin'e ait Jasminbet sitesinin genel müdürlüğünü yapıyordu ve aynı zamanda bu sitenin hissedarı idi. Veysel Şahin çalışma tarzında genel müdürlerine yüzde 1 ya da yüzde 2 oranında hisse vermektedir. 2017 yılında Veyse Şahin'in sanal bahis siteleri ile tutuklandığı sıralarda Kıbrıs'ta Girne ilinde Karakum mevkiinde Veyse Şahin'in sahibi olduğu, Özdilek Mağazasının üst katında ben müdürlük yapıyordum. Müdürlük yaptığımız bölüm bahsettiğim binanın üst katının tamamını kapsamaktadır ve bu bina o tarihle Veysel Şahin'e aitti. İlkbahar aylarında olabilir, Engin Polat isimli şahıs Derkan Başer ile görüşmeye gelmişti. Ben bu şahsın isminin Engin Polat olduğunu orada tanışınca öğrendim. Derkan Başer ile Engin Polat samimi arkadaşlar. Derkan Başer Engin'i Jasminbet sitesinin müdürlüğüne atadı. Engin Polat'ın Jasminbet'in müdürü sıfatıyla yürüttüğü görevin tanımında finansal aksiyonları denetlemek kontrol etmek, oynanan bahislerin risk birimini kontrol etmektir."

Burada bir noktaya dikkat çekmek istiyorum.

Gizli tanık, ifadesinin devamında olayın Derkan Başer, Veysel Şahin ve Engin Polat üçgeninde geliştiğini açık açık anlatıyor.

Mesela hiçbir haberde ya da davanın gelişim aşamasında bu üçgen üzerinden bir değerlendirme görmedik, göremedik.

Kamuoyunda hep sanki Engin Polat ile Dilan Polat'ın kendi başlarına kurduğu bir tezgâhtan bahsedildi.

Halbuki onlar önceki sayfalarda da yazdığımız Abdulsamet Aksu gibi parayı döndürmesi için kullanılan ve pay verilen kişilerdi.

Tabii bu "pay" milyonlarca dolar olduğu için Polat ailesi gözümüze önemli kişilermiş gibi gözüktü. Halbuki büyük balıklar milyarlarca dolarla oynuyordu.

Gizli tanığın ifadesi de biraz bunu anlatıyor:

> "O tarihlerde müdür seviyesindeki bir kişinin aldığı maaş 10.000 TL idi. Ben 10.000 TL alıyordum. Ortalama fiyat bu şekilde idi. Müdürlerin çalışma sistemi daha çok evden bilgisayar başında 8 saat mesai süresince çalışıyordu. Engin Polat Jasminbet sitesinin müdürlüğünü 3 ile 5 ay civarında yaptı. Veysel Şahin sanal bahis operasyonu nedeni ile tutuklanınca Derkan Başer işlerin

kontrolünü aldı ve dış finanstan sorumlu oldu ve aynı zamanda kendi finans şirketini kurdu. Bu şekilde 8-10 bet sitesinin dış finans işlerini aldı. Dış finans işinin tanımında; banka hesabı sağlamak, elektronik cüzdan hesapları temin etmek, coin hesapları temin etmek, ATM ekibi kurmak, toplanan paraları ay sonunda komisyon karşılığında sitelere dağıtmak gibi işlerdir. Derkan Başer pozisyonunu yükseltip dış sorumlusu olunca Engin Polat'ın da pozisyonu yükseldi ve Engin de dış finansı yönetenlerden biri pozisyonuna geldi. Engin Polat'ın yükseldikten sonra görev ve pozisyonunda sanal bahisten gelen paralarla şirket kurmak, Türkiye'de banka hesapları temin etmek, ATM ekibi kurmak, aynı şekilde hesapları ve coin hesapları temin etmek ve kendi şirketlerinde toplanan paraları ana havuza atmak ve daha sonra yurtdışına coin üzerinden göndermektir."

İşin ilginci Engin Polat sadece Gürcistan'a gitmekle kalmıyor. Gizli tanık da bunu anlatarak devam ediyor:

"Engin Polat'ı Girne'de müdürlük yaptığım ofiste gördükten yaklaşık 2 ay kadar sonra Veysel Şahin'in evinin bulunduğu Çatalköy mevkiindeki Kratos Otel'de görmüştüm. Bu otelde Engin Polat'ı Derkan Başer ile beraber görmüştüm, hatta Derkan Başer'in yanında Veysel Şahin'in korumalarından Demir isimli şahıs da vardı. Ben kendileri ile herhangi bir diyalog içerisine girmemiştim.
Sanal bahis oynayan bir kişi bahis sayfasının para yatırma bölümünde para yatırmak istediği zaman kredi kartı seçeneğini seçtiği zaman karşısına çıkacak olan sayfada 'mailorder' sayfasında kart bilgileri istenmektedir. Üye bu bilgileri girdikten sonra para yatırma işlemini yapmaktadır. Sanal bahis oynayan site üyesinin yatırdığı para aslında Engin Polat'ın kurduğu paravan şirketlerin pos hesaplarına gitmektedir.
Bahis oynayan üye bu durumu o anda bilmemektedir ve daha sonra ekstresine baktığı zaman pos numarasından belki paranın gittiği paravan şirketin ismini öğrenebilmektedir. Yani Engin Polat'ın sanal bahis işinde kullanmak üzere şirket kurmaya ihtiyacı vardır ve bu nedenle bu kadar çok şirket kurulmuştur. Jasminbet sitesinin oynattığı sanal bahis tutarı dikkate alındığında aylık ortalama 1.000 adet farklı isimlere ait banka hesapları, elektronik cüzdanlar ve kredi kartı sistemine ihtiyacı vardır.
Gene aynı dönemlerde Derkan Başer ve Engin Polat kurmuş oldukları saha ekipleri vasıtasıyla birçok üniversiteye bu ekipler aracılığıyla öğrencilere para karşılığında yaklaşık 20.000 TL gibi bir rakam karşılığında ortalama 5 ile 10 adet farklı bankalardan

açılan hesap ve internet bankacılığı için sim kart tedarik etmek için bu saha ekibini görevlendirmişlerdir.

Göztepe Marmara Üniversitesi, Eskişehir Anadolu Üniversitesi, Sivas Cumhuriyet Üniversitesinde bu saha ekiplerini görevlendirmişlerdi. Dış finansın tepesindeki Engin Polat gibi kişiler üyelerin yatırdığı her paradan yüzde 8, üyenin kazancına ait gönderilen paradan ise ortalama yüzde 15 komisyon almaktadırlar. Benim geçmişte bir dönem içinde çalıştığım sanal bahiste Engin Polat'ın pozisyonu ile ilgili bilgilerim bunlardan ibarettir. Dilan Polat'ı ise bu sistemin içinde görmedim, kendisini sosyal medyadan tanıyorum."

Gizli tanığın anlatımlarında yer alan bilgilerle yine Derkan Başer'in "örgüt lideri", Abdulsamet Aksu'nun "örgüt yöneticisi" olarak yargılandığı dava ile benzer yanlarını irdeleyerek sistemin benzerliğinin altını çizmiş.

Bahsettiği dosyada etkin pişmanlıktan yararlanan kişi de Jasminbet'ten bahsetmiş ve bu sitenin Derkan Başer'e ait olduğunu belirtmişti.

Polat iddianamesindeki gizli tanık Mert de Jasminbet, Derkan Başer ve Engin Polat'tan bahsetmiş.

Savcılık makamı iki dosya arasındaki eylemsel bütünlüğe vurgu yapmış. Derkan Başer liderliğindeki suç örgütünün yapısından söz edilirken nihai hedefin yasadışı bahisten toplanan paraların KKTC ve diğer ülkelerde bulunan Derkan Başer'e kripto cüzdanlar içerisinde kontrolü mümkün olmayacak şekilde çıkarılması olduğunu vurgulamış.

Erkan Şahin isminde biri de cezaevinden tanıklık yapmış.

İfadesinde Engin ve Dilan Polat ile nasıl tanıştığını gün, yer ve saat vererek anlatıyor.

Aynı zamanda bilişim işleriyle uğraşan Erkan Şahin, ifadesinde ikisiyle de yüz yüze tanıştığını anlatarak, Engin Polat ve Dilan Polat'ın telefonuna nasıl sızdığını da tek tek söylüyor:

"16 Mart 2021 günü bu şahıslarla yüz yüze tanışmamla başlayan süreç 2022 yılının şubat ayına kadar gerçekleştirdiğimiz birçok işbirliği, tanıtım filmi ve sosyal medya etkileşimleriyle gelişerek devam etti.

Ben Dilan Polat ve Mıstık isimli şahısla bu olayları yaşadıktan sonra, Mıstık isimli şahıs ile yaptığım görüşmede, bana açık açık; ya sadece onlarla çalışmam gerektiğini, ya da beni sosyal medyada bitireceklerini, barındırmayacaklarını söyledi. Ben de, hiçbir suçum yokken sadece çektiğim bir videodan ötürü böyle bir saldırıya uğramış olmamdan dolayı sinirlendim. Bu kızgınlıkla onların cep telefonlarına ve bilgisayarlarına uzaktan erişim sağlayıp, içeriklerini görmek istedim. Biz buna bilişim dünyasında, 'rat atma' deriz. Yani bir çeşit hack yöntemidir.

Ben de yıllardır bilişim işleriyle uğraşmış biri olarak kızgınlıkla 2022 yılının Ekim ayında Engin Polat'ın telefonuna, 2023 yılının Şubat ayı gibi ise Dilan Polat ve Engin Polat'ın telefonlarına, 2023 yılının Ağustos ayında ise Mıstık isimli şahsın telefonuna rat attım. Engin Polat'ın telefonunu takip ettiğim dönem içerisinde, ICQ üzerinden yaptığı yazışma içeriklerinden yasa dışı bahis ile alakalı konuşmalar yaptıklarını gördüm.

Ancak konuştuğu kişilerin kim olduğunu üzerinden zaman geçmesi sebebiyle hatırlamıyorum. Örneğin Engin Polat yaptığı yazışmalarda, 'vidobet.com' isimli bir yasa dışı bahis sitesinin yasa dışı bahis oranları ile alakalı konuşmalar yapıyordu. Casino olarak bilinen bir sistemden söz ediyordu. Ben bu sitelerin ne amaçlı olduğunu araştırmaya başladım ve sitelere erişim sağlamak istediğimde, bu sitelerin Usom tarafından her gün engellendiklerini gördüm. Ancak bu engelleme de kolay şekilde bertaraf edilebilmişti, zira bugün vdcasino.com erişim engeli aldığında yarın vdcasino1.com adlı yeni site üstünden tekrar faaliyete başlıyordu.

Dolayısıyla gördüğüm kadarıyla bu yasadışı bahis sisteminin önüne geçilebilmiş değildi. Hatta işi o kadar ileriye taşımışlardı ki bu dönemde Dilan Polat'ın sosyal medya hesaplarından vdcasino.com isimli bu yapının Instagram çekilişi şeklinde reklamını yapmıştı. Yani kendi takipçilerine vdcasino.com'un hesabını takip edenler arasından bir çekiliş yaparak ödüllendireceğini belirtmişti ve bu sitenin takipçi sayısını artırmıştı. Ben yine bu vdcasino.com ve vidobet.com isimli sitelerin menşeini araştırdığımda, bu sitelerin Gürcistan Batum menşeli olduklarını, dijital iz sürerek tespit ettim. Soruşturma kapsamında istenirse siber birimler bunu kolaylıkla tespit edebilecektir."

Bakın yine Gürcistan bağlantısı karşımıza çıktı.

Önceki sayfalarda da bahsettiğim gibi Türkiye'deki yasadışı sanal bahis ve kara para aklama işlemleri önce Kıbrıs'ta başlarken daha sonra Gürcistan'a taşındı.

Derkan Başer, Veysel Şahin, Galip Öztürk gibi isimlerin kurduğu düzen halen devam ediyor.

İtirafçı Erkan Şahin de anlatmaya devam ediyor:

"Benim o dönem itibariyle daha da gözlemlediğim ve Engin Polat, Dilan Polat çiftinin yasa dışı bahis ile bağlantısını ortaya koyabileceğini düşündüğüm verileri uzaktan erişerek kendimde depoladım. Sonrasında bu verileri bir USB içerisine koydum. Ben o dönem itibariyle elde ettiğim bu verileri, CİMER'den şikâyet ederek, USOM'dan başvuru yaparak ve devlet kurumlarına mail atarak birçok yol ile devlet makamlarına ilettim. Ancak görüyorum ki bugüne kadar işleme koyulmamış. Bu sebeple soruşturmadan haberdar olunca soruşturmaya katkı sağlamak için sizlerle bunu paylaşmak istedim. Resmi kurumlar olduğu için benim bu şahısların bahisle ilişkisini ortaya koymaya çalıştığım başvurularımın sizin soruşturmanızın bile öncesinde olduğu resmi şekilde teyit edilebilir."

Bu kadar anlatmakla kalmayıp, bu itiraflarını ispatlayacak delilleri de vermiş.

Engin Polat'ın yasadışı bahis organizasyonlarından para akışı sağladığına ilişkin bir başka delil de dolandırıcılık suçundan hükümlü tanık Aygün Yıldırım'ın ifadesi olarak sunulmuş.

Yıldırım, Engin Polat ve Dilan Polat ile 5 yıldır tanışıklığı olduğunu söylemiş. Ankara'da telefonculuk yaparken daha sonra şirket kuran ve sosyal medya işleri yapan Mustafa Özalp aracılığıyla Polat çiftiyle tanışmış.

İfadesinde de Polatların sosyal medya işlerinde sıkıntı olduğunda Özalp'in yönlendirmesiyle 5 yıldır Engin Polat ve Dilan Polat'a hizmet verdiğini anlatmış.

Zaten cezaevindeyim kaybedecek bir şeyim yok diyerek, bakın neler söylemiş:

"Sanal bahisten gelen paralar mailorder yöntemi ile aklanmaktadır. Aklama için birden fazla en az 20 şirketin kurulması gerekir, bir süre sonra bu şirketler kapatılmakta yerine başka şirketler açılmaktadır. Bet sitesinde sanal bahis oynamak isteyen kişi kredi kartı bilgilerini yazarak oynadığı WEB karşılığı rakamı sanal bahis sitesinin hesabına yatırdığını düşünmektedir ancak işin arka planında bir bilgisayar yazılımı programı vasıtasıyla bu paralar şirketlere yönlendirilmektedir.

Mailorder denen bu yöntemde aslında sanal bahis geliri olan bu paralar şirket geliri olarak görülmektedir ve bu şekilde aklanmaktadır. Engin Polat'ın kurduğu şirketlere bilgisayar yazılımı ile sanal bahis için yatırılan paraların mailorder yöntemiyle yönlendiren yazılımı Mustafa Özalp yapamaz, bu kişinin böyle bir yazılım bilgisi yoktur.

Mustafa Özalp mailorder yöntemi ile sanal bahisten gelen paraların toplanması, aktarımı ve dağılımını yapmaktadır, genelde bu işi coinlerle, sanal paralar ile yapmaktadır.

...Veysel Şahin ve Derkan Başer'in sanal bahisten elde edilen gelirleri Engin Polat'ın kurduğu şirketler üzerinden mailorder yöntemi ile bu şirketlere aktardıklarını, Engin Polat'ın bu gelirleri gayrimenkul satın alarak akladığını biliyorum"

Farkındaysanız Veysel Şahin'in yöntemi de buydu. Yani yasadışı sanal bahisten kazanılan kara paralar hep gayrimenkul üzerinden sisteme sokuluyor.

Sanık Ahmet Gün de savcının değişmesinden dikkat edin hemen sonra verdiği ifadenin usulsüz alındığını belirterek vermiş olduğu ifadesini kabul etmedi.

Hatta nezarette kendisinden rüşvet istenildiğini iddia etti.

Yani milyarlarca doların döndüğü bir suç ağı tam çözülecekken tanıklar sosyal medyada ifşa edildi. Ev fotoğrafları servis edildi. İtiraflarda bulunan sanıklar ifadelerini değiştirdiler.

Sanki bir anda karanlık bir el müdahalede bulundu...

Öyle ki iddianamede Vergi Denetim Kurulu Başkanlığı tarafından dosyaya sunulan 657 sayfalık "Aklama Suçu İncelemesi ve Araştırma Görevi Ön Değerlendirme Yazısı" raporlamasında Polat ailesinin şirketleri hakkında bütün tespitler yapılmıştı.

Kısaca rapora da yer vereyim, neler yok ki:

— Raporun 603/657 numaralı sayfasında soruşturmaya konu şirketlerin kullandığı sahte fatura tutarının; 489 milyon TL olduğu, bu tutarın 86 milyon TL'lik kısmının ise KDV tutarına denk geldiği görülmektedir.

— Yine raporun 605/657 numaralı sayfasında soruşturmaya konu şirketlerin kendi aralarında da sahte faturalar düzenlediği, düzenlenen sahte fatura tutarının 117 milyon TL olduğu, bu tutarın 21 milyon TL'lik kısmının ise KDV tutarına denk geldiği görülmektedir.

— Nihayet raporun 608/657 numaralı sayfasında soruşturmaya konu şirketlerin kanunen tutulması gereken defterlerinin tutulmayıp vergi matrahını azaltma sonucunu doğuracak şekilde başkaca defter tutulması sebebiyle 214 milyon TL toplam tutara ulaştığı, bu tutarın 35 milyon TL'lik kısmının ise KDV tutarına denk geldiği görülmektedir.

— Ayrıca raporun 600/657 numaralı sayfasında, soruşturmaya konu şirketlerin sahte belge temin etmek amacıyla özellikle

Ahmet Gün tarafından organize edilen soruşturma dışı sadece sahte fatura düzenlemek amacıyla kurulmuş şirketlere 46 milyon TL para ödemesi yaptığı görülmektedir.

Yani şirketlerde toplam 606 milyon 752 bin TL sahte fatura ile işlem yapıldığı tespit edilmiş.

Kaç yılda; sadece 2021-2023 yılları arasında...

Dışarıdan temin ettiği sahte faturaları kullanarak aslında gerçek bir ticareti yansıtmayan işlemleri sanki varmış gibi gösterilmiş.[1]

DİPOMED MEDİKAL											
STOK Kodu	Kozmetik Ürün Açıklaması	Dönem Başı Stok	Toplam Alış Miktarı	SAHTE OLAN ALIŞLAR	Hepsi Burada Satış Miktarı	İnternet Üzerinden	Trendyol	Diğer Satışlar	SAHTE OLAN SATIŞLAR	SONUÇ
RS0075	Çilekli Vücut Köpük Losyon - 100 ML		91.021	91.000	348	315	20.684	4.802	3.050	-23.078
RS0162	Genel Saç Bakım Onarım Bonesi					700	2.274	3		-2.977
RS0113	Maça Root Saç Bakım Serumu - 30 ML		370	370		340	71	88		-499
RS0104	Ozanlaşmış Zeytin Yağı - 30 Ml.	467				15	27	240		185
RS0114	Saç Bakım Yağı - 190 Ml.		64.050	64.050		6	131	6.107	6.000	-244
RS0010	Selülit Giderici Doğal At Kılı Fırçası		220		71	287	1.861	3.265		-5.264
RS0116	Tırnak Sertleştirici - 12 ml RS0116, one size	9.723	17.345	8.500		416	4.457	506		13.189

RİSE AND SHİNE									
Stok Kodu	Kozmetik Ürün Açıklaması	ALIŞ MİKTAR	SAHTE ALIŞLAR	HEPSİ BURADA	İDEAL SOFT	TRENYOL	DİĞER SATIŞLAR	SAHTE SATIŞLAR	FARK
RS0075	Çilekli Vücut Köpük Losyon - 100 ML	190.512	190.500	620	1.276	20.251	70.315	70.000	-22.450
RS0162	Genel Saç Bakım Onarım Bonesi				438	5.432	43		-5.913
RS0113	Maça Root Saç Bakım Serumu - 30 ML				217		400	370	-247
RS0104	Ozonlaşmış Zeytinyağı - 30 ML				170		24		-194
RS0114	Saç Bakım Yağı - 190 Ml	27.000	27.000		138	37	7.014	7.000	-189
RS[illegible]	Selülit Giderici Doğal At Kılı Fırçası, one size				380	1.302	137		-1.819
RS0116	Tırnak Sertleştirici - 12 ML	20.012	20.000		368	2.315	8.556	8.500	-2.727

Lütfen şu tabloya göz atın. Sadece iki firmanın verilerini buraya ekledim. Dipomed Medikal ve Rise and Shine adlı firmaların MASAK raporundaki verileri bunlar.

Dipomed adlı firmadan "Çilekli Vücut Köpük Losyon" diye bir ürün alınmış.

Kaç adet? 91 bin 21 adet... Peki kaçı sahteymiş? 91 bin adeti sahteymiş. Yani 21 adet gerçek alım. Buna rağmen kaç tane satış olmuş. Hepsi Burada 348, internet üzerinden 315, Trendyol 20 bin 684 adet.

Sahte satış adeti 3 bin 50, sonuç ne; eksi 23 bin 78!

Rise And Shine firmasına bakın, alış miktarı 190 bin 512, sahte alış miktarı 190 bin 500 satış miktarları Hepsi Burada 1276, İdeal

1 Hazine ve Maliye Bakanlığı Mali Suçları Araştırma Kurulu Başkanlığı (MASAK) Aklama Suçu İnceleme Raporu, Tarih 11.07.2024 Sayı: 2024-ASİR/VM-(2009-3-134)- VM-(2014-1-411)-VM-(2014-2-609)-VM (2014-2-629)-VM(2014-3-388)/1

Soft 1276, Trendyol 20 bin 251, diğer satışlar 70 bin 315, sahte satışlar 70 bin. Çıkan fark eksi 22 bin 450...

Bakın onlarca sayfa sahte satış tabloları var.

Biliyorum anlamak, görmek istemeyenler için ne göstersek nafile. Ancak benim aklım almıyor. Bir tablo daha sunuyorum. MASAK raporunun 572. sayfasında yer alıyor.[1]

RİSE AND SHİNE 2023 YILI VTR Lİ ENVANTER SONUCU												
Stok Kodu	ÜRÜN İSİMLERİ	ALIŞ MİKTAR	SAHTE ALIŞLAR	AMAZON	ÇİÇEK SEPETİ	HEPSİ BURADA	Rise And Shine.com Satışları	N 11	TRENYOL	DİĞER SATIŞLAR	SAHTE SATIŞLAR	FARK
RS0085	3 In 1 Kükürt Kremi - 100 ML	208.834	204.320	2	2	233	3.132	0	18.507	77.484	76.359	-17.957
RS0120	5 In 1 Şampuan	25.492					86					25.406
RS0137	9'lu Far Paleti	8.750					273		816	5.028		2.633
	AĞDA 200 ML	7.364	7.364									0
	ALOEVERA JEL 100 ML	7.331	7.331									0
	ALOEVERA JEL 50 ML	7.430	7.430									0
RS0129	Aloevera Lip Balm	11.560					18		137	1		11.404
RS0952	Antiperspirant Whitening Beyazlatıcı Roll-On - 75 ML	938.704	927.369	145	145	5.830	19.134	2.287	352.064	198.271	196.986	-370.39[illegible]
RS0111	Argan Saç Bakım Serumu - 30 ML	39.600	39.600				101		421	7.200	7.200	-522
RS0109	Argan Yağlı Şampuan 400 Ml						389		687	59		-1.035
RS0093	At Kestaneli Jel - 500 ML						38			5		-43
RS0108	At Kuyruğu Özlü Şampuan - 400 ml , one size						299		770	26		-1.095
RS0112	Avocado Yağlı Saç Maskesi - 200 ML	15.960					144		337	11		15.471
RS0123	Ayak Bakım Kremi 75 Ml	18.620					329		3.329	66		14.896
RS0084	Ballı Krem - 45 ML	4.000	4.000				157			2.506	2.500	-163
RSKOKU2	Bambu Oda Kokusu 50 ML						128		114	2		-244
RS0053	Bb Krem 50 Spf Light - 40 ml	19.900	17.900		1		3.690		23.114	21.067	20.800	-17.382
RS0054	Bb Krem 50 Spf Medium	12.900	12.900	1	1		3.227		9.379	11.479	11.425	-10.617
	Bebek Protokolü									110	110	0
	Beroxx Solüsyonu									92	92	0
RS0021	Beyazlatıcı Diş Macunu - 75 Ml			2	2	160	852		15.547	156		-16.719
RS0084	Beyazlatıcı Krem (Whitening) - 100 ML	600.872	580.000	12	12	2.119	15.725	148	217.554	127.849	124.246	-218.304
RS00102	Bitkisel Beyaz Sabunlu Yüzey Temizleyici - 1000 ml	12				266	2.151		7.065	199		-9.669
	BODY FOAM 160 ML	30.000	30.000							48.310	48.310	0
RS0067	Body Mist Lovely Vücut Parfümü - 150 ML	15.000	15.000	3	3	298	2.317	8	6.323	653		-9.605
RS0066	Body Mist Night Crystal Vücut Parfümü - 150 Ml			10	10	252	2.027		7.206	296		-9.801
	Body Mist Vücut Parfümü 150 ML	213.900	213.900							56.250	56.250	0
RS0100	Cacao & Coffee Scrub - 250 ml						93		3	10.207	10.180	-123
RS0078	Castile Soap Bitkisel Sabun - 400 Ml	10.000	10.000				11			40		-5[illegible]
RS0079	Castile Soap Lavantalı Bitkisel Sabun - 400 ML						29		1	5		-35
SGLK-08	Cellulite Kremi 200 ml , one size	34.300	34.300				575		2.151	64		-2.790
RS0105	Cellulite Masaj Yağı - 100 ML						117			9.358	9.350	-125
	Charming	10.000										[illegible]
RS0064	Cilt Temizleyici Pirinç Özlü Peeling Jel - 150 ML	785.410	303.700	4	4	144	9.631	45	27.459	164.703	[illegible]	[illegible]
RS0131	Color Changing Lip Gloss	18.264				254	3.227		22.960	5.138		[illegible]
Parfum-003	Conqueror Erkek Parfümü - Edp 50 ml	2.000					235		636	12		94[illegible]
RS0119	Çay Ağacı Yağlı Şampuan	40.907					65			7		40.835

Sayfa 572 / 908

Bakın tablonun en başındaki örneği vereyim. "3 in 1 Kükürt Kremi-100 ML" adlı ürünün alış miktarı 208 bin 814. Sahte alışlar 204 bin 320, satışlar kısmında Trendyol 18 bin 507, diğer satışlar 77 bin 484, sahte satışlar 76 bin 359!

Bakın sahte satış diye bahsettiğimiz ürünün sahtesi değil. Mali tablolara yansıyan alış ve satış sahte. Yani olmayan ürünü envantere sokup satış yapmış gibi göstermişler.

Dilan Polat ve Engin Polat'ın şirketlerine ait toplam sahte alış tablosu MASAK raporunun 553. sayfasında şu şekilde belirtilmiş:

1 Hazine ve Maliye Bakanlığı Mali Suçları Araştırma Kurulu Başkanlığı (MASAK) Aklama Suçu İnceleme Raporu 572. Sayfa

	DİPOMED MEDİKAL 2023 SAHTE ALIŞ MİKTARLARI				
SIRA NO	ÜRÜN AÇIKLAMASI	Tasf. Hal. Fekpen Plastik Gıda San. Ve Tic. A.Ş.	DP Güzellik Kozmetik İthalat İhracat San. Ve Tic. A.Ş.	Rise And Shine Kozmetik İthalat İhracat Sanayi Ticaret ve AŞ.	RED EDİLECEK TOPLAM ALIŞ MİKTARI
1	3 In 1 Kükürt Kremi - 100 ML		8.000	62.689	70.689
3	ANTI FRECKLES KREM 45 ML			1.500	1.500
4	Anti Aging Cream 45 ML	12.000		5.000	17.000
5	Anti Wrinkle Cream 45 ML	10.000		4.150	14.150
6	ANTİPERSPIRANT WHITENING ROLL-ON 75 ML		118.500	178.646	297.146
7	ARGAN YAĞLI SAÇ BAKIM SERUMU 30ML			7.200	7.200
[illegible]	AROMATHERAPY MASAJ YAĞI 100ml		7.500		7.500
9	Avocado Yağlı Saç Maskesi	13.000	16.150		29.150
10	Ballı Krem - 45 ML			2.500	2.500
11	BB KREM 50 SPF LIGHT 50 ML	9.500	11.460	5.100	26.060
12	Bb Krem 50 Spf Light - 40 ml			7.000	7.000
13	BB KREM 50 SPF MEDIUM 50 ML			5.475	5.475
14	Beyazlatıcı Krem (Whitening) - 100 ML	6.200	23.000	111.740	140.940
15	BODY MIST			19.750	19.750
16	BODY MİST VÜCUT PARFÜMÜ 150ml			36.500	36.500
17	CACAO & COFFEE SCRUB 250 ML		18.200	2.480	20.680
18	Cellulite Kremi	6.600			6.600
19	CELLULİTE MASAJ YAĞI 100ml		63.500		63.500
20	ÇAYAĞACI YAĞLI YÜZ TEMİZLEME JELİ 250ML			5.250	5.250
21	ÇOK AMAÇLI STİCK 8 ML		9.000	54.140	63.140
22	ERKEK TRAŞ ÖNCE&SONRASI LOSYON 200ML	10.000		3.000	13.000
23	EXFOLIATING FACIAL RED PEELING SERUM 30ml		58.100		58.100
24	EYE CREAM CONCEALER 15ml		19.000	17.550	36.550
25	Göğüs Bakım Losyonu 100 ML	12.000	41.270		53.270
26	GÖZ ALTI ÇEVRESİ KREMİ 40ml	6.000	15.850		21.850
27	GÖZ ALTI KREMİ 45ml		11.000		11.000
28	Göz Çevresi Kremi (Eye Contour) - 45 ML		10.800	5.000	15.800
29	GÜL ÖZLÜ YÜZ TONİĞİ 190 ML		2.000	3.680	5.680
30	GÜL SUYU 100 ML			24.902	24.902
31	Hyaluronik Asit & Kolajen Serum - 30 ML		15.000	6.500	21.500

Sayfa 553 / 908

Mal ve hizmet satın aldığından bahisle şirketlerine sahte fatura kabul ettiği anlaşılmış. Yine şirketler arasında da gerçekte olmayan mal ve hizmet satışlarına ilişkin sahte faturalar düzenlenmiş.

Bakın MASAK raporunun 580. sayfasından bir kısmı sunacağım.

Raporda "Fark-Sonuç kısmında yer alan sütunu topladığımızda 10.000.000 (on milyon) adet civarı kozmetik ürünü olması gerekir ki mükellef kurumun tüm depolarında bile ürün stoklansa bu hacimde kapasitesi mevcut değildir. Envanter çalışmamızda stok verisi olarak kullandığımız depoların verilerinde de görüldüğü üzere SAY-MOD bile 1.500.000 (bir buçuk milyon) adet civarı ürün saydığı görülmektedir" ifadeleri kullanılıyor.

Tabloda yer alan veriler incelendiğinde, Müfettişliğimizin tespit ettiği dönem sonu stok verisi ile SAY-MOD firmasının sayım sonucun farkında bazı ürünlerde ciddi sayıda depolarda ürün olması gerektiği gözükmektedir. Ayrıca fark sonuç kısmında yer alan sütunü topladığımızda 10.000.000 adet civarı kozmetik ürünü olması gerekir ki mükellef kurumun tüm depolarında bile ürün stoklansa bu hacimde kapasitesi mevcut değildir. Bu tespitimizi e-pazar satış sorumlusu Erdem Saruhan'ın 03.01.2024 tarihli ifade tutanağındaki ifadeleri desteklemektedir. Envanter çalışmamızda stok verisi olarak kullandığımız depoların sayım verilerinde de görüldüğü üzere SAY-MOD bile 1.500.000 adet civarı ürün saydığı görülmektedir.

Kozmetik ürünlerinin kullanım sürelerinin olması ve depolamada yangın, çalınma ürünün deforme bozulma vb. gibi unsurların ürünün stoklanmasını ve uzun vadede tutulmasını teknik ve ticari icaplara uygun kılmamaktadır. Dolayısı ile belli bir oranda stok fazlasının olması kayıt dışı hasılat olarak genel bir yoruma açıktır.

Stok verilerinden hareketle detaylı örnek vermek gerekirse örneğin RS0085 stok kodu bulunan 3 In 1 Kükürt Kremi - 100 Ml marka kozmetik ürünün Dipomed Medikal ve Rise And Shine 2023 yılı toplam satış miktarı (50.148 + 99.360 =) 149.508 adettir ancak hesaplamamız sonucu stokta gözüken ürün sayısı 213.284 olarak hesaplanmıştır. Satış adedine yakın stokta ürünün olması yukarıda bahsettiğimiz nedenlerden dolayı envanter sonucunu şu şekilde yorumlanması neden

Sayfa 580 / 908

Bunun dışında kanunen tutulması zaruri defterleri tutmayıp harici kayıtları oluşturduğu tespit edilmiş.

Örneğin şüpheli Mustafa Özalp tarafından geliştirilip kullanıma sunulan "DilanPolatApp" adıyla bilinen dijital aplikasyon ve uygulama böyle bir şey için kullanılmış.

Savcı bu tespitleriyle iddianamede şunu belirtmiş:

> "Yukarıda yer verilen delillerle sabit olan yasa dışı bahisten gelen paranın perdelenmeye çalışıldığı, bunun yapılması sırasında da oluşan zenginleşmenin gerçek bir ticaretten kaynaklandığı imajının oluşturulması için birden çok şirketin kurulduğu, bu şirketlerin faaliyetleri sırasında gerçekte olmayan iş ve işlemlere ilişkin sahte faturaların düzenlenip kullanıldığı ve kanunen tutulması gereken defterler dışında harici gizli kayıtların tutulduğu anlaşılmıştır."

Savcının bu tespitini destekler mahiyette MASAK raporunda da bir kısım bulunuyor.

> Raporda ifade edildiği üzere, mükellef kurumun 2023 hesap döneminde ciddi miktar ve tutarda iptal e-arşiv faturalarının olduğu görülmüştür. Aynı zamanda iptal faturaları ile DilanPOLAT App uygulamaları karşılaştırılmış ve 200.000 kişiden fazla ismin iptal faturalarında yer aldığı tespit edilmiştir. Ayrıca Dilan POLAT App uygulaması üzerinden yapılan satışlar ile mükellef kurumun 2023 hesap dönemine ait yasal defterleri de karşılaştırılmış olup, 70.000 kişiden fazla ismin yasal defterde yer aldığı tespit edilmiştir.

2023 yılında Mustafa Özalp'in yönettiği Dilan Polat APP uygulamasında 200 bin kişinin faturalarının iptal edildiği tespit edilmiş. Bu iptal edilen faturaların da 70 bin kişiden fazlası resmi defterlerde yer almamış.

Bakın tamamen resmi raporlarda yer alan bilgileri size sunuyorum.

Savcılık makamının neden bu rapordakileri sorgulamadığını anlayamıyorum.

Mesela Polatların MASAK raporlarında yer alan para gönderdiği firmaları inceledim. Fenerbahçe Spor Kulübü'ne 15 milyon göndermiş toplamda. Mesela Yurt Kuyumculuk diye bir firmaya 13 milyona yakın para göndermiş.

Bu firma kimdir diye açık kaynak araştırması yapın, Muğla'da 3 dalga halinde gerçekleştirilen tefecilik operasyonunda adının yer aldığını görürsünüz.[1]

---

1 "Muğla'da 3. Dalga Tefecilik Operasyonu: 6 Kişi Gözaltında", Anka Haber Ajansı, 30 Mart 2021, https://ankahaber.net/haber/detay/muglada_3_dalga_tefecilik_operasyonu_6_kisi_gozaltinda_34056

Mesela Dilan Polat Marmaris Şube sahibi olarak Nefise Siverek gözüküyor. Acaba Anadolu Adliyesi'ndeki yemekhaneyi-kantini işleten Fevzi Siverek ile aile bağı var mı?

Mesela çok daha vahim olan bir durum var; Dilan-Engin Polat çifti şirket sitesinden Sivas'ı şubeler listesinden neden çıkardı.

Neden biliyor musunuz?

Polat çiftinin Sivas'ta açtığı Dilan Polat Güzellik Merkezi işletmecisinin yasadışı bahis baronu Veysel Şahin suç örgütüne yönelik Sivas merkezli davanın sanıklarından olduğu ortaya çıktı.[1]

Güzellik merkezinin 72. (yazıyla yetmiş ikinci) şubesinin açılışı

10Haber, franchising yoluyla açılan Sivas'taki şubenin sahibinin, Veysel Şahin'le bağlantılı olduğu iddia edilen suç örgütüne yönelik Sivas merkezli yasadışı bahis davasının tutuksuz sanıklarından Betül Altunpara olduğunu ortaya çıkardı

Betül Altunpara ve eşi Selçuk Altunpara 21 Aralık'ta 2018 yılında gözaltına alındı. İkisi de Emniyet'te verdikleri ifadede yasadışı bahis sitesinde çalıştığını kabul etti. Betül Altunpara etkin pişmanlık hükümlerinden yararlanmak istediğini belirterek "15 gün kadar önce eşimle Kıbrıs'a gittik, Kıbrıs'ta yaşamaya karar vermiştik, ev tutup iş bulacaktık, birlikte emlakçılık yapacaktık, işyeri baktık, sonra Türkiye'ye döndüğümüz gün polisler gelerek bizi

1 "Dilan Polat Sitesi Bu Yüzden Kapatıldı: Sivas-Kıbrıs Bağlantılı Bahis Operasyonu", Masum Gök, 10haber.net, 26 Ekim 2023, https://10haber.net/gundem/dilan-polat-sitesi-neden-kapatildi-sivas-kibris-baglantili-yasadisi-bahis-operasyonu-278298/

gözaltına aldı. Kod ismim Beste'dir. Ben Makrobet isimli internet sitesinde canlı destek olarak görev yapıyordum. 10 gün kadar önce bu işi bıraktım ve burada çalışırken Beste ismini kullandım. Bu ismi bana Makrobet'ten verdiler ancak kim verdi hatırlamıyorum" dedi.

Betül Altunpara'nın eşi Selçuk Altunpara da yasadışı bahis sitesinde finansçı olarak çalıştığını, burada "Doktor" kod adını kullandığını söyledi. Selçuk Altunpara yasadışı bahis oynatılan Perabet isimli sitede finansçı olarak çalıştığını anlattı.

Ardından Altunpara çifti tutuklanıp 24 Aralık 2018'de cezaevine gönderildi, kısa süre sonra da tutuksuz yargılanmak üzere tahliye edildiler.

Sivas'taki Dilan Polat Güzellik Merkezi'yle ilgili haberimiz sonrası oğlunun bu işyerinin sahibi olduğunu söyleyen İlhan Karagül bir açıklama gönderdi.

İlhan Karagül açıklamasında şöyle dedi:

> "Bu işletmenin sahibi oğlum Umur Berkay Karagül'dür. Betül Altunpara bu işletmede müdür olarak çalışmaktadır. Kendisi hakkındaki davayı biliyorum. Zaten bu davadan dolayı da kendisi bir işyeri açamıyordu. Kadınlara özgü bir merkez olduğu için de kendisini işletme müdürü olarak çalıştırdık. Daha sonra buradan ayrılarak Kıbrıs'taki merkezin işletme müdürü oldu. Ancak Sivas'taki yerin sahibi kendisi değil."

Tabii bu tespitler ve ifadeler sadece iddianame kapsamında kalmıyor. Ortaya bir de vergi suçları çıkıyor. Ki vergi tekniği raporu ile tespit yapılıp ayrı ayrı dosya açılacak.

Savcı iddianamede yaptığı değerlendirmede, şüphelilerin kastının vergi suçu işleme saikinin ötesine geçtiği, yasadışı bahisten gelmekte olan para ile oluşacak zenginliğin örtbas edilmesi ve perdelenmesi için bir kısım gerçek ticaretin de yapıldığını belirtiyor.

Kamuoyunda ve toplumda karşılığı olan güzellik merkezi ve kozmetik sektörünün tercih edilerek ulaşılan şöhretin bu kapsamda bir aparat olarak kullanıldığına vurgu yapıyor.

Ödenmesi gereken vergilerin dahi ödenmeyerek uhdede tutulması suretiyle haksız kazanç devşirildiği, bu yoldan bile haksız olarak uhdede tutulan tutarların vergi suçları dışında kara para olarak nazara alınması gerektiği aktarılıyor.

Zira soruşturma dosyasındaki durumun basit vergi suçları olarak nazara alınmasının hayatın olağan akışına uygun düşmeyeceği anlatılıyor.

Bununla da "Amacı gayri yasal yoldan ulaşılabilecek tüm tutarı uhdede tutarak zenginleşmek olan soruşturmaya konu suç örgütünün şirketlerin sahte faturalar ve gayri yasal kayıtlar yoluyla uhdede tuttuğu maddi varlığı da aklama suç yoluna dahil ettiği" değerlendiriliyor.

İddianamede savcı hazırlanan üç raporu analiz etti.

İddianame hazırlandıktan sonra da bir rapor daha hazırlandı.

Yani Vergi Denetim Kurulu Başkanlığı ayrı bir rapor, MASAK ayrı bir rapor hazırladı. Zaten ilginçlikler de MASAK'ın raporundan sonra başladı.

"Nihai Aklama Raporunda" MASAK yetkililerinin genelde örneğine rastlanılmayacak tespitler yaptığını uzmanlardan dinliyoruz.

MASAK yetkilisi hazırlamış olduğu raporda "kaynağı belli olmayan para yoktur" demiş.

İlgili kısım şu şekilde:

> "Soruşturmaya konu kişi ve şirketlerin tahsilat verileri toplamı 1,2 milyar fiili ödeme verileri toplamı '850 milyon TL' olarak gösterilmiş ve finansal veriler dikkate alındığında 422 milyon TL tutarında fazladan tahsilat bilgisine ulaşılmaktadır. Yani mükelleflerin kaynağı olmayan ya da belirsiz olan bir varlığa sahip olmadıkları görülmektedir."

Yine MASAK yetkilileri hazırladıkları bir başka raporda "bir örgüt de yoktur" demiş.

O bölümde dosya kapsamındaki kişi ve firmalar hakkında yapılan çalışmalarda, iki farklı organizasyon tespit edildiği anlaşılmış.

Birinci organizasyonun şüpheliler Engin Polat-Sezgin Polat-Alper Kürşat Polat idaresindeki güzellik merkezleri ve kozmetik ürün satışı yapan firmalar olduğu aktarılmış.

İkinci organizasyonun şüpheli Ahmet Gün kontrolünde olan, büyük bölümü gerçek ticari faaliyeti bulunmayan, salt sahte belge düzenlemek amacıyla kurulmuş şirketler bütünü olduğuna dikkat çekilmiş ve sahte fatura düzeneğini de MASAK raporunun 795. sayfasında çok net anlatmış.

Birçok kanaldan bu satışlar yapılmıştır ve büyük bir bölümünün tahsilatı itibar edilir kurumsal firmalar aracılığı ile gerçekleşmiştir. Ancak yapılan çalışmalar; vergisel sorumluluklarını yerine getirmek istemeyen ödevlinin, bu amaçla birçok vergiden kaçınma ve kaçırma yollarına başvurduğunu göstermektedir. Söz konusu şirketler, sahte fatura kullanmış, muhasebe hilelerine başvurmuş, dönem sonlarında KDV ödememek için ilişkili firmalar arasında sahte fatura düzenlemiş, çift defter tutmuş, nakit ya da başka üçüncü şahıslar üzerinden tahsilatlar yapmıştır. Özellikle hizmet sektörlerinde daha çok karşılaşılan bu durum, tespitinin zor olması nedeniyle kazancını maksimize etmek isteyen işletmelerin tercih sebeplerinden birisidir.

Şirketlerin fiili olarak sevk ve idaresini yapan Engin-Sezgin-Alper Kürşat POLAT vergisel mevzuat ve mali uygulamalar konusunda uzman değildir. Işte bu noktada Ahmet GÜN devreye girmektedir. Ahmet GÜN hem mali müşavir hem de avukattır. Engin-Sezgin-Alper Kürşat POLAT tarafından, *dilanpolatapp* uygulama üzerinden yapılan satışlar ile franchise isim hakkı ve cihaz satışlarının bir kısmı fatura düzenlenmemek ve resmi defterlerde kayıt altına alınmamak suretiyle vergisel yükümlülüklerin dışında bırakılmaktadır. Ancak mükellef elde edilen basılatın fatura düzenlenen kısmının da vergisini ödemek istememektedir. Bu nedenle, Ahmet GÜN'ün ilgili olduğu firmalardan sahte fatura temin etmiştir. Ahmet GÜN tarafından 127 ve benzeri hesap kodlarındaki kayıtlar ile muhasebe hileleri yapılmış, dönem sonlarında KDV ödememek için ilişkili firmalar arasında sahte belge düzenleme yoluna gidilmiştir.

Ahmet GÜN, çok sayıda müşteri portföyüne sahip yıllardır mali müşavirlik yapan ve aynı zamanda avukat olan işinde uzman birisidir. Hem mali hem de yargı mevzuatına hakimdir. Hakkında mali ve disiplin sorumluluğu yönünden birçok olumsuz rapor yazılmıştır. Mali müşavirlik anlaşmasının olduğu çok sayıda firma hakkında, sahte belge kullanma ve düzenleme yönünden vergi incelemeleri yapılmaktadır. Soruşturma sürecinde yapılan vergi incelemelerinde vergiden kaçınma ve vergi kaçırmak amacıyla uyguladığı birçok yöntem ifşa edilmiş ve nihayetinde vergi suçu raporları tanzim edilmiştir.

Soruşturma dosyasına intikal eden ve Ahmet GÜN'ün fail olarak belirlendiği vergi tekniği raporlarında; paravan şirketlerden bazılarını öncelikle kızları adına kurup daha sonra ulaşılamayan yabancı şahıslar adına devretmekte, stok affından faydalanarak olmayan stoklar varmış gibi gösterilmekte, yabancı ortakların olduğu dönemde sahte belgeler düzenlenmekte, bu dönemin mali müşavirliği bir dönem ya da halen yanında çalışan meslekte yeni isimler üzerinden yapılmakta, tasfiye döneminde ise yine kızları ya da ilişkili olduğu kişiler tasfiye memuru olarak gösterilmekte ve kısa bir faaliyet süresi sonunda sahte belge düzenleyicisi şirketler tasfiye edilmektedir. Şirketlerin faaliyet dönemindeki tescil ve ilan zorunluluğu olmayan aşamalar tescil ve ilan edilmemekte, kişiler arasında noter huzurunda yapılmamış ya da ilan edilmemiş tutanak ve benzeri belgeler, inceleme ve yargı aşamalarında süreci tıkamak veya gerçek bir faaliyet görüntüsü vermek ya da sorumlulukları ulaşılamayan yabancı şahıs üzerinde toplamak amacıyla kullanılmaktadır. Bu anlatılanlar Ahmet GÜN'ün uyguladığı yöntemlerden sadece birkaçıdır. Şu hususun altını özellikle çizmek gerekir; Ahmet GÜN'ün fail olarak belirlendiği şirketler hakkındaki incelemelerde ve yargı sürecinde; her firma için ayrı ayrı ve birbirinden bağımsız şekilde kağıt üzerindeki prosedürlere ya da kaydi yasal

Sayfa 795 / 908

İki organizasyon arasında genel para sirkülasyonu ve diğer mali finansal işlemlerde illiyet bağı kurulacak homojen bir bileşime ya da örgütsel bir faaliyete ilişkin emarelere ulaşılamadığı, iki yapı arasındaki ilişkinin sahte belge ticareti (düzenleme ve kullanma), vergiden kaçınma gibi konulara ilişkin olduğu vurgulanmış.

İşte burada kimsenin fark etmediği skandal bir detay ortaya çıkıyor.

Önce itirafçı olup sonra yan çizen Ahmet Gün'ün yanında çalışan ve ifade verecek olan personeline nasıl ifade vereceğini anlatırken kullandığı içerik adeta MASAK yetkililerinin raporunda yer alıyor.

Öyle ki davayı etkileyecek olan bazı ayrıntıları da sanırım dikkatsizlikle gözden kaçırmış.

Mesela MASAK uzmanları sanıklar hakkındaki kripto kayıtlarını yasal kripto firmalarına sormuş, yasadışı bahisi, resmi lisanslı bahis firmalarına sormuş.

Mesela şu kısma bakalım:

> "Dilan Polat'ın ilgili ilişkili olduğu firmaların internet üzerinden ürün ve paket satışları ile franchise işletmelerin satış, randevu, tahsilat, ödeme, gider ve benzeri birçok ticari işleminin kayıt ve takip edildiği verileri içeren 'dilanpolatapp' uygulaması bulunmaktadır. Sevk ve idaresi Dilan Polat şirketlerinde olan uygulamanın sahibi Mustafa Özalp'tir. Franchise işletmelerin ilgili bütün mali ve finansal verileri uygulamada kayıt altına alınmaktadır. Yapılan çalışmalarda; genel olarak uygulama üzerinde kaydı yapılan satışların, büyük bir bölümünün resmi defter kayıt ve vergi beyanlarına yansıtılmadığı görülmüştür."

Yani kayıt dışı para var değil mi?

Ama MASAK yetkililerine göre bu durum kayıt dışı para değil. Sadece Polat ailesine ait şirketlerin "kurumsallaşamamasının" vermiş olduğu bir sıkıntıymış.

Oysaki raporda açık açık kendi tespitlerini yazmışlar.

Rapora göre bu uygulamadaki 2020-2023 resmi verileri ne kadardır sizce?

Toplam randevu satışları: 305 milyon 491 bin TL,

Toplam paket satışları: 977 milyon 621 bin TL,

Toplam ürün satışı: 74 milyon 891 bin TL,

Toplam app satış: 1 milyar 358 milyon TL.

Peki bunun ne kadarı beyan edilmiş?

705 milyon 429 bin TL.

Beyan edilmeyen rakam ne kadar: 652 milyon TL! Bakın bu rakam sadece Mustafa Özalp'in yönettiği belirtilen Dilan Polat APP'teki tutar!

Bakın değerli dostlar, bu rakamları ben uydurmuyorum. MASAK yetkililerinin kendi tespit ettikleri ve raporunda yer verdikleri rakamları size aktarıyorum.

Şimdi beyan edilmeyen ve kendi kurdukları sistem ile tahsilatlarını yaptıkları parayı arıyoruz değil mi?

Mesela empati yaparak bu para şayet kara para ya da kaynağı belirsiz para ise veyahut da aklanan para sisteme girdi ama bu para sistem dışına çıkarılacaksa en kolay nasıl çıkarılır?

Kripto hesaplar aracılığıyla.

Yetkililer kripto firmalarına sormuş. Raporlarında da ayrıntılı şekilde yazmışlar ve hesap hareketleri Mustafa Özalp'in gelir ve gideri ile uygundur demişler.

Ancak sordukları yasal kripto firmaları... Parayı sistem dışına çıkarmak isteyen kişi yasal kripto firmasını mı kullanır?

Hayır tabii ki.

Ne yapar?

Burada aslında yakayı ele verdiler.

Ama delil olarak kullanılmadı.

"Mıstık" lakaplı Mustafa Özalp'in eşi sosyal medyadan aldıkları Ledger soğuk cüzdanı paylaştı.

Sipariş numarası, tarih, alıcı hepsi açık açık gözüküyor.

Ne iddianamede ne de raporlarda yer aldı. Savcı soruşturma esnasında bunu görmedi.

Oysa bu kişi hakkında bir soruşturma yapsa veyahut da kolluk kuvvetlerine kişi hakkında arşiv çalışması yaptırsa hakkında yürüyen ayrı bir soruşturma olduğunu görecekti.

Şimdi APP sorumlusu Mustafa Özalp'in eşinin paylaştığı soğuk cüzdan diye tabir edilen kripto para taşımaya yarayan cüzdana bir daha bakın.

Mustafa Özalp hakkında yürütülen farklı soruşturmalar olduğu belirtiliyor. Hatta tuhaf işler olduğunu da belirtmeliyim.

Şu ana kadar bu soruşturma ile ilgili bir gelişme yaşanmadı. Dava dosyasına etki eder mi etmez mi bilinmez ama soruşturma konusu iddia edildiği gibi ise kesinlikle halihazırda yürütülen soruşturmaya etki eder.

MASAK yetkilisinin raporda yazdığı bu kısım önemli:

> "Meşru yoldan elde edilen gelirin vergisini kaçırmak saikıyla hareket ederek sahte belge kullanma ve düzenleme fiiline başvurulduğu tespit edilmiştir. Dilan Polat Şirketler Grubu hakkında yapılan çalışmalarda VUK 359 maddesinde yer bulan sahte belge kullanma ve düzenleme fiillerine başvurulmasında, eldeki veriler doğrultusunda değerlendirme yapılacak olursa, ödevlinin asıl gayesinin vergi ödevini yerine getirmemek iradesine dayandığı kanaati uyandırmaktadır.
>
> İncelemeye konu kişi ve firmalar hakkında kamuoyunda bahsedilen alt uygulamalar veya diğer hileli yollarla gerçek bir ticari faaliyet izlenimi verildiği, aslında kara para aklandığı yönündeki iddiaların -somut doneler ile ispat edilmediği veya siber ya da kriminal uzmanların bu konuda yapacağı çalışmalarla ortaya konulmadığı sürece- mevcut imkânlar ve ulaşılan veriler doğrultusunda gerçeği yansıtmadığı görülmektedir."

Yani MASAK'ın raporunda "Kara para aklandığına dair ben bir tespit yapamadım. Zaten bunlar örgüt de değil, sorun kurumsallaşamamalarından kaynaklanıyor" diye görüş belirtmiş.

Bu görüş ile tutuklu olan hiç kimsenin içeride kalmaması ve hepsinin beraat etmesi lazım değil mi?

MASAK kendini zaten savcı ve mahkeme yerine koyup kanaat belirtmiş.

Daha kötüsü ne biliyor musunuz?

Örgütü de kara parayı da MASAK uzmanı olmayan MASAK yetkilisi raporuna yazmış.

Raporun birçok bölümünde; soruşturmaya konu şirketler grubunda firmaların ticari faaliyetlerinin sevk ve idaresi, parasal işlemlerin transfer talimatları, mal varlıklarının değerlendirilmesi gibi bütün ticari ve finansal işlemlerde karar merciinin Engin Polat, Sezgin Polat ve Alper Kürşat Polat olduğu şeklindeki tespitlere yer verilmiştir.

Savcı ise MASAK yetkililerinin aksine inatla aklamayı belirtiyor ve iddianamede şunları yazmış:

> "Nihai aklama suçu raporunun kısa bir özeti ve sonuç kısmı olarak nazara alınması gereken Vergi Denetim Kurulu Başkanlığının 657 sayfalık raporlamasında yer alan rapor içeriği ile önceki raporların birlikte değerlendirilmesinde soruşturmaya konu suç örgütünün tespit edilebilen kısmı itibariyle ulaştığı (bir kısım

paranın kripto cüzdanlarda saklanmış olması dolayısıyla) yüksek rakamlı aklamaya yönelik mali tablo göz önüne çıkmaktadır."

Cumhuriyet Başsavcılığı tarafından yürütülen soruşturmada, üç ayrı MASAK raporuna dayanılarak, şüphelilerin ve ilişkili şirketlerin yasadışı faaliyetleri değerlendirilmiş.

Raporda, bu şirketlerin çoğunlukla aile üyeleri tarafından kurulan, kapalı devre bir yapıya sahip olduğu, sahte fatura düzenleme ve kullanma gibi yöntemlerle yasadışı gelirlerin meşrulaştırılmaya çalışıldığı belirtilmiş.

Özellikle de Milda Gayrimenkul gibi şirketlerin, nakit paraların yatırıldığı ve taşınmaz veya araç alımlarında kullanıldığı aktarılmış.

Suç gelirlerinin kripto cüzdanlar üzerinden transfer edilerek izlenemez hale getirildiği ve yasadışı bahis paralarının bu şekilde aklandığı tespit edilmiş. Ayrıca, güzellik ve kozmetik sektöründe faaliyet gösteren şirketlerin, hem gerçek hem de sahte ticari faaliyetlerle yasadışı paraları harmanlayarak aklama sürecini karmaşık hale getirdiği vurgulanmış.

Şüphelilerin yasadışı bahis düzenlemesi hakkındaki kanuna aykırı suçlar işlediği değerlendirilmiş ve haklarında cezai işlem talep edilmiş.

Hatırlarsanız önceki sayfalarda gizli tanık Mert, 2017 yılında Engin Polat'ın Derkan Başer ile Kıbrıs'ta görüştüğünü ve Engin Polat'ın "Jasminbet" adlı sitede müdürlük yapmaya başladığını belirtmişti.

Gizli tanığın ifadesinde belirttiği Engin Polat'ın da gittiği iddia edilen Kıbrıs'taki yer fotoğrafta görünen yer. Ben Veysel Şahin ile görüşüp "Bu yeri tanıyor musunuz" diye sorduğumda, önce "Hayır" dedi, sonra "Evet ama sattım orayı" cevabını verdi.

Bu yerde Veysel Şahin, Halil Falyalı, Derkan Başer'in bet siteleri vardı. Haberim sonrasında Veysel Şahin ile görüştüm. Veysel Şahin'e "Falyalı geliyor muydu" diye sordum, "Evet gelir tavla oynardık" dedi.

Derkan Başer aradı, onunla da görüştük. Bu fotoğrafı sordum. "Hatırlamıyorum" dedi.

Veysel Şahin'e "Engin Polat'ı tanıyor musunuz" diye sordum.

Veysel Şahin "Hayır ben tanımıyorum ismini de ilk defa basından duydum. Herhangi bir bağım yok" diyerek yanıtladı.

"Derkan Başer ile görüştüğü iddia ediliyor bilginiz var mı" diye sorunca da "Hayır bu konuda da bilgim yok" ifadelerini kullandı.

Derkan Başer'e de aynı soruları yönettim. "Hayır tanımıyorum. Vallahi billahi bir bağım yok" dedi

Engin Polat'a dönelim. HTS kayıtları incelendiğinde garip hareketler görülmüş.

Engin Polat'ın KKTC'ye girişine dair kayıt yok ama Türkiye'ye giriş kaydı var. Yani gidiş kayıt dışı.

2 Nisan 2017'de THY ile gelmiş. Engin Polat'ın avukatlarına sordum bu durumu.

1 Nisan 2017 tarihinde KKTC'ye Sabiha Gökçen Havalimanı'ndan çıkış yaptığına dair resmi belgenin olduğunu söylediler.

Soruşturma dosyasında da yer alan giriş-çıkış bilgileri var. Tarih doğru ama THY değil Pegasus ile giriş yapmış.

Aynı giriş-çıkış listesinde Gürcistan giriş çıkışı var. Soruşturma dosyasında yer alan bu bilgi neden iddianamede yer almamış anlamadım.

ENGIN	POLAT	TÜRKIYE	Giriş	Artvin Sarp Kara Hudut Kapısı	22.11.2019 01:29
ENGIN	POLAT	TÜRKIYE	Çıkış	Artvin Sarp Kara Hudut Kapısı	21.11.2019 20:07
ENGIN	POLAT	TÜRKIYE	Giriş	İstanbul Sabiha Gökçen Hava Limanı	3.10.2022 08:58
ENGIN	POLAT	TÜRKIYE	Giriş	İstanbul Havalimanı	6.03.2022 07:30
ENGIN	POLAT	TÜRKIYE	Çıkış	İstanbul Sabiha Gökçen Hava Limanı	27.09.2022 13:42
ENGIN	POLAT	TÜRKIYE	Çıkış	İstanbul Havalimanı	26.02.2022 19:08
ENGIN	POLAT	TÜRKIYE	Çıkış	İstanbul Havalimanı	29.08.2023 05:28
ENGIN	POLAT	TÜRKIYE	Çıkış	İstanbul Havalimanı	14.06.2023 23:23
ENGIN	POLAT	TÜRKIYE	Giriş	İstanbul Havalimanı	6.08.2023 05:49
ENGIN	POLAT	TÜRKIYE	Çıkış	Artvin Sarp Kara Hudut Kapısı	22.04.2023 00:46
ENGIN	POLAT	TÜRKIYE	Çıkış	İstanbul Havalimanı	31.07.2023 23:12
ENGIN	POLAT	TÜRKIYE	Giriş	Artvin Sarp Kara Hudut Kapısı	22.04.2023 05:50
ENGIN	POLAT	TÜRKIYE	Giriş	İstanbul Havalimanı	5.09.2023 20:47
ENGIN	POLAT	TÜRKIYE	Giriş	İstanbul Havalimanı	21.06.2023 17:59

2.04.2017	GİRİŞ	PEGASUS	PC1163	ECN(KIBRIS)
3.10.2022	GİRİŞ	PEGASUS	PC741	DXB(DUBAİ)

Değerli okurlar lütfen saate iyi bakın:

21.11.2019 tarih saat 20.07 Türkiye Artvin Sarp Kara Hudut Kapısı ÇIKIŞ.

22.11.2019 tarih saat 01.29 Türkiye Artvin Hudut Kapısı GİRİŞ.

22.04.2023 tarih saat 00.46 Türkiye Artvin Sarp Kara Hudut Kapısı ÇIKIŞ.

22.04.2023 tarih saat 05.50 Türkiye Artvin Hudut Kapısı GİRİŞ.

Yani araç ile giriş çıkış yapılmış. Saat aralığının kısalığı dikkatinizi çekti mi?

Ve ziyaret saatleri?

Devam edelim...

İddianamede Derkan Başer'in yasadışı bahis kaynaklı elde ettikleri haksız kazançları paravan şirket hesapları, hesaplarını kullandıran üçüncü kişilere ait hesaplar vb. tespit edilmemesi için kripto cüzdanlarına aktarıp Gürcistan ve KKTC'ye çıkarttıkları belirlenmiş.

Engin Polat hangi ülkeye sık sık girip çıkmıştı?

Gürcistan ve KKTC...

Daha yazacak o kadar çok şey var ki buraya sığdıramam. Toplamda 1.1 milyar liralık bir paranın döndürüldüğünden bahsediliyor. İddianame ile ilgili şunu belirtmem gerekiyor.

Savcılık makamı yeterli gördüğünden mi yoksa yetersizlikten mi bilmiyorum, iddianamedeki yasadışı sanal bahis gelirlerinin toplamını ve kaynağını belirtmemiş.

Bu durumda iddianamenin zayıf olduğu görüşüne imkân tanımış oluyor.

MASAK raporuna göre kayıt dışı para var ancak kaynağı belli, bu da kara para değil.

Sistemdeki paranın da iddia edildiği gibi yasadışı sanal bahisten elde edildiğine dair bulgu yok. Örgüt tespit edilememiş, yapılan işlemler aile şirketi içerisindeki işlemler diye belirtilmiş.

Yani benim gazetecilik faaliyetiyle ortaya koyduğum delil ve bağlantıları ne MASAK ne de iddianame ortaya koymuş. Haliyle bu durum şüphe uyandırıyor.

Yasadışı bahisi yasal bahis şirketlerine, yasadışı soğuk cüzdanı yasal kripto para şirketlerine soran "Vallahi Billahi Tillahi kayıt dışı para ve ama karapara değil" minvalinde rapor hazırlayan "vergi" müfettişlerinin yazdığı rapordan karapara tespit edilmesini beklemek aşırı saflık olur.

Tabii bunu okumasını yapabildiğim 264 sayfaya göre belirtiyorum. Raporda iddia edilen kara para aranmış bulunamamış.

Aslında raporun üç aşağı beş yukarı nasıl çıkacağını ailenin avukatlarından, raporun çıkmasından aylar önce ekranlarda dinledik.

Evet evet şaşırmayın. Daha rapor çıkmadan televizyonda nasıl bir rapor geleceğini açık açık söylemişti.

Polatların o dönem avukatı olan Hüseyin Kaya KRT TV'deki Kayıt Dışı programında "MASAK aklanma raporunu yazıyor. O rapor geldiğinde müvekkillerimiz tahliye olacaklar" ifadesini kullanmıştı.

Bu bir tahmin mi, öngörü mü yoksa bir bilgi mi bilmiyorum. Hüseyin Kaya bu söylediğinin beklenti olduğunu ifade etti.

Anlamadığım şu...

Sahte fatura kesilmesi, sahte fatura kullanımı, çift defter tutulması kuşku götürmez şekilde tespit edilmiş.

Bakın sahte fatura 500 milyon TL, kendi aralarındaki sahte fatura 170 milyon TL, fatura kesmeyip kayıt dışı tuttukları tespit edilen rakam 500 milyon TL!

Sadece Polat şirketleri değil. Şubelerden bazılarında da kayıt dışı para tespit edilmiş. Mesela Ankara şubesinde 22 milyon TL kayıt dışı para tespit edilmiş ve el konulmuş ve diğer şubelerde de var demiş.

Buna rağmen ortaya elle tutulur bir iddianame ya da MASAK denetlemesi göremiyoruz.

MASAK raporunu okudukça bazı sorular aklıma takıldı.

Mesela raporda 350 bin euronun önce şirkete sonra Engin Polat'a, sonra yine şirkete gönderildiği belirtiliyor.

Ancak bunun kaynağı "Varlık Barışı" nedeniyle sorulamıyor. Zaten Engin Polat'ın kişisel hesabından yaptığı ödemeler ile ilgili çok tespit yapılmış. Hatırlayamadıkları olmuş, hatırladıklarını söylemiş. Çoğu ödeme kayıtsız işlemler için. Eve gelen tadilatçı, şirketlere iş yapan mühendis, estetik ameliyatı yapan doktor hepsi açıktan kayıt dışı para almış. Engin Polat bir de sürekli herkese şahsi borç vermiş...

Dilan Polat'ın sahibi olduğu şirketler ile ilgili vergi suçları tespit edilmiş ancak Engin Polat bütün suçları üstlenmiş. Bu nedenle Dilan Polat hakkında tespit yapılmamış.

Şirketler ile ilgili vergi matrah artırımı yapılmış ancak artırım yapılamayan 2023 yılındaki işlemler için Engin, Sezgin Polat, Ahmet Gün dahil 4-5 kişi hem para cezası hem hapis cezası alacak ki bunlar dava dosyasına sunulan 4 raporda da sabit halde.

Engin Polat'a ait Paribu adlı kripto para hesabındaki dökümler yazılmış. Döküm listesinde başka kripto hesaplardan gelen döviz tutarları var. Bir kripto hesaptan dolar gelmiş. 6 dakika sonra gelen parayı hesabına almış. Yine bir hesaptan para gelmiş yine dakikalar sonra hesabına almış. Mesela bununla ilgili açıklama yok. Ancak gönderen kripto hesabı kime ait çıkarılmamış.

Bakın raporda yer alan bir bilgiyi paylaşmak istiyorum. Kimler alışveriş yapmış diye en çok alışveriş yapanları incelemiş MASAK yetkilileri.

Erdinç Özel isminde hastanede çaycılık yapan bir adam var.

Polatların sattığı tanesi 72 TL olan sabunu günde 276 defa ayrı ayrı sipariş vererek 16 bin 560 adet sabun satın almış, 1,2 milyon TL ödemiş.

Günde 276 defa internete girmiş ve "ayrı ayrı" sipariş vermiş. Yani 11 dakikada bir internet satıştan sabun siparişi vermiş.

Bunu da MASAK yetkilisi bir problem olarak görmemiş.

Bu sadece bir örnek... Ancak MASAK yetkilileri bunu önemsememiş.

MASAK raporunun son sayfasında yer alan bir kısım ile bitiriyorum:

> "Sonuç olarak vergi suçlarının aklama suçunun öncül suçunu oluşturup oluşturmadığı konusunda farklı görüşler bulunmakla birlikte TCK 282'nci maddenin salt lafzından hareket edilecek olursa vergi suçları ve vergilendirilmemiş kazançlar aklama suçu açısından öncül suçu ve suç gelirini oluşturmaktadır. Çünkü 282'nci maddenin birinci fıkrasında altı ay ve daha fazla hapis cezasını gerektiren suçların öncül suçu oluşturabileceği belirtilmiştir.
>
> Ancak aklama suçu açısından vergi suçlarını öncül suç olarak, vergilendirilmemiş kazançlar da suç geliri olarak kabul edilmesi durumunda hem aklama suçunun düzenleme amacının dışına çıkılmış, hem de ceza sorumluluğu çok fazla genişletilmiş olacaktır. Özellikle ülkemiz gibi kayıt dışı ekonominin çok yaygın olduğu bir yargı çevresinde, yasal yollardan elde ettiği kazançlar vergilendirmeyen ve gelirleri farklı şekillerde değerlendiren kişilerin tamamının aklama suçu faili olarak yargılanmaları ve

> cezalandırılmaları gerekir. Bu ise içinden çıkılması çok zor bir durum oluşturacağı gibi, mahkemeleri de altından kalkılması güç bir iş yükünün altına sokacaktır.
> ... 282'nci maddedeki düzenleme dikkatle incelendiğinde 'alt sınır altı ay veya daha fazla hapis cezasını gerektiren bir suçtan' olarak anlaşılmalıdır. Dolayısıyla alt sınırı altı ay veya daha fazla olan her suç değil, niteliği gereği öncül suç olması mümkün olan, işlenmesi suretiyle gelir elde edilen suçlar öncül suç olarak kabul edilecektir."

792. sayfasında aynen böyle yazıyor.

Yani raporu yazan yetkili kendisini kanun koyucunun, yasama ve yürütmenin yerine de koymuş, görüş bildirmiş.

Yargılama devam ediyor. Haklarında "suç işlemek amacıyla örgüt kurma, yönetme", "suçtan kaynaklanan malvarlığı değerlerini aklama" ve "7258 Sayılı Futbol ve Diğer Spor Müsabakalarında Bahis ve Şans Oyunları Düzenlenmesi Hakkında Kanuna muhalefet" suçlarından 40'ar yıla kadar hapis cezası isteniyor.

Vergi suçları açısından da şu ana kadar 7 iddianame hazırlandı.

Dilan ve Engin Polat çiftinin şirketlerine yönelik, 'sahte fatura kullanılması', 'muhasebe hileleri yapılması' ve 'çifte defter tutulması' iddialarına ilişkin soruşturma başlatılmıştı.

Anadolu Cumhuriyet Başsavcılığı tarafından 'Vergi Kanununa muhalefet' suçundan yürütülen soruşturma tamamlandı.

Hazırlanan 7 ayrı iddianamede, Dilan Polat, Engin Polat, Sezgin Polat, Kürşat Polat, muhasebeci Ahmet Gün ve fenomen Tolunay Topal şirket yetkilisi olarak yer aldı.

Soruşturma kapsamında hazırlanan bilirkişi raporunda ise şirketlerin toplam 295 milyon 131 bin 368 TL kamu zararı olduğu tespit edildi.

Dilan Polat, soruşturma kapsamında alınan ifadesinde şunları söyledi:

> "Dilan Polat Güzellik Kozmetik Sanayi ve Ticaret Anonim Şirketi, bana sorduğunuz Dilan Polat Güzellik Kozmetik Sanayi ve Ticaret Ltd. Şti'nin devamı niteliğinde bir şirkettir. Limited şirketten, anonim şirkete nasıl dönülür bilmiyorum. Bu işlerle Engin ilgilenirdi. İlk başlarda sürekli bu şirkette fiili olarak bulunuyordum. Müşteri çevresi genişledikten sonra gitmemeye başladım. Kime neden, ne kadar para yatırıldı, kimden neden ne kadar para geldi bilmiyorum. Vergi borcumuz olduğu zaman nereye ödüyoruz

bilmiyorum. Ben, internet bankacılığı kullanmayı bilmiyorum. Paraya ihtiyacım olduğu zaman Engin bana genelde nakit verirdi veya Engin'in kredi kartı ile ödenirdi. Hiçbir suçum yoktur. Üzerime atılı suçlamayı kabul etmiyorum. Devlete bir borcumuz varsa ödemek isteriz."

"Vergi Kanununa muhalefet" suçundan hakkında 4 ayrı iddianame hazırlanan Engin Polat ise ifadesinde tüm sorumluluğu üstlenerek Dilan Polat'ı kısmen kurtardı.

"Vergi raporlarındaki diğer şirketlerimizle olan ticaret gerçektir. Vergi ve bilirkişi raporlarını kabul etmiyoruz. İncelemenin sağlıklı yapıldığını düşünmüyorum. Raporun hatalı düzenlendiğini düşünüyorum" ifadelerini kullanan Engin Polat şunları söyledi:

"Tüm talimatlar tarafımdan veriliyordu. Vergi raporlarındaki havaleler ve faturalarla ilgili olarak şu an tüm harcamaları hatırlamam mümkün değil. Raporları inceledikten sonra eğer bir hatamız varsa ödemek isteriz. Biz gerçek bir ticaret yaptık. Muhasebe hilesi ya da çift defter tutmamız mümkün değildir. Birkaç tane fatura gözden kaçarak kesilmediyse bu kasten değil, sehven veya yanlışlıkla yapılmış olabilir. Raporlardaki iddiaları ve kamu zararını kabul etmiyorum. O kadar kamu zararı olması mümkün değildir. Üzerime atılı suçlamayı kabul etmiyorum."

Soruşturmayı tamamlayan Anadolu Cumhuriyet Başsavcılığı'nca "zincirleme şekilde Vergi Usul Kanununa muhalefet" suçundan Engin Polat hakkında hazırlanan 4 ayrı iddianamede 14 yıldan 65 yıla kadar, Dilan Polat hakkında hazırlanan 2 ayrı iddianamede 7,5 yıldan 32 yıla kadar hapis cezası talep edildi.

Dilan-Engin Polat çifti tutuklandığında bütün ülkenin gündemindeydiler

Baba Sezgin Polat'ın 4 ayrı iddianameden 13 yıldan 66 yıla kadar, muhasebeci Ahmet Gün'ün 5 ayrı iddianameden 15,5 yıldan 80 yıla kadar, Alper Kürşat Polat'ın 5,5 yıldan 24 yıla kadar ve Tolunay Topal'ın ise 4 yıldan 19 yıla kadar hapisle cezalandırılması istendi.

Bu iddianame gibi daha çok iddianame hazırlanacak. Çünkü şirketlerin adreslerine göre Küçükçekmece, Avrupa Yakası ve Anadolu Yakası diye ayrılmış.

Ancak yazılanları okuyunca anlıyorum ki biz hata yapıyoruz...

Sana ne kardeşim, neymiş millet geçinemiyormuş, neymiş efendim vergi verilmediği için yoksul halk vergi ve zamlar altında eziliyormuş.

Neymiş efendim, devlet bütçeyi tutturmak için para toplamalıymış. Sana ne ya değil mi?

Bunun yerine bence sistemli ve koordineli şekilde yıllarca sahte fatura kesen, sahte fatura kullanan, akabinde vergi kaçıran, kayıt dışı para tutan hatta bu işlemlerle hırsızlık rekoru kıracak kişilere ceza yerine ödül verilmesi lazım.

Hatta yılın en iyi hırsızlık ödülünün verilmesi lazım. Hatta bu teşvik edilmeli.

Gerçi çıkarılan vergi aflarıyla zaten bu tarz bir ödüllendirme yapılıyor.

Öğrencilerin KYK kredilerini affetmeyenler, tek kalemde vergisini yıllardır vermeyen milyarderlerin, fabrikatörlerin cezalarını siliyor.

Bakın vergi vermeyen, kaçıran kadar milyonlarca hatta milyarlarca lira vergi veren insanlar var. Hem de sayıları öyle üç beş tane değil. Milyonlarca iş insanı, işletmeci, fabrika sahibi takır takır vergi ödüyor.

Vergi bilincimiz olmadığı için zaten bunlar başımıza geliyor. Vergi kültürü olmayan ülkelerde sosyoloji bozuluyor, ekonomi zaten bozuk olduğu için insanlar ağır vergiler altında eziliyor. Yaşadığımız tam da bu...

Aslında raporları okuyunca tüm tabloyu görüyorsunuz.

Şunun şurasında 500 milyon TL sahte fatura, 170 milyon lira kendi aralarında sahte fatura kesmişler.

Kayıt dışı 500 milyon TL tutmuşlar. Yani 1,2 milyar TL para iç edilmiş. Vergilendirilmemiş. Özür dilerim, bak yine dilim sürçtü;

MASAK'takilere göre kurumsal olmadıkları için muhasebesel hatalar yapılmış!

Hatta bu paraya kara para denirse ve bundan yargılanılırsa, Türkiye'deki tüm şirketleri yargılamak gerekirmiş. MASAK uzmanı abiler işi gücü bırakmış, raporda olayları anlatacakları yerde kanun hakkında yorum yapıyorlar. Firmanın kurumsallaşamadığından ve kara para dersek diye başlayan cümlelerle sanıklar lehine tutum sergiliyorlar.

Siz inandınız mı?

İmkân ihtimal var mı?

Kitap İçin Özel Bir Değerlendirme

Ben de inanmadım, gittim E. MASAK Başkan Yardımcısı Ramazan Başak'tan kitap için bir değerlendirme rica ettim. Kendisi de detaylı bir çalışma gönderdi.

Öyle ki Ramazan Başak, yasadışı bahis davaları ve birçok yasadışı sanal bahis soruşturmasında rapor hazırlayan isimlerin başında geliyordu.

Hatta Türkiye Bankalar Birliği ve İstanbul Yeminli Mali Müşavirler Odası Başkanlığı tarafından ayrı ayrı yayımlanan *50 Soruda Kara Para ve Kara Paranın Aklanmasının Önlenmesi* adlı bir de kitabı var.

Her ne kadar teknik detaylara burada yer veremesem de gelin sizler için hazırladığı değerlendirmeyi kısaca aktarayım...

Sayın Başak da davada üçüncü MASAK raporu diye adlandırılan Aklama Suçu İnceleme Raporunda, suç gelirlerinin aklandığına yönelik bir kanaat oluşmamasını, sanıklar hakkında da tutuksuz yargılanmak üzere tahliye kararı verilmesini eleştiriyor.

"İlk iki MASAK raporu ve iddianame ile Aklama Suçu İnceleme Raporu arasında tam tersi değerlendirme ve kanaatler söz konusudur" diyerek şu ifadeleri kullanıyor:

> —Aklama Suçu İnceleme Raporunda da siber ve kriminal incelemelerin yapılmadığı, yapıldığı takdirde mevcut kanaatlerinin değişeceğine vurgu yapılmıştır. Dolayısıyla aklama iddiaları ile ilgili en önemli hususlardan biri aydınlığa kavuşturulamamıştır.
>
> — Vergi Denetim Kurulunca düzenlenen raporlarda da açıkça belirtildiği üzere, Polat şirketlerinin kendi aralarında düzenlediği 200 milyon TL'ye yakın sahte fatura yanında bu aile ile ilişkili

kişilerin sahibi olduğu paravan şirketlerin Polat şirketlerine kestiği 667 milyon TL sahte fatura, 653 milyon TL tutarındaki kayıt dışı hasılat işlemi, 200 milyon TL'ye yakın çift defter tutma, 140 milyon TL muhasebe hilesi, milyonlarca lira fiktif çek düzenleme eylemlerinin sadece vergi kaçırılmasına yönelik işlemler olduğunu iddia etmenin çok gerçekçi bir değerlendirme olmadığı düşünülmektedir. Üstelik bu rakamlar Temmuz 2024 itibariyle raporlara yansıyan tutarladır. Devam eden incelemelerle bu rakamlar çok daha artacaktır.

—Daha çok vergi inceleme penceresinden bakılarak düzenlenen bu raporda, 2023 yılının başında faaliyete geçen Rise and Shine gibi bir şirketin 7-8 aylık kısa bir sürede 380 milyon TL'ye yakın bir tutarda işlem hacmi yaratabilmiş olmasının daha kapsamlı sorgulanması gerekiyordu.

— Keza, Polat şirketlerinden mal ve ürün alan (örn, 16.000 adet sabun alımı) çok sayıda şüphe uyandıran kişinin hesap hareketlerinin incelenmesi ve bu mal ve ürünleri alabilme mali gücüne sahip olup olmadıkları da ortaya konulmalıydı.

— Polatların olayında elde edilen kazançların Engin ve Dilan Polat'a ait Milda Gayrimenkul AŞ üzerinden çeşitli gayrimenkullere ve lüks taşıtlara dönüştürülmesi ile aklama suçunun işlendiği düşünülmektedir.

— Elbette yasadışı bahis paralarının örgütlü bir biçimde aklanıp aklanmadığı ve sahteciliğin ve hileli işlemlerin adeta her çeşidi işlenerek gerçekleştirilen vergi kaçakçılığına yönelik iddiaların doğruluğu yargılama sonucunda ortaya çıkacaktır.

* * *

Sonuçta kripto ve soğuk cüzdanın resmi kripto şirketlerinde arandığı, yasadışı sanal bahis izninin resmi lisanslı bahis sitelerinde arandığı bir MASAK aklama raporundan aksi bir durum beklemek sanırım fazla iyi niyet olur.

Sık sık vurguluyorum. Fakat yine söyleyeyim: Benim kimse ile derdim yok...

Ancak açık kaynaklardan ulaştığım bilgilere, ellerinde sınırsız imkân olup da ulaşmayan kişiler olduğunda kamu yararı adına sorgulamak benim işim, görevim.

Vergi kaçırma, yalnızca yasal bir suç değil, aynı zamanda toplumsal bir hırsızlıktır. Kamuya ait olan, yani toplumun her bir ferdinin hakkı olan kaynakları gasp etmek anlamına gelir.

Eğitim, sağlık, altyapı gibi temel hizmetlerin finansmanında kullanılması gereken vergiler, bu tür yasadışı yöntemlerle çalındığında, toplumun en kırılgan kesimleri bu durumdan en çok zarar görenler olur.

Bu nedenle, vergi kaçırma, sadece mali bir suç değil, aynı zamanda sosyal adaletsizliğe katkıda bulunan ahlaki bir suçtur.

Bir gazeteci için böyle bir durumla savaşmak, hem mesleki bir sorumluluk hem de vicdani bir görevdir.

Gazetecilik, gerçekleri ortaya çıkarma ve halkın bilgi alma hakkını koruma üzerine kuruludur. Toplumun kaynaklarını gasp eden, ekonomik adaletsizliği derinleştiren bu tür suçlarla mücadele etmek, bir gazetecinin yalnızca etik duruşunu değil, aynı zamanda mesleğinin temelini oluşturur.

Sanıyor musunuz ki sadece Engin Polat-Dilan Polat ailesi vergi kaçırıyor...

Polat ailesi gibi isimlerin vergi kaçırma, kara para aklama ve sahte fatura düzenleme gibi iddialarının peşine düşmek, sadece bir haberi ortaya çıkarmak değil, aynı zamanda toplumsal adaletin sesi olmaktır.

Gazetecinin burada görevi, bu düzenin arkasındaki sistemi ortaya koyarak, kamuoyunun bilinçlenmesini sağlamak ve ilgili kurumları harekete geçirecek baskıyı oluşturmak olmalıdır.

Dolayısıyla, evet, vergi kaçırma bir hırsızlıktır ve bir gazeteci, bu tür bir durumla savaşmazsa, mesleğinin hem ahlaki hem de toplumsal misyonunu yerine getiremiyor demektir.

Toplumu bu tür adaletsizliklere karşı bilinçlendirmek ve harekete geçirmek, gazetecinin hem mesleğine hem de ekmeğini yediği topluma karşı borcudur.

TFF 1. Lig'deki Şüpheli Durumlar

Bahis olaylarını ilk araştırmaya başladığımda, Tuzlaspor takımında yaşanan bir dizi olağandışı gelişme dikkatimi çekmişti. Özellikle transferlerdeki ani hareketler ve maç sonuçlarındaki şaibeler, yasadışı sanal bahis şüphelerini gündeme getirdi. Ancak bu konuları köşemde yazdığımda fark ettim ki ne futbol kamuoyunda ne de futbol dışı çevrelerde bu meseleye dair tarafsız ve bilinçli bir yaklaşım var.

Bu durumu daha yakından incelediğimde, yasadışı sanal bahis sistemlerinin bilinçli bir şekilde tartışmaların odağını dağıttığını gördüm. Bu işi takımlara veya taraftarlara bağlı bir mesele olarak değerlendirmek, aslında doğrudan sanal bahis baronlarının işine yarıyor.

Taraftarlar arasında çıkan kavgalar ve çekişmeler, bahis baronlarının ellerini ovuşturarak izlemesine neden oluyor. Çünkü bu ortamda hem daha çok kazanıyorlar hem de sistematik sömürü düzenleri neredeyse hiç konuşulmuyor.

Peki, futbolun böylesine kirlendiği bir sistemde, bu baronların maskesini nasıl indirebiliriz?

Başlayalım...

Tuzlaspor, TFF 1. Lig'de oynayan bir futbol kulübü. Kulüp Başkanı Mehmet Berzan İlhanlı gözüküyor ama onursal başkanı Feyzi İlhanlı.

Konumuz aslında kaynağı belirsiz para ve hızlı zenginleşmeydi. Eski futbolcu Gökhan Çıra ve eski eşi kozmetik sektöründe faaliyet gösteren Selin Ciğerci hakkında birtakım iddialar söz konusu oldu. Araştırmaya başladım.

İddialardan birisi TFF 1. Lig'de oynayan bir kulüp ve ismi geçen kişilerden Gökhan Çıra arasındaki ticari bağdı. Diğeri ise kulüp başkanı İlhanlı'nın Bulgaristan'da bir sanal bahis sitesine hissedar olması. Hissedar olduğu iddia edilen bahis sitesinin adı Betsat.

"Bulgaristan" ayrıntısını aklınızda tutmanızı rica edeceğim.

Tuzlaspor maçında biletler konusunda ileri sürülen iddiayı inceledim. Passolig uygulamasından Tuzlaspor-Erzurumspor maçına bilet almaya çalıştım.

Passolig ekranında misafir takım 5 bin TL, ev sahibi takım taraftarı için 4 bin TL olarak belirtiliyor. Neredeyse Galatasaray, Fenerbahçe, Beşiktaş stadyumlarındaki bilet fiyatları kadar.

Biletlerin çok büyük bir kısmı satılmış durumdaydı. En azından öyle gözüküyordu. Ancak maçı izlediğimde tribünde 3-4 taraftarın maçı izlediğini gördüm. 4 bin TL'ye bilet alıp maça gelmeyen olur mu? Hadi olur da hepsi mi gelmez?

Tuzlaspor daha önce de Eyüpspor maçı ile ilgili bilet fiyatlarını 50 bin TL ile 17 bin TL yapmıştı ve basında yer almıştı. Durum yine aynı... Çoğu tribün bileti satılmıştı.

İddia, satılmayan biletlerin satılmış gibi gösterilip TFF üzerinden legalleşmesi iddiasıydı. TFF bu konuda açıklama yaparak böyle bir durumun söz konusu olmadığını, TFF'nin bilet satışı ile ilgilenmediğini belirtti. Doğrudur. Passolig uygulamasını ihale eden ve denetleyen demek ki başka bir kurum var!

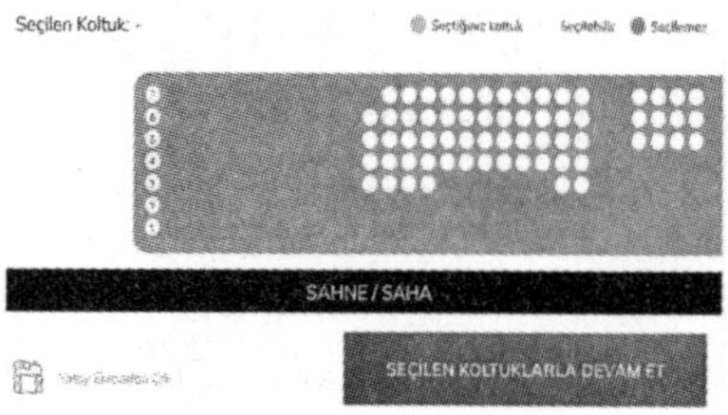

Tuzlaspor Başkanı İlhanlı misafir takıma uygulanan yüksek bilet fiyatını şöyle açıkladı:

> "Bizim taraftarımız maddi imkânları kısıtlı taraftarlar. Maçlarımızı Sancaktepe'de oynuyoruz. Taraftarımızı da götüremiyoruz. Misafir takımın taraftarı gelip baskı oluşturmasın diye bu kadar yüksek tuttuk."

Anlaşılabilir bir açıklama. Peki, kendi taraftarınıza neden bileti 17 bin TL'ye satıyorsunuz? Diğer maçta ise 4 bin TL. Süper Lig'de bile hangi takım bu kadar pahalı bilet satar?

Şimdi ben iddialarımı bir kademe daha artırıyorum. Feyzi İlhanlı'nın Bulgaristan merkezli bir bahis sitesine hissedar olduğunu belirtmiştim. İlhanlı bunu yalanladı. Biraz daha ayrıntı sunalım.

Bu sitenin adı Betsat. Firma Curaco lisanslı...

Curaçao Egaming tarafından verilen lisans sertifikası

Bu lisans sahibi firma ise Poligon Entertainment adlı firma.

Poligon Entertainment adlı firmanın sahibinin Osman Güneş Çizmeci olduğu belirtilmiş. Bu bilgi sosyal medyada "Seher Sultan" isimli hesap sahibi tarafından paylaşılmış. Malta, İspanya trafiğini sonraki yazılarda anlatacağım. Betsat adlı sitenin adresi Bulgaristan Sofya.

Osman Güneş Çizmeci ismi Paradise evraklarında da geçiyor ve şirket ağı olarak Poligon Entertainment adlı şirket dışında Maldo Limited ile bağı olduğu bilgisi var. Araştırınca doğru olduğu, Bulgaristan, Malta ve Hollanda bağı çok net gözüküyor.

Ayrıca Osman Güneş Çizmeci'nin şirketi ve bağları Paradise evraklarına da yansımış durumda.

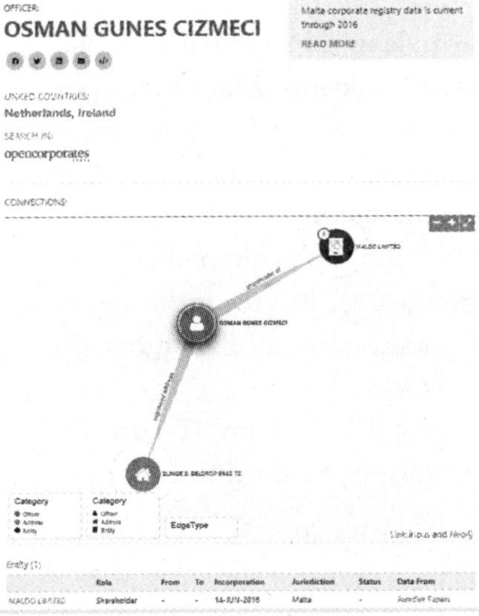

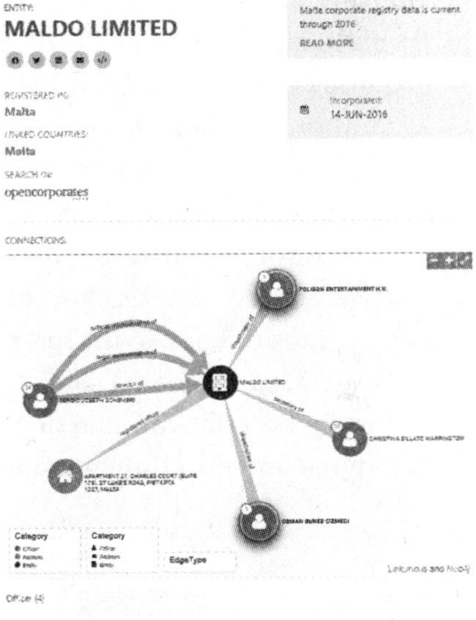

Bulgaristan'a Çıkan Bahis

Şimdi devam edelim...

Keçiören-Tuzlaspor maçı. Tuzlaspor bu maçı 2-0 kazandı. Maçı izledim. Çekişmeli bir maç oldu. 90+5. dakikada Tuzlaspor attığı 2. gol ile maçı kazandı. Ne var bunda? Bence de bir şey yok. Ama bir tesadüf var.

Sanal bahis sitelerini taradım. Hangi maçlara ne bahisler oynanıyor diye.

Tesadüf bu ya karşıma Keçiören-Tuzlaspor maçına oynanmış bir bahis düştü. Rus bahis sitesinde bahisi yapan kişi 475 bin TL yatırmış, *"Tuzlaspor kazanır"* demiş.[1]

Bahis sitesinin oranı 1'e 10. Yani Tuzlaspor kazanırsa 1 lira yatırdığınız para karşılığında 10 lira kazanacaksınız. Maçı Tuzlaspor kazandığı için bahis oynayan da 4 milyon 750 bin TL kazanmış.

Neden böyle yüksek bir oran verdiğine baktığımda ise meğer bahis oynayan kişi *"Tuzlaspor kazanır"* dememiş.

Tuzlaspor *"-1 handikap ile kazanır"* ihtimaline oynamış. Yani *"Tuzlaspor en az 2-0 kazanır"* bahsine girmiş. Büyük iddia oynamış ve kazanmış. Büyük bir parayı riske etmiş. Bilet numarası *"42356063266"*, oynama saati 08.10/09.40.

Acaba bu oynayan nereden oynamış diye baktım. IP adresinden oynanan yerin Bulgaristan Sofya olduğunu gördüm

1 1xBet Bahis sitesi kuponu. Kupon No: 42356063266

Tuzlaspor Başkanını aradım. Oynanan maçı ve bahsi sordum.

"Maçı izledin mi? Bizim futbolcumuza kırmızı kart gösterdiler" dedi.

Ben de kendisine "Rakip takıma da iki tane kırmızı kart gösterildi" dedim.

Bana şunları söyledi:

> "Murat Bey biz sınırlı bütçe ile ayakta durmaya çalışıyoruz. Futbolcularımızın ve çalışanlarımızın maaşlarını dahi veremiyoruz. Bu tür iddialar bize zarar veriyor. Son maçımızda 4. lig takımına öndeyken mağlup olduk. Futbolcular etkilendi. Şayet bir terslik varsa siz dahil MASAK, TFF hepsi bizleri incelesin, araştırsın, telefon kayıtlarına baksınlar. Ben ne yapabilirim daha başka. Bizim tribün gelirimiz resmi olarak niye satılamaz halde ben de bilmiyorum. Passolig'e soruyorum 'Öyle bir durum yok' diyor. Ben 25 senedir ticaret yapıyorum. Tekstil sektöründeyim. Nakış makinesi ithal ettim. Paramı buradan kazandım. Leasing ve bankalarla çalıştım. Hepsi kontrol edilebilir. Size ulaşan iddialar asılsızdır. Gökhan Çıra da zaten 4 sezonda 10 defa filan oynadı. Oynadığı maç kadar para aldı. O da büyük paralar değil 50-60 bin gibi bir tutar. Onun da belgesini noter kanalı ile size gönderiyorum. Benim yanımdayken parasız bir adamdı. Nereden kazandı ben nereden bileyim."

Fenerbahçe Başkanı Ali Koç yüksek divan kurulu toplantısında *Cumhuriyet* gazetesinde yazdıklarıma ve HalkTV'de "Kayda Geçsin" programında anlattıklarıma değindi.

Sonrasında Tuzlaspor kulübü bir basın açıklaması yayımladı.

İçeriği hakaret dolu. Açıklama içinde futbolcu Lamine Diack transferi hakkında bir iddiada da bulundu. Diack, Tuzlaspor'dan Fenerbahçe'ye, Fenerbahçe'de hiç oynamadan da Ankaragücü'ne transfer olmuştu.

Ali Koç'a "Fırıldak Ali" başlığıyla bir açıklama yapan Tuzlaspor özetle şunları dile getirmişti:

> "Söz konusu futbolcu Fenerbahçe Başkanı Ali Koç'un Kulübümüz Başkanını aramak suretiyle 'Başkanım bırak oyuncuyu alalım, biz bu oyuncuyu oynatacağız, sonrasında sonraki satıştan payını ben size ödeyeceğim' demesi üzerine cüzi bir transfer bedeliyle Fenerbahçe'ye transfer olmuştur. Fakat ne var ki Fenerbahçe, oyuncuyu tek bir antrenmana dahi sokmaksızın ardışık transfer ile birkaç gün içerisinde Ankaragücü'ne transfer etmiştir. Futbolcunun ardışık bu iki transferinin FIFA ve TFF tarafından yasaklanan

> ve sonucu transfer yasağı cezasına kadar uzanabilen bir 'köprü transfer' olduğu ve ardışık bu transferden dolayı TFF tarafından Fenerbahçe'ye disiplin cezası uygulanması gerektiği hususu her türlü izahtan vareste olup, asıl incelenmesi gereken husus budur!"

Sonrasında bu transfer hakkında Ankaragücü ve Olgun Aydın açıklama yapıp suçlamalar nedeniyle savcılığa başvurduklarını belirttiler.

Tuzlaspor'un iddialarını da araştırdım ve *Cumhuriyet* gazetesindeki köşemde yayımladım. Halen duruyor. Okumak isteyenler okuyabilirler.

Ama herkesin birbirini suçlandığı ortamda hiçbir şey olmadı, ortaya çıkmadı.

Açıklamanın altına haftalardır sorduğum soruları yineleyerek çağrı yaptım. Tuzlaspor cevap vermek yerine resmi hesabından beni engelledi. Ben de sorularımı tekrar Halk TV'de yineledim.

Anadolu Cumhuriyet Başsavcılığı tarafından bilgime başvurulmak üzere davet edildim. Bildiklerimi ve yayımladığım bahis kuponunu, aldığım cevapları yazılı olarak sundum.

Israrla üzerine gidince sorularıma Passolig yetkililerinden yanıt geldi.

Passolig sistemi üzerinde gri renkte tamamı satıldı gözüken koltuklara ilişkin "Gri renkteki koltuklar sadece 'satılmış' koltukları göstermemektedir. Satışa sunulmayan koltuklar da gri renkte sistemde yer almaktadır" dediler.

Ben de haliyle "Tuzlaspor kulübü maçlarının biletleri satılmamış ise neden satılmış gibi seçenek dışı bırakılmıştır" diye sordum.

Bir önceki cevaba ek olarak "Aynı zamanda kulüplerin kendi davetlileri, sponsor biletleri, protokol tribünü veya basın tribünü vb. için ayırdığı koltuklar da sistemde aynı renk (gri renk) ile simgelenmektedir" denildi.

Kulübün bilet gelirlerine ilişkin bir tablo gönderdiler.

Ben konuyu araştırırken Passolig, Tuzlaspor'un seyirci sayısı ve bilet geliri hakkında açıklama yayımladı. Kulübün, toplam seyirci ve hasılat bilgileri hakkında maç maç detay verildi.

Açıklamaya göre Tuzlaspor'un bu sezon Sancaktepe 15 Temmuz Stadı'nda oynadığı karşılaşmaların toplam seyirci ve hasılat bilgileri şöyle:

1. hafta: Ahlatcı Çorum FK: 406 seyirci, 35 bin 93 lira hasılat.

5. hafta: Adanaspor: 69 seyirci, 7 bin 350 lira hasılat.

7. hafta: ASTOR Enerji Şanlıurfaspor: 78 seyirci, 13 bin 140 lira hasılat.

9. hafta: Kocaelispor: 7 seyirci, 35 bin lira hasılat.

10. hafta: Erzurumspor FK: 2 seyirci, 8 bin lira hasılat.

Türkiye Kupası 3. Tur: Güneş Holding Çankayaspor: 5 seyirci, 404 lira hasılat.

Açıklanan rakamlara göre Tuzlaspor'un bu sezon 6 maçta 567 seyirciden toplamda 98 bin 987 lira hasılat elde ettiği aktarıldı.

Bu açıklamadan sonra Türkiye Futbol Federasyonu da açıklama yaptı. Açıklamada tribün gelirleri konusunda bir tutarsızlık olmadığını, ancak bahis kuponu konusunda soruşturma başlattıklarını belirttiler.

Bakın önemle üzerine basa basa yazıyorum; Benim derdim herhangi bir kulüp veya kişi değil. Dilan-Engin Polat ailesi ve sonrasında yaptığım araştırmada ulaştıklarım ve tarafıma ulaşan bilgilerin üzerine gitmeye çalışıyorum.

Adı, sanı, kurumu kim olursa olsun kara para, vergi kaçırma, yasadışı sanal bahis herkesin ortak mücadele etmesi gereken bir durum.

Tuzlaspor'un transferlerini inceliyorum. Hangi takımdan futbolcu alınmış, hangi takıma futbolcu gönderilmiş diye incelerken Tuzlaspor'un şampiyon kadrosunun neredeyse tamamının Eyüpspor'a transfer edildiğini gördüm.

Eyüpspor'u incelerken tanıdık bir isme denk geldim.

Adı: Murat Özkaya

Bu satırlar yazılırken Süper Lig'de oynayan Eyüpspor'un Başkanı.

Aynı zamanda Galatasaray Kongre Üyesi olması kimliğiyle de tanınıyor.

Anlatayım...

Murat Özkaya, uzun yıllar boyunca da otomotiv sektöründe faaliyet göstermiş bir iş insanı.

Günlük oto kiralama yapan Central Oto 2001 yılında Efrayim Kebudi ailesinin kurduğu Escar'a bağlıydı. 2018 Nisan'da MTL Oto'ya (Metal Oto) satıldı. Metal Oto'nun sahibi Murat Özkaya.

2019 yılında ise Central Oto'nun yüzde 99'unu Ziraat Bankası satın aldı. Central Oto'nun yüzde 1'i Murat Özkaya'nın kalmıştı.

Bu satın alımdan sonra Ziraat Bankası'nın yani devletin olan Central Oto'nun Yönetim Kurulu Başkanlığı'na yüzde 1 hisse sahibi olan Murat Özkaya getirilmişti.

Murat Özkaya'nın başında olduğu Central Oto Yönetim Kurulu, kamu bankalarından 500 milyon TL kredi çekmişti, öncesinde ise toplam 250 milyon TL Ziraat Bankası'ndan avans almıştı.

Central Oto'nun, kamu bankalarından aldığı 650 milyon TL'nin sadece 144 milyon 365 bin 919 TL'sini araç alımı için harcadığı ortaya çıkmıştı. Yaklaşık 555 milyon TL'nin ise ne yapıldığına dair bir bilgi yoktu...

Bir taraftan başka bir gelişme daha yaşandı.

Ziraat Bankası'nın o dönemki Genel Müdürü Hüseyin Aydın'ın oğlu Harun Can Aydın, 16 Nisan 2018'de Otopia Otomotiv Filo adında bir araç kiralama şirketi kurmuştu.

Ziraat Bankası Genel Müdürü'nün oğlu Harun Can Aydın, kendi Otopia şirketi adına, Murat Özkaya'ya sınırsız nitelikte vekâlet vermişti.

Yani oğul Aydın, babasının genel müdür olduğu Ziraat Bankası iştirakinde Genel Müdür olan Murat Özkaya'ya yetki vermişti. Oğul Aydın'ın Otopia şirketi de kiralama ve satın alım işlemlerine dahil edilmişti.

Murat Özkaya da çeşitli şirketler üzerinden kendi şirketinin arabalarını, Ziraat Bankası Genel Müdürü'nün oğlunun şirketine vermişti.

Murat Özkaya, Hüseyin Aydın'ın oğlu Harun Can Aydın ile olan para ağının ortaya çıkmasının ardından istifa etmişti. Murat Özkaya, genel uygulama çerçevesinde şirketteki sürecin devamı için görevde kalmasının istendiğini, fakat 2020 yılı içerisinde aldığı kararla Central Oto'daki görevinden ayrıldığını belirtmişti.

Sayıştay aynı konuyu sonraki yıllarda da bulgu olarak işledi ve oluşan kamu zararını gözler önüne serdi.

Raporda, 2021 yılına kadar yönetim kurulu başkanlığı koltuğunda olan Murat Özkaya'nın sahibi olduğu firmalardan alınan araçların 2 bin 719 adedinin satıldığı belirtildi.

Central Oto'nun aldığı 2 bin 719 aracın çeşitli tarihlerde toplam 482 milyon TL'ye satıldığı ifade edilirken, bu satış işlemlerini de dönemin yönetim kurulu başkanı Murat Özkaya'nın sahip olduğu şirketin yürüttüğünün altı çizildi.

Öte yandan söz konusu araçların 779 adedinin alındıktan sonra sadece 180 gün içinde satıldığı, bu satışların toplam 17 milyon TL tutarındaki 122 adedinin Murat Özkaya'nın sahibi olduğu Metal Oto firmasına, toplam 146 milyon TL değerinde 713 adedinin Auto Home firmasına, 77 milyon TL'yi bulan 361 adedinin de SZL firmasına satıldığı belirtildi.

Satılan bu araçların 323 adedi ise Mart 2021'de Metal Oto firmasından tekrar satın alındı.

Yani devletin şirketi yüzlerce milyon liralık araç alım satımını Murat Özkaya'nın firmaları arasında yaptı.

Sayıştay Raporu'nda Central Oto'nun tüm bu alım satımlar üzerine 31 Aralık 2020 tarihli bilançoda, 2021 yılında bankalara ödeyeceği anapara ve faiz tutarının 980 milyon TL olduğu belirtildi. Yani o tarihteki kur ile yaklaşık 168-170 milyon dolar!

Yani yüzlerce milyon TL dolaylı olarak eski Ziraat Bankası Genel Müdürü Hüseyin Aydın, oğlu Harun Can Aydın ve Murat Özkaya'nın cebine girdi.

Murat Özkaya bu işlemler esnasında ise Eyüpspor Başkanıydı ve Pendikspor ile de resmi olmayan bağı vardı.

Bu iddiaları sormak için Eyüpsor Başkanını aradım, sonrasında buluşup konuştum. Sorularımı sordum. Sıra sıra cevapladı.

Çok ilginç cevaplar aldım.

Murat Özkaya ile buluşup, Sayıştay raporlarında anlatılanları, bu kadar el değiştiren şirket, hisse ile Ziraat Bankası ve Tuzlaspor konularını sordum.

Ziraat Bankası iştirakine yüzde 1 hisseniz varken nasıl genel müdür oldunuz? Bu işlemlerden kazandığınız para ile kulüplerin finansını sağladınız mı?

M.Ö.: Evet Central Oto yönetimindeyken Eyüpspor Başkanıydım. Eyüpspor pandemi döneminde küme düşüyordu. Ancak öncelikle şu Oto Center olayını anlatmak gerekiyor.

Otomotiv kiralama sektörüne baktığınızda tüm dünyadaki örnekleri gibi bankaların bir kiralama şirketi sahibi olduğunu görürsünüz. Bizim devlet bankalarının ise böyle bir organizasyonu yoktu. Ziraat Bankası Genel Müdürü'ne bu sektöre girilmesi gerekiyor, bir şirket kurun veya kuralım diye teklifi ben yaptım. Devletin çok para kazanacağını anlattım. Bir şirket kurup büyümek gerektiğini bildirdim. Ardından benim Metal Oto adlı firmam var ve Oto Center adlı firmayı aldım.

Kaça aldınız firmayı ve Ziraat Bankası Genel Müdürü ile tanışıklığınız nereden geliyor?
M.Ö.: Oto Center adlı firmayı 5 milyon dolara aldım. Ziraat Bankası Genel Müdürü ile banka müşterisi olduğum esnada tanıştım.

Sonra Oto Center'ı Ziraat Bankası'na sattınız. Kaça sattınız?
M.Ö.: Evet Ziraat Bankası'nın firmasına sattım. Para almadım bedava verdim. Sadece firmayı işletip büyütüp sonrasında satacaktık ve satıldığında yüzde 33 alacaktım. Anlaşma buydu. Yönetimde iki Ziraat Bankası yetkilisi ve bir de ben vardım.

Şirketi Ziraat aldı, sonra neler oldu?
M.Ö.: Firmayı alınca Ziraat 250 milyon TL yatırdı. Başka bankalardan da araç alımı için 550 milyon TL kredi çıkarıldı. Piyasası çok sıkıntılıydı. Araç yok piyasada. Araç alacağız ancak tedarik edemiyoruz. Oto Center'a benim diğer şirketim olan Metal Oto'dan 10 bin adet araç sattım.

Yani kendi şirketinizden Genel Müdürü olduğunuz şirkete araç sattınız doğru mu?
M.Ö.: Evet.

Peki, bu satış ne kadarlık bir satıştı. Ne kadar kâr yaptınız?
M.Ö.: Bakın Murat Bey. Bu işlemleri yaparken Metal Oto'nun 3 yıl vadeli 950 milyon TL kredi borcu vardı. Dolar ise 4 TL idi o dönem. Ben araçları kasko bedelinin biraz altında bankaya sattım. Yani piyasadaki yüksek rakamları uygulamadım. Şayet araçlarımı satmasaydım 140 milyon dolar param olacaktı ve döviz kuru da malumunuz. Sonucunda 500 milyon dolara kadar çıkacak bir gelirden oldum. Devlet para kazansın diye sattım.

Ancak Sayıştay raporuna göre devlet bu işlemlerden para kazanmadı, aksine zarara uğradı.
M.Ö.: Rapora göre evet. Bu işlemler Sayıştay denetçisi tarafından raporlaştırılınca ve kamuoyuna arz edilince Banka araçları satma kararı aldı. İtiraz ettim. Çünkü sektörü biliyorum. Satmayın araç değerleri çok artacak, asıl bu zaman kamu zararı olacak dedim. Ne yazık ki dinletemedim ve araçlar satılığa çıktı.

Araçları siz aldınız değil mi?
M.Ö.: Evet. Ben ve sektördeki arkadaşlarımla birlikte araçları aldık.

Değeri neydi araçların?
M.Ö.: O günkü kasko değerinde aldık. Banka bu satıştan 55 milyon TL kâr elde etti.

Sonra siz aldığınız bu araçları tekrar bankaya sattınız değil mi?
M.Ö.: Evet. Almış olduğumuz araçları yine Oto Center adlı firmaya kasko değeri üzerinden sattık.

Banka araçları sattı, sonra neden tekrar araç almak istiyor. Peki, neden devamlı kendi şirketlerinizden satıyorsunuz?
M.Ö.: Murat Bey pandemi dönemiydi ve sektörde yaprak kımıldamıyordu. Araçları aldık ve 3 ay yattı araçlar. Banka tekrardan talep etti. Piyasada araç sıkıntısı var bulunmuyor. Biz elimizdekileri kâr yapmadan geri sattık.

Sonra?
M.Ö.: Sonrasında Genel Müdür istifamı istedi, ben de istifa edip ayrıldım şirketten.

Peki, Sayıştay raporunda belirtilen 950 milyon TL zarar nasıl oluştu?
M.Ö.: Murat Bey bir aracınız var 100 TL'ye aldınız. Zaman içerisinde aracınız değer kazandı. Bu değer artışı kaskoya yansıyor. Dolayısı ile satarken kasko bedeli üzerinden satıyorsunuz. 100 TL'ye aldığınız aracı kasko bedeli 300 TL olduğunda sattığınızda ortaya bir kazanç var gibi gözüküyor. İşte biz araçları bankaya sattığımızda arada oluşan bu farkı Sayıştay bankanın uğradığı zarar olarak görüyor. Size soruyorum siz 100 TL'ye aldığını aracınızı satarken aldığınız fiyata mı satarsınız yoksa o günkü değerinde mi satarsınız? O günkü değerinde değil mi? Sayıştay denetçisi "kamuya satılırken bunu gözetmen gerekiyordu" dedi. Ortaya da bu sonuç çıktı.
Ancak şimdi geldiğimiz noktada kurduğumuz şirket kâr etti ve satmak istediler, 3 milyar TL fiyat verildi. Yani devlete para kazandırdım.

Ziraat Bankası Genel Müdürünün oğluna da araç sattınız mı? Zira o şirketin kuruluşu da Oto Center ile paralel tarihlerde kurulmuş. Ne kadar işlem yapıldı, ne kadar kâr yaptı?
M.Ö.: Evet satıldı. Yine kasko değerleri üzerinden işlemler yapıldı. Kârını bilmiyorum.

Peki, Eyüpspor-Tuzla, Eyüpspor-Pendikspor bağlantısı nedir?
M.Ö: Murat Bey, Tuzlaspor ile bir bağımız yok. Tuzla şampiyon olduğunda uzun süre birlikte oynayan başarılı bir takım vardı. Bizim de hedefimiz büyüktü. Tuzlaspor'daki 8 futbolcuyu transfer ettik. Neticede de başardık.

Kaça aldınız? Nasıl aldınız? Neden aldınız? Kulüp için 18-20 milyon euro harcadığınız belirtiliyor.

M.Ö.: Transfer görüşmelerini Fatih Kulaksız gerçekleştirdi. Rakamları tam hatırlamıyorum. Yeni takım kurmaktansa şampiyon olmuş, iyi anlaşan, birbirine alışık futbolcuları almak daha mantıklıdır. Ben Ajax kulübünün altyapısını da almaya çalıştım olmadı. Kulüp için yıl içerisinde daha fazlasını harcamışımdır. Kulüp için tesis yaptım. Altyapısını hazırladım. Yatırımlar yaptım.

Pendikspor ile bağınız var mı?

M.Ö.: Pendikspor ile resmi bağım yok. Pendik Belediye Başkanı aradı, bizi bu yükten kurtar dedi. Konuştuk ne yapabiliriz diye. Sadece başkan değil 10 belediye başkanı da beni aradı ve kulüpleri devralmamı istedi.

Pendikspor'u inceledik. Tamam dedik. Bir arkadaşımız geçti takımın başına. Benim yeğenim diye sevdiğim, tanıdığım biri. Resmi bir bağımız ve akrabalığımız yok. Bizim takımdan futbolcu transfer ettik oraya. O dönemde Pendik bizim alt ligimizde. Başardık. Pendik bizim olduğumuz lige çıktı. O zaman ben de ilgilenmeyi bıraktım açıkçası. Zaten bizi de geçip Süper Lige çıktılar.

Peki başka bir takım ile bağınız var mı?

M.Ö.: Evet ben Galatasaray Kongre üyesiyim. Göksel Gümüşdağ, İlhan Cavcav, Faruk Koca gibi ben de bir kulüp başkanıyım ve aynı zamanda Galatasaray Kulübünün kongre üyesiyim.

Futbolculara araç verdiğiniz doğru mu?

M.Ö.: Evet doğru. Ben otomotiv sektöründeyim. Araç vermem doğal değil mi? Marka ile anlaşma yapıyorum, indirimli araç alıyorum ve futbolcu bizde oynadığı süre içerisinde kendisine veriyorum. Bizden giderken geri alıyorum. Aracı satın almak isterlerse farkını alıp satıyorum.

Başka takım futbolcularına da araç verdiniz mi?

M.Ö.: Evet verdim.

Fenerbahçe, Beşiktaş, Galatasaray takımı futbolcularına da araç verdiniz mi?

M.Ö.: Fenerbahçe ve Beşiktaş benden istemedi, isteseler onlara da veririm. Para var o işte neden vermeyeyim.

Murat Özkaya hiçbir şeyi yalanlamadığı gibi açık yüreklilikle soruları cevaplandırdı. Kamuoyunun merak ettiği grift ilişkilere de en azından bir açıklık getirmiş oldu.

Ziraat Bankası ilişkisini, Tuzlaspor'dan transfer edilen oyuncuları, alınan kredileri vs. artık Özkaya'nın cevaplarına göre kamuoyunun takdirine sunuyorum.

Yasadışı sanal bahis ve kara para aklamadan nerelere geldik...

Bu konularda yazdığım yazıların tek satırını dahi okumadan yorum yapan, uyuşmuş ve fanatikleşmiş beyinlerin beni anlamayacaklarını biliyorum.

Halen vicdanlı ve muhakeme yeteneğini kaybetmemiş insanların olduğunu da biliyorum. Bu süreçte birçok futbol kulübü başkanı, yöneticileri ve futbola yıllarını vermiş meslek büyüklerim ile konuştum.

Herkesin isteği ve ortak görüşü temiz futbol.

Gelişmiş ülkelerde bile temiz futbol var mı kesin konuşamayız. Ancak bunu hukuk kuralları içerisine oturtup katı kurallar uygularsak her şey olur. Her şey müktesebat kültürüyle alakalıdır.

Avrupa Birliği'nin hukuk sistemi yani o her zaman duyduğumuz "AB müktesebatı" 120 bin sayfadır. Evinize takacağınız ampulün bile, üreteceğiniz kalemin bile o müktesebata göre bir kuralı nizamı vardır. Onun dışında yapamazsınız. Böylelikle her şeyin denetimi de disiplini de çok kolaylaşır.

O yüzden Avrupa'da nizami sokaklar, nizami evler, nizami bahçeler, haliyle nizami bir bürokrasi görürsünüz.

Biz kendimizi sorgulamaya devam edelim.

Mesela, Tuzlaspor Kulübü yükselme maçları oynanırken Tuzlaspor adına Samsunspor başkanına gidip "Başkan 5 milyon versin Giresun'u yenelim, Adana Demirspor ve Samsun şampiyon olsun" diyen Tuzlaspor yöneticisi ortaya çıkmasın istiyorlar.

Aynı zamanda bu yönetici Samsunlu...

Samsunspor Başkanı Yüksel Yıldırım bu teklifi duyunca küfür ediyor, "Yere batsın öyle şampiyonluk" diyor ve reddediyor.

Maçın devre arasına Giresun 2-1'lik skor ile önde giriyor. Tuzlaspor Başkanı Feyzi İlhanlı soyunma odasına girip takımın gol atan oyuncusu dahil en iyi iki adamına "Maça çıkmayacaksınız" diyor ve maça çıkarmıyor.

Fransız futbolcu neden olduğunu sorguluyor ama nafile. Çıkan futbolcu yerine oyuna çok genç bir futbolcu kardeşimiz giriyor ama bir hata yapılıyor. Oyuna başkasının forması ile çıkıyor. Hakem 13 dakika sonra görüyor. Uyarıyor.

Açın izleyin maçı.

Maçı bilenler Giresun'un mutlaka yenecek güçte olduğunu söylüyor zaten. Ancak yaşanan gelişme bu.

Üstelik Samsunspor Başkanı Yüksel Yıldırım ile de konuştum. Yazdıklarımı aynen doğruladı. "Evet bu teklif yapıldı, reddettim. Bu bir ahlaksız teklifti, izin veremezdim. Herkes hakkı ile kazansın veya kaybetsin dedim" diye belirtti.

Devam edelim...

Altınordu-Eyüpspor maçı da var.

Altınordu'da oynadığını iddia eden iki kişi (Altınordu Kulübü sadece yerli oyuncuları oynatan, Türk futbolunun gözbebeği bir kulüptür. Bu iki kişinin yaptığı kulübe mal edilmemeli) yabancı numaradan Eyüpspor başkanına mesaj atıyor.

"Başkanım biz iki kişi ilk on birde maça çıkıyoruz. Bu sezon Süper Lig'i en çok siz hak ettiniz" diyor.

Başkan "İsminiz ne çocuklar" diye soruyor.

Futbolcular, "Bizim için lig bitti sayılır. Başkanım, isim tehlikeli olur bizim için. Bu maç sizin için bir şeyler yapmak istiyoruz. İster misiniz" diye yazıyor.

Devam ediyorlar "Maçı istediğiniz şekilde bitirmenizi sağlarız. Kişi başı 100 bin başkanım" diye bitiriyorlar.

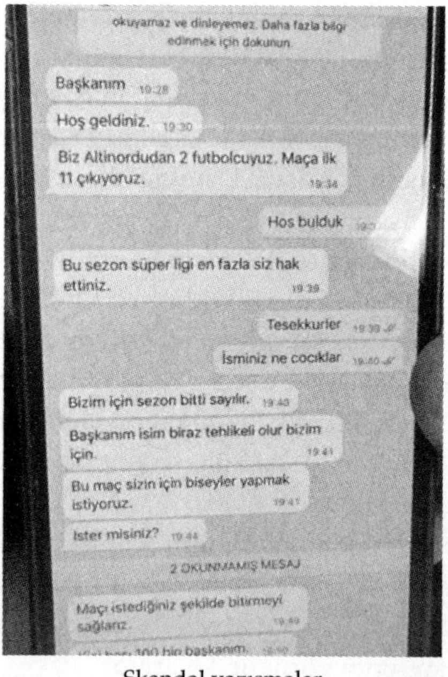

Skandal yazışmalar

Başkan hemen kulübün yetkililerini arıyor ve durumu bildiriyor.

Telefon numarası da açık. Numara Gürcistan numarası. Bende mesajlaşmalar var.

Gençlerbirliği kalecisi Nurullah Aslan adına Eyüpsporlu yöneticilere "500 bin TL verin maçı organize edelim" diyorlar.

Eyüpspor yöneticileri durumu başkan Murat Özkaya'ya bildiriyor. Murat Özkaya hemen Gençlerbirliği yönetimini arayıp durumu bildiriyor ve "Maça çıkarmayın" diyor. Kaleci maça çıkmıyor.

Halk TV'deki "Kayda Geçsin" programında beraber yayına çıktığım yol arkadaşım gazeteci Timur Soykan, Anadolu Cumhuriyet Başsavcılığının başlattığı soruşturmayı ve elde ettiği bilgileri paylaştı.

Soykan, İçişleri Bakanı Ali Yerlikaya'nın "Alt liglerde iki futbolcu bahis panelini yönetiyor" açıklamasını hatırlattı.

Soykan, İstanbul Anadolu Başsavcılığının, Fenerbahçe Başkanı Ali Koç'un tanık olarak dinlemesini gerektiğini belirterek, "Başsavcı, Tuzlaspor - Adana Demirspor ve Tuzlaspor - Giresunspor maçlarını inceliyor ve diyor ki 'Ali Koç böyle açıklamalar yaptı. Biz tanık olarak Ali Koç'u dinleyelim' diyor" ifadelerini kullandı.

Savcılığın, Fenerbahçe Kulübü Başkanı'na özenle bu işin peşinden gidileceğini ilettiğini aktaran Soykan, "Ali Koç, yine takipsizlik kararı verilir diye endişeliymiş ama savcılık, terörle mücadelede de görev alan bir savcı. Dilan Polat olaylarını da bu savcı ele almış, ne kadar özen gösterdiklerini Ali Koç'a iletti" dedi.

Soykan, "Ali Koç, savcılığa verdiği ifadesinde birçok kulüp ismini geçiriyor. Tuzlaspor ve Adana Demirspor isimleri vardı ki bu takımların birlikte oynadıkları maçlar vardı ve takipsizlikle sonuçlanmıştı" diye konuştu.

Gazeteci Timur Soykan açıklamalarının devamında şunları söyledi:

> "Bir tane menajer var Onur Şengül. 15 sene futbol oynamış, alt liglerdeki birçok kulübün başkanlığını yapmış falan. Diyor ki '9 Nisan günü 2023'te Kocaelispor'la Zonguldak Kömürspor'un maçı vardı' diyor. 'İki camiayı da yakından tanırım. Beni çağırdı Kocaelispor gel maçı izle diye. Ben de gittim. Tam otele gideceğim beni Pendik'te bir lokantaya çağırdılar. Kocaelispor Başkanı ve Zonguldak Kömürspor Başkanı o lokantadaydı ve şike pazarlığı yapıldı. Piyasada güvenilen biriyim ama yediemin olmayı kabul etmedim. Ancak bu olay olduktan sonra çeşitli kayıtlar yaptım.

Benim düşündüğümden daha kirliymiş durum. 7 maçta şike yapıldı' diyor."

Bu iddiaların tamamı Anadolu Başsavcılığı tarafından başlatılan soruşturma ile inceleniyor.

Daha önce de yazdım.

Mesela Tuzlaspor Başkanı Feyzi İlhanlı'ya sorup doğrulattığım bir ortaklık var. Bilal Kadayıfçı, Cemil Önal ile ilgili. Bilal Kadayıfçı Diyarbekirspor'un başkanlığını yaptı. İlhanlı, Kadayıfçı için "Bir yıl durdu sonra gitti" dedi. Ancak Cemil Önal için herhangi bir cevap vermedi.

Cemil Önal, Halil Falyalı cinayetinde de adı geçen biri. Bahis sektörünün büyükleri ve ilintili diğer isimler Anıl Uzun, Onur Uzun, Ozan Özerk. Bu kişilerin ortaklık yaptığı onlarca firma var.

Hatta Anıl Uzun ve Onur Uzun'un dahil olduğu Halil Falyalı bağlantılı isimlerin içinde olduğu Ankara merkezli bir bahis operasyonu yapılmıştı. İddianamede, "Söz konusu gelirin oldukça yüksek bir meblağ olduğu, öyle ki yasadışı bahiste kullanılan sadece 'jeton' isimli uygulamadan bir günde 100 bin doların üzerinde gelir elde edildiği, örgütün Türkiye dışında dört ülkede daha yasadışı bahis oynattığı ve bu yolla milyonlarca dolar gelir elde ettiği" belirlendi.

Hücre tipi bir organizasyona sahip olan örgütün beyni İngiltere'de yaşayan Anıl Uzun'du. Örgüt, Türkiye'nin yanı sıra Malta, Litvanya, Bulgaristan ve Kıbrıs'ta da yasadışı bahis faaliyetleri yürütüyordu.

Bak yine Bulgaristan ve yasadışı bahis karşımıza çıktı.

Soruşturmada belirtilen Jeton isimli uygulama, Acun Ilıcalı'nın sahibi olduğu Hull City takımına geçen sene sponsor olan Jeton mu?

Acun Ilıcalı'yı arayıp sordum.

Sponsor alındığından haberi bile yoktu. Önce belge ve bilgileri gönderdim, o da ekibine sordu.

İngiltere'deki Hull City takımının ilgili departmanı böyle bir sponsorluğu geçen yıl almış. Ancak Türkiye'deki yasadışı bahis iddiaları çıkar çıkmaz ilişiği kesmişler. Aynı firmadan bir daha sponsorluk alınmamış. Acun Ilıcalı böyle şeylerin kabul edilemez olduğunu üstüne basa basa belirtti.

Ancak benim aklıma yatmayan kısımlar var.

Zira Acun Ilıcalı Hull City'i 19 Ocak 2022 tarihinde aldığını duyurdu. Anıl Uzun ve bağlantılı Jeton operasyonu 2019 yılında yapıldı. İddianamesi 2020 yılında hazırlandı. Yani Hull City'i aldığında operasyon yapılmıştı.[1]

Burada iki ihtimal var. Ya Hull City'nin reklam departmanı iyi araştırmadan sponsorluğu aldı ya da zaten operasyondan haberleri vardı, "bir şey olmaz" deyip reklamı kabul ettiler.

İki ihtimal de skandal...

İşin ilginci yasadışı bahis sitesi Jeton uygulamasının sahibi Anıl Uzun ve Onur Uzun ile Acun Ilıcalı'nın birkaç noktada daha yolları kesişti.

Anlatacağım.

Acun Ilıcalı, Hull City'yi satın aldı

KAYNAK AA HABER GİRİŞ 19.01.2022 21:53 SON GÜNCELLEME 19.01.2022 21:53

Yapımcı Acun Ilıca'nın, İngiltere Championship Ligi takımlarından Hull City'i satın aldığı bildirildi.

Hull City'nin resmi internet sitesinden yapılan açıklamada, Ilıcalı'nın sahibi olduğu Acun Medya'nın Hull City'i satın alma işlemlerini tamamlandığı ve takımın tüm kontrolünü devraldığı duyuruldu.

Açıklamada görüşlerine yer verilen Ilıcalı, en büyük hayallerinden birini gerçekleştirdiğini ve Hull City'le güzel bir yolculuğa başladıklarını belirtti.

Ilıcalı, Hull City taraftarlarıyla büyük hayalleri ve hedefleri gerçekleştirmek istediğini belirterek takımın eski sahibi Allam ailesine teşekkür etti

Acun Ilıcalı'nin Hull City'yi satın alması haberi

Jeton sponsorluğu büyük reklamlarla duyuruldu.

Hatta yeni transfer Ozan Tufan reklamını yaptı.[2] Anlaşma dahilinde Jeton Wallet, Hull City'ye ait MKM Stadyumu'nda

1 "Acun Ilıcalı Hull City'yi Satın Aldı", TRTSpor, 19 Ocak 2022, https://www.trtspor.com.tr/haber/futbol/acun-ilicali-hull-cityyi-satin-aldi-18424840

2 "Jeton Wallet, Hull City Association Futbol Kulübü'nün İlk Resmi e-Cüzdan Ortağı Oldu", bytv, 12 Ekim 2022, https://by-tv.co.uk/jeton-wallet-hull-city-association-futbol-kulubunun-ilk-resmi-e-cuzdan-ortagi-oldu/

gerçekleşecek maçlarda, basılı, dijital medya, LED panoları ve arka planlarda yer alacak. Markaya ayrıca, web sitesi ve sosyal medya platformları dahil olmak üzere kulübün çevrimiçi kanallarında da yer verilecek diye belitilmiş.

Formanın altındaki reklam dikkatinizi çekti mi?

Efes reklamını unutmayın. Çünkü iddianamede ifade veren bir sanık EFES adına promosyonlar yaptırdıklarından bahsediyor.

Jeton Wallet uygulaması, Anıl, Onur Uzun ve Ozan Özerk'in sahip olduğu yasadışı bahis sitelerinde oynamak için üyelik yapılan para yatırma platformu.

Papara ile yaptığı anlaşma uygulayıcısı olmuş durumda. Yurtdışında lisanslı mı değil mi ona yasal merciler bakacak ancak bu uygulama Türkiye'deki yasalara göre suç. Bunu ben değil mahkeme söylüyor.

Acun Ilıcalı, Hull City alımı için 24 milyon euro ödeyeceği İngiltere basınında yer buldu.

Peki, Jeton Wallet ile yaptığı bu sponsorluk ne kadar bir meblağa tekabül ediyordu?

Bu sorunun cevabını öğrenemedim.

Peki Acun'un sahibi olduğu Hull City'nin sahip olduğu ve bizim yine Türkiye'den tanıdığımız başka sponsor var mı?

Var tabii.

SAFİ PORT, Corendon Hava Yolları, Pladis çatısı altında bulunan bisküvi markası McVitie's. Ancak bunlar dışında bir sponsor daha var ki çok ama çok tartışmalı bir isim.

Acun Ilıcalı'nın satın aldığı İngiltere Championship ligi takımlarından Hull City'e Temmuz 2022 tarihinde sponsor olan diğer firma, Türk kripto para borsası TOMYA.

Haberde TOMYA'nın 1 yıl boyunca şort sponsoru olacağı belirtildi.[1]

Acun Ilıcalı ve Hull City kripto para ve bahis dünyası ile neden bu kadar ilgiliydi?

Faaliyetlerine 2019'da başlayan kripto para borsası TOMYA'nın sahibi Yavuz Usta, CEO'su Halil Bedir, Genel Müdür Yardımcısı ise Ece Pulaş.

Ece Pulaş yaptığı açıklamada, "Geçmişte bu denli büyük, gelecek vaat eden, belli bir stratejisi ve hedefleri olan bir proje olmadı. Hull City konusuna biz bir proje olarak baktık ve TOMYA olarak destek sağlamak istedik" dedi.

1 "Acun Ilıcalı'nın Takımı Hull City'e Türk Kripto Para Borsası Sponsor Oldu", NTV.com.tr, 18 Temmuz 2022, https://www.ntv.com.tr/ekonomi/acun-ilicalinin-takimi-hull-citye-turk-kripto-para-borsasi-sponsor-oldu,CBhWWEMGu0aWXMIzJp4xNw

Hull City takımına sponsor olan kripto para borsası Tomya ile ilgili Büyükçekmece Savcılığı soruşturma başlattı.

Soruşturmada 25 kişi gözaltına alınırken şirketin sahibinin de aralarında olduğu 11 kişi tutuklandı.

HalkTV'den Dinçer Gökçe'nin haberine göre Büyükçekmece Cumhuriyet Başsavcılığı tarafından yürütülen dosyada, Ekmekçioğlu isimli bir kişi 211 bin 500 dolar dolandırıldığı iddiası ile şikâyetçi oldu.[1]

Ekmekçioğlu, kendisini arayan ve Tomya'da çalıştığını söyleyen Muammer Uslu'nun, kripto para ile ilgilenip ilgilenmediğini sordu. Kripto varlıklara ilgisinin olduğunu söyleyen Ekmekçioğlu'nun yatırdığı paranın yönetimini Uslu yaptı.

Uslu bir süre sonra, Ekmekçioğlu'nu "İdol FX" adındaki Forex sisteminin müdürü olduğunu söylediği Halil Demir ile tanıştırdı. Demir, kaldıraçlı sistemler olarak da bilinen Forex'e para yatırarak yüksek kazanç elde edebileceğini söyledi.

Bir süre sonra İdol FX ile ilgili çok sayıda şikâyetin olduğunu, birçok kişinin dolandırıldığını öğrenen Ekmekçioğlu, parasını alamayınca şikâyetçi oldu. Ekmekçioğlu dışında başka kişilerin de benzer şekilde dolandırıldığı anlaşıldı.

İdol FX ismini unutmayın...

5 ay boyunca teknik ve fiziki takip de yapılan soruşturma sonrası geçen 24 Kasım sabahı operasyon düğmesine basıldı. İstanbul merkezli soruşturmada 8 ilde daha eşzamanlı gözaltılar yapıldı. Listedeki 32 kişiden 25'i gözaltına alındı. Bu kişilerden 1'i savcılık ifadesi sonrası serbest bırakıldı. Tutuklanmaları talebi ile sulh ceza hâkimliğine sevk edilen şüphelilerden 11'i ise tutuklandı.

Tutuklanan isimler arasında, 10 milyon sermayeli Tomya Teknoloji AŞ'nin sahibi Yavuz Usta'nın yanı sıra, bu şirkette kısa bir süre danışmanlık yapan ekonomist Ece Pulaş ile birlikte Muammer Uslu, Kemal Tutuman, Halil Demir, Hacı Yusuf Alagöz, Yusuf Almaz, Abdulkadir Çakır, Gözdenur Kulaber, Hüseyin Kayra, İbrahim Bayrak tutuklandı.

Diğer şüpheliler ise çeşitli adli kontrol şartları ile serbest bırakıldı. Tutuklanan isimlerden bir kısmının Tomya'nın eski çalışanı oldukları anlaşıldı. Bu isimler arasında yer alan Gözdenur Kulaber'in Şubat 2022'de ayrıldığı görüldü.

---

1 "Acun Ilıcalı'nın Takımının Sponsoru Tutuklandı", *Cumhuriyet*, 29 Kasım 2023, https://www.cumhuriyet.com.tr/turkiye/acun-ilicalinin-takiminin-sponsoru-tutuklandi-2146171

Ece Pulaş'ın avukatı Osman Özdoğan, Halktv.com.tr'ye yaptığı açıklamada, müvekkilinin sermaye piyasalarında danışmanlık yaptığını ve eğitim verdiğini ifade ederek Hull City'nin etkisini şöyle anlattı:

> "Müvekkilimin ne soruşturmaya konu firmalarla ne de Tomya ile bir ortaklığı ya da imza yetkisi bulunmuyor. Bu şirkete sadece 5 hafta kadar bir süreyle eğitimler düzenlemiş. Acun Ilıcalı'nın sahibi olduğu Hull City takımına sponsor olunmasına güven duyarak Tomya firmasıyla ilişki kurmuş. Buna rağmen, soruşturma makamlarınca kendisinin bu şirketle daha sıkı bir bağı varmış gibi değerlendirmeye tabi tutulması kabul edilebilir değil."

Ece Pulaş'ın avukatlarının yaptığı itiraz sonrası savcılık, Ece Pulaş hakkında re'sen tahliye kararı verdi.

Acun Ilıcalı'nın İsmini Veriyor

Tam bu noktada ekonomist Ece Pulaş dikkat çeken bir açıklama yaptı.

Pulaş, kripto para borsası Tomya'da 5 hafta kadar çalıştığını ifade ederek şunları söyledi:

> "2006'dan beri Sermaye Piyasası Kurulu tarafından denetlenen kurumlarda yönetici olarak çalıştım. Yavuz (Yavuz Usta) isimli şüpheli, benim medya yüzümü kullanmak istediğini rica etti. Ben de kabul ettim. Herhangi bir gelir elde etmedim. Amacım, Acun'un reklam yüzü olmaktı."

Tutuklanan Hüseyin Kayra ise ifadesinde "Ben de oyuna geldim" dedi. Kayra'nın avukatı ise yaptığı savunmada "Müvekkil, A.D.'nin talimatına göre şirket kurmuş. Müvekkil, sürekli para girişi olunca şirketi kapatmak istemiş" ifadelerini kullandı.

Tutuklanan şoför Niyazi Uzşirin'in avukatı ise müvekkilinin, şirket sahibi Yavuz Usta'nın eşinin şoförü olduğunu kaydederek "Müvekkil sadece, yazılan talimatla bankaya para götürmüş" ifadesi kullandı.

Tutuklu bulunan Yavuz Usta ise hâkimlik sorgusunda, şirket olarak kripto para almalarının yasak olduğunu kaydetmişti.

Usta, hesabına gönderilen parayla kripto para aldığını ve Tomya'ya aktardığını kaydetmişti.

Usta, yaptıkları işin kaldıraçlı işlem yapılan forexle ilgisinin ise olmadığını öne sürdü.

Tüm bu gelişmeler savcılığa yetmedi...

Kripto para üzerinden dolandırıcılık yapan şebekeye ikinci dalga operasyonu yapıldı.

Paravan şirket zinciri kurarak dolandırıcılık yapan, suç gelirini kripto varlıklarla aklayan şebekeye yönelik İstanbul'da düzenlenen ikinci dalga operasyonda 8 şüpheli yakalandı. Şebekenin karmaşık para transferleriyle dolandırıcılıktan elde ettikleri suç geliri polisin takibine takılırken, şebeke üyelerine ait piyasa değeri toplamda 166 milyon 864 bin lirayı bulan 4 konut, 1 arsa ve 1 araca el konuldu.

Gözaltına alınan isimler arasında Ağabey Yatırım Holding A.Ş.'nin patronlarından Fayik Özbey de vardı. Altın ve döviz piyasasının güçlü isimlerinden Fayik Özbey, aynı zamanda Kapalıçarşı Yönetim Kurulu Başkan Yardımcısı görevini yapıyordu.

Fayik Özbey'in yanı sıra Metin Altan, Kemal Akarsu, Yunus Can Göktaş, Mert Karalp, İbrahim Kayra, Hasan Tekin ve Kaan Şen gözaltına alınan isimler arasında yer aldı.

Gözaltı işlemleri ile birlikte "Tomya soruşturması" kapsamında bulunan şüpheli sayısı 38'e yükselmiş oldu.

Kripto para borsası Tomya adlı firma ile ilgili soruşturma derinleştirildi. Kara para aklama soruşturmasında, şebeke tarafından yönetilen paravan şirketleri mercek altına alan siber polisi, "kripto para borsası" adı altında hizmet veren ve imaj çalışması için yüklü miktarlarda para ödenerek parlak reklam imajı oluşturan şirketlerin illegal faaliyetlerini deşifre etti.

Dolandırıcılık soruşturmasına takılan Acun Ilıcalı'nın sahibi olduğu Hull City futbol takımına sponsor olduğu belirlenen şirketin, nitelikli dolandırıcılık ve suç gelirlerini aklama örgütüne dönüştüğü saptandı.

Önceki operasyonda yakalanıp tutuklanan, bir süre sonra da tutuksuz yargılanmak üzere serbest bırakılan firma sahibi Yavuz Usta ve onunla ortak hareket eden bazı şüphelilere yönelik teknik ve fiziki takip yapıldı.

Tespitlerin ardından şebeke elebaşı Yavuz Usta ve diğer şüphelilere ait ortalama piyasa değeri toplamda 166 milyon 864 bin lira olan 4 konut, 1 arsa ve 1 araca el koyuldu.

Yürütülen soruşturma çerçevesinde paravan olarak kullanılan 4 şirket tespit edilirken, birçok adrese eşzamanlı operasyon düzenlendi, 8 şüpheli yakalanarak gözaltına alındı.

Yakalanan kripto para firması sahibi Yavuz Usta, hakkında çıkan haberlere hemen erişim engeli kararı aldırttı. Daha önce; Keban, Erbaa ve Samandağ Sulh Ceza Hâkimliklerinden karar çıkaran Usta, bu kez de Doğanşehir Sulh Ceza Hâkimliğinden hakkında çıkan haberlere engelleme kararı aldırttı.

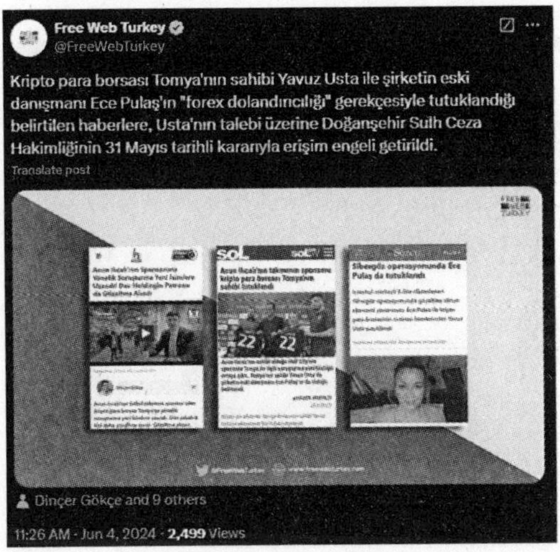

Free Web Turkey X (eski Twitter) sayfasında 4 Haziran 2024 tarihli "Engelleme" haberi paylaşımı

Free Web Turkey'den Ali Safa Korkut'un haberine göre Yavuz Usta, dört bölge, sekiz il, dokuz ilçeden 1148 haberi engelletti.

Akıl alır gibi değil. Bu gücü bu imkânı nereden buluyor... Sıradan bir vatandaş bir haberi engelletmek istese bürokrasi bin dereden su getirtir.

Acun Ilıcalı sosyal medya hesabından yaptığı paylaşımla İrlanda Premier Ligi ekiplerinden ShelbourneFC'yi satın aldığını duyurdu. Ancak sonra yaptığı açıklama ile "ACM SPORTS olarak; İrlanda'nın değerli kulüplerinden Shelbourne'de olan yatırımlarımızı sonlandırma kararı aldık. Bugüne kadar süregelen işbirliği için Shelbourne ailesine teşekkür ederiz" diye duyurdu.

Arada ne oldu, neden bu kadar çabuk vazgeçti bilinmiyor.

Sonraki süreçte ise Acun Ilıcalı, Slovenya'nın başarılı kulüplerinden Maribor'u satın aldı.

Özellikle Jeton Wallet ve Tomya adlı para kuruluşundan sponsorluk bedeli olarak ne kadar aldı belli değil.

Ancak Acun Ilıcalı'nın sahibi olduğu TV8 UEFA Avrupa Ligi maçları 2023/24 sezonuna kadar EXXEN ve TV8,5'tan yayınlanıyor.

Bu maçlarda yasadışı bahis reklamları canlı yayında seyirciye ulaştı. Ki bu durum kitap yazıldığı dönemde de büyük tartışmalara neden olmaya devam ediyordu.

Canlı yayında yasadışı bahis sitesi reklamları

RTÜK de bu tepkilere sessiz kalmadı.

Hem milli maç hem de Lille - Fenerbahçe Şampiyonlar Ligi 3. Eleme Turu maçındaki yasadışı bahis reklamları sebebiyle TV8 ve EXXEN'e üst sınırdan para cezası uygulandı.

S SPORT +'nın Leganes - Real Madrid futbol karşılaşmasında 6112 sayılı Kanun'da yer alan "Yayın Hizmetleri, ...alkol, tütün ürünleri ve uyuşturucu gibi bağımlılık yapıcı madde kullanımı ile kumar oynamayı özendirici nitelikte olamaz" ilkesini ihlal ettiğinden yayıncı kuruluşa da üst sınırdan idari para cezası müeyyidesi uygulandı.

Hatta S Sport, İspanya ligini yayınlamama kararı aldı.

Ancak daha sonra İspanyol yayıncı ile yapılan görüşmelerde S Sport için bet reklamlarının olmadığı özel bir link açılarak yayınlara devam edildi.

21 Temmuz'da Galatasaray ile PSV Eindhoven takımları arasında oynanan Şampiyonlar Ligi 2. ön eleme turu müsabakasının TV8'deki canlı yayınında yasadışı bahis sitelerinin reklamlarının

yapıldığına ilişkin şikâyeti gündemine alan Ticaret Bakanlığı Reklam Kurulu da konuya müdahale etti.

Yine Acun Ilıcalı'ya ait olan TV8'e 457 bin 308 TL tutarında para cezası kesti.

En son ise Türkiye-Karadağ maçında yine Türkiye'de yayınlanması yasak olan yasadışı bahis reklamları izleyiciye ulaştı.

O maçı da TV8 yayınlıyordu.

Aynı zamanda Fenerbahçe Asbaşkanı olan Acun Ilıcalı, yöneticisi olduğu takım için mesai harcamak yerine gelen eleştirilerle mücadele etti.

X'te (eski adıyla Twitter) yayınladığı bir gönderide, Karadağ ile Türkiye arasında oynanan Uluslar Ligi karşılaşmasında ekrana gelen bahis reklamlarından sorumlu olmadığını savunmuştu.

Açıklamasında şunları söyledi:

> "Israrla anlamayanlar, anlamak istemeyenler ya da algı yaratmak isteyenler için bir kez daha söyleyelim. Yurtdışında oynanan maçların reklam panolarının satışı, ev sahibi ülkenin federasyonuna aittir. Nasıl Türkiye'de oynanan milli maçların reklam panolarının satışı Türkiye Futbol Federasyonu'na aitse, Karadağ-Türkiye maçının saha içi reklam panolarının satışını da Karadağ Futbol Federasyonu yapmıştır. TV8'in bu olayın herhangi bir tarafıyla ilgisi ya da alakası yoktur."

Acun Ilıcalı daha sonra kamu yayıncısı TRT 1 ekranlarında maç esnasında görünen bir bahis reklamı üzerinden örnek verdi.

Yasadışı bahis sitesi reklamları TRT'de de yayınlandı

Fakat bu açıklama yetmedi.

İstanbul Cumhuriyet Başsavcılığı Bilişim Suçları Soruşturma Bürosunca, Acun Ilıcalı ile TV8 kanalı ve Exxen dijital platform yetkilileri hakkında, "yasadışı bahse teşvik ve reklam" suçu iddiasıyla soruşturma başlatıldı.

Soruşturmanın, UEFA Uluslar Ligi maçlarında gösterilen yasadışı bahis reklamlarına ilişkin olduğu öğrenildi.

Acun Ilıcalı ile Konuştum

Bu kadar olay üst üste gelince ben de tekrar Acun Ilıcalı'yı arayıp sordum.

Önceki sayfalarda yine bana yaptığı açıklamalarını söyleyip konuyu hatırlattım. Dedim ki: Siz Hull City'i 2022 yılında aldınız, oysa Hull City sponsoru Jeton Wallet ile ilgili operasyon 2019 yılında yapıldı. Yani takımı almanızdan çok önce...

Acun Ilıcalı da alınan reklamlar, süreçleri ve elde ettiği gelir ile ilgili şunları söyledi:

> "Şunu takdir edersiniz ki yarısı İngiliz, yarısı Türk çalışanların olduğu reklam, sponsorluk bölümünün yaptığı anlaşmaları kimle yaptığını ben bilemem.
>
> Hull City'nin firmalar ile yaptığı yıllık sponsorluk anlaşması toplamı 5 milyon sterlin. Sizin sorduğunuz reklamveren ile yapılan sponsorluk tutarı ise yıllık tutarın yüzde 5'i dahi değil. Bu tür tutarlı sponsorluklar benim bilgim dahilinde yapılan sponsor işlemi değil.
>
> Elbette büyük olursa öyle durum söz konusu olur ancak bu sponsorluk büyük bir rakam değil ki. Olsa olsa 100 bin sterlindir. Nereye reklam aldılar bilmiyorum."

Bu arada ben bir soru daha sordum ve Tomya adlı kripto para firmasından alınan reklamı hatırlattım.

O da cevap olarak, "TOMYA ile 100 bin sterlin tutarında bir anlaşma yapılmış. Bu şu anda gündemde olduğu için bilgim var. Bir soruşturma başlamış bu kapsamda öğrendim. Jeton Wallet ile 40 bin sterlinlik bir anlaşma yapılmış" ifadelerini aktardı.

Üstüne basa basa vurguladığı bir şey vardı.

Türkiye'de yasadışı olan sanal bahisin İngiltere'de tamamen serbest olduğu ve reklamı alınan firmaların İngiltere'de çalışmaya devam ettiğini dile getirdi.

Verilen cevaplar bu şekilde, takdir kamuoyunun.

Bu konuşmanın ardından, kripto para borsalarındaki dolandırıcılık olaylarına ilişkin bir dosyayı araştırırken karşıma TV8 çıktı.

Hani size İdol Forex ismini unutmayın demiştim TOMYA bölümünde, Ankara Batı Cumhuriyet Savcılığı tarafından hazırlanmış bir iddianame elime geçti.

Bu iddianamede, Nilüfer V. isimli bir vatandaşın yaşadığı dolandırıcılık olayı ayrıntılarıyla anlatılıyordu. Yabancı bir numaradan aranan Nilüfer V.'ye, kripto para borsası hakkında bilgiler verilmiş ve yüksek kâr vaadinde bulunulmuştu.

İlk etapta sisteme 1.000 Euro yatıran Nilüfer V., daha sonra 50 bin dolar daha göndererek şirkete olan güvenini artırmıştı.

Nilüfer V., sözde yatırım şirketi ile irtibatını sürdürmüş ve bir süre sonra "Sedat" isimli bir kişiyle görüşmeye başlamıştı. Ancak bu kişi, yatırdığı paranın kaybedildiğini iddia etmişti. Bunun üzerine Nilüfer V., yatırım şirketinden şikâyetçi olan diğer mağdurlarla irtibata geçerek birlikte şikâyetçi oldular. Bu olayın ardından savcılık tarafından soruşturma başlatıldı ve iddianame düzenlendi.[1]

Soruşturma kapsamında, "İdol Forex" isimli şirket incelemeye alındı.

Şikâyetçi, bu firmanın reklamlarını TV8 ekranlarında yayınlanan maç müsabakalarında gördüğünü, bu nedenle TV8'in sponsorluk desteği verdiğini düşündüğünü ifade etti.

Ayrıca, şirket yetkililerinin kendisine firmanın resmi bir kuruluş olduğunu, "İslami inançlar doğrultusunda kâr payı verdiklerini" ve Merkez Bankası'na kayıtlı olduklarını söyleyerek kendisini ikna ettiklerini belirtti.

Bu konudaki gelişmeleri takip edeceğim.

Biz devam edelim...

Mesela yasadışı sanal bahis üyeliklerinde bir kaleciye denk geldim. VIP listede. Toplamda 1 milyon 500 bin TL bahis yapmış.

Aradım, kendisi ile konuştum. Sanal bahis sitesindeki üye kayıt bilgilerinde bulunan telefon, TC numarası, mail adresi her şeyi tutuyor. Kendisi de bilgileri doğruladı.

Ancak "Ben oynamadım" dedi. Tüm bilgiler ve belgeler elimde olmasına rağmen şimdi oynadığı bahis kuponlarını araştırıyorum.

1 Ankara Batı Cumhuriyet Başsavcılığı İddianame No: 2024/3005, Esas No: 2024/16423, Tarih: 11.12.2024

Tam bu noktada Cemil Önal, Anıl Uzun veya Onur isminin üzerinde durmamız gerekiyor.

Anıl ve Onur Uzun'dan başlayalım...

Daha önceki sayfalarda film gibi hikâyesini aktardığım Yaşam Ayavefe örneğinde olduğu gibi Anıl Uzun, Onur Uzun gibi isimler kimdir diye arama yaptığınızda karşınıza olumsuz haber çıkmaz.

Çünkü bu tür kişiler PR çalışmasına çok önem veriyorlar. Kendileri hakkında onlarca sahte haber, para ile yaptırılmış haber veya kişisel sayfaların ön plana çıktığını görürsünüz ancak resmi belgelerden kurtulamıyorlar.

Öncelikle yargılama kısmını anlatıp Acun Ilıcalı ve Hull City bağlantısını, Uzun kardeşlerle bağlantılı kişiler hakkında ayrıntılı bilgiyi yazı sonunda vereceğim. Öncelikle nasıl bir yapıdan bahsediyoruz onu görün istiyorum.

Tarih: 18 Kasım 2019

Ankara Emniyeti birçok ili de kapsayan merkezi Londra olan Kıbrıs, Malta, Litvanya ve Bulgaristan bağlantılı olan yasadışı bahis operasyonu yaptı.

Toplamda 75 kişi hakkında işlem yapıldı. Şüpheli sıfatı taşıyan bazı kişiler yurtdışında olduğu için gözaltı işlemi yapılamadı.

Soruşturma sonucunda Ankara Cumhuriyet Başsavcılığı'nca Anıl Uzun'un örgüt lideri olduğu Onur Uzun'un ve 20 kişinin örgüt ve yöneticisi olduğu 75 kişinin yer aldığı iddianame hazırlandı.[1]

İddianamede örgüt yöneticisi sanıklar hakkında 5 ile 11 yıla kadar hapis cezası, örgüt üyesi 54 kişi için de 4 ile 8 yıl arasında değişen hapis cezaları istenmiş.

İddianamede örgüt lideri Anıl Uzun'un oluşturduğu suç örgütü kapsamında internet ortamında yasadışı bahis oynattığı, örgütün tüm Türkiye çapında yasadışı bahis oynatılmasından sorumlu olduğu belirtilmiş.

Bununla beraber uluslararası bir yapıya sahip olan söz konusu suç örgütünün Türkiye ile beraber Kıbrıs, Malta, Litvanya ve Bulgaristan ülkelerindeki yasadışı bahis oynatılmasını da organize ettiğine vurgu yapılmış.

Tüm bu ülkelerde oynatılan yasadışı bahisten elde edilen gelirin örgütün suç geliri olduğu, söz konusu gelirin oldukça yüksek bir meblağa tekabül ettiği anlatılmış.

---

1 Ankara Cumhuriyet Başsavcılığı İddianame No: 2020/6723, Esas No: 2020/9691, Tarih: 27.02.2020

Öyle ki yasadışı bahiste kullanılan Jeton isimli uygulamadan bir günde 100 bin doların üzerinde gelir elde edildiği tespit edilmiş.

Üstelik söz konusu suç örgütünün terör örgütleri gibi hücre tipi yapılanma halinde çalıştığı anlaşılmış.

Örgütün Türkiye çapında tüm illerde sorumluları bulunduğu, bu sorumlulara bağlı olarak çalışan ATM'ci diye tabir edilen kişilerin yer aldığı aktarılmış.

Örgütün il sorumlularının ise "Kasa Toplayıcısı" (KT) oldukları ve örgütün yasadışı bahis paralarını özel bir para taşıma firması olan Loomis firması ile İstanbul iline naklettikleri belirlenmiş.

İstanbul ilinde paravan olarak kurulmuş bulunan ve ticari faaliyetleri olmayan Artuklu ve Çakmakçı isimli sözde şirketlerde paraların toplandığı ve yasal bir kisveye bürünen yasadışı bahis paralarının burada örgüt lideri Anıl Uzun'a ait olan şirketler üzerinden para transferlerinin gerçekleştiği tespit edilmiş.

Bakın öyle bir örgüt ki, yasadışı bahisten elde ettikleri parayı taşırken operasyona maruz kalma veyahut da arama noktalarında sıkıntı çıkma ihtimaline karşı özel para taşıma firması ile çalışmış. "Çalışmış" diyorum çünkü "Loomis" firması devasa uluslararası bir güvenlik ve para taşıma firması. Firma yetkilileri ile görüştüm. Konudan haberdar olduklarını, bir çalışanlarının bireysel olarak şirketten bağımsız yaptığı bir olay olduğunu beyan ettiler.

Yine diğer yasadışı sanal bahis site yöneticilerinin yargılandığı dosyalarda gördüğümüz gibi örgüt içi yazışmaları, konuşmaları SLACK isimli bir cep telefonu uygulaması üzerinden sağladıkları tespit edilmiş.

Uygulama kast modeline göre yapılmış. Uygulamada sohbet odası tarzında grupların bulunduğu, her grubun bir grup yöneticisi olduğu, kişilerin burada kod isimleri ile yer aldıkları, örgüt yöneticilerinin genellikle tüm gruplar ile irtibatları olduğu ancak ATM'ci diye tabir edilen örgüt üyelerinin sadece kendi dahil edildikleri grup ile iletişim kurabildikleri tespit edilmiş.

Bu uygulamanın çalışabilmesi içinde cep telefonunun GPS özelliğinin açık olması gerekiyormuş.

Neden peki?

Bu özellik ile örgüt üyelerinin yerlerinin örgüt yöneticileri tarafından tespit edilebildiği, en az üç örgüt üyesinin yan yana bulunduğunun tespit edilmesi halinde cep telefonuna uzaktan erişim ile cep telefonunun sıfırlandığı ve yapılan tüm yazışmaların bir daha geri gelmeyecek şekilde silindiği tespit edilmiş.

Bakın bunların kullandığı programları istihbaratçılar kullanıyor.

İnanılmaz gerçekten.

SLACK programı yüklü cep telefonlarının örgüt üyelerine örgüt tarafından verildiği, bu cep telefonlarının genellikle Samsung marka cep telefonları olduğu ve yalnızca SLACK programı üzerinden örgüt faaliyetleri için kullanıldığı tespit edilmiş.

Nasıl bir profesyonel örgüt olduğunu bu tespitlerden görüyorsunuz.

Örgütün yapısı da diğer davalarda gördüğünüz yasadışı sanal bahis organizasyonlarıyla benzerlik taşıyor. Ancak bu kez çok daha profesyonel ve geniş çalışıyorlar.

İlk olarak "il sorumluları" ve ATM'ciler geliyor...

İl sorumluları, örgüt yöneticisi olup suç örgütünün faaliyet gösterdiği illerdeki örgüt liderleri olarak geçiyor. SLACK programında KT (Kasa Toplayıcısı) olarak yer alırlar. Kendi altlarında yer alan ve ATM'ci olarak tabir edilen kişilerden gün sonunda toplanan paraları Loomis isimli özel para taşıma firmaları aracılığı ile İstanbul iline naklediyorlar. Her KT kendi ATM'cisinin eylemlerinden bizzat sorumlu olup SLACK programı üzerinden kendi üstlerindeki örgüt yöneticilerine hesap veriyor.

ATM'ciler ise yasadışı bahis oynayan kişilerin internet üzerinden yatırdıkları paraları QR kod ile ATM'lerden çekip, şayet bahis oynayan kişiye bir ödeme yapılacak ise bu ödemeyi yapıyor.

Örgütün kapalı hücre tipi yapılanması gereği örgüt üyeleri birbirleri ile tanışmazlar, yalnızca SLACK uygulamasındaki kod isimleri ile birbirlerini bilirler.

Örgüt tarafından kontrol edilen yasadışı siteler şöyle:

www.tempobet.com / www.artemis.com
www.betitbet100.com / www.pasgol.com
www.bopasgol.aero777.com / www.comm100.com
www.sekabet248.com / www.1xbet.com
www.marsbahis15.tv / www.trendbet5.com
www.bahisortami6.com / www.kazansana4.com
ve www.sekabet237.com

Örgüt lideri Anıl Uzun İngiliz vatandaşı. Suç örgütünün dünya çapındaki yasadışı bahis eylemlerini organize ediyor. İddianamede SLACK isimli uygulama üzerinden örgüt yöneticilerine talimatlarını ileten şüphelinin bu şekilde elde edilen yasadışı bahis parasını kendi adına olan şirketler ya da kendi talimatı ile diğer örgüt yöneticileri tarafından kurulan şirketler üzerinden yurtdışına çıkardığı belirlenmiş. Bir kısım yasadışı bahis parasının ise BTC'ye çevrilmek suretiyle yurtdışına çıkartıldığı tespit edilmiş.

Anıl Uzun hakkında düzenlenen MASAK raporuna göre şüphelinin elde ettiği gelirin yasadışı bahisten kaynaklanan suç geliri olduğu tespit edilmiş ve bu kapsamda şüphelinin tüm malvarlığına el konulmuş.

İfadesi alınan şüphelilerin ifadelerinde açık ikrarlar bulunuyor.

Ögecan Bektaş isimli şahıs verdiği ifadede Morkod firmasından bahsediyor.

5 yıldır Morkod firmasında çalışmakta olduğunu, firmanın önceki isminin EFT Yazılım olduğunu, Anıl Uzun ve Ozan Özerk isimli iki ortağının olduğunu, bir müddet sonra aralarında bir husumet olmasından dolayı ayrıldıklarını söylüyor.

Bengüsu Haşimzade ile Morkod firmasında devam ettiğini, burada insan kaynakları departmanında iç iletişim, eğitim organizasyonu, ücret vb. işlerde görev aldığını anlatıyor.

Sorumlu olan en üst düzey kişiyi Anıl Uzun olarak bildiğini, EFT Yazılım firmasında çalışırken Anıl Uzun'un ablası olan ve şirketin Genel Müdürü olan Fatma Uzun Demirtaş, Anıl Öncü isimli şahısla yollarını ayırdıklarını da ekliyor.

Morkod isimli firmanın Mihrican Bakar adına, Bumin isimli firmanın Hüseyin Zahmacıoğlu'na ait olduğunu bildiğini, fakat sonrasında bu firmaların Londra menşeli holdinge devredildiğini anlatıyor.

Fatma Uzun Demirtaş ismini unutmayın.

Biz Ögecan Bektaş'ın ifadesinden devam edelim... Gerçi isimlerin bir önemi yok, Anıl Uzun ve örgütünün nasıl kurulduğunu ve nasıl işlediğini görmenizi istiyorum.

Ögecan Bektaş, Hüseyin Zahmacıoğlu isimli kişinin Bumin firmasının sahibi olduğunu, Antalya'daki lokasyonun en üst yöneticisi olduğunu, şu an 42 kadar bir çalışanı olduğunu anlatıyor.

Anıl Uzun ile çok yakın olduklarını, neredeyse Hüseyin'e danışmadan iş yapmadıklarını söylüyor. "GOBABA" isimli yazılımın Morkod firmasının yöneticileri tarafından geliştirildiğini, bu sitenin bitcoin alım satım transfer, hesap cüzdanı gibi işlemlerin yapıldığı bir platform olduğunu da itiraf ediyor.

Gobaba isimli yazılım ismini de unutmayın. Bu isim internet alan sağlayıcısı ünlü ABD'li şirket "GoDaddy"den mi esinlendi bilinmiyor.

Şahıs ifadesinin devamında ise Uzun Ödeme firmasının Trump Tower içerisinde faaliyet gösterdiğini, şirket sahibinin Anıl Uzun olduğunu, firmanın Londra'ya bağlı olduğunu ve elektronik para işini yaptığını anlatıyor.

Anıl Uzun isimli şahsı 7 veya 8 defa gördüğünü, fazla tanımadığını, Mihrican Bakar'ın ise 4 firmanın finans müdürü olarak görev yaptığını aktarıyor. Fatma Uzun Demirtaş ile çok yakın arkadaş olduklarını söylüyor.

Yine Emre Öztürk isimli bir şahıs ifade vermiş.

Uzun uzun ifadeleri aktarmayacağım ancak özetle Anıl Uzun'u patron olarak bildiğini, Antalya'da bir evi olduğunu, Bursa'da Harmony Towers'ta iki tane evinin ve Londra'da bir evinin olduğunu bildiğini anlatıyor.

Fatma Uzun Demirtaş'ın Anıl Uzun'un kız kardeşi olduğunu, Antalya (Bumin Yazılım), Bursa (Morkod Yazılım) ve İstanbul'da (Morkod Yazılım) bulunan şirketin "Genel Müdürü" olduğunu söylüyor.

Yani Fatma Uzun Demirtaş, Anıl Uzun'un kız kardeşiymiş.

İfadesi alınanlardan Nabu Nacar isimli kişi ise 3. kişilere ait hesap kartlarını resimlerini çekerek attığını, hesap bilgilerini ve internet bankacılığı şifrelerini verdiklerini anlatıyor.

Bu şifrelerle 3. kişiler adına PARİBU, BTCTURK, VEBİTCOİN GOBABA'da hesap açtıklarını, toplanan paraları Semih Sever'in söylediği siteler üzerinden yine aynı 3. kişi hesaplarına aktardıklarını belirtiyor.

O da diğerleri gibi Gobaba ve Morkod isimli şirketlerin sahibinin Anıl Uzun olduğunu, Trump Towers'da işe başladığını da anlatıyor.

Şimdi diğer ifadeye geçmeden önce size "Coldwell Banker" şirketini anlatayım. Bir yerde denk gelmişsinizdir belki.

İşte bu şirketin foyası Birol Topçu'nun ifadesiyle ortaya çıkıyor.

Birol Topçu özetle diyor ki, bunlar Coldwell Banker firmasının sahibi ve gayrimenkul alıp satıyorlar.

Geldik mi yine gayrimenkul alış satışına. Aynı Veysel Şahin ve diğer yasadışı sanal bahis operasyonlarında ortaya çıkan alım satımlar gibi yani...

İfadeden devam edelim.

Birol Topçu, Orhan Yazık isimli kişinin telefon görüşmeleri esnasında, Coldwell Banker (Bursa Model Gayrimenkul Pazarlama Anonim Şti.) isimli firmanın Harmony Towers altında bulunan, gayrimenkul alım satımında faaliyet gösteren firma olduğunu duyuyor.

Bu firmada çalışanlardan Mihrican Bakar isimli şahsın orada genel müdür olduğunu öğreniyor.

Ancak sahibinin de Fatma Uzun Demirtaş olduğunu ve eşi Ümit Demirtaş isimli şahsın ise ne iş yaptığını bilmediğini anlatıyor.

Ersin Gürcan'ı da Coldwell Banker firmasının bütün ihtiyaçlarını karşılayan şahıs olarak bildiğini, Diler Çakır isimli şahsın ise işyerinin asistanı olarak görev yaptığını tek tek söylüyor.

Yani Anıl Uzun'un kız kardeşi Fatma Uzun Demirtaş, eniştesi Ümit Demirtaş Coldwell Banker adlı emlak şirketini yönetiyorlarmış.

Aslında örgüt öyle profesyonel çalışıyor ki... Yazılım sektöründe çalışanları da yakinen takip ediyorlar. Pupa Bilişim şirketinde çalışan yazılımcılara yüksek maaşlı iş teklifleri götürüyorlar.

Örgüt öncelikle EFT Yazılım adlı bir firmada Anıl, Onur Uzun ve Ozan Özerk ile ortak olarak çalışırken bir tartışma sonrası ayrılıyorlar. Anıl ve Onur Uzun Morkod ve Bumin adında şirketler kurup çalışanları bu firmalara aktarıyorlar.

EFT adlı firma, 2013 yılında Bursa Nilüfer Odunluk Mahallesi Green White Plaza'da Fatma Uzun Demirtaş adına kuruluyor.[1]

Ancak Fatma Uzun Demirtaş şirketi 2017 yılında, "PMB Road TownBVI" adresindeki yani vergi cenneti olan Britanya Virjin Adaları'nda kayıtlı "Akce Holdings" şirketine devrediyor.[2]

Bu şirket adına da 31 Temmuz 2017 tarihinde "Apartment 135 The Tower, 1 St.George Wharf, Londra, SW8 2DA,Birleşik Krallık" adresindeki Ozan Özerk temsilci olarak atanıyor.

1 Türk Ticaret Sicili Gazetesi, 24 Aralık 2013 Tarih, Sayı 8471, Sayfa 882
2 Türk Ticaret Sicili Gazetesi, 23 Şubat 2017 Tarih, Sayı 9270, Sayfa 109

Şirket adına da Olivia Alexadra Taylor imzalamış. Ekim ayında da adresini İstanbul Şişli Astoria İş Merkezi'ne taşıyorlar.

Yasadışı sanal bahis deyip geçmeyin, arkasında işte böyle bir emek var!

Devam edelim...

Örgüt bir de lisanslı kripto çıkarmak istiyor ve bunun için Uzun Ödeme ve Elektronik Para Anonim Şirketini kuruyor. Uzun Ödeme A.Ş. adlı firma Trump Towers'ta Anıl Uzun adına kuruluyor.[1]

Anıl Uzun'un şirketi "20 Charwood Leigham Court Road Streatham SW16 2SA London Büyük Britanya ve Kuzey İrlanda Birleşik Krallığı" adresinde, sermayesi 5 milyon TL ile kuruluyor.

Bursa'da kurulan Coldwell Banker emlak şirketinin firması Bursa Model Gayrimenkul adlı firma. Kurucusu Mihrican Bakar ve Fatma Uzun Demirtaş. Fatma Uzun bir süre sonra hisselerini kocasına devretmiş.[2]

Morkod isimli firma yine 2017 yılında Bursa'da kurulmuş.[3] Kurucusu Orhan Yazık. Şirket Müdürü Mihrican Bakar.[4] 2018 yılında firmayı Virjin Adaları'nda Anıl Uzun'a ait olan MR GOODMAN LTD devralıyor.[5]

Bu şirketin temsilcisi de Mihrican Bakar oluyor. 2018 yılında müdür olarak Fatma Uzun Demirtaş atanıyor.

Biz kafa karıştırmayalım, iddianameye bağlı kalarak Birol Topçu'nun ifadesi ile devam edelim.

Topçu ifadesinde, Gobaba olarak bildiği şirketin sahiplerinin Anıl Uzun, Nuri Özlü, Serkan Zubari, Hüseyin Zahmacıoğlu olduğunu açıklıyor.

Şirketin faaliyet alanının, Bitcoin ve kripto para borsası olduğunu, Estonya'da lisans aldığını, Türkiye'de de Bursaspor'a sponsor olduğunu anlatıyor.

Etkinlik ve fuarlara katıldığını, orada Anıl Uzun dışındaki diğer 3 şahsın konuşmalar yaptığını gördüğünü, Jeton Venture hakkında yurtdışı fuarları için kendisine yaptırılan promosyon malzemelerinden ismini bildiğini belirtiyor.

1 Türk Ticaret Sicili Gazetesi, 23 Kasım 2018 Tarih, Sayı 9709, Sayfa 325
2 Türk Ticaret Sicili Gazetesi, 09 Ağustos 2018 Tarih, Sayı 9636, Sayfa 113
3 Türk Ticaret Sicili Gazetesi, 22 Haziran 2017 Tarih, Sayı 9353, Sayfa 329
4 Türk Ticaret Sicili Gazetesi, 22 Kasım 2017 Tarih, Sayı 9462, Sayfa 173
5 Türk Ticaret Sicili Gazetesi, 21 Mayıs 2018 Tarih, Sayı 9582, Sayfa 63

Birol Topçu, sahibi hakkında bir bilgisinin olmadığını ancak Jeton Venture işleri için Monika Arslan ve ekibinin ilgilendiğini bildiğini, promosyon malzemelerinin yapımında Morkod çalışanlarından Liubo Trus ile organize ettiklerini aktarıyor.

Şirketin merkezinin İngiltere'nin Londra şehrinde olduğunu bildiğini, yapmış olduğu promosyon malzemelerini ismini Alisher Abdulabov olarak hatırladığı kişiye gönderdiğini söylüyor.

Topçu, kime ait olduğunu bilmediğini ancak şirketin muhasebecisi olan ve çalışma ofisi Bursa ilindeki Coldwell Banker isimli işyerinin üst katında bulunan Cemal Topaloğlu isimli kişi tarafından, bu şirket ile alakalı BDDK'ya başvuru yapıldığını ve lisans alınması için girişimde bulunulduğunu da anlatıyor.

Neymiş, örgüt Gobaba diye Estonya lisanslı bir kripto para çıkarmış ve Bursaspor'a sponsor olmuş. Efes Pilsen, GooLive adına promosyon yaptırdıklarını söylemiş. Hatırlarsanız Ozan Tufan'ın elinde tuttuğu Hull City formasının altında da Efes Pilsen reklamı vardı.

Bakın değerli dostlar.

Bu kripto para borsası bildiğiniz dipsiz bir kuyu.

Kimin eli kimin cebinde belli değil.

Günaşırı dolandırıcılık haberlerini duyuyoruz.

Gelin biz Gobaba adlı platformu inceleyelim.

Londra merkezli kripto para borsası Gobaba, Türkiye'de faaliyet gösteren kripto para borsaları arasından Estonya Finans İstihbaratı Birimi'nden (FIA) lisans alan ilk kuruluş oldu.[1]

Gobaba, 5 Şubat 2019 tarihinden itibaren, Estonya devletinin sağladığı iki farklı lisans tipi olan "dijital para birimi cüzdanı" ve "dijital para birimini fiat[2] para birimine çevirme" lisansları altında faaliyet göstermeye hak kazandı.

---

1 "Gobaba, Türkiye'deki İlk Lisanslı Kripto Para Borsası Oldu", Fintech İstanbul, 16 Şubat 2019, https://fintechistanbul.org/2019/02/16/gobaba-turkiyedeki-ilk-lisansli-kripto-para-borsasi-oldu/

2 Fiat Money / Fiat Para Birimi: Hükümet kararına dayalı çıkartılan itibara dayalı bu karşılıksız paranın uluslararası adlandırılmasıdır.

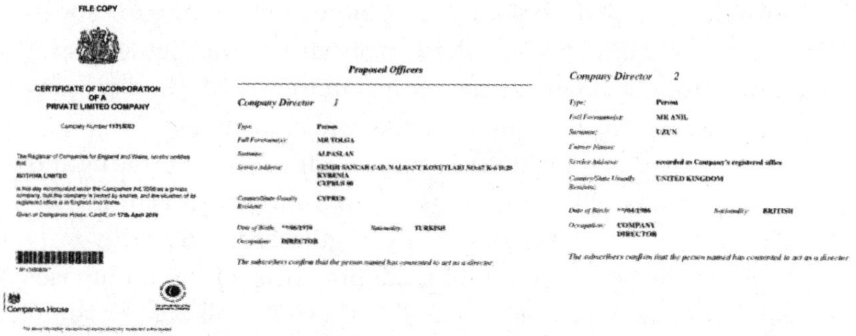

FILE COPY

CERTIFICATE OF INCORPORATION
OF A
PRIVATE LIMITED COMPANY

Companies House

Proposed Officers

Company Director 1

Type:	Person
Full Forename(s):	MR TOLGA
Surname:	ALPASLAN
Country/State Usually Resident:	CYPRUS
Nationality:	TURKISH
Occupation:	DIRECTOR

The subscribers confirm that the person named has consented to act as a director.

Company Director 2

Type:	Person
Full Forename(s):	MR ANIL
Surname:	UZUN
Former Names:	
Service Address:	recorded as Company's registered office
Country/State Usually Resident:	UNITED KINGDOM
Nationality:	BRITISH
Occupation:	COMPANY DIRECTOR

The subscribers confirm that the person named has consented to act as a director.

Gobaba adlı kripto paranın İngiltere'deki resmi belgelere göre sahipleri Alexander William Durham ve Anıl Uzun.

Şirket 2021 yılında kapanmış gözüküyor. Faaliyette olduğu dönemde Türkiye'de TL cüzdanlarına Papara aracılığıyla yatırma işlemi gerçekleştirilebiliyordu.

Sitelerinde "Gobaba'da yapılan her alışveriş işleminde platform coini olan GBB coinlerini işlem ücretinin yüzde 10'u değerinde ödül olarak müşterilerine geri ödemesi yapmaktayız" diye reklam yapıyorlardı.

Hatta fuarlara katılıp Türkiye'deki kripto haber yapan sitelere haberler yaptırıyorlardı.

Paris FinTech Forum'da bir Türk girişimi:

Çeşitli FinTech girişimlerine imza atan Anıl Uzun tarafından kurulan Gobaba, ürünlerini tanıtmak üzere, Paris FinTech Forum 2019'da yer aldı.

FinTech alanındaki alanındaki yetenekli ve istekli girişimcilere destek olmak için Anıl Uzun tarafından daha önce kurulan [illegible], danışmanlar kurulu ve yönetim ekibi, özellikle finans alanındaki teknoloji uygulamalarındaki birikimleri sayesinde, girişimlerin değer üreten ve kullanıcıları ile faydalı ilişkiler kurmasını sağlayan iş modelleri kurmalarına yardımcı olmayı amaçlıyor.

Anıl Uzun'un bir diğer FinTech girişimi ise merkezi Londra'da bulunan kripto para borsası Gobaba.com. Şirket, Türkiye'de ve İngiltere'deki ofislerinde yer alan yaklaşık 30 kişilik bir ekiple yönetiliyor.

Bursapor sponsorluğu ile ilgili gariptir bir belge veya bilgiye ulaşamadım.

Biz Ersin Gürcan'ın ifadesi ile devam edelim...

Gürcan ifadesinde Mihrican Bakar'ın talimatıyla Morkod şirketinin şoförlüğünü yapan Selim Dağlılar ile birlikte Bursa Kapalı Çarşı'da bulunan Ekonomi Döviz'den spor bir çanta içerisinde TL şeklinde parayı alıp arabaya kadar taşıdığını görmüş.

Aracın markasının Jeep olduğunu, plakasını ise 16 TBM 79 olarak hatırladığını anlatmış. Sonra Coldwell Banker isimli işyerine geldiklerini, sonrasında parayla ilgili ne gibi bir işlem yapıldığını bilmediğini belirtmiş.

Şirket tarafından kendisine hiçbir zaman yüklü miktarda para verilmediğini, birine teslim etmesi istenmediğini, tarihini tam olarak hatırlamamakla birlikte 2018-2019 yılları arasında yine Mihrican Bakar'ın talimatıyla Aknur Döviz'den ilkinde 10.000 TL, ikincisinde 50.000 Euro parayı elden kargo poşetiyle teslim alıp Mihrican Bakar'a teslim ettiğini anlatmış.

Nakitlerin döviz şirketlerine gönderilip oradan da nasıl taşındığını itiraf etmiş.

Aslında Kırmızı Kedi'den çıkan *HAVALA* kitabımda da bunu ayrıntılı şekilde anlatmıştım.

Tabii burada kritik olan itirafçı olanların ifadeleri...

Onlardan biri de etkin pişmanlıktan yararlanan Yasmin Duarte Mateus Vrela...

İfadesinde "General" kod ismini kullandığını, kendisine sorulan jeton.com (Jeton Wallet) isimli sitenin resmi sahibinin Urus London Ltd Şirketi ve şirketin sahibi Mr. Sergey Grechko isimli kişi olarak görünse de bu sitenin gerçek sahibinin Anıl Uzun olduğunu anlatmış.

Yani Anıl Uzun'un hem bahis sitelerinden hem de bahis oynayan kişilerden komisyon parası aldığını, Anıl Uzun isimli şahsa ait olduğunu beyan ettiği sitelerin www.120tempobet.com / www.iddaatahmin9.com/anadolubahis.html / www.tipobet0184.com / www.sultanbet104.com / www.akçebet.com isimli bahis siteleri olduğunu açık açık söylemiş.

Aslında ifadesinde belirttiği firma Urus London gerçekte var ve sahibi gerçekten de Mr. Sergey Grechko. Bunu İngiltere'deki resmi evraklardan da görebiliyoruz.[1]

1 Birleşik Krallık Hükümeti resmi web sitesi (www.gov.uk) kayıtlarındaki şirket numarası (Company number): 11535714, https://find-and-update.company-information.service.gov.uk/company/11535714

FILE COPY

CERTIFICATE OF INCORPORATION
OF A
PRIVATE LIMITED COMPANY

Company Number 11315083

The Registrar of Companies for England and Wales, hereby certifies that

MOTHMA LIMITED

is this day incorporated under the Companies Act 2006 as a private company, that the company is limited by shares, and the situation of its registered office is in England and Wales

Given at Companies House, Cardiff, on 17th April 2018

Companies House

Proposed Officers

Company Director 1

Type:	Person
Full Forename(s):	MR TOLGA
Surname:	ALPASLAN
Service Address:	SEMIH SANCAR CAD. NALBANT KONUTLARI NO:67 K-6 D:28 KYRENIA CYPRUS 00
Country/State Usually Resident:	CYPRUS
Date of Birth:	**/06/1970
Nationality:	TURKISH
Occupation:	DIRECTOR

The subscribers confirm that the person named has consented to act as a director.

Hatta bu firma isim değiştirmiş ve faaliyetine La Orange Limited adı ile devam ediyor.

Search for a company or officer

LA ORANGE LIMITED

Follow this company | File for this company

Overview | Filing history | People | More

Registered office address
The Shard Floor 24/25, 32 London Bridge Street, London, England, SE1 9SG

Company status
Active

Company type
Private limited Company

Incorporated on
24 August 2018

Accounts
Next accounts made up to 27 December 2023
due by 23 December 2024
Last accounts made up to 31 December 2022

Confirmation statement
Next statement date 15 August 2025
due by 29 August 2025
Last statement dated 15 August 2024

Nature of business (SIC)
64999 - Financial intermediation not elsewhere classified

Previous company names

Name	Period
URUS LONDON LTD	24 Aug 2018 - 03 Sep 2020

Hatta şirket yönetiminde bulunanlardan birini arattırdığınızda bakın karşınıza ne çıkıyor. Şirket yetkilisi olarak gözüken Saaly Temirkanov var. Özgeçmişinde Jeton uygulamasının İcra Direktörü olduğu yazıyor. Sonra şirketi Avukat Ryan Edward Ottman adlı kişiye devretmişler. Şirket halen faal...

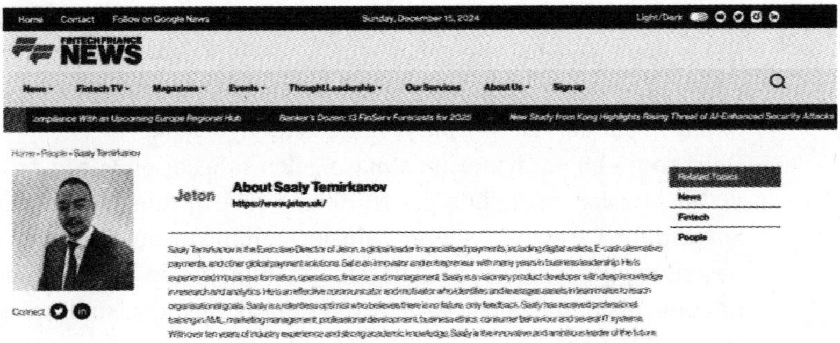

Devam edelim...

Toplanan yasadışı bahis paralarının örgüte kazandırılmasında etkin rol oynadığı tespit edilen Tuğrul Bekçi ifadesinde örgütün İstanbul Avrupa Yakası temsilcisi olan Mustafa Burak Ayyıldız ile birlikte "Ayem Değerli Madenler" isimli şirketin ortağı bulunduğunu anlatmış.

Bütün paraların da bu şirketin nezdinde nasıl toplandığını tek tek detaylandırmış.

İşyerinin sahibinin Mustafa Burak Ayyıldız isimli şahıs olduğunu, işyerinde haberleşmek için herhangi bir program kullanmadıklarını anlatmış.

Kendisine sorulan "Loomis Güvenlik Hizmetleri isimli şirket ne iş yapar ve buradan kimleri tanırsınız? Bu şirketten gelen kargolardan teslim aldınız mı, aldı iseniz nelerdir ve hangi tarihte alım yapmaya başladınız? Teslim almış olduğunuz paralara ne gibi işlemler yapıp kimlere teslim ediyordunuz? Kargoyu gönderen veya gönderdiğiniz şahıslar kimlerdir?" sorularına da cevap vermiş.

Paraların nasıl geldiğini de şöyle dile getirmiş:

> "Loomis isimli şirket nakit para ve değerli maden taşımacılığı yapar. Ben bu şirketten Zafer isminde birini tanırım, başka şahıslarnda vardır ama ben onları ismen tanımıyorum, bu şirketin müdürü olarak ise birkaç kez gördüğüm Cengiz isimli şahıstır.
>
> Ben işyerine Loomis firması aracılığı ile gelen kargoları AY-EM isimli şirket çalışanı olarak teslim aldım. Bazen kendi ismimi yazarak teslim aldım bazen de bu şirketin çalışanları aceleleri olduğu zaman kendileri imzalar.
>
> 2018 yılı Temmuz veya Ağustos ayı olarak hatırlıyorum ama tam tarih hatırlamıyorum, bu şirket aracılığı ile kargo gelmeye başladı.

Bu şirket aracılığı ile gelen paralar çuval içerisinde bulunan naylon poşette paranın miktarı ve altın yapılması istendiğinde yazıyordu. Ben altın yazan notta gelen paralara altın alıyordum, not olmayan paraları ise sayıp işyerinde bekletiyorduk.

Daha sonra bu parayı teslim almaya gelen şahıslar oluyordu, ben de bu şahıslar geldiğinde parayı dövize çevirip şahıslara teslim ediyordum. Paraları gönderen şahısları tanımıyorum. Ben işyerine gelerek parayı alan şahısları ismen tanımam sadece sima olarak tanırım. Bana bu paraları Mustafa Burak Ayyıldız isimli şahıs teslim et talimatı verir ben de teslim ederim.

Bu şirkete gelen paraların ne parası olduğunu bilmiyorum. Bu paralar hatırladığım kadarı ile Ankara, Kocaeli, Erzurum illerinden geliyordu. Bu paralar ortalama 300.000-500.000 aralığında idi. Ben çalıştığım dönem içerisinde her gün bu işlem yapılıyordu. Loomis isimli şirketin getirdiği paralarda bazen gönderen ve alıcı ismi aynı oluyordu, bunun nedeni ise taşıma aracılığı yapan şirketin önerdiği tekliftir."

Düşünün örgüt para taşıma işlerini lisanslı para taşıma şirketi kurarak çözmüş. O kadar çok para kazanmışlar ki çantalarla bavullarla para taşımışlar.

Şüpheliler ifade vermeye devam etmiş.

Ataullah Umut Gülşen de ifadesinde çok stratejik bir noktayı anlatmış.

Gülşen, Anıl Uzun adına olan İş Bankası Girne Şubesi hesabına 20 Kasım 2016 tarihinde bir işlemde 68 bin 628 dolar TL karşılığı olarak 230 bin TL'yi, Mergen Döviz isimli işyerinde çalışırken, döviz yerinin sahibi Haluk Güvençoğlu'nun talimatı ile gönderdiğini anlatmış.

Mergen Döviz adlı firmayı daha önce de duydunuz değil mi? Hatta okudunuz!

Nerede okudunuz?

Veysel Şahin örgüt dosyasında...

Çünkü iş Reza Zarrab'a doğru gidiyor.

Diğer ifadeye geçmeden hemen anlatayım.

Sanırım yasadışı bahis örgütlerinin birçoğu bu döviz şirketi ile bağlantı içerisindeymiş.

Anıl Uzun'un örgüt lideri olduğu yasadışı bahis soruşturmasında yer alan Hazine ve Maliye Bakanlığı Denetim Daire Başkanlığı'nın dosyaya sunduğu Vergi Tekniği Raporu'na göre para transfer olan diğer döviz büroları nezdinde tespitlere yer verilmiş.

Bankalarla ve diğer döviz şirketleri ile olan bağından söz edilmiş. Kısmet Döviz, Melik Döviz, Rona Döviz ve Kıymetli Maden, Yazıcı Altın ve Döviz Hizmetleri'nden bahsedilmiş.

Mergen Döviz'in 2016 yılında banka hesaplarına gelen ve çekilen para miktarları belirtilmiş. Toplam 617 milyon TL gelmiş ve çekilmiş. O günkü kur ile (2,92) 211 milyon 625 bin dolara tekabül ediyor. Kitabı okuduğunuz dönemdeki kur ile çarpıp siz hesaplayın güncel miktarını...[1]

Mükellef kurumun tüm banka hesap hareketlerinin (gelen+çekilen) tek bir tablo altında aylık toplamları ise aşağıdaki tabloda gösterilmiştir.

Dönem	İşlem Tutarı
Toplam 01.2016	16.791.976,95
Toplam 02.2016	27.798.430,00
Toplam 03.2016	35.781.005,80
Toplam 04.2016	49.741.078,50
Toplam 05.2016	27.904.500,00
Toplam 06.2016	49.698.274,43
Toplam 07.2016	52.557.564,00
Toplam 08.2016	74.689.229,00
Toplam 09.2016	79.760.706,50
Toplam 10.2016	51.360.550,00
Toplam 11.2016	73.509.733,83
Toplam 12.2016	78.352.227,82
Genel Toplam	617.945.276,83

Müfettiş, döviz şirketleri ile yazışmalar yapmış ve söz konusu döviz şirketlerinin aralarındaki bağın döviz alış-satışından ibaret olduğu ve yaptıkları döviz alış-satışlarına ilişkin belge düzenlediklerini belirtmiş. Ancak döviz şirketleri ile bağını incelerken bir firma dikkatimi çekti.

Zira bu isim bana tanıdık geldi.

2016'da Panama Belgeleri'ni, 2017'de Paradise Papers'i yayınlayan Uluslararası Araştırmacı Gazeteciler Konsorsiyumu (ICIJ), küresel bankacılık devlerinin karıştığı yolsuzluk, kara para aklama, terör finansmanı, illegal altın ticareti gibi suçları anlatan yeni bir dosya yayınladı: *FinCEN Dosyaları.*

FinCEN, ABD Hazine Bakanlığı'na bağlı çalışan ABD'deki Mali Suçları Araştırma Ağı'nın (US Financial Crimes Enforcement Network) kısaltması.

1 Hazine ve Maliye Bakanlığı Vergi Denetim Kurulu Başkanlığı İstanbul Sektörel-1 Denetim Daire Başkanlığı Raporu Sayı: E-18063774-641-19033, Tarih: 20.10.2021

Her ülkenin bankasının, Amerikan Doları ile yapılan şüpheli finansal işlemleri (ABD dışında gerçekleşmiş olsalar bile) FinCEN'e bildirmesi gerekiyor. Şüpheli işlem raporlarına ise kısaca SAR deniliyor.

SAR'lar mutlaka bir suiistimal ya da bir suçun kanıtı anlamına gelmiyor.

"Şüpheli Eylem Bildirimi" anlamına gelen SAR, bankalarda uyum görevlileri olarak bilinen gözlemciler tarafından hazırlanıyor. Gözlemciler, finansal suçların ayırt edici özelliklerini taşıyan geçmiş işlemleri veya yüksek risk profiline sahip müşterilerin ya da geçmişte kanunla karşılaşan müşterilerin işlemlerini raporluyor. ABD'de faaliyet gösteren finans kuruluşlarının, bu raporları ABD Hazine Bakanlığı'na sunması gerekiyor; bunu yapmayan bankalar ceza ödemek zorunda kalabiliyorlar.

88 ülkeden 400'den fazla gazetecinin 16 aylık çalışması sonucu ortaya çıkan FinCEN Dosyaları, 2 bin 500'ün üzerinde dokümanı kapsıyor. New York merkezli BuzzFeed News tarafından elde edilen, DeutscheWelle ve BBC'de de yayınlanan dosyanın önemli bir bölümünü bankaların 2000-2017 yılları arasında ABD'li yetkililere gönderdiği belgeler oluşturuyor.

ICIJ'in proje yöneticisi ve editörlerinden Fergus Shiel'in "Bankaların, dünyada dolaşan devasa miktarlardaki kara para hakkında ne bildiğini gösteriyor" diyerek tanımladığı FinCEN belgeleri, yaklaşık 2 trilyon dolarlık para transferini kapsıyor. Üstelik sızan belgeler, 2000-2017 döneminde bankalar tarafından yapılan SAR raporlamalarının sadece küçük bir bölümü.

DeutscheWelle Türkçe'den Pelin Ünker'in haberine göre FinCEN'e sunulan raporlarda, ABD bankaları aracılığıyla döviz işlemleri yapan Türk bankalarının ismi de geçiyor. ICIJ'ın analiz ettiği FinCEN kayıtlarında, Türkiye'deki banka hesaplarının gönderen ya da alıcı olarak geçtiği 538 işlemi "şüpheli" olarak nitelendirildi.

Türkiye'deki banka hesaplarından gelen "şüpheli fonların" miktarı toplamda 70 milyon doları aşıyor. Türkiye'den yurtdışına yapılan "şüpheli havale" miktarı ise 71 milyon dolar.

Türkiye'nin önce şarkıcı Ebru Gündeş'in eşi olarak tanıdığı, daha sonra 17-25 Aralık 2013 operasyonlarına adı karışan Reza Zarrab, yönettiği altın ticareti ile ABD'nin İran'a yönelik ambargosunu deldiği iddiasıyla 2016'da ABD'de tutuklanmıştı.

Hakkındaki yedi suçlamayı kabul ettikten sonra 2017'de "sanık" koltuğundan "tanık" statüsüne geçen Zarrab, ICIJ raporunda Manhattan Federal Mahkemesi'nin 2017'de suçlu bulduğu "İranlı Türk altın tüccarı" olarak geçiyor.

Davanın savcılarının, Zarrab hakkındaki "İran'ın doğalgaz ve petrol karşılığında altın satın almasını sağlayacak prosedürlere izin vermeleri için Türk hükümet yetkilileri ile Halkbank yönetimine rüşvet verdi" iddiasının hatırlatıldığı FinCEN belgelerinde, milyarlarca dolarlık altın satın alınması için Rona Döviz ve diğer birçok satıcının aracılık ettiği yer aldı.

2016'nın ekim ayına gelindiğinde ise Zarrab'ın kurduğu ağın parçası olan kurumlar ile Standard Chartered Bank arasında toplamda 133,1 milyon dolarlık transfer gerçekleşiyor.

FinCEN belgelerine göre Standard Chartered Ocak-Eylül 2016 arasında gerçekleştirdiği 133,1 milyon dolarlık para transferinin 87 milyon dolarını ise Rona Döviz ve Kıymetli Maden Ticaret AŞ adlı tek bir şirket için aktardı.

Rona Döviz, 17-25 Aralık soruşturmasında da yer bulan, Zarrab'ın daha önce doğalgaz-altın ticareti için de kullandığı, ancak hiçbir şekilde ceza almayan bir döviz bürosu.

İngiliz bankası, Atasay Kuyumculuk Sanayi ve Ticaret AŞ'nin Ocak-Eylül 2016 arasındaki işlemlerini de şüpheli olarak raporladı. FinCEN kayıtlarına göre, Atasay'ın gönderici veya alıcı olduğu 82 bin doları aşan şüpheli para transferi bulunuyor.

17 Aralık soruşturmasına ilişkin raporda, "MASAK'ın aldığı istihbaratlar doğrultusunda; Zarrab'a ait Royal Holding AŞ'nin alt firmaları olan Durak Döviz AŞ, Tural Ltd Şti ve Pırlanta Ltd Şti'nin İran ve Dubai'ye külçe altın ihracatı ve İran'da Atasay Kuyumculuk ile ortak hurda altından külçe altın imalatı yapıldığı" iddia edilmişti.[1]

Biz devam edelim...

Mergen Döviz; 20 Temmuz 2016 tarihli Ticaret Sicili gazetesine göre eski ismi Buğday Döviz ve Altın A.Ş.[2]

1 "Reza Zarrab'ın 'Doğalgaz Ver Altın Al' Ağında Almanya, İngiltere ve BAE'nin Rolü Neydi?", Independent Türkçe, 21 Eylül 2020, https://www.indyturk.com/node/247356/ekonomi%CC%87/reza-zarrab%C4%B1n-do%C4%9Falgaz-ver-alt%C4%B1n-al-a%C4%9F%C4%B1nda-almanya-ingiltere-ve-baenin-rol%C3%BC

2 Türk Ticaret Sicili Gazetesi, 20 Temmuz 2016 Tarih, Sayı 9119, Sayfa 522

Adresine gittim. Döviz piyasasındaki eski kişilere sordum.

Mergen Döviz'in sahibi Haluk Güvençoğlu aslında göstermelik kişiymiş. Asıl sahibinin Anıl Uzun, Onur Uzun ve Onur Özerk olduğunu biliyorlar. Hatta Haluk Güvençoğlu Anıl Uzun'un eniştesiymiş.

Yani bu durumda Veysel Şahin gibi diğer yasadışı bahis sitelerinin parasını da kendi sitelerinin parasını da Anıl Uzun, Mergen Döviz adlı şirket ile aklamış oluyor.

Müfettiş bu firmaya yapılan para havalelerini incelemiş ve havale yapan kişilere ulaşmış.

Onlardan biri olan Erdal Güney ismindeki kişiye özetle "2016 yılında 278 seferde toplamda 5 milyon 274 bin TL para transferiniz olduğu tespit edilmiş, nedir bu?" diye sormuşlar.

Erdal Güney de "2016 yılında işsizdim. Emre Can Abay ismindeki kişi internette kırtasiye ürünleri alıp-satacaklarını ve bu iş için benim hesaplarımı kullanarak ticaret yapmak istediğini, aylık 750 TL vereceğini söyledi. Ben 10 bankada hesap açtırdım. Bir de hat çıkardım ve şifreleri de bu kişiye verdim. Nerede kullandıklarını bilmiyorum. Adliyeden çağırılınca yasadışı kumar ve bahis ile ilgili olduğunu öğrendim" diyerek kendisini savunmuş.

Emre Can Abay da kendisinin yanı sıra, ev hanımı annesine de hesap açtırmış. Açtırdığı hesaplardan da 4 milyon 870 bin TL parayı Mergen Döviz'e aktarmış veya aktarılmasına aracılık etmiş.

Şirketlerden yapılan aktarmalar incelenmiş. Şirketler ortalama 1 yıl gibi bir zaman diliminde açık kalmış ve sonrasında tasfiye edilmiş. Raporda Dowwa Elektronik, Gri Geri Dönüşüm, Berel Finansal Danışmanlık ve Tufan Elektronik'ten bahsedilmiş.

Tüm şirketlerin ortak SMMM'sinin Hasan Hüseyin Ceylan olduğu belirtilmiş ve bu kişi hakkında Gib-İnternet[1] kayıtlarına bakıldığında muhasebe işlerini yürüttüğü firmalar için yapılan incelemeler nedeniyle hakkında yazılmış Görüş Öneri raporu (Mali Sorumluluk) bulunduğu tespit edilmiş.

Bu ne demek merak ediyorsunuz... Serbest muhasebeci mali müşavirler (SMMM) ve yeminli mali müşavirler (YMM), hizmet

1 Gelir İdaresi Başkanlığı'nın geliştirdiği GİB İnternet Vergi Dairesi, internet bağlantınız olduğu sürece vergi işlemlerini hızlı ve güvenli şekilde tamamlayabilmenizi sağlayan bir uygulama.

verdikleri mükelleflerinin herhangi bir suretle "vergi ziyaına"[1] sebebiyet vermeleri halinde vergi ziyanına uğratılan vergiden müştereken ve müteselsilen sorumlu olmaktadırlar. SMMM ve YMM'lerin vergi ziyaından kaynaklı mali sorumluluğu kapsamında vergi idaresinin başlatacağı sürecin ilk adımını, vergi müfettişlerince hazırlanacak Görüş ve Öneri Raporu (Rapor) oluşturmaktadır.

Bakın, müfettişler Orhan Kuzu ile bir görüşme yapıyor.

Bence raporun en önemli yerlerinden birisi bu görüşme.

Kuzu, kendisi öğrenciyken yasadışı kumar ve bahis çetesi elemanlarıyla tanıştığını, evvela bankalarda hesap açarak, aylık belli bir ücret karşılığında bu kişilere vermek suretiyle bu işlere başladığını anlatıyor.

Sonra da kendisinin de çete elemanı gibi davranarak, kendi arkadaş çevresinden ve diğer çevrelerden banka hesabı temin ederek çetenin kullanımına sunduğu, ardından çete içerisinde daha da yükselerek, bilgisayar başında yasadışı kumar ve bahis işlerini kontrol etmeye başladığını söylüyor.

Bu işlere Kırgızistan'da başlayıp, Ukrayna, Makedonya ve Yunanistan'da bu şekilde çalışmaya devam ettiğini, buralardan Türkiye'ye yönelik olarak çalıştıklarını, kumar ve bahis işlerini kontrol ettiklerini dile getiriyor.

Gittikleri yerlerde iaşe ve barınmalarının çete elemanlarınca sağlandığı ve aylık belli tutarlarda maaş aldıkları, kendisinin kontrol ettiği sitenin adının "tipobet360" olduğu, "domainin" yani alan adının sürekli değiştiğini anlatıyor.

Sadece bu sitede 2016 yılında günlük ortalama 2-3 milyon TL para döndüğünü (1 milyon dolar), Mergen Döviz'i ismen tanımadığını ancak Mergen Döviz'e gönderilen bu paraların kumar ve bahis işlerinden toplanan paralar olduğunu belirtiyor.

Mergen Döviz'in paravan şirketlerden biri olduğu, o dönemde bu şekilde paraların toplandığı paravan şirketler olduğu, bunların sürekli değiştiği, çetenin bu şirketleri bu işlerde kasa olarak kullandığını söylüyor.

Özetle araştırmalarımızın sonucunda Reza Zarrab'dan FinCEN dosyalarına, İstanbul'dan Ukrayna, Makedonya ve Yunanistan'a kadar uzanan bir kara para trafiği önümüze çıkıyor.

---

1 Vergilendirme ile ilgili ödevlerin zamanında veya tam olarak yerine getirilmemesi, dolayısıyla vergi kaybına neden olunması halinde vergi idaresi tarafından kesilen idari bir para cezasıdır.

* * *

Tam da bu noktada Anıl Uzun'un kurduğu düzeni anlatan bir ifade var.

Adı: Shahrooz IRI...

İfadesinde şunları söylüyor:

> "2006 yılının sonlarına doğru Türkiye'ye turizm okulu okumak için geldim. Ancak okulu kazanamadığım için Met Global isimli seyahat acentesinde işe müşteri temsilcisi olarak başladım. Bu şirkette Kasım 2017'ye kadar çalıştım. Daha sonra Met Global isimli firmada birlikte çalıştığım arkadaşım Murat Esmer isimli şahıs aracılığı ile Morkod Yazılım isimli firmaya geçtim.
> Gobaba.com isimli internet sitesinin sahibinin Anıl Uzun isimli şahıs olduğunu fakat direktörlüğünü Serkan Zubari isimli şahıs yapıyor. Müşteri hizmetleri görevini yürütürken genelde yabancı dil -özellikle İngilizce- kısmında devreye giriyor. Gideremediğim sorunlar ortaya çıkması durumunda Slack isimli uygulamada yer alan GOBABA SUPPORT isimli kanaldan konuyu şirketin teknik personeline aktarıyorum.
> Sadece Serkan Zubari isimli şahıstan talimat aldım. Serkan Zubari isimli şahsın şirket direktörü olarak görev yapıyor ve kendisini şahsen de tanıyorum."

Shahrooz ifadesinde kumar sitelerini de anlatarak, Murat Esmer isimli şahsın kendisine SULTANBET isimli bir internet sitesinin görselini attığını ve bu görseli Farsçaya çevirmesini istediğini söylüyor.

Çeviriyi yaptıktan sonra kendisine neden böyle bir şey istediğini sorduğunda ise kendileri ile ilgisi olmadığını söylediğini anlatıyor.

Serkan Zubari isimli şahsın birkaç kez Slack isimli uygulama üzerinden KRAKEN isimli web sitesi aracılığı ile Bitcoin transferi yapmalarını ve açıklama kısmına da "JOSEPH" yazmalarını istediğini de ifadesinde ekliyor.

Kendisine neden "JOSEPH" yazdıklarını ve bu işlemi neden yaptıklarını sorduklarında ise kendisine sadece dediğini yapmaları ve nedenini sormamaları talimatını verdiğini de itiraf ediyor.

Serkan Zubari diye belirtilen kişinin asıl adı Nebil Serkan Zubari.

Gobaba takım listesinde Anıl Uzun ile birlikte ismi var.

Gobaba adlı yapılanmaya girmeden önce GSFOREX'in analizcisi sıfatı ile Galatasaray TV'ye katılmış.

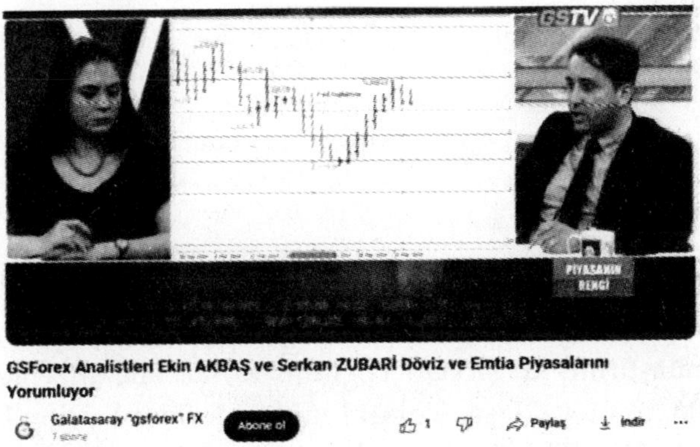

Asıl mesele ise daha başka!

Her parmağında ayrı marifet var Serkan Zubari'nin!

Mesela Litvanya'da kripto firması olan DCE Services Lithuania, UAB'de İcra Kurulu Başkanı olarak görev yapıyor.[1]

Sadece bu olsa yine iyi!

Nebil Serkan Zubari, Karayibler'deki 73 bin nüfuslu bir ülke olan Dominika merkezli TheKingdom Bank'ın kurucusu ve CEO'suymuş.

Bu ülkede 100 bin dolar verdiğinizde kısa sürede vatandaşlık alabiliyorsunuz.

---

1 Bkz. Company DCE Services Lithuania, RegistrationCode 305988750, https://rekvizitai.vz.lt/en/company/dce_services_lithuania/

Aynı zamanda İngiltere'de "20 Charwood Leigham Court Road, London, United Kingdom, SW16 2 SA" adresinde kurulmuş Intertrust London Limited adlı şirketin sahibi, yine "124 City Road, London, England, EC1V 2NX" adresindeki Speedy.IO UK Limited'in şirket sahibi.[1]-[2]

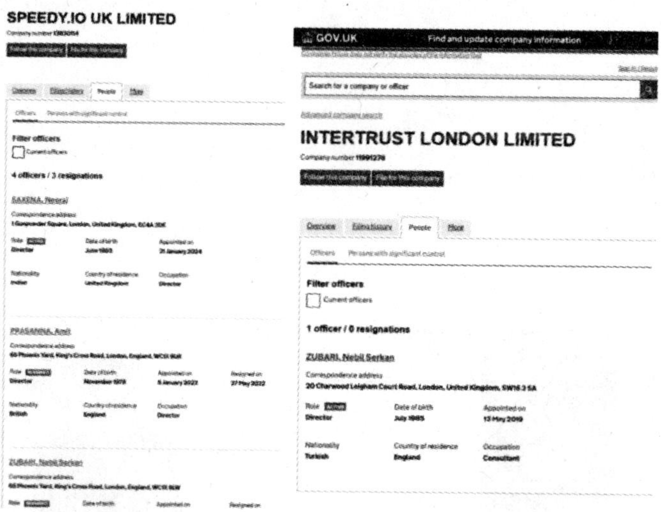

Biz iddianamedeki ifadelerden devam edelim...

Nihal Göksu'nun ifadesinden anlıyoruz ki örgüt artık işi öyle kurumsallaştırmış ki "şirket içi eğitim" turları bile düzenlemiş.

Nihal Göksu, yaklaşık olarak 1 yıldır Morkod Yazılım Limited Şirketi'nde Ofis Yöneticisi olarak çalıştığını, bu firmanın ürettiği yazılımların Finansal Teknoloji yazılımları olduğunu anlatmış.

Bunlardan kendisinin bildiklerinin Gobaba.com ve Jeton20.com isimli yazılımlar olduğunu; Gobaba.com isimli sitenin bitcoin alım ve satım işlemlerini gerçekleştirdiğini, Jeton20.com isimli web sitesinin ise yasadışı bahis sitelerine aracı ödeme yapan bir internet sitesi olduğunu belirtmiş.

Jeton20.com isimli site üzerinden kullanılan ödeme yöntemlerinin Cep Bank, QR Kod, Anında Banka Transferi, Bitcoin olduğunu ve insanların bu şekilde yatırım yaptıklarını, para çekim

1 Birleşik Krallık Hükümeti resmi web sitesi (www.gov.uk) kayıtlarındaki şirket numarası (Company number): 11991278, https://find-and-update.company-information.service.gov.uk/company/11991278/officers

2 Birleşik Krallık Hükümeti resmi web sitesi (www.gov.uk) kayıtlarındaki şirket numarası (Company number): 13830114 https://find-and-update.company-information.service.gov.uk/company/13830114/officers

yöntemlerinin de Anında Banka Transferi, ATM, Bitcoin, Kredi Kartı, Papara olduğunu dile getirmiş.

Yasadışı bahis sitelerinin sistemde Merchant (müşteri) olarak isimlendirildiğini ve bu müşteriler yani yasadışı bahis siteleri ile bağlantıyı Slack isimli uygulamada kod adı Maria olarak bildiği Monica isimli şahıs ve ekibinin yaptığını, bu ekipte genelde yabancı uyruklu kadınların çalıştığını da itiraf etmiş.

Aralık ayında şirketin Erzurum'da yapmış olduğu eğitim seminerinde gördüğünü ancak isimlerini hatırlamadığını ve bunlara Monica'nın ekibi dendiğini de dile getirmiş.

Bu ekibin Odunluk Mahallesi'nde bulunan Sur Yapı binasının 16. katındaki karşılıklı dubleks ofislerden birinin üst katında yer aldığını ve her iki ofisin de girişlerinde Morkod Yazılım tabelasının bulunduğunu da eklemiş.

Devamında ise Fatma Uzun'un finans işlerinde yardımcı olması için Mihrican Bakar isimli şahsa iş teklifinde bulunduğunu, Bakar'ın bu iş teklifini kabul ettiğini ve Bursa'ya taşındığını anlatmış.

Hatta kendisinin de daha sonradan aynı işe girdiği tarihten 2-3 ay kadar sonra yasadışı bahis sitelerinin ödeme sistemi olduğunu öğrendiğini söylemiş. Ancak işe girerken aralarında yapmış oldukları sözleşmeye göre "şirket bilgilerini sızdırması ve kendi rızası ile işten ayrılması halinde 500 bin TL tazminat öder" maddesi bulunduğunu da anlatmış.

Görüyor musunuz nasıl çalıştıklarını... Kapana kıstırdıkları çalışanlarını bile tazminat sopasıyla susturmaya çalışıyorlar.

Nihal Göksu ise ifadesinin devamında Mihrican Bakar'a güvendiği için bu işe devam ettiğini, Mihrican Bakar'ın bu sistem içerisinde yer alan tüm şirketlerde Fatma Uzun Demirtaş'a idari işlerinde yardımcılığını yaptığını anlatmış. Onun da unvanının finans müdürü olduğunu, Slack isimli uygulamayı kullandığını dile getirmiş.

Nihal Göksu ifadesinde 2018 Mart-Nisan aylarında Anıl Uzun için yeni bir ofis kiralama şirketi kurulacağını ve Mihrican Bakar'ın da bu şirketin kurulabilmesi için 2-3 ay kadar bir ortağa ihtiyacı olduğunu anlatmış.

Sonrasında ise aynı şirketi Anıl Uzun'a devredeceklerini kendisine söyleyerek teklifte bulunduğunu, bu şirketin Anıl Uzun'un boşanma davası olması ihtimalinden dolayı kurulduğunu belirtmiş.

Şirketi de kendilerinin açması gerektiğini söylediğini, 250 bin TL sermaye ile kurduklarını, kurulum işlemlerini Cennet Mahallesi İstanbul'daki bir noter huzurunda yaptıklarını anlatmış.

Nihal Göksu ifadesinde yine Finansbank Cennet Mahallesi şubesinde şirket adına hesap açtırdıklarını, kendisinin bu şirketin kurulumu esnasında herhangi bir maddi katkıda bulunmadığını söylemiş.

Daha sonra da şirketi 2018 yılı Ağustos-Eylül aylarında Anıl Uzun'a Bursa'da noter huzurunda devrettiklerini anlatmış.

Çok uzatmadan bitirelim. Özetle Nihal Göksu ifadesinde, Bursa'da "Model Gayrimenkul Pazarlama Anonim Şirketi'nin" ticari olarak faaliyet gösterdiğini ve Coldwell Banker isimli şirketin isim hakkını (franchise) kullandığını bir bir söylemiş.

İşleyişi bildiği için her şeyi dökülmüş.

Gobaba.com, jeton20.com, Morkod Yazılım, Uzun Ödeme, Bumin Yazılım isimli şirketlerin tamamının sahibinin Anıl Uzun ve kardeşleri olan Onur Uzun ve Fatma Uzun Demirtaş olduğunu da dile getirmiş.

Aslında örgütün tüm yapısını da ortaya koymuş.

Savcı iddianamesinde tüm sanıkların cezalandırılmasını istemiş.

Bütün bu anlatılanlar ışığında karşımıza şöyle bir tablo çıkıyor.

Aslında özetin özetini yapacağım...

- *Anıl Uzun:* Örgütün lideri ve uluslararası bağlantılarla yasadışı bahis faaliyetlerini yöneten kişi. SLACK üzerinden örgüt üyelerine talimatlar vererek operasyonları koordine ediyor.
- *Fatma Uzun Demirtaş:* Örgütte yönetim kademesinde yer alıyor. Aynı zamanda örgütle bağlantılı şirketlerin çoğunda söz sahibi.
- *Serkan Zubari:* Şirket direktörü ve örgüt içindeki kritik isimlerden biri. Talimatları doğrudan çalışanlara iletmiş.
- *Ümit Demirtaş:* Fatma Uzun Demirtaş'ın eşi. Bazı şirketlerin ortağı olarak adı geçiyor.
- *Mihrican Bakar:* Finans müdürü olarak görev yapıyor ve örgüt içindeki para transferlerini yönetiyor.

Örgütün en üst seviyesinde Anıl Uzun ve diğer yöneticiler bulunuyor. Bu kişiler stratejik kararları alıyor ve finansal işlemleri kontrol ediyor. Yasadışı gelirler, finansal sistemin izlenmesini önlemek amacıyla Bitcoin gibi kripto para birimlerine dönüştürülüyor veya paravan şirketler aracılığıyla yurtdışına çıkarılıyor. Teknik altyapı ve yazılım geliştirme işleri, Morkod ve diğer şirketlerde çalışan kişiler tarafından yürütülüyor.

Bu kişiler yasadışı bahis sitelerinin çalışmasını sağlıyor. Alt kısımlarda da ATM'ciler ve "İl Sorumluları" var.

Örgüt İstanbul, Bursa, Antalya, Erzurum, Konya, Ankara gibi 15 ile yayılmış.

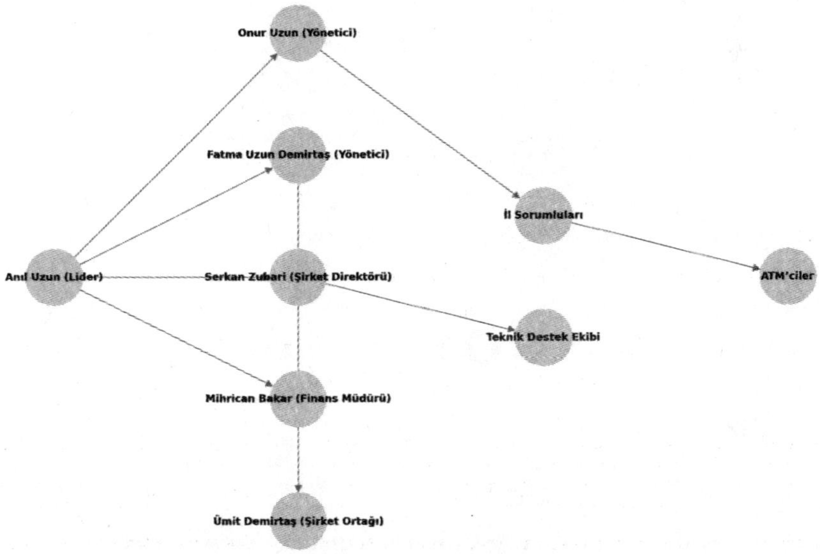

Yasadışı Bahis örgütlenme şeması (Kaynak: MASAK)

Gelelim şimdi Anıl Uzun, Onur Uzun ve Ozan Özerk kim, inceleyelim.

Öyle ya bu kişiler kendilerini gizlemeyi başarmışlar.

Anıl Uzun'un kendine ait sayfası var. "Uzun uzun" anlatmış.

O sayfadaki bilgilere göre 1986 yılında Bursa'da doğdu. Kendisini Londra'da yaşayan bir girişimci ve yatırımcı olarak tanıtıp Gobaba Ventures'ın kurucusu olduğu aktarılıyor.

Ayrıca Anıl Uzun'un Avrupa, Ortadoğu ve Afrika'da hizmetleri olan Payment Park'ı kurduğu, Payment Park'ın da tüccarlar ve kullanıcılar arasında bağlantı kurmak için küresel çapta faaliyet gösteren bir ön ödemeli kart sistemi şirketi olduğu belirtilmiş.

Anıl Uzun adına İngiltere'de kurulmuş, kapanmış, halen açık olan ortaklık yaptığı veya tek başına sahip olduğu tam 18 şirket var.

Sadece İngiltere mi? Hayır tabii ki...

Anıl Uzun'un adı, vergi cennetindeki ülkelerde kurulmuş şirketlerin açıklandığı "Paradise Papers" belgelerinde yer alıyor.

Malta'da kurulmuş olan; Mapon Limited, Akce Malta Ltd, Malta Holdings Limited, Akça Holding Malta şirketleri bu belgelerde bulunuyor.

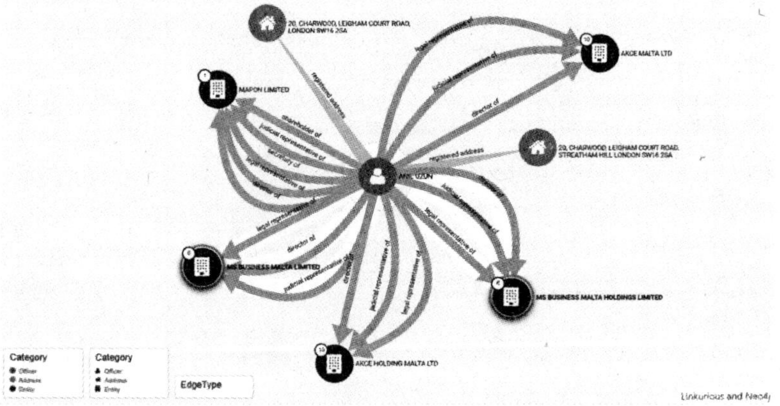

Linkurious and Neo4j

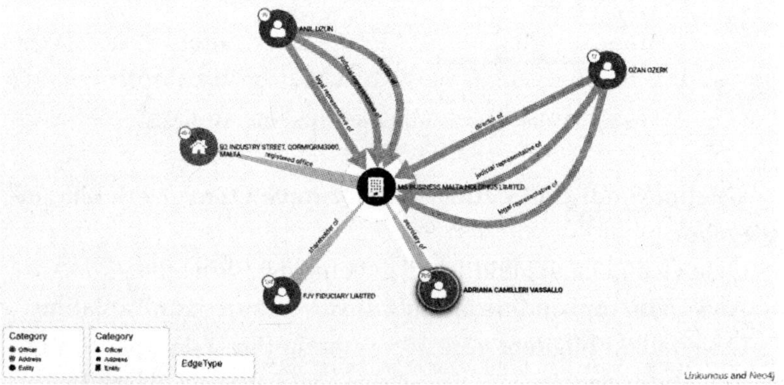

Linkurious and Neo4j

MsBusiness Malta Holding Limited ve Anıl Uzun bağlantılarına baktığınız zaman Anıl Uzun'a ait olan şirketler ve şirketlerin sahiplik bilgileri şu şekilde;

	Anıl UZUN	
1	DREAMWORKS CAPITAL LIMITED	Anıl UZUN
2	M R GOODMAN LTD	Anıl UZUN
3	OPEN CITY LIMITED	Anıl UZUN
4	GOBABA VENTURES LIMITED	Anıl UZUN REEVES, Steven Robert WILKINSON, Alexander William Durham
5	OZAN HOLDING LIMITED	Ozan ÖZERK Anıl UZUN
6	AKCE HOLDING LIMITED	Ozan ÖZERK Anıl UZUN
7	REDKIT ENTERTAINMENT LIMITED	Anıl UZUN
8	TONYUK LIMITED	Hasan Ankaralı Anıl UZUN WILKINSON, Alexander William Durham Serkan ZUBARI
9	GOBABA VENTURES LIMITED	Anıl UZUN REEVES, Steven Robert WILKINSON, Alexander William Durham
10	OZAN LIMITED	PODLESNY, Vladimira MERDINLIGIL, Devin TIZZANO, Stefano None TAYLOR, Olivia Frances Alexandra BULL, David James DIMITROVA, Iana Vladimirova Ozan ÖZERK RICKERBY, Quentin John Ömer SUNER Anıl UZUN
11	SETTLEGO SOLUTIONS LIMITED	GIVEN, Richard Anthony BULL, David James DIMITROVA, Iana Vladimirova TAYLOR, Olivia Frances Alexandra COTTON, Alistair Thomas CRONIN, Daniel Patrick Ozan ÖZERK RICKERBY, Quentin John Anıl UZUN
12	AKCE CAPITAL UK LIMITED	BULL, David James Ozan ÖZERK Anıl UZUN
13	AKCE LIMITED	TAYLOR, Olivia Frances Alexandra Ekmel ÇİLİNGİR Ozan ÖZERK Anıl UZUN
14	INSTRA LIMITED	PODLESNY, Vladimira Kuneva BULL, David James Ozan ÖZERK RICKERBY, Quentin John Anıl UZUN
15	GIFTBULL UK LIMITED	Ferdi ÖZKURNAZ BULL, David James Ahmet Cemal DEDOĞLU Ozan ÖZERK Anıl UZUN
16	TECHTOPAY LIMITED	AKMATOV, Kadyrbek SAHIN, Kudret BULL, David James RICKERBY, Quentin John Ozan ÖZERK Anıl UZUN SONDAY, Shirazudien Cassiem

Anıl Uzun'un ortaklık kurduğu isimler o kadar çok ki... Adeta matruşka gibi... Firma içinden firma, isim altından isim çıkıyor.

Mesela, Tonyuk adlı firmada Hasan Ankaralı diye biri var. Bu kişi kim diye baktığımızda Londonium Freelance Limited adlı firmanın da sahibi çıkıyor.

Ne iş yapar diye bakıyoruz. Kıbrıs Türk Futbol Federasyonu kayıtlarına göre German Gold Akova Vuda adlı kulüpte oynuyor. Ne alakası var diye sormayın, iş dönüp dolaşıp Kıbrıs'a bağlanıyor.[1]-[2]

Anıl Uzun ortaklıklarına bakınca karşımıza Ozan Özerk ile olan bağlantıları dikkat çekiyor.

Ozan Özerk'in de aynı Anıl Uzun gibi kendini tanıttığı bir sayfası var.

---

1 Bkz. Kıbrıs Türk Futbol Federasyonu (resmi internet sitesi), Hasan Ankaralı Lisans Bilgileri http://www.ktff.org/BilgiBankasi/FutbolcuDetayi/4208

2 Birleşik Krallık Hükümeti resmi web sitesi (www.gov.uk) kayıtlarındaki şirket numarası (Company number): 12179956, https://find-and-update.company-information.service.gov.uk/officers/h6SXARPcFiT8gPnz12mPONBpdcA/appointments

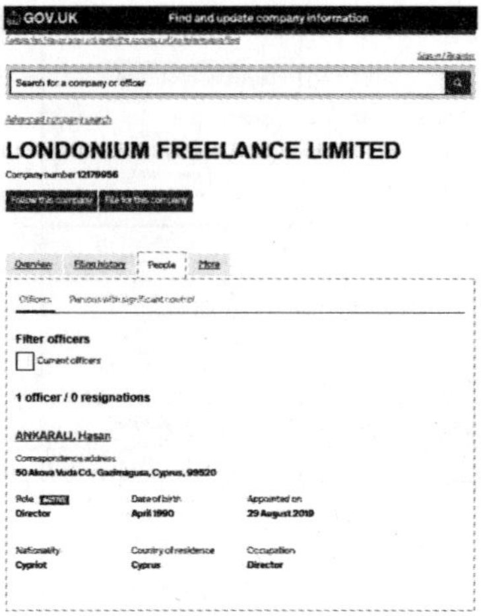

Sayfasında erken yaşlardan itibaren çok sayıda start-up'ta yer aldığını, Banking as a Service (BaaS) sağlayıcısı Open Payd, European Merchant Bank, Ozan Elektronik Para ve Eurotrader'ın kurucusu olduğunu belirtmiş.

İşin enteresanı European Merchant Bank Litvanya'da kurulmuş bir banka olarak gözüküyor.

Ayrıca banka hakkında çıkan haberlerde, "European Merchant UAB, Akce Group'un bir parçasıdır ve grubun sunduğu hizmet yelpazesini genişletmek için kurulmuştur. Ayrıca İngiltere'de lisanslı bir elektronik para kuruluşu olan Ozan Limited'i de kontrol eden Akce Group, şu anda ödeme ve ödemeyle ilgili hizmetler sunmaktadır" diye belirtilmiş.

İlgili haberin görselini de ekliyorum. Litvanya Bankası'nın değerlendirmesi ve teklifi sonucunda Avrupa Ticaret Bankası UAB'ye Avrupa Merkez Bankası tarafından ihtisas bankası lisansı verilmiş.[1]

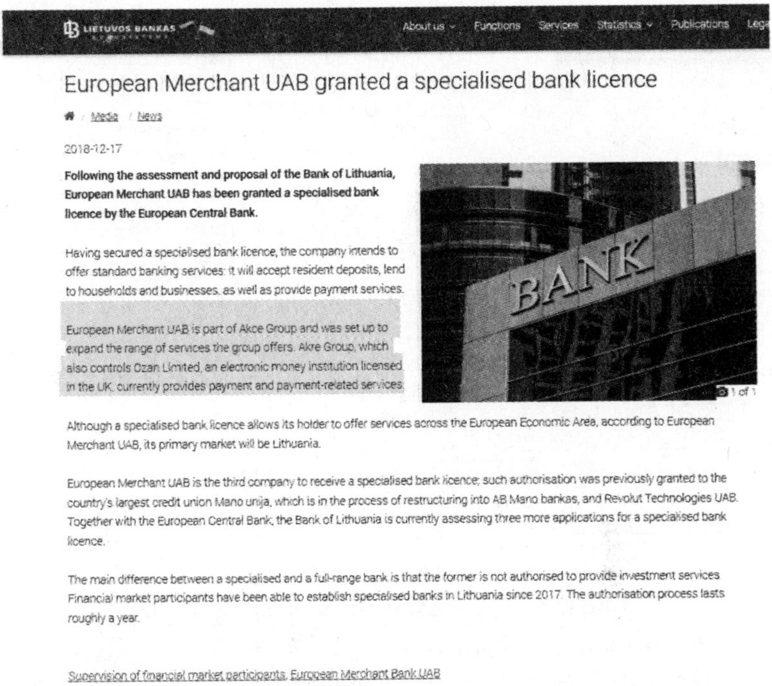

About us Functions Services Statistics Publications

European Merchant UAB granted a specialised bank licence

Media / News

2018-12-17

Following the assessment and proposal of the Bank of Lithuania, European Merchant UAB has been granted a specialised bank licence by the European Central Bank.

Having secured a specialised bank licence, the company intends to offer standard banking services: it will accept resident deposits, lend to households and businesses, as well as provide payment services.

European Merchant UAB is part of Akce Group and was set up to expand the range of services the group offers. Akce Group, which also controls Ozan Limited, an electronic money institution licensed in the UK, currently provides payment and payment-related services.

Although a specialised bank licence allows its holder to offer services across the European Economic Area, according to European Merchant UAB, its primary market will be Lithuania.

European Merchant UAB is the third company to receive a specialised bank licence; such authorisation was previously granted to the country's largest credit union Mano unija, which is in the process of restructuring into AB Mano bankas, and Revolut Technologies UAB. Together with the European Central Bank, the Bank of Lithuania is currently assessing three more applications for a specialised bank licence.

The main difference between a specialised and a full-range bank is that the former is not authorised to provide investment services. Financial market participants have been able to establish specialised banks in Lithuania since 2017. The authorisation process lasts roughly a year.

Supervision of financial market participants, European Merchant Bank UAB

Bankanın finansal verilerine göre ise 2021'in sonunda 29,7 milyon euroya ulaştı ve European Merchant Bank, Litvanya'da faaliyetlerine başladığından beri 2021'in ortasında ilk kez zararını telafi etmeyi başardı.

Yılı planlanan bütçesinden yüzde 13 daha iyi olan sadece 605 bin euroluk bir zararla kapatması da haberleştirilmiş.[2]

---

1 https://www.lb.lt/en/news/european-merchant-uab-granted-a-specialised-bank-licence

2 https://www.einnews.com/pr_news/571823282/embank-european-merchant-bank-reports-record-growth-in-2021-13x-revenue-growth-27-7m-growth-in-loan-portfolio

Şimdi hangi gruba aitti bu banka? Akçe Grup'a değil mi? Haberde ne diyordu, ayrıca "İngiltere'de lisanslı bir elektronik para kuruluşu olan Ozan Limited'i kontrol ediyor" diyordu değil mi?

Anıl Uzun'ın Malta'daki Akçe Holding ile bağları Paradise evraklarına yansımıştı ve şema ile sunmuştuk.

İngiltere'deki Akçe Holding ve Ozan Ltd şirketlerinde Ozan Özerk ve Anıl Uzun ortaklığının da belgelerini ekleyelim.

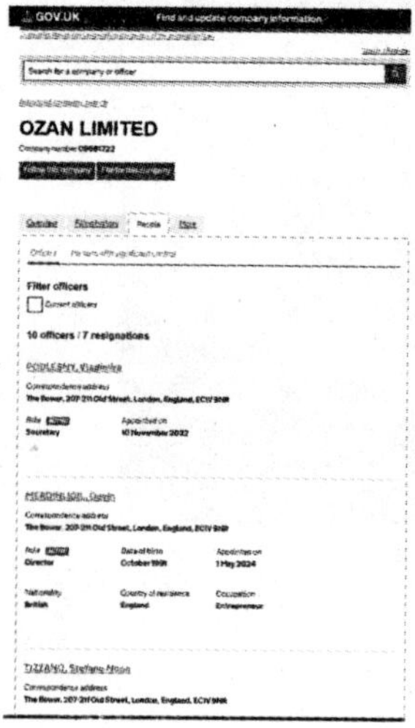
GOV.UK
OZAN LIMITED
Filter officers
10 officers / 7 resignations

GOV.UK
AKCE HOLDING LIMITED
Filter officers
2 officers / 0 resignations

Ozan Ltd Elektronik para kuruluşu olarak geçiyor ve bizim ülkemizde de halen faaliyette.

2020 yılı MASAK Ödeme Kuruluşları-Elektronik Para Kuruluşları Sektör Araştırma Raporuna göre aktif elektronik para kuruluşları arasında Ozan Ödeme Hizmetleri ve Elektronik Para A.Ş. adlı firma var.[1]

30 Mayıs 2018 tarihli Ticaret Sicili Gazetesine göre Ozan Ödeme Hizmetleri İngiltere'de kurulu Ozan LTD adlı şirket kurucu. Sonrasında sermaye artırımına gidilmiş, sermayeyi arttıran kim? [2]

Ozan Özerk...

1 Türkiye Cumhuriyeti Maliye Bakanlığı Mali Suçları Araştırma Kurulu Başkanlığı, Ödeme Kuruluşları-Elektronik Para Kuruluşları Sektör Araştırma Raporu 2020, Sayfa 5

2 Türk Ticaret Sicili Gazetesi, 30 Mayıs 2018 Tarih, Sayı 9589, Sayfa 329

Ticaret Ünvanı
OZAN ÖDEME HİZMETLERİ VE ELEKTRONİK PARA ANONİM ŞİRKETİ

Adres: Esentepe Mahallesi Büyükdere Cad. Astoria Sit. No: 127 B/21 Şişli /İstanbul

Yukarıda bilgileri verilen şirket ile ilgili olarak aşağıda belirtilen hususlar müdürlüğümüze ibraz edilen belgelere istinaden ve Türk Ticaret Kanunu'na uygun olarak 23.5.2018 tarihinde tescil edildiği ilan olunur.

Tescil Edilen Hususlar: Kuruluş

1. Kuruluş

Aşağıdaki adı, soyadı, ünvanı, yerleşim yeri ve uyruğu yazılı kurucu tarafından bir anonim şirket kurulmuş bulunmaktadır.

Sıra No 1
Kurucu Ozan Limited
Adres: 25TH FLOOR, THE SHARD, LONDON BRIDGE STREET, Londra Büyük Britanya Ve Kuzey İrlanda Birleşik Krallığı
Uyruk Büyük Britanya Ve Kuzey İrlanda Birleşik Krallığı
Kimlik No ***********

sonrası hissedarların sermaye ve hisse dağılımı aşağıdaki şekilde gerçekleşmiştir.

Hissedarım
Adı Soyadı: NURİ ECEVİT
TC No: TC 12902765192
Hisse Adedi: 600.000.- Adet
Hisse Tutarı: 600.000.- TL

Adı Soyadı: RECEP YILDIZ
TC No: TC 59215277974
Hisse Adedi: 150.000.- Adet
Hisse Tutarı: 150.000.- TL

Adı Soyadı: BURHAN ÖZCAN
TC No: TC 14186293408
Hisse Adedi: 150.000.- Adet
Hisse Tutarı: 150.000.- TL

Toplam
Hisse Adedi: 900.000.- Adet
Hisse Tutarı: 900.000.- TL

Hisse senetleri nama yazılıdır. Sermayenin tamamı ödenmeden hamiline yazılı hisse senedi çıkarılamaz. Hisse Senetleri yönetim kurulu tarafından uygun görülen kupürler halinde bastırılabilir.

(5/A)(2/699481)

İstanbul Ticaret Sicili Müdürlüğü'nden
İlan Sıra No: 226129
Mersis No: 0649083737000001
Ticaret Sicil/Dosya No: 141149-5

Ticaret Ünvanı
OZAN ÖDEME HİZMETLERİ VE ELEKTRONİK PARA ANONİM ŞİRKETİ

Adres: Esentepe Mahallesi Büyükdere Cad. Astoria Apt. No: 127 B/24 Şişli/İstanbul

Yukarıda bilgileri verilen şirket ile ilgili olarak aşağıda belirtilen hususlar müdürlüğümüze ibraz

seksendörtbin Altıyüzondokuz Türk Lirası) değerindedir. Bu payların tamamı nama yazılıdır.

Eski sermayeyi teşkil eden 6.619.590,00 TL. (Altımilyon altıyüz ondokuz binbeşyüzdoksan Türk Lirası) tamamen ödenmiştir. Bu defa artırılan 1.265.029,00 TL. (Birmilyonikiyüzaltmışbeşbinyirmi idokuz Türk Lirası) şirketin tek pay sahibi olan Ozan ÖZERK (TC ██████ tarafından nakden taahhüt edilmiş olup, söz konusu paylara karşılık gelen 1.265.029,00 T L . (Birmilyonikiyüzaltmışbeşbinyirmi idokuzTürk Lirası)' nın tamamı Ozan ÖZERK tarafından muvazaadan arı olarak ödenmiştir.

(3/A)(2/698462)

İstanbul Ticaret Sicili Müdürlüğünden
İlan Sıra No: 226139
Mersis No: 0859092202000001
Ticaret Sicil/Dosya No: 125692-5

Ticaret Ünvanı
TRONAPAY ÖDEME HİZMETLERİ ANONİM ŞİRKETİ

Adres: Oruçreis Mahallesi Giyimkent Cad. Giyim Kent Sit. No: 2 A/1 Esenler/İstanbul

Yukarıda bilgileri verilen şirket ile ilgili olarak aşağıda belirtilen hususlar müdürlüğümüze ibraz edilen belgelere istinaden ve Türk Ticaret Kanunu'na uygun olarak 30.12.2019 tarihinde tescil edildiği ilan olunur.

Tescil Edilen Hususlar: Sermaye Artırımı

Tescile Delil Olan Belgeler:

Bakırköy 45.Noterliği' nin 23.12.2019 tarih 37174 sayı ile tasdikli, 19.12.2019 tarihli Genel

Burada bir hatırlatma yapmam gerekiyor.

Bengisu Haşimzade ifadesinde ne demişti?

> "2016 yılının Temmuz ayında E.F.T. Software firmasında İnsan Kaynakları Uzmanı olarak göreve başladığını, şirketin sahibinin Anıl Uzun ve Ozan Özerk isimli şahıslar olduğunu, şirket içi ayrılma olunca çalışanlardan bir kısmı Anıl Uzun'un yeni şirketi olan Morkod Yazılım isimli işyerine, diğer çalışanlar ise Ozan Özerk'in işyeri olan Codespace isimli işyerinde çalışmaya devam ettiğini, kendisinin ise 2017 yılının Temmuz ayında İstanbul'un Şişli ilçesinde bulunan Trump Towers'ta İnsan Kaynakları Uzmanı olarak çalışmaya devam etiğini beyan etmiştir."

Yani Ozan Özerk'in Codespace adlı bir şirketi daha var.

Hemen resmi evraklara bakalım.

15 Kasım 2017 Ticaret Sicili Gazetesine göre "E.F.T. Bilgisayar" olan firma isim değiştirip "Codespace" olmuş.[1]

---

1 Türk Ticaret Sicili Gazetesi, 15 Kasım 2017 Tarih, Sayı 9452, Sayfa 521

Kurucu kim, yine Akçe Holding Ltd adına David Bull ve Ozan Özerk.

2018 yılında şirketin Akçe Holding'e ait olan hisseleri "Akçe Finansal Servis"e geçmiş.

müdürlüğüne bildirilmesine karar verilmiştir.

Ortak
Ahmet Saldız imza

(3/A)(13/577767)

İstanbul Ticaret Sicil Müdürlüğü
Sicil Numarası: 99811-5

Eski Ticaret Ünvanı
E. F. T. BİLGİSAYAR YAZILIM BİLGİ FİNANS TEKNOLOJİLERİ VE HİZMETLERİ DANIŞMANLIK SAN. VE TİC. LTD. ŞTİ.

Yeni Ticaret Ür
CODESPACE YAZ. . VE DANIŞMANLIK HİZMETLERİ LİMİTED ŞİRKETİ

Ticari Merkezi; İstanbul Şişli Esentepe B. Dere Cad. Astoria İşmr. No: 127 B Blok Kat: 6- 7- 8 B17- B18... B28

Ticari Merkezi ile sicil numarası ve Ünvanı yukarıda yazılı bulunan Şirketin Beyoğlu 34. Noterliğinden 7.11.2017 tarih 13885 sayı ile onaylı genel kurul kararının tescil ve ilanı istenmiş olmakla, 6102 sayılı Türk Ticaret Kanunu hükümlerine uygun olarak ve Müdürlüğümüzdeki vesikalara dayanılarak 9.11.2017 tarihinde tescil edildiği ilan olunur.

E. F. T. Bilgisayar Yazılım Bilgi Finans Teknolojileri Ve Hizmetleri Danışmanlık Sanayi Ve Ticaret Limited Şirketi
Genel Kurul Kararı

Karar No: 2017/12
Karar Tarihi: 07.11.2017
Katılanlar: Akce Holdings LTD
Konu: Esas Sözleşme Değişikliği

Şirket Genel Kurulu Türk Ticaret Kanunu hükümleri uyarınca toplanarak aşağıdaki kararları almıştır:

Adresi Esentepe Mahallesi Büyükdere Cad. Astoria Sit. A-B-C Bloklar Ve İş Mer. Apt. No: 127/B21 Şişli/İstanbul'dir.

Adres değişikliğinde yeni adres, Ticaret Siciline tescil ve Türkiye Ticaret Sicil Gazetesi'ne ilan ettirilir. Tescil ve ilan edilmiş adrese yapılan tebligat şirkete yapılmış sayılır. Tescil ve ilan edilmiş adresinden ayrılmış olmasına rağmen, yeni adresini süresi içinde tescil ettirmemiş şirket için bu durum fesih sebebi sayılır.

Yeni Hali
Madde 4 Şirketin Merkezi

Şirketin Merkezi İstanbul İli Şişli İlçesi'dir. Adresi Esentepe Mah. Büyükdere Cad. Astoria İş Merkezi No 127 B, Blok Kat: 6 B17-B18-B19-B20; Kat: 7 B21-B22-B23- B24; Kat: 8 B25-B26-B27-B28 Şişli/İstanbul'dur.

Adres değişikliğinde yeni adres, Ticaret Siciline tescil ve Türkiye Ticaret Sicil Gazetesi'ne ilan ettirilir. Tescil ve ilan edilmiş adrese yapılan tebligat şirkete yapılmış sayılır. Tescil ve ilan edilmiş adresinden ayrılmış olmasına rağmen, yeni adresini süresi içinde tescil ettirmemiş şirket için bu durum fesih sebebi sayılır.

3. Şirket Esas Sözleşmesi'nin Şirketin İdaresi başlıklı 8. maddesinin aşağıdaki şekilde tadil edilmesine karar vermiştir:

Eski Hali
Madde 8 Şirketin İdaresi

Şirketin işleri ve işlemleri genel kurul tarafından seçilecek bir veya birkaç müdür tarafından yürütülür.

İlk 10 (on) yıl için 20789335940 T.C. Kimlik Numaralı Fatma Uzun şirket müdürü olarak seçilmiştir.

Yeni Hali
Madde 8 Şirketin İdaresi

Şirketin işleri ve işlemleri genel kurul tarafından seçilecek bir veya birkaç müdür tarafından yürütülür.

4. Şirket Esas Sözleşmesi'nin Temsil [illegible] 9. maddesinin aşağıdak[illegible] ie tadil edilmesine karar vermıştır:

hazırlanacak iç yönerge uyarınca devredilebilir ve/veya sınırlandırılabilir. Şirkette sınırlı imza yetkilerini kullanacak kişiler, müdür veya müdürler kurulu tarafından hazırlanacak, tescil ve ilan edilecek iç yönerge uyarınca, Genel Kurul tarafından belirlenecektir. En az bir müdür veya müdürler kurulu üyesinin Şirket'i sınırsız temsil yetkisini haiz olması şarttır.

1. İşbu kararın İstanbul Ticaret Sicil Müdürlüğü nezdinde tescil ve Türkiye Ticaret Sicili Gazetesi'nde ilan edilmesine karar verilmiştir.

AKCE HOLDINGS LTD adına,

David Bull imza
Ozan Ozerk imza

(5/A)(13/577707)

İstanbul Ticaret Sicil Müdürlüğü
Sicil Numarası: 962740

Ticaret Ünvanı

Ticari Merkezi: İstanbul Esenler Oruçreis Mh. Vadi Cad. Giyimkent Sitesi B101 Apt. No: 118

Ticari Merkezi ile sicil numarası ve Ünvanı yukarıda yazılı bulunan Şirketin Beşiktaş 26. Noterliğinden 9.11.2017 tarih 35886 sayı ile onaylı genel kurul kararının tescil ve ilanı istenmiş olmakla, 6102 sayılı Türk Ticaret Kanunu hükümlerine uygun olarak ve Müdürlüğümüzdeki vesikalara dayanılarak 9.11.2017 tarihinde tescil edildiği ilan olunur.

Tattan İç Ve Dış Ticaret Limited Şirketi
Ortaklar Kurulu Kararı

Karar No....: 2017/01
Karar Tarihi.: 27.10.2017
Karar Yeri.........: Şirket Merkezi
Toplantıya Katılanlar...............: Alaedın Tatan,

(Devamı 522. Sayfada)

OpenPayd adında bir şirketi daha var Ozan Özerk'in. Beyanına göre Londra merkezli olup Bulgaristan, Türkiye, Malta, Fransa ve ABD'de ofisleri varmış.[1]-[2]

---

1 Türk Ticaret Sicili Gazetesi, 28 Ocak 2020 Tarih, Sayı 10003, Sayfa 534

2 Birleşik Krallık Hükümeti resmi web sitesi (www.gov.uk) kayıtlarındaki şirket numarası (Company number): 11567451, https://find-and-update.company-information.service.gov.uk/company/11567451/officers

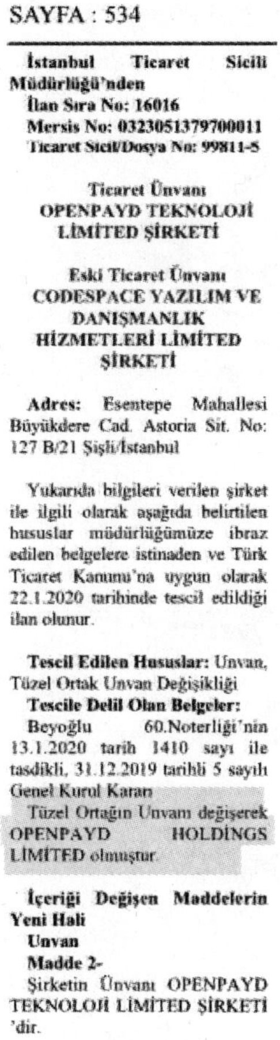
SAYFA : 534

İstanbul Ticaret Sicili Müdürlüğü'nden
İlan Sıra No: 16016
Mersis No: 0323051379700011
Ticaret Sicil/Dosya No: 99811-5

Ticaret Ünvanı
OPENPAYD TEKNOLOJİ LİMİTED ŞİRKETİ

Eski Ticaret Ünvanı
CODESPACE YAZILIM VE DANIŞMANLIK HİZMETLERİ LİMİTED ŞİRKETİ

Adres: Esentepe Mahallesi Büyükdere Cad. Astoria Sit. No: 127 B/21 Şişli/İstanbul

Yukarıda bilgileri verilen şirket ile ilgili olarak aşağıda belirtilen hususlar müdürlüğümüze ibraz edilen belgelere istinaden ve Türk Ticaret Kanunu'na uygun olarak 22.1.2020 tarihinde tescil edildiği ilan olunur.

Tescil Edilen Hususlar: Unvan, Tüzel Ortak Unvan Değişikliği
Tescile Delil Olan Belgeler:
Beyoğlu 60.Noterliği'nin 13.1.2020 tarih 1410 sayı ile tasdikli, 31.12.2019 tarihli 5 sayılı Genel Kurul Kararı
Tüzel Ortağın Unvanı değişerek OPENPAYD HOLDİNGS LİMİTED olmuştur.

İçeriği Değişen Maddelerin Yeni Hali
Unvan
Madde 2-
Şirketin Ünvanı OPENPAYD TEKNOLOJİ LİMİTED ŞİRKETİ 'dir.

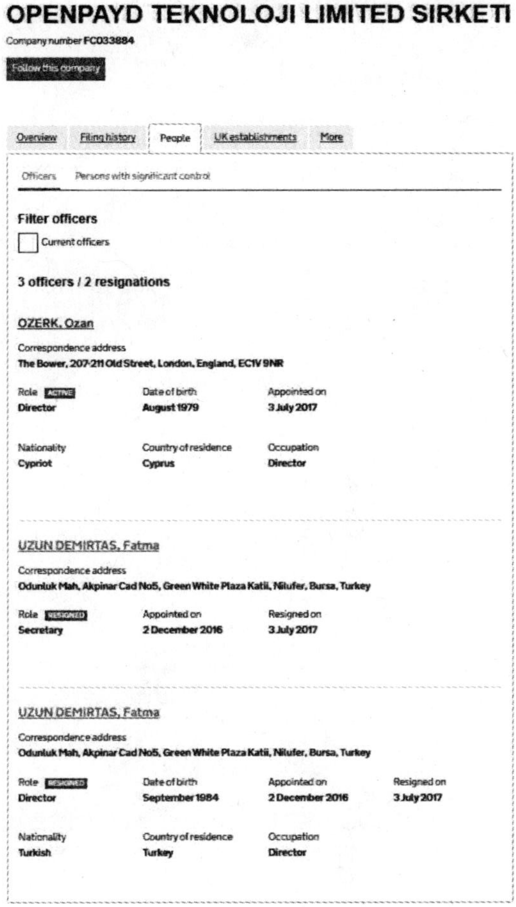
OPENPAYD TEKNOLOJI LIMITED SIRKETI

Company number **FC033884**

Follow this company

Overview | Filing history | People | UK establishments | More

Officers | Persons with significant control

Filter officers

Current officers

3 officers / 2 resignations

OZERK, Ozan

Correspondence address
The Bower, 207-211 Old Street, London, England, EC1V 9NR

Role ACTIVE	Date of birth	Appointed on
Director	**August 1979**	**3 July 2017**

Nationality	Country of residence	Occupation
Cypriot	**Cyprus**	**Director**

UZUN DEMIRTAS, Fatma

Correspondence address
Odunluk Mah, Akpinar Cad No5, Green White Plaza Katii, Nilufer, Bursa, Turkey

Role RESIGNED	Appointed on	Resigned on
Secretary	**2 December 2016**	**3 July 2017**

UZUN DEMIRTAS, Fatma

Correspondence address
Odunluk Mah, Akpinar Cad No5, Green White Plaza Katii, Nilufer, Bursa, Turkey

Role RESIGNED	Date of birth	Appointed on	Resigned on
Director	**September 1984**	**2 December 2016**	**3 July 2017**

Nationality	Country of residence	Occupation
Turkish	**Turkey**	**Director**

OpenPayd adlı firmada kim varmış, daha önce Fatma Uzun Demirtaş. Yani Anıl Uzun'un kardeşi.

Fatma Uzun Demirtaş'ın hem İngiltere'de hem de Paradise Evraklarına yansıyan firma kayıtları var.

Fatma Uzun Demirtaş'ın Malta'da CFD Team Ltd adlı firma ile bağı gözüküyor. Bu firmanın bilgilerine girdiğinizde Ekmel Çilingir ve Ramon Montebello ile bağı çıkıyor.

Ekmel Çilingir kim biliyor musunuz?

Hani Ozan Özerk'in Litvanya'da bir bankası var, adı da EM Bank demiştim.

Hah işte o bankanın Denetim Kurulu Başkanı kendisi.[1]

1 Embank Europan Merchant Bank https://em.bank/ekmel-cilingir/

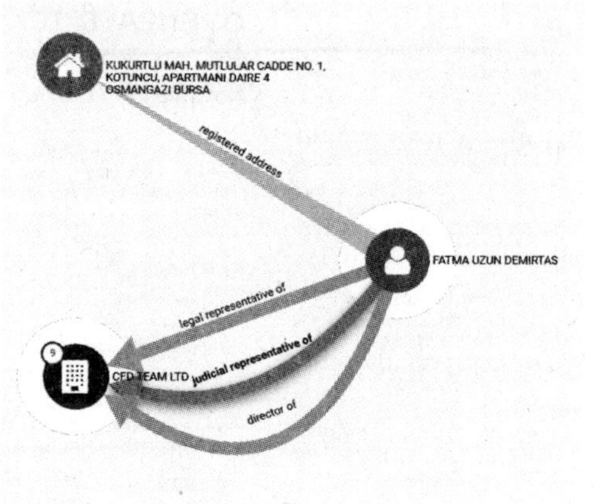

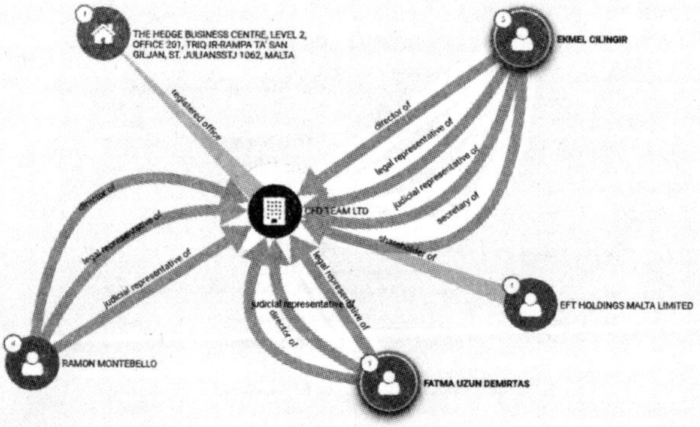

Ekmel Cilingir

Chairman

Mr. Ekmel Cilingir is an accomplished economist with over twenty years in the banking industry, beginning his career at Akbank in Turkey in 1999. He has held various managerial roles at institutions such as BNP Paribas Fortis in Malta and Credit Europe Bank, culminating in his current position as a founding partner and the Chairman of the Supervisory Board at European Merchant Bank UAB (EMBank) in Lithuania. In this role, he oversees the bank's strategic direction, regulatory and political engagements, and corporate governance standards.

Throughout his career, Mr. Cilingir has demonstrated expertise in Operations, Treasury, Trade Finance, Deposit Products, and Credits across corporate and retail banking segments. Significant contributions marked his tenure at BNP Paribas Fortis as Operations and Treasury Manager, and, later, COO. His efforts were pivotal in IT integration, banking operations, and managing intercompany relationships across BNP Paribas entities in Europe.

Mr. Cilingir has actively contributed to industry associations, serving on the Executive Committee of the Malta Bankers' Association and as a board member of the Financial Markets Association Malta (FMAM), supported by the Central Bank of Malta. His analytical skills, problem-solving capabilities, and commitment to high standards are well-recognized in the financial sector.

Bakın çok isim ve çok şirket olduğunu ve kafanızın karıştığını, sıkılmaya başladığınızı biliyorum.

Ancak tüm yapıyı görmenizi istiyorum. Maalesef şu anda daha bu yapının yüzde 30'unu yazdım.

Türkiye'deki spor dünyasının, finans ve bahis sektörleriyle iç içe geçmiş karmaşık ilişkilerini gözler önüne sererken amacımız, yalnızca gerçeklerin bilinmesini sağlamak değil. Aynı zamanda bu ilişkilerin düzenlenmesi ve şeffaflaştırılması adına bir çağrı yapmak.

Anlattığımız her detay, halkın temiz futbol ve adil bir spor ortamı taleplerine katkı sunmayı hedefliyor.

Bu bağlamda, ilgili kurum ve kuruluşların daha fazla sorumluluk alarak bahsedilen sistemleri denetlemesi, şeffaflık sağlaması ve halkın güvenini yeniden tesis etmesi büyük bir zorunluluktur.

Aksi takdirde, bu karanlık ilişkiler yalnızca sporu değil, toplumda zaten azalmış olan adalet duygusunu fare gibi kemire kemire bitirecektir.

Biz burada bir virgül koyalım ve başka bir iddianame ile devam edelim.

Cumhuriyet Tarihinin En Büyük Yasadışı Bahis Operasyonu

Açık söylemek gerekirse, iddianameye ilk ulaştığımda, "Ne kadar büyük olabilir ki?" diye düşündüm. Ancak yüzlerce sayfa süren iddianameyi okuduğumda karşıma inanılmaz bir yapı çıktı.

Yasadışı sanal bahis organizasyonlarının, Türkiye'nin neredeyse tüm illerine bir ahtapot gibi yayıldığını gördüm: Bursa, Hatay, Muğla, Adana, İstanbul, İzmir, Ankara... Ortaya çıkarılan örgüt, yasadışı sanal bahis dünyasının finans ayağını yöneten, kara para aklama süreçlerini organize eden ve binlerce banka hesabı ile on binlerce işlemi kontrol eden devasa bir yapıydı.

Birazdan okuyacaklarınız, Türkiye'de güvenlik güçlerinin ne gibi devasa sorunlarla mücadele ettiğini gözler önüne serecek. Milyarlarca lira ve binlerce insanın hayatını etkileyen bir operasyondan bahsediyorum.

Tarih: 1 Mart 2021

Adana Emniyet Müdürlüğü Siber Suçlarla Mücadele Şube Müdürlüğü'ne gelen iki ihbardan ilki, bu dev operasyonun fitilini ateşledi. İhbarcı, Türkiye'den her ay en az 100 milyon Euro para aklayan 180 kişilik bir yasadışı bahis organizasyonunun varlığını iddia ediyordu.

Kendisinin Karadağ'ın (Montenegro) başkenti Podgorica'da yaşadığını, bu bölgeye gelen Türkler hakkında detaylı bilgiye erişebildiğini ve zaman zaman Karadağ yabancılar polisiyle işbirliği yaptığını söylüyordu. Ayrıca, kendi ülkesinin istihbarat birimlerine de karşılık beklemeden destek sağladığını belirtiyordu.

Bunun yanı sıra bulunduğu kentte birçok yasadışı iş yapan kişi ve örgütlerin (FETÖ, PKK gibi) faaliyet gösterdiğini de ifade etti.

Özellikle yasadışı bahis sitelerinden şu adresleri belirtti:

https://www.galabet256.com / https://hitbetll8.com

https://www.vipparkll7.com/https://www.padisahbet206.com

https://www.betoffice237.com/ ve ismini bilmediği birkaç bahis sitesinin Türkiye'de faaliyet göstermekte olduğunu anlattı.

Ayrıca, bu organizasyonların altyapılarının, finans ekiplerinin ve teknik destek birimlerinin tamamının yurtdışında olduğunu belirtti. Bahis organizasyonlarının özellikle Kıbrıs, Karadağ ve Ukrayna gibi ülkelerdeki ekipler tarafından yönetildiğini dile getirdi.

İhbarcı, Kıbrıs ve Ukrayna'daki ekiplerin büyük çoğunluğunun Karadağ'a taşındığını, burada çalışanların hiyerarşik bir emir-komuta sistemiyle hareket ettiğini ve oldukça sistematik bir şekilde çalıştıklarını söyledi. Her çalışanın üzerinde bir denetçi bulunduğunu, bu denetçilerin süreci yakından takip ettiğini ifade etti.

Daha da ilginci, bu yapılanmanın Karadağ'da görünürde restoran, temizlik şirketi gibi farklı faaliyet alanlarında göstermelik şirketler kurarak operasyonlarını yürüttüğünü anlattı.

Her şeyi açık bir şekilde anlatan ihbarcı, güvenlik güçlerine bu devasa yapının çökertilmesi için kritik bilgiler sağlamıştı.

İllegal işlerde çalışan kişilerin büyük çoğunluğunun Adana, Mersin ve Hatay'dan seçildiğini ve 20-25 yaş aralığında olduğunu belirtti. Bu kişilerin çalıştıkları süre boyunca pasaportlarına el konulduğunu, toplamda 180 kişilik çalışan listesinin bulunduğunu ve bunların 15-20 kadarının müdür konumunda olduğunu dile getirdi. Örgüt üyelerinin, iletişimlerini Skype üzerinden yürüttüklerini, her ekibin ayrı bir Skype grubu olduğunu ve bu gruplar hakkında sürekli bilgi alabildiğini söyledi. Yetkililere ulaşılması durumunda tüm detayları paylaşabileceğini de ekledi.

Bu ilk ihbardı. Kısa bir süre sonra ikinci bir ihbar geldi. Bu kez ihbarı yapan kişi farklıydı ve doğrudan Yaşam Ayavefe ve Sedat

Peker isimlerini verdi. İhbarcı, Yaşam Ayavefe'nin Türkiye tarafından kırmızı bültenle arandığını, Yunanistan'a kaçarak burada kiliselere yardımlarda bulunup sığınma talep ettiğini belirtti. Ayrıca, Sedat Peker'in Yaşam Ayavefe'yi Kıbrıs'tan tanıdığını ve onu koruduğunu iddia etti.

İhbarcı iddialarını şöyle anlattı:

> "Karadağ'da yaşamaktayım. Maalesef buraya illegal işlerle uğraşanlar çok fazla. Türk vatandaşı gelmeye başladı. Yaşam Ayavefe sanal kumar ile ilgili Türkiye tarafından kırmızı bültenle aranan ve Yunanistan'a sığınan orada kiliseye yardımlar yaparak sığınma talep eden birisi. Sedat Peker bu kişiyi Kıbrıs'tan tanıyor ve çok samimiler aynı zamanda bu kişiyi koruyor. Sitelerine Thodex firmasının da bahis sitelerinin arka bahçesi olduğu bilinmekte, Sedat Peker en son Yunanistan'a kaçtı orada Yaşam Ayavefe ile görüştüğü söyleniyor.
>
> Karadağ, Sedat Peker'in merkez üssü burada bahis sitesi ve forex siteleri bulunmakta pek çoğunu biliyorum. Ayrıca yaklaşık Budva şehrinde 150 kişi Podgorico'da 200'den fazla Türk çalışan var. Hepsi 20-25 yaşlarında genç insanlar, bu kişiler buraya getirilirken ailelerinin bilgileri alınıyor ve sistem hakkında bilgi vermeleri durumunda aileleri ile tehdit ediliyorlar.
>
> Ayrıca sadece referans ile isçi bulunuyor, örnek ben mahallemden Ahmet'i tavsiye ediyorum. Ahmet buraya geldiğinde ondan sorumlu benim. Ahmet yanlış yaparsa benim maaşımdan kesiyorlar gibi çok değişik düzenleri var, birçoğunun pasaportuna ulaştım. Bu konuda çok fazla bilgim var. Hepsi birbirleriyle bağlantılılar. Halil Falyalı - Sedat Peker - Faruk Fatih Özer - Yaşam Ayavefe... Daha önce de bahisle ilgili ihbarda bulundum bana Adana Siber Suçlardan ulaştılar ama sadece banka hesaplarını istediler kendilerine ilettim. Bunlar gerçekten çok büyük bir organize çete ve Türkiye'den çok büyük paralar kaçırıyorlar. Ben her türlü bilgiyi paylaşmaya hazırım."

Gelen ihbarları değerlendiren Adana Emniyet Müdürlüğü Siber Suçlarla Mücadele Şubesi, vakit kaybetmeden soruşturma başlatıyor. İhbarcı, 120 kişinin pasaport ve kimlik bilgilerini yetkililere teslim ediyor. Bu bilgiler doğrultusunda şüpheliler hakkında Savcılığa da başvurarak detaylı fiziki ve teknik takip başlatılıyor.[1]

---

1 Adana Cumhuriyet Başsavcılığı Örgütlü Suçlar Soruşturma Bürosu Soruşturma No: 2021/61173

Araştırmalardan elde edilen veriler, MASAK (Mali Suçları Araştırma Kurulu) tarafından kapsamlı bir şekilde analiz ediliyor. Banka hesap hareketleri ve HTS (telefon iletişim trafiği) kayıtlarının incelenmesi sonucunda, devasa büyüklükte organize bir suç şebekesi ortaya çıkarılıyor.

Ortaya çıkan tablo, yasadışı bahis faaliyetlerinin geniş çapta yürütüldüğünü gösteriyor. Şüpheli şahısların, yurtdışında kurdukları sistem aracılığıyla Türkiye'nin çeşitli illerinde ofisler açarak yasadışı bahis oynattıkları ve vatandaşları bu faaliyete teşvik ettikleri belirleniyor. İletişim için genellikle yabancı uyruklu şahıslar adına çıkarılmış "açık hat" olarak tabir edilen GSM numaralarını kullanan şüpheliler, kimliklerinin tespit edilmesini ve üst düzey bağlantılarının açığa çıkarılmasını oldukça zorlaştırmış.

İhbarcı tarafından Adana İl Emniyet Müdürlüğü'ne gönderilen 120 kişinin pasaport bilgisi incelendiğinde, bu şahısların büyük çoğunluğunun Adana, Mersin ve Hatay illerinde yaşadığı, ancak sık sık Karadağ, Ukrayna, KKTC ve İstanbul arasında uçuş yaptıkları tespit ediliyor. Ayrıca, şüphelilerin önemli bir kısmının yurtdışında bulunduğu anlaşılıyor. Örgütün yapısı tüm detaylarıyla ortaya çıkarıldıktan sonra operasyon düğmesine basılıyor.

Bu operasyon, yasadışı bahis faaliyetlerine karşı yapılan en geniş kapsamlı müdahalelerden biri olarak dikkat çekiyor. 30 ilde eşzamanlı düzenlenen bu baskın, yasadışı bahis organizasyonlarının ne kadar geniş bir ağ oluşturduğunu ve devletin bu tür faaliyetlere karşı kararlılıkla mücadele ettiğini ortaya koyuyor.

Operasyon sırasında yaşanan detaylar, şüphelilerin delilleri saklama çabalarını gözler önüne seriyor. Çatıda saklanmış bilgisayarlar ve sisteme ait parçaların bulunması, yasadışı bahis organizasyonlarının teknolojiye olan bağımlılığını ve izlerini saklama çabalarını yansıtıyor. Ayrıca, baskın sırasında kapının açılmaması ve polisin çilingir yardımıyla içeriye girmesi, operasyonların ne kadar hassas ve planlı bir şekilde yürütüldüğünü gösteriyor.

Bu tür büyük çaplı operasyonlar, yasadışı faaliyetlerle mücadelede önemli bir adım olarak görülüyor. Ancak sürecin hukuki boyutunun da dikkatle takip edilmesi, gözaltına alınanların haklarının korunması ve suçluların adalet önünde hesap vermesi büyük önem taşıyor. Yasadışı bahis ve benzeri suçlarla mücadelenin, teknolojik altyapı ve istihbarat desteğiyle daha da etkin hale getirileceği söylenebilir.

Bu operasyon Türkiye'de kimsenin dikkatini bile çekmedi.

İddianamede, yasadışı bahis şebekesinin liderliğini Hasan Sungur ile Kaya Ali Uslu'nun yaptığı ifade ediliyor.

Polis, şebekeyi hem teknik hem de fiziki takibe aldı. Yapılan incelemelerde, Hasan Sungur'un şebekenin Kuzey Kıbrıs Türk Cumhuriyeti ayağını, Kaya Ali Uslu'nun ise Karadağ ayağını yönettiği tespit edildi.

Şebekenin, 8 internet sitesi üzerinden ve 6 farklı ilde açtıkları ofislerde faaliyet gösterdiği belirlendi. 450 milyon dolarlık para hareketine sahip olan bu organize yapı, teknik ve fiziki takip sonucu çökertildi. Şüphelilerin, parayı aklamak için kurdukları 2 paravan şirket, 87 lüks araç, 20 konut, 5 arsa ve işyerine el konuldu. El konulan mal varlıklarının toplam değerinin 553 milyon TL olduğu açıklandı.

Bu daha başlangıçtı...

Operasyon kapsamında, hedef alınan 300 kişinin banka hesaplarına ve kripto varlıklarına tedbir konuldu. Emniyetteki işlemleri tamamlanan, aralarında şebeke liderleri Hasan Sungur ve Kaya Ali Uslu'nun da bulunduğu 173 kişi adliyeye sevk edildi. Diğer 71 kişi ise ifadelerinin ardından serbest bırakıldı.[1]

---

1 "Cumhuriyet Tarihinin En Büyük Yasadışı Operasyonunda Yakalanan 173 Kişi Adliyeye Sevk Edildi", *Sabah,* 28 Haziran 2024, https://www.sabah.com.tr video/yasam/cumhuriyet-tarihinin-en-buyuk-yasadisi-operasyonunda-yakalanan-173-kisi-adliyeye-sevk-edildi-video

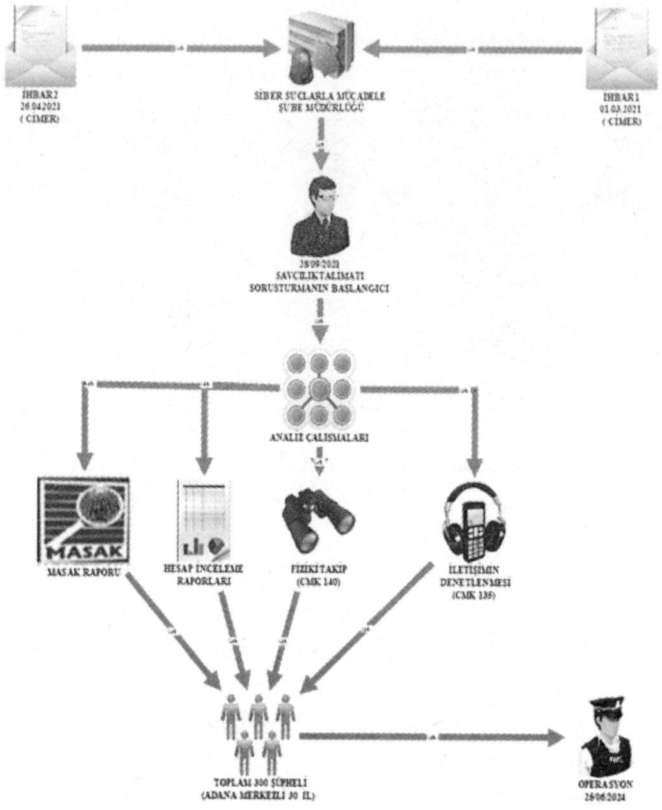

İddianame kısa sürede hazırlandı ve yargılama başladı...

Hazırlanan iddianamede, yasadışı bahis şebekesiyle bağlantılı 303 şüpheli yer aldı.[1]

İddianame girişinde, suç örgütünün sanal ortamda illegal bahis oyunları oynatarak haksız kazanç elde ettiği ve bu yapının hesap sahipleri, panel sorumluları, nakit para alım ve dağıtım sorumlularından oluşan bir ağ tarafından desteklendiği vurgulandı.

Metinde şu ifadeler dikkat çekti:

> "Kurulan suç örgütünün, sanal ortamda illegal bahis oyunları oynatmak suretiyle elde etmiş oldukları haksız kazancın, hesap sahipleri, panel sorumluları, nakit para alım ve dağıtım sorumlularından oluşan bir yapı tarafından sağlandığı ve bu yapının üç kişiden daha fazla şüphelinin bir araya gelerek oluşturduğu anlaşılmaktadır. Sanal ortamda illegal bahis oyunları kapsamında

1 Adana Cumhuriyet Başsavcılığı Örgütlü Suçlar Soruşturma Bürosu, İddianame No: 2024/19832, Tarih: 10.10.2024

kurulan çıkar amaçlı suç örgütü, gerek toplum içinde gerekse sanal ortamda örgütlemiş olduğu kitlelerle vatandaşları bahis oynamaya ve para kazancı sağlamaya teşvik ederek, daha fazla kazanç sağlama inancına varan bireyleri suç ağına çekmiştir. Örgüt tarafından farklı görevlere atanan şüpheliler, gelen paranın aktarılması ve çekilmesinden sorumlu tutulmuş, bu kazançlar şüphelilere maaş, ücret, prim gibi adlar altında dağıtılmıştır. Süreç, yönetici kadroların gözetiminde ve koordinasyonunda sürekli olarak devam etmiştir. Nakit para trafiğinde görev alan şüpheliler, elde edilen parayı eksiksiz şekilde üst kademeye ulaştırmakla yükümlü olmuş, hiyerarşik bir yapıya dayanan iş akışı titizlikle sağlanmıştır."

Esas mesele, bu örgütlerin nasıl bir araya geldikleri ve hangi yöntemlerle faaliyetlerini sürdürdükleridir. Teknolojiyi kendi lehlerine nasıl eğip büktükleri ve izlerini nasıl kaybettirdikleri, bu karanlık ağların temel stratejilerini oluşturuyor.

Siber Suçlarla Mücadele birimlerinin tespitlerine göre, örgüt üyeleri iletişimlerini gizlemek ve herhangi bir takibe takılmamak için Skype, Talk ve Telegram gibi şifreli mesajlaşma uygulamalarını tercih ediyordu. Kimliklerini saklamak adına kod isimler kullanarak haberleşiyorlar, böylece kim oldukları karanlıkta kalıyordu. Bu yöntemler, örgütün faaliyetlerini dış müdahalelerden koruma ve izlerini kaybettirme stratejilerinin bir parçasıydı.

Örgütün mali stratejileri de en az iletişim yöntemleri kadar karmaşıktı. Yasadışı bahis faaliyetlerinden elde edilen paraların izini sürmeyi imkânsız kılmak adına, örgüt mensuplarının sürekli olarak banka hesaplarını değiştirdiği ya da tamamen devre dışı bıraktığı anlaşıldı. Bunun yerine, döviz büroları, cep bank, QR Kod, Papara ve kripto para borsaları gibi platformlar üzerinden para transferleri gerçekleştiriliyordu. Paranın kaynağını gizlemek için BTC Türk, Paribu ve benzeri borsalar yoğun bir şekilde kullanılıyordu.

Bu yapı, yalnızca finansal hareketleri gizlemekle kalmıyor; aynı zamanda yeni elemanlar temin ederek sürekli bir kazanç akışı sağlıyordu. Engellenen sanal bahis sitelerinin yerine, örgüt tarafından önceden hazırlanan yeni siteler hızla devreye alınıyordu. Bu yeni siteler, önceki sitelerin isimlerine yalnızca bir harf ya da rakam eklenerek oluşturuluyor, böylece kullanıcılar tarafından kolaylıkla bulunuyordu.

Yasadışı yollardan elde edilen gelirlerin hızla başka hesaplara aktarılması, nakit olarak çekilmesi ve nihayetinde örgüt yöneticilerine ulaşmasının engellenmesi için son derece sistematik bir yöntem uygulanıyordu. Paralar, üçüncü şahısların hesaplarına yatırılıyor ve bu hesaplar üzerinden işlem görüyordu. Toplanan nakit, dövizciler ve kuyumcular aracılığıyla dolaşıma sokuluyor, böylece iz sürmek neredeyse imkânsız hale geliyordu.

Yapılan detaylı incelemeler, örgütün Kuzey Kıbrıs Türk Cumhuriyeti ile Karadağ arasında güçlü bir bağlantı kurduğunu ortaya koydu. Bu iki merkez, hem yasal boşluklardan yararlanmak hem de örgütün faaliyetlerini genişletmek adına stratejik bir öneme sahipti. Bu bağlantılar, İstanbul, Bursa, Muğla, Hatay, Mardin ve Antalya gibi Türkiye'nin farklı illerinde kurulan ofislerle destekleniyordu.

Her ilde bir veya birden fazla ofis bulunuyor, bu ofislerin başında ise sorumlu kişiler yer alıyordu. Bazı ofisler birbiriyle bağlantılı çalışırken, bazıları bağımsız gibi görünüyordu. Ancak dikkatli bir inceleme sonucunda, tüm ofislerin aynı para nakil ağını kullandığı ve bu hesaplar üzerinden finansal işlemleri koordine ettiği ortaya çıktı. Toplama hesaplarında biriken paralar, sorumlu kişiler tarafından nakit olarak çekiliyor ve teslimat yapan örgüt üyelerine ulaştırılıyordu. Teslimatı gerçekleştiren bu kişiler, günlük olarak topladıkları parayı belirlenen dövizcilere ya da kuyumculara teslim ediyordu.

Bu kusursuz sistemde, ofislerde çalışan personel 7/24 görev yapıyordu. Sahada ise nakit çekim ve transfer işlemlerini gerçekleştiren elemanlar bulunuyordu. Bu elemanlar, örgüt adına banka hesapları temin ediyor, finansal işlemleri yönetiyor ve elde edilen parayı hızla sistemin üst katmanlarına taşıyordu.

Sonuç olarak, örgüt tam anlamıyla bir makine gibi işleyen bir düzen kurmuştu. Teknolojiyi ve lojistik becerileri ustaca kullanarak hem izlerini kaybettiriyor hem de yasadışı kazançlarını artırıyorlardı.

Biz burada Hasan Sungur'dan devam edelim.

İddianamede Hasan Sungur'un sistemin başında olduğu iddia edilmiş.

Hasan Sungur hakkında hazırlanan MASAK raporunda 2017-2023 yılları arasında SGK dökümü yapılmış, toplam kazancı 73 bin TL olarak tespit edilmiş.[1]

1 Maliye Bakanlığı MASAK Raporu, Tarih: 31.01.2024, Sayı: 2023-985-26-3809657

KİŞİ AD-SOYAD/UNVAN	YIL	TOPLAM KAZANÇ
HASAN SUNGUR	2017-2023	73.463

Ancak...

2022-2023 yılları arasında binlerce işlem yaparak milyonlarca lira para aktardığı tespit edilmiş.

Şüphelinin banka hesaplarında gerçekleşen para transfer hareketlerine ait özet tablo:

PARA TRANSFER İŞLEMİ GERÇEKLEŞTİREN ANALİZ KONUSU KİŞİLER	YIL	PARA ÇIKIŞI (TL)		PARA GİRİŞİ (TL)	
		İŞLEM SAYISI	İŞLEM TOPLAMI	İŞLEM SAYISI	İŞLEM TOPLAMI
HASAN SUNGUR	2022	540	1.429.756	269	1.870.041
	2023	641	2.525.670	244	3.092.113

Raporda önce örgütün Muğla yapılanması içinde yer aldığı belirtilmiş ancak Siber Suçlarla Mücadele Şube Müdürlüğü Hasan Sungur'un örgütün KKTC'ye bağlı olarak Türkiye'de faaliyet gösteren ofislerinden sorumlu olduğunu tespit etmiş.

Sungur'un, bahis örgütünün KKTC ayağını ve eşi Zehra Çiçek Sungur ile birlikte örgütün Muğla yapılanmasında yer alan ofisi yönettiği belirlenmiş.

Burada bir aile yapılanması da var. İddianamede bu durum açık açık yazılmış.

KKTC'de bulunan abisi Mehmet Akif Sungur'un yasadışı bahis işletmeciliği yaptığı ve sitenin Türkiye ayağını Hasan Sungur'un yönettiği aktarılmış zaten.

Kıbrıs'taki şirketin başında ise Mehmet Akif Sungur'un eşi Feride Sungur ile Türkiye'deki ofisleri yönettiği, aynı zamanda Hasan Sungur'un kardeşi olan Mübeccel Sungur'un da KKTC'de sistemin başında çalıştığı belirlenmiş.

Türkiye'deki ofislerin finans işini takip ettiği, Türkiye'de bulunan ofislerin tüm talimatlarının KKTC'den geldiği belirtilmiş.

Hasan Sungur örgütte "Harvey" kod adını kullanmış.

SORGULANAN KİŞİ	KARŞI TARAF	İŞLEMİN YÖNÜ	İŞLEM TÜRÜ	İŞLEM TARİHİ	İŞLEM TUTARI (TL)
HASAN SUNGUR	BN TEKNOLOJİ ANONİM ŞİRKETİ	Para Girişi	EFT Alma	11.09.2023 16:40:18	35.000
HASAN SUNGUR	ZEHRA ÇİÇEK SUNGUR	Para Girişi	EFT Alma	09.09.2023 16:00:01	10.000
HASAN SUNGUR	BUĞRA CAN KABA	Para Çıkışı	EFT Gönderme	08.09.2023 15:33:50	20.000
HASAN SUNGUR	SEREN SEVİNÇ	Para Çıkışı	EFT Gönderme	08.09.2023 14:29:17	4.500
HASAN SUNGUR	BN TEKNOLOJİ ANONİM ŞİRKETİ	Para Girişi	EFT Alma	08.09.2023 14:27:06	35.536
HASAN SUNGUR	ZEHRA ÇİÇEK SUNGUR	Para Çıkışı	Havale Gönderme	07.09.2023 14:04:09	36.000
HASAN SUNGUR	BN TEKNOLOJİ ANONİM ŞTİ.	Para Girişi	Havale Alma	07.09.2023 14:00:26	36.500
HASAN SUNGUR	SEREN SEVİNÇ	Para Çıkışı	EFT Gönderme	01.09.2023 14:07:10	4.500
HASAN SUNGUR	BN TEKNOLOJİ ANONİM ŞİRKETİ	Para Girişi	Havale Alma	19.08.2023 04:58:43	37.710
HASAN SUNGUR	PAY FİX ÖDEME HİZMETLERİ ANONİM ŞİRKETİ	Para Çıkışı	Havale Gönderme	19.08.2023 04:26:50	5.000
HASAN SUNGUR	PAY FİX ÖDEME HİZMETLERİ ANONİM ŞİRKETİ	Para Çıkışı	Havale Gönderme	19.08.2023 04:10:14	5.000
HASAN SUNGUR	BUĞRA CAN KABA	Para Çıkışı	EFT Gönderme	13.08.2023 15:34:33	3.000
HASAN SUNGUR	MÜBECCEL SUNGUR	Para Çıkışı	Havale Gönderme	11.08.2023 16:27:52	10.000
HASAN SUNGUR	SEREN SEVİNÇ	Para Çıkışı	EFT Gönderme	11.08.2023 16:23:23	4.000
HASAN SUNGUR	MÜBECCEL SUNGUR	Para Çıkışı	Havale Gönderme	26.07.2023 13:40:26	15.000
HASAN SUNGUR	ZEHRA ÇİÇEK SUNGUR	Para Çıkışı	Havale Gönderme	25.07.2023 17:18:42	25.000

İddianamede, örgütün kontrolünde bulunan yasadışı bahis sitelerinin Serhan Kılıç, Fırat Siler ve Sefa Aykut isimli 3 kişi tarafından dizayn edildiği tespit edilmiş.

Örgütün Türkiye sorumlusu olarak Tuğba Taşkın (Gök) hakkındaki iddianamede, Karadağ'da faaliyet gösteren yasadışı bahis şirketlerinin Türkiye sorumlusu olarak çalıştığı belirtilmiş.

T.C.	Adı	Soyadı	Doğum Tarihi	PNR Kodu	Kalkış Şehri	İniş Şehri	Kalkış Yer Adı	İniş Yer Adı	Kalkış Ülkesi	İniş Ülkesi
	TUGBA	TASKIN	1992-10-21	VMSSCY	Adana	Istanbul	Adana Airport	Istanbul Airport	Turkey	Turkey
	TUGBA	TASKIN	1992-10-21	[illegible]	Istanbul	Batumi	Istanbul Airport	Batumi Airport	Turkey	Georgia
	TUGBA	TASKIN	1992-10-21	[illegible]	Batumi	Istanbul	[illegible] Airport	Istanbul Airport	Georgia	Turkey
	TUGBA	TASKIN	1992-10-21	[illegible]	Istanbul	Adana	[illegible] Airport	Adana Airport	Turkey	Turkey
	TUGBA	TASKIN	1992-10-21	[illegible]	Adana	Istanbul	Adana Airport	Istanbul Airport	Turkey	Turkey
	TUGBA	TASKIN	1992-10-21	TPYVCW	Istanbul	[illegible]	Istanbul Airport	Batumi Airport	Turkey	Georgia

T.C.	Adı	Soyadı	Doğum Tarihi	PNR Kodu	Kalkış Şehri	İniş Şehri	Kalkış Yer Adı	İniş Yer Adı	Kalkış Ülkesi	İniş Ülkesi
	TUGBA	GOK	1992-10-21	UDW82V	Podgorica	Istanbul	Podgorica Airport	Istanbul Ataturk...	Montenegro	Turkey
	TUGBA	GOK	1992-10-21	[illegible]	Istanbul	Ercan	[illegible] Atatur...	Ercan Airport	Turkey	KKTC
	TUGBA	GOK	1992-10-21	[illegible]	Istanbul	Adana	[illegible] Gokce...	Adana Airport	Turkey	Turkey
	TUGBA	GOK	1992-10-21	[illegible]	Trabzon	Adana	[illegible] Airport	Adana Airport	Turkey	Turkey
	TUGBA	GOK	1992-10-21	[illegible]	Istanbul	Podgorica	[illegible] Atatur...	Podgorica Airport	Turkey	Montenegro
	TUGBA	GOK	1992-10-21	[illegible]	Istanbul	Adana	[illegible] Gokce...	Adana Airport	Turkey	Turkey
	[illegible]	GOK	1992-10-21	[illegible]	Adana	Istanbul	[illegible] Airport	Istanbul Ataturk...	Turkey	Turkey
	TUGBA	GOK	1992-10-21	RPLX2B	Istanbul	Ercan	Istanbul Atatur...	Ercan Airport	Turkey	KKTC

Tuğba GÖK isimli sahsın 2019 ve 2023 yılları arasında toplam 70 adet uçuş kaydının olduğu ve genelde Karadağ Podgorica ve K.K.T.C uçuşları olduğu

Yani birbiri içerisine girmiş grift bir yönetim yapısı belirlenmiş. Hasan Sungur Muğla'daki 2 ofisiyle Kıbrıs ve Karadağ'ı yönetirken Tuğbaş Taşkın Gök de Türkiye ayağına bakmış.

Tuğba Taşkın Gök'ün eşi Celal Taşkın da Karadağ Podgorica'da bulunun yasadışı bahis sitesinde üst düzey müdür olduğu belirlenmiş.

Tuğba Taşkın'ın Gürcistan, Karadağ (Montenegro), Kıbrıs hattı örgütün kripto para platformu, uçuş kayıtları da soruşturma evrakında yer almış.

İşin içerisine girecek olursak, örgüt Papara kullanarak birçok kişiyle yüklü miktarda para transferine girmiş.

Herkesten açıklama kısmına da "Bağış" yazmaları istenmiş. MASAK burada bir ortak nokta fark etmiş. Neredeyse bütün örgüt üyeleri aynı şekilde para transferlerine "Bağış" açıklamasını girmiş.

Önceki bölümlerde yaptığım gibi tek tek isimlerin ifadelerini vermeyeceğim. Fakat örgütün yapısını anlatmak istiyorum.

Veysel Şahin'in yaptığı örgütlenmedeki il sorumluların benzeri burada da var. Burada da örgüt içinde banka hesaplarını kullandıranların 2500 TL para aldığı belirlenmiş.

Banka hesaplarını açtıran, bunlardan sorumlu olan örgüt üyeleri de bu hesaplardaki işlemlerde dönen paradan yüzde 3-5 komisyon almış.

Mesela örgütün Karadağ ayağını yöneten örgütün Bursa il yapılanması lideri Mustafa Ilgaz'ın kuzeni Kaya Ali Uslu'nun Ziraat Bankası hesabında iki yıl içerisinde 4.9 milyon TL para hareketinin olduğu anlaşılmış.

Hasan Sungur ile de birçok hesap hareketinin olduğu tespit edilmiş.

MASAK tabii böyle bırakmamış.

Kaya Ali Uslu'nun bütün banka hesaplarını inceleyince şoke olmuşlar.

2021-2023 yılları arasında kullanılan banka hesaplarında toplamda 17 milyon 927 bin TL tutarında işlem hacmi olduğu tespit edilmiş.

Adamın SGK kaydını incelemişler ve spor yönetici olarak sigorta kaydının yapıldığı görülmüş.

Mustafa Ilgaz ile birlikte Kaya Ali Uslu, Now İletişim isimli bir firmada yönetici gözüküyorlar.

Uslu hakkında GİB (Gelir İdaresi Başkanlığı) kayıtlarında yapılan sorgulamalarda, şahısların yönetici/kurucu ya da ortağı olduğu şirket kayıtları çıkarılmış.

PARA TRANSFER İSLEMİ GERÇEKLEŞTİREN ANALİZ KONUSU KİŞİLER	YIL	PARA ÇIKIŞI (TL)		PARA GİRİŞİ (TL)	
		İŞLEM SAYISI	İŞLEM TOPLAMI	İŞLEM SAYISI	İŞLEM TOPLAMI
KAYAALİ USLU	2019	702	3.089.516	957	3.559.701
	2020	1422	8.382.451	1827	10.976.331
	2021	318	2.639.095	320	3.287.536

Kaya Ali Uslu verdiği ifadesinde hemen dökülmüş.

NOW İLETİŞİM unvanlı şirket açtığını, Mustafa Ilgaz'ı müdür yaparak şirketi ona bıraktığını ve Karadağ'a gittiğini, bahse konu tüm işlemleri Mustafa Ilgaz'ın yaptığını söylemiş.

Baktım...

Kaya Ali Uslu'nun NOW Grup Company adında Karadağ'da da şirketi var.

Centralni Registar Privrednih Subjekata

NASLOVNA PRETRAGA REGISTRA

Osnovni podaci | Lica u društvu | Djelovi društva | Podružnice | Zabilježbe

Registarski broj:	50966483
PIB/Matični broj:	03357198
Broj promjene:	2
Puni naziv:	"NOW GROUP COMPANY" DRUŠTVO SA OGRANIČENOM ODGOVORNOŠĆU BUDVA
Skraćeni naziv:	NOW GROUP COMPANY DOO
Oblik organizovanja:	DRUŠTVO SA OGRANIČENOM ODGOVORNOŠĆU
Šifra djelatnosti:	6201
Naziv djelatnosti:	Kompjutersko programiranje
Adresa sjedišta:	TRE CANNE HOTEL, MEDITERANSKA ULICA - PRVI SPRAT
Mjesto sjedišta:	BUDVA
Adresa prijema službene pošte:	TRE CANNE HOTEL, MEDITERANSKA ULICA - PRVI SPRAT
Mjesto prijema službene pošte:	BUDVA
Ukupan kapital:	1 €
Datum osnivanja:	12.05.2021
Datum promjene:	16.06.2021
Web adresa:	
Email adresa:	@gmail.com
Telefon:	
Status:	Registrovan

Örgütün kripto para platformu Binance aracılığıyla paraları yurtdışına çıkardığı da verilen ifadelerle açığa çıkmış.

Mesela Binance ayrıntısını söyleyen şüpheli Murat Özçelik'in ifadesinde belirttiği BETS10 adlı yasadışı bahis sitesi yine Bursa'da bir haber ile gündeme gelmişti.

Ekim 2021 tarihinde Bursa'da otomobil içerisinde şüpheli hareketler sergileyen iki kişi, park polislerinin dikkatini çekmiş.

Bunun üzerine Emniyet Müdürlüğü Siber Suçlarla Mücadele Şube Müdürlüğü ekipleri, şüpheliler hakkında çalışma başlatmış.

İki şüphelinin üst, ev, işyeri ve araç aramalarında toplam 14 adet cep telefonu, 71 adet farklı GSM şirketlerine ait sim kart, 1 adet SD kart ve 369 adet muhtelif bankalara ait ve başkaları adına düzenlenmiş banka kartı bulunmuş.

Gelişme üzerine çalışmalarını derinleştiren ekipler, "www.bets10.com" isimli bahis sitesinde para nakline aracılık eden 5 kişi tespit etmiş. Şüphelilerin, site üzerinden yatırılan paraları hafta sonları ATM üzerinden günlük 200 bin ile 300 bin lira arasında çektikleri, bu işlemleri 2021 yılı başından itibaren yaptıkları belirlenmiş.[1]

İşte o gün gözaltına alınan kişiler bugün okuduğumuz Bursa il yapılanmasındaki kişilerdi.

Devam edelim...

Şüphelilerden Kazım Mert Işık'ın MASAK tarafından hesap hareketleri incelendiğinde, 2019-2022 yılları arasında 3 bin 904 farklı işlemde 25 milyon TL para girişi, 6 bin 978 farklı işlemde 24 milyon TL para çıkışı olduğu tespit edilmiş.

Daha ilginci, para transferlerinin olduğu tarihlerde şüphelinin SGK kaydı incelendiğinde, hesap hareketlerinin olduğu tarihlerde sigorta kaydının bile bulunmadığı anlaşılmış.

İddianamede kurulan sistemin işleyişi güzel bir tanımlamayla özetlenmiş.

Kaya Ali Uslu isimli şahsın para transferi yaptığı veya kendisine transfer yapılan tüm şahısların dosya kapsamında şüpheli konumda olduğu anlatılırken, bu kişilerin hesaplarının incelenmesinde çok yüklü miktarda paraların takibini zorlaştırmak için sarmal bir şekilde birbirbirlerine aktarıldığı tespit edilmiş.

Şüphelilerden Sabri Ertunç'un da Emniyet'in yaptığı çalışmalarda örgüt lideri olduğu belirtilen Mustafa Ilgaz'a bağlı olarak Bursa'da bulunan ofislerden birinin finans faaliyetlerini eşi Gülten Ertunç ile birlikte yönettikleri tespit edilmiş.

Hatta Mustafa Ilgaz'ın olmadığı zamanlarda örgüte liderlik ettiği, Bursa lideri yardımcısı olduğu belirlenmiş.

Sabri Ertunç Emniyet'teki ifadesinde ailesini kullanarak kendisini acındırmış.

Yaptıkları karşılığında para almadığını, minnet duygusundan dolayı yardımcı olduğunu, engelli çocuğu olduğunu, zor zamanlar geçirdiği için de bu işe girdiğini ve 3 ay kadar sonra bıraktığını

1 "Bursa'da Bahis Çetesi Çökertildi: 5 Gözaltı", ensonhaber.com, 18 Ekim 2021, https://www.ensonhaber.com/3-sayfa/bursada-park-polisinin-dikkati-bahis-cetesini-cokertti

anlatmış. İki yıldır sigortalı işte çalıştığını ve eşinin çocuklarına bakmasının güç olduğu için serbest bırakılmasını istemiş.

Analiz konusu **Sabri ERTUNÇ** hakkında SGK Hizmet Dökümü kayıtlarında yapılan sorgulamalar sonucunda elde edinilen Prime esas kazanç (brüt maaş) ücret bilgileri toplulaştırılarak 2016 ve öncesi, 2016 ve sonrası olarak iki kısımda yer verilmiş, şahsın kazancı ile banka hesaplarına giren ve çıkan para miktarlarının uyumsuz olduğu tespit edilmiştir.

KİŞİ AD-SOYAD/UNVAN	YIL	TOPLAM KAZANÇ
SABRİ ERTUNÇ	-2016	64.410
	2017-2023	137.705

Şüphelinin banka hesaplarında gerçekleşen para transfer hareketlerine ait özet tablo:

PARA TRANSFER İŞLEMİ GERÇEKLEŞTİREN ANALİZ KONUSU KİŞİLER	YIL	PARA ÇIKIŞI (TL)		PARA GİRİŞİ (TL)	
		İŞLEM SAYISI	İŞLEM TOPLAMI	İŞLEM SAYISI	İŞLEM TOPLAMI
SABRİ ERTUNÇ	2021	[illegible]	3.331.858	[illegible]	3.950.186

Ancak şüpheliler Sedat Yaşa ve Alper Özkök'ün Adana İl Emniyet Müdürlüğünde alınan ifadelerinde; banka hesaplarını Sabri Ertunç'a verdikleri, Sabri Ertunç'un da yasadışı bahis organizasyonu içerisinde olduğunu anlatmışlar.

Zaten Sabri Ertunç'un doğru söylemediğini de sayfalarca tespiti yapılan konuşmalarla çürütmüşler. İfadesinin doğru olmadığı konuşma tapelerine yansımış.

01.06.2022 günü saat: 17:56:13 sıralarında GSM hattını kullanan SABRİ ERTUNÇ isimli şahıs ile GSM hattını kullanan BAYSEN ALİ KAVAK isimli şahıs arasında geçen görüşmede;

SABRİ ERTUNÇ : Alo
BAYSEN ALİ KAVAK : Efendim sabri
SABRİ ERTUNÇ : Abi nerdesin gelcem oraya telefonu vermeye
BAYSEN ALİ KAVAK : Sabri öz özdileği özdileğin oraya getir seti
SABRİ ERTUNÇ : Tamam
....

Şüphelinin Baysen Ali KAVAK aracılığı ile Yasadışı Bahis organizasyonundan elde edilen paranın nakline aracılık etmek üzere çevresinde bulunan şahıslardan hesap setleri temin ettiği tespit edilmiştir.

07.06.2022 günü saat: 16:38:57 sıralarında 5358192981 nolu GSM hattını kullanan SABRİ ERTUNÇ isimli şahıs ile 5347891600 nolu GSM hattını kullanan MUSTAFA İLGAZ isimli şahıslar arasında geçen görüşmede;

SABRİ ERTUNÇ : Alo
MUSTAFA ILGAZ : He abicim
SABRİ ERTUNÇ : Abi bisey mi yazdın skype dan
MUSTAFA ILGAZ : He yazıyom
....

Şüpheli Sabri ERTUNÇ'un örgüt içi haberleşme kanalı olarak Skype üzerinden yazıştıkları tespit edilmiştir.

HASAN SAKAR : he
SABRİ ERTUNÇ : naptın ne durumdasın baba
HASAN SAKAR : .. akbanka geri geldim bakalım abicim
SABRİ ERTUNÇ : garantiyi yaptın mı
HASAN SAKAR : he onu hallettim bi dakka dur şimdi dur
SABRİ ERTUNÇ : tamam
HASAN SAKAR : vezneye bakıcam dur sen napıyon
SABRİ ERTUNÇ : iyiyim telefoncudayım telefonları bekliyorum bende
HASAN SAKAR : tamam hadi şimdi kapat telefonu sen
SABRİ ERTUNÇ : tamam hadi
HASAN SAKAR : hadi görüşürüz

16.06.2022 günü saat: 14:08:27 sıralarında 5531184501 nolu GSM hattını kullanan GÜLTEN ERTUNÇ isimli şahıs ile 05358192981 nolu GSM hattını kullanan SABRİ ERTUNÇ isimli şahıslar arasında geçen görüşmede;

....
SABRİ ERTUNÇ : ....
GÜLTEN ERTUNÇ : bi sıkıntı yok dimi
SABRİ ERTUNÇ : yok canım ne olsun
GÜLTEN ERTUNÇ : iyli güzel dediğin elemanlar girdi mi
SABRİ ERTUNÇ : hııı
GÜLTEN ERTUNÇ : hı
SABRİ ERTUNÇ : giricekler işte bugün yarın
GÜLTEN ERTUNÇ : hı onlar kartları hazırladı telefon yok diyodun da ondan soruyorum
SABRİ ERTUNÇ : 6 tane telefon var onlarda hazırmış
GÜLTEN ERTUNÇ : anladım
SABRİ ERTUNÇ : tamam konuşuruz
....

Şüpheli Sabri ERTUNÇ ve eşi Gülten ERTUNÇ'un yasadışı bahis organizasyonunda para nakline aracılık etmek üzere hesap temini yaptığı tespit edilmiştir.

En önemlisi de hesap hareketleri...

Sabri Ertunç'a ait MASAK tarafından gönderilen hesap hareketleri incelendiğinde, hesapların 2021-2023 yılları arasında kullanıldığı, hesaplara 2086 farklı işlemde 4,3 milyon TL giriş, 697 farklı işlemde 3 milyon 550 bin TL para çıkışı olduğu tespit edilmiş.

Para transferlerinin olduğu tarihlerde şüphelinin SGK kaydı incelendiğinde, hesap hareketlerinin olduğu tarihlerde yine sigorta kaydının bulunmadığı belirlenmiş. Sabri Ertunç'un eşi Gülten Ertunç'un da Bursa lideri Mustafa Ilgaz ile yaptığı görüşme ise şu şekilde:

03.06.2022 günü saat: 11:15:08 sıralarında nolu GSM hattını kullanan MUSTAFA İLGAZ ile nolu GSM hattını kullanan GÜLTEN ERTUNÇ isimli şahıslar arasında geçen görüşmede;

MUSTAFA ILGAZ : bişey söyleyim mi sana bak sabri bi ben çözemiyorum bak o kadar çok seviyorum
GÜLTEN ERTUNÇ : biliyorum
MUSTAFA ILGAZ : o kadar yani ben sabriyi eee
GÜLTEN ERTUNÇ : sabri abi arada kalıyo çok arada kalıyo
MUSTAFA ILGAZ : çözemiyom abicim napma
GÜLTEN ERTUNÇ : bende hani
MUSTAFA ILGAZ : **napmağa çalışıyo napmak istiyo bak ne güzel bi işe başladık**
GÜLTEN ERTUNÇ : evet
MUSTAFA ILGAZ : düzgün düzgün ya senin diyorum bak senin çocukların var sabri senin dışarlarda oralarda buralarda karınla mı evinde mi içecen napıcan yani
GÜLTEN ERTUNÇ : bende bu konularda
MUSTAFA ILGAZ : çözemiyorum

....

MUSTAFA ILGAZ : **ya abicim önemli değil biz onları da çözeriz ama sabri işine de sahip çıkmıyor be abim çıkmıyo yani bak 2 gündür sabriye ben ulaşamıyorum dün beni bi götürdü bankaya**
GÜLTEN ERTUNÇ : hıhı
MUSTAFA ILGAZ : o zmaan görüştük ordan beri ne telefonları açık ne bişeyi açık yani vallahi ben şimdi evinize geliyodum yemin ediyom el evinize geliyodum gülten çünkü bak
GÜLTEN ERTUNÇ : doğru
MUSTAFA ILGAZ **: bu bu adamın altında insanlar var bu adama her an ulaşması gerekir bu insanların benim ona her an ulaşmam gerekir yani sabri yok sabri tamam evet şanssızlık olmuştur yani güvendiği insanlar ee yamuk yapmıştır olur**

....

GÜLTEN ERTUNÇ : olayları biliyorum az çok yani benden de olabildiğince saklıyo pek girişmemi karışmamı istemiyo ama ya bu olinin en sonki yaptığı şey falan hani ben diyo korumaya çalıştıkça ben hani zarar görmesinler diye yani ... oldukça ben sürekli darbe yiyorum diyor
MUSTAFA ILGAZ : **ya abicim bak herşey olur insanın başında ki sen ne olursa olsun işine sahip çıkmaya devam et sen işine sahip çıktıkça o kötü olaylar unutulur gider hepsi biter ama bak ali murata yaptığı sen böyle bişeyi niye ali murata söylüyorsun yok ben denemek için neyi deniyorsun ki ney ali muratla senin ne alakan var**
GÜLTEN ERTUNÇ : abi arada
MUSTAFA ILGAZ : sen bırak
GÜLTEN ERTUNÇ : kalıyo bak
MUSTAFA ILGAZ : **sen ali murat işini yapsın sen işini yap boşver ali muratı sen**

....

GÜLTEN ERTUNÇ : **çünkü ali muratın abi bak aramızda kalsın ama ali murat 30 bin lira birine kaptırdığı parayı alıcam ben yiycem hadi bakalım görcez dediği için bi yanlış yapmasın diye çok konuştuk biz hala sabrinin en büyük hatası bu birilerine koşturuyo bırakmıyor yapmasını ariflerin olayında da bu değil miydi**
MUSTAFA ILGAZ : abicim bak sen sen kendi işine bak başkasına bulaşma yaa

Sadece Sabri Ertunç'un değil Gülten Ertunç'un da MASAK tarafından gönderilen hesap hareketleri incelenmiş.

2021-2023 yılları arasında kullandığı hesaplarda 7 bin 889 farklı işlemde 15 milyon 445 bin TL para girişi, 1684 farklı işlemde 14 milyon 516 bin TL para çıkışı olmuş.

MASAK tarafından bildirilen raporda Gülten Ertunç'un kripto cüzdanında gerçekleşen işlem hacminin 8 milyon 790 bin TL tutarında olduğu tespit edilmiş.

Gülten Ertunç'un SGK kaydı incelendiğinde bu hesap hareketlerinin olduğu tarihlerde 2021 yılının 10. ayına kadar sigorta kaydının olduğu, son 6 ay Mustafa Ilgaz'ın sahibi olduğu Now İletişim Telekomünikasyon isimli firmadan sigorta kaydının olduğu belirlenmiş.

Yani bu tür yasadışı bahis örgüt dosyalarında ifade veren sanıklar suçtan kurtulabilmek için yalan söylüyorlar.

Burada da aynı durum söz konusu...

Şimdi son bir ismi de anlatıp bu bölümü bitirelim.

Adı: Ali Suna

MASAK tarafından gönderilen hesap hareketleri incelendiğinde; yasadışı bahis organizasyonunun Bursa yapılanmasında yer alan şüpheliler Mustafa Ilgaz, Ali Murat Özçelik, Ahmet Çöndü, Sabri Ertunç, Gülten Ertunç, Ali Eren Akgül, İstanbul yapılanmasında yer alan şüpheliler Furkan Sönmez, Ömer Turgay ile hesap hareketinin olduğu tespit edilmiş.

Ama ne hesap hareketleri! Ağzınız açık kalır...

Şüpheli Ali Suna'nın üzerine kayıtlı olan ve şüpheli işlem tespit edilen bir dünya şirket var. Hepsini yazmayacağım.

Sadece birinin hesabında mesela 2021-2022 yıllarında kullanılmış, 270 farklı işlemde 1.8 milyon TL para girişi, 239 farklı işlemde 1.8 milyon TL para çıkışı olduğu tespit edilmiş.

Bir diğer şirketinin de Türkiye Finans bankasında bulunan 32**** nolu hesabı incelendiğinde hesabın 2019-2022 yılı arasında kullanıldığı, hesaba 942 farklı işlemde 29 milyon TL para girişi, 394 farklı işlemde 28 milyon TL para çıkışı olduğu tespit edilmiş.

Farkındaysanız ne geliyorsa aslında çıkış da o kadar oluyor. Aradaki fark Ali Suna'nın aldığı yüzde 1, 3, 5 oranlarında değişen komisyonlardan kaynaklanıyor.

Öyle ki burada mesele Ali Suna veya X kişisi değil. Ali Suna gibi bu kitapta kaç isim yazdım sayamadım. Burada esas mesele milyonlar hatta milyarlarca vergisi ödenmemiş haksız kazanç var. MASAK bunları bir bir çıkarıyor ve iktidar asla buna ses çıkarmıyor, bir girişimde bulunmuyor.

Bu adamların Ankara'da satın almadığı bürokratlar yok sanmayın. Ama iktidarın birkaç dava, iddianame dışında buna dur dememesi akıl alır gibi değil.

Üstüne üstlük Dilan Polat – Engin Polat davasında yaşananlarla suçsuzluk algısı da apaçık desteklenmiş durumda.

Bu konuyu her fırsatta işleyeceğim. Ama gelin şimdi Ali Suna'nın işlem hareketlerine bir göz atalım:

Borç/Alacak	Tutar	Döviz Cinsi	İşlem Tarihi	İşlem Kanalı	Amir Taraf TCKN	Amir Taraf Ad-Soyad/Unvan
Para Yatırma (A)	4.100,00	TRY	14.11.2021 05:45:02	ATM	39880933306	ALİ SUNA
Para Yatırma (A)	6.000,00	TRY	13.10.2021 00:14.59	ATM	39880933306	ALİ SUNA
Para Çekme (B)	50.494,08	EUR	21.01.2021 15:19:05	SUB	39880933306	ALİ SUNA
Para Yatırma (A)	307.348,00	EUR	14.02.2022 12:31:23	SUB	39880933306	ALİ SUNA
Para Yatırma (A)	5.000,90	TRY	06.01.2021 19:58:14	ATM	39880933306	ALİ SUNA
Para Yatırma (A)	7.200,00	TRY	13.10.2021 00:19:08	ATM	39880933306	ALİ SUNA
Para Yatırma (A)	54.030,34	USD	22.11.2021 11:43:20	SUB	39880933306	ALİ SUNA
Para Yatırma (A)	9.000,90	TRY	15.10.2021 05:16:23	ATM	39880933306	ALİ SUNA
Para Yatırma (A)	17.706,60	EUR	06.06.2022 11:16:41	SUB	39880933306	ALİ SUNA
Para Yatırma (A)	176.054,88	USD	09.02.2022 11:32:26	SUB	39880933306	ALİ SUNA
Para Yatırma (A)	171.757,17	USD	23.03.2022 11:38:42	SUB	39880933306	ALİ SUNA
Para Yatırma (A)	1.979,08	USD	23.05.2023 02:09:01	ATM	39880933306	ALİ SUNA
Para Yatırma (A)	280.000,00	TRY	15.08.2023 15:11:08	SUB	39880933306	ALİ SUNA
Para Yatırma (A)	900,00	TRY	13.04.2021 18:15:40	ATM	39880933306	ALİ SUNA
Para Yatırma (A)	5.800,00	TRY	29.08.2021 22:17:22	ATM	39880933306	ALİ SUNA
Para Yatırma (A)	30.000,00	TRY	01.04.2021 10:34:38	SUB	39880933306	ALİ SUNA
Para Yatırma (A)	818.790,00	EUR	14.03.2022 11:46:19	SUB	39880933306	ALİ SUNA
Para Yatırma (A)	50.000,00	TRY	18.01.2022 11:45:22	SUB	39880933306	ALİ SUNA
Para Yatırma (A)	150.479,30	USD	16.06.2022 11:21:50	SUB	39880933306	ALİ SUNA
Para Yatırma (A)	54.738,50	EUR	24.06.2022 12:31:50	SUB	39880933306	ALİ SUNA
Para Yatırma (A)	23.000,00	TRY	12.04.2021 16:19:07	SUB	39880933306	ALİ SUNA
Para Yatırma (A)	82.444,84	EUR	08.12.2021 11:25:08	SUB	39880933306	ALİ SUNA
Para Yatırma (A)	282.123,87	EUR	31.10.2022 11:27:59	SUB	39880933306	ALİ SUNA
Para Yatırma (A)	9.200,00	TRY	27.09.2022 13:46.43	ATM	39880933306	ALİ SUNA
Para Yatırma (A)	210.150,60	USD	20.05.2022 11:35:15	SUB	39880933306	ALİ SUNA
Para Çekme (B)	20.000,00	TRY	10.11.2022 12:03:38	ATM	39880933306	ALİ SUNA
Para Yatırma (A)	15.000,00	TRY	09.08.2021 16:01:38	SUB	39880933306	ALİ SUNA
Para Yatırma (A)	25.304,40	EUR	22.02.2021 11:45:48	SUB	39880933306	ALİ SUNA
Para Yatırma (A)	12.036,22	USD	14.07.2021 14:45:21	SUB	39880933306	ALİ SUNA
Para Yatırma (A)	65.391,60	USD	30.05.2022 12:25:47	SUB	39880933306	ALİ SUNA
Para Çekme (B)	170.000,00	TRY	26.05.2021 11:57:28	SUB	39880933306	ALİ SUNA
Para Yatırma (A)	21.324,75	USD	16.08.2021 16:40:33	SUB	39880933306	ALİ SUNA
Para Çekme (B)	5.000,00	TRY	26.03.2022 15:04:02	ATM	39880933306	ALİ SUNA
Para Yatırma (A)	196.670,00	EUR	26.08.2021 10:02:22	SUB	39880933306	ALİ SUNA
Para Yatırma (A)	75.288,96	USD	17.03.2021 14:44:31	SUB	39880933306	ALİ SUNA
Para Yatırma (A)	339.108,98	EUR	09.02.2022 11:30:40	SUB	39880933306	ALİ SUNA

İddianamede de Ali Suna ile ilgili, "...Çok sayıda şahıs ile hesap hareketleri olduğu ve alınan bilgi sahibi ifadelerinde şirket sahibi şüpheli Ali Suna'nın yasadışı bahis organizasyonunun içerisinde olduğu tespit edilmiş" ifadeleri kullanılıyor.

Daha ilginci, Ali Suna ve şu anki eşi (o da şüpheli olan) Rüya Sinem Suna'nın banka hesaplarında 640 milyon TL para hareketinin olduğu tespit edilmiş.

Bakın yazıyla da yazayım: Altı yüz kırk milyon TL!

İki yıl önceki dolar kuruyla hesaplasak bugün için bu 1 milyar liraya yakın çıkabilir ama artık hesaplamak içimden gelmiyor.

Bunlar nasıl paralar böyle akıl alır gibi değil.

Bakın tam da bu noktada bir görsel sunmak istiyorum.

27 Haziran 2022 tarihinde Bursa'da yapılan fiziki takip sonucunda saha elemanı olarak Ali Ilgaz ve Baysen Ali Kavak'ın yasadışı bahisten elde edilen paraları günlük olarak bankalardan çektikleri belirlenmiş.

Diğer saha elemanlarında toplanan paraları da alarak Bursa'daki Kapalıçarşı'da bulunan kuyumcuya teslim ettikleri tespit edilmiş.

Kuyumcudan kamera görüntüleri de alınmış. Teslimatın yapıldığı günler, saatler de tespit edilmiş.

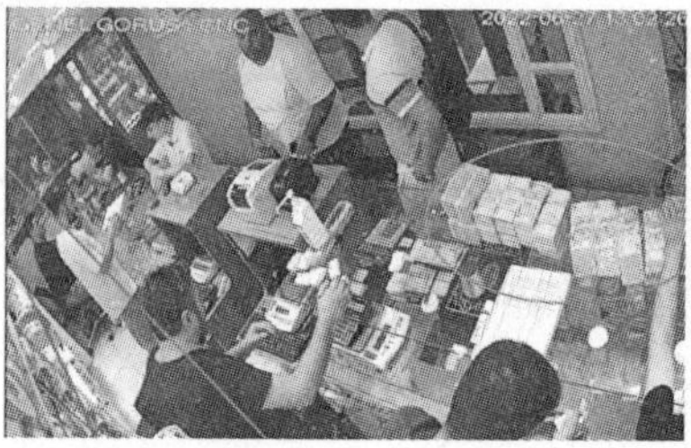

Tezgâhın üzerindeki paralara bakar mısınız?

Hepsi yasadışı sanal bahisten elde edilen, aklanmak üzere tezgâha getirilen para. Tezgâh üzerindeki paralar günlük ATM'den çekilen paralar.

Zaten tam olarak da bunu anlatmak istiyorum.

Daha bir dünya isim, kiralık hesaplardan diğer kiralık hesaplara aktarılan milyarlarca lira var.

İddianamede hepsinin MASAK raporlarıyla ayrıntıları da yer alıyor.

MASAK raporları, iddianame ve eklerini incelediğimizde şüpheli şahsıların tamamının yasadışı bahisin finans ayağını yöneten kişiler olduğu görülüyor.

Bu yapılanma Kıbrıs, Karadağ, Gürcistan, Türkiye hattında toplanan paranın aklanması için kurulmuş.

Ancak çok kritik bir ismi daha verip bitiriyorum.

Adı: Ayhan Kalay

Bu alınan isimlerin dışında çok daha büyük finans işi yapan Ayhan Kalay'a sanırım ulaşılamamış. Kıbrıs'taki bir operasyonda gözaltına alınan kişiler arasında yer almıştı.[1]

1 "İnternet Üzerinden Bahis Ve Kumar Oynatan 6 Kişiden 2'si Serbest Kalırken 4 Zanlı Teminata Bağlandı", *Kıbrıs Manşet*, 24 Ekim 2019, https://www.kibrismanset.com/internet-uzerinden-bahis-ve-kumar-oynatan-6-kisiden-2si-serbest-kalirken-4-zanli-teminata-baglandi

Ama sonrasında ne olduğu belli değil.

Erdi Deniz Akyüz ve Yaşam Ayavefe ve büyük baronların finansçısı olan bu kişilerin yasadışı bahis organizasyonunun kara para aklama ve döndürme, yani bu işin finans ayağında en büyükler olduğu iddia ediliyor.

Size bu örgütlerin ne yapmak istediklerini, nasıl bir yapı kurduklarını, parayı aklarken hangi yöntemleri kullandıklarını tüm ayrıntılarıyla anlattım. İnanın, yalnızca burada bahsettiğim tek bir iddianame bile, başlı başına bir kitap olacak kadar kapsamlı ve çarpıcı suç organizasyonlarını barındırıyor.

Ancak sakın bu insanların size uzak olduğunu düşünmeyin. Değiller. Çünkü onların elinde taşıdığı para, sizin paranız. Evet, sizin emeğiniz, alın teriniz. Her ay ödediğiniz elektrik ve su faturalarından alınan vergi, market kasasında öderken fark etmediğiniz kesintiler, SGK primleriniz, hatta araba alırken ödemek zorunda kaldığınız ÖTV... Liste uzayıp gider.

Bu suç örgütleri, yalnızca parayla oynamıyor. Aynı zamanda toplumun en derin yaralarına dokunuyor. Serbest piyasa masallarıyla, "insanlar da oynamasın canım" diye geçiştirilen bu meseleler, sanıldığından çok daha büyük sorunlara yol açıyor.

Bu işlerin açtığı yaralar, yalnızca bireylerin değil, ailelerin de hayatını altüst ediyor. Evlilikler dağılıyor. Maddi kayıpların ve borç batağının yarattığı çaresizlikle insanlar intihara sürükleniyor. Kadınlar, borçlarını ödemek ya da hayatta kalmak için bedenlerini satmak zorunda kalıyor.

Bu zincirin her bir halkasında insana dair bir trajedi yatıyor. Bu hikâyeleri duyduğunuzda anlamanız gereken şey şu: Bu sistem, yalnızca karanlıkta oynanan bir oyun değil. Aynı zamanda hepimizin ödediği bedellerle büyüyen, yaygınlaşan ve daha derin yaralar açan bir gerçeklik.

TFF'nin Lisans Verdiği Futbolcular Bataklıkta

Kitabın sonuna doğru gelirken artık büyük resmi tamamladığımızı düşünüyorum.

Türkiye'nin yakın döneminden itibaren memlekette bozulan ekonomi, yükselen enflasyon ile birlikte nasıl bir bataklık oluştuğunu ortaya koyduk.

Tüm konu, bu bataklığa insanlarımızı kaptıracak mıyız yoksa bu bataklığı kurutacak mıyız, bundan ibaret.

Çünkü bu bataklığın içinde profesyonel, TFF tarafından lisans verilmiş futbolcular bile var.

Tarih: 1 Temmuz 2024

Haber ajanslarından oldukça dikkat çekici bir haber servis edildi. Mersin merkezli 20 ilde düzenlenen yasadışı bahis operasyonunda, aralarında bir antrenör ile 24 lisanslı sporcunun da bulunduğu 71 şüpheli gözaltına alındı.

Mersin İl Emniyet Müdürlüğü Siber Suçlarla Mücadele Şube Müdürlüğü ekipleri, sanal devriyeler sırasında "Suç işlemek için örgüt kurmak" ve "Futbol ve diğer spor müsabakalarında bahis ve şans oyunları kanunlarını ihlal etmek" suçlarından devleti zarara uğrattığı tespit edilen şüphelilerin izini sürdü.

Şüphelilerin yakalanması için Hatay, Balıkesir, Manisa, Elazığ, Bursa, Yalova, Şırnak, Bolu, Bitlis, Kahramanmaraş, Diyarbakır, Antalya, Batman, Adana, İstanbul, İzmir, Tekirdağ, Konya, Trabzon ve Tokat'ta eşzamanlı operasyonlar düzenlendi.

Operasyonda en dikkat çekici detaylardan biri, gözaltına alınanlar arasında bir antrenör ile 24 lisanslı sporcunun bulunmasıydı. Lisanslı sporcuların bu tür bir organizasyona dahil olması, olayın ciddiyetini ve kapsamını daha da artırıyordu.

Haberi görünce, "Yok artık!" demekten kendimi alamadım.

Kim derdi ki bir antrenör ve lisanslı sporcular, yasadışı bahis operasyonunda bu şekilde yer alacak?

Tüm gazeteci meslektaşlarım gibi ben de acaba hangi lig ve hangi antrenör ve futbolcular diye bilgi almaya çalıştım.

Henüz iddianamesi hazırlanmamış olsa da operasyonun ayrıntılarına ulaştım.[1]

Yasadışı bahis organizasyonunun perde arkası, 15 Kasım 2023 tarihinde CİMER'e yapılan bir ihbarla aydınlanmaya başladı. İhbarcı, Koray Kurt isimli bir kişinin kardeşi Kenan Kurt ile birlikte yasadışı bahis oynattığını ve bahis oynadığını belirtmiş. Daha da dikkat çekici olan ise bahis oynayanların çoğunun bir futbol kulübünde aktif olarak futbol oynadığı iddiasıydı.

İhbar üzerine, Mersin Cumhuriyet Başsavcılığı tarafından soruşturma başlatılıyor ve Mersin Emniyet Müdürlüğü Siber Suçlar fiziki takip ve iletişim takibine başlıyor.

Talimat doğrultusunda, Koray ve Kenan Kurt kardeşlerin hesap hareketlerinin incelenmesi amacıyla Gelir İdaresi Başkanlığı'na başvuruluyor.

Gelir İdaresi Başkanlığı'ndan alınan hesap hareketleri, yasadışı bahis organizasyonunun büyüklüğünü gözler önüne seriyor.

Yapılan incelemelerde, Koray ve Kenan Kurt kardeşlerin banka hesaplarında toplamda 24 milyon 247 bin TL (EFT/Havale) gönderme ve 27 milyon 250 bin TL (EFT/Havale) alma olmak üzere yüklü miktarda para trafiği tespit edilmiş.

Para transferlerinin yoğunluğu, yalnızca Koray ve Kenan Kurt ile sınırlı değildi. Diğer şüphelilerin hesaplarında ise devasa para trafiği, sıradan bireyler için imkânsız görünen bir organizasyonun varlığı tespit edilmiş.

Bu para akışı, yasadışı bahis faaliyetinin yalnızca bireysel bir girişim olmadığını, organize bir yapının parçası olduğunu işaret ediyordu. Operasyonun bu noktadan sonra genişletildiği ve spor dünyasından lisanslı sporcuları da içine alan bir organizasyonun izine ulaşıldığı görüldü.

Operasyonun genişletilmesiyle, en başta da dediğim gibi 20 farklı ilde, aralarında bir antrenör ve 24 lisanslı sporcunun da bulunduğu toplam 71 kişi gözaltına alınmış.

Fezlekenin erken aşamalarında, organizasyonun gelirlerinin büyük bir kısmının spor müsabakalarından ve geniş kitlelere ulaşan yasadışı bahis sitelerinden elde edildiği tespit edildi. Engellenen bahis sitelerinin hemen ardından, organizasyonun yeni sitelerle faaliyetlerine devam etmesi, sistematik bir yapıya işaret

1 Tarsus Cumhuriyet Başsavcılığı Soruşturma No: 2024/6548

ediyordu. Para hareketlerinin büyük kısmı, kimliklerini gizlemek amacıyla üçüncü şahısların hesapları üzerinden gerçekleşiyordu.

İlk olarak Koray Kurt'un ifadesi alınmış. Koray Kurt tüm suçlamaları reddetmiş. Hatta bu suça bulaşanların tipik savunma cümlelerini kullanarak,"hesaplarını kiraya verdiğini" söylemiş.

Tape kayıtlarının bazılarına "hatırlamıyorum" diye cevap vermiş. Yüzlerce para transferi hakkında gelen banka mesajları ile ilgili sorulan klasik "borç alıp verme" diye cevaplamış. Yasadışı bahis sitesi İmajbet'ten gelen "Siteden yatırım işleminiz gerçekleşti" şeklinde SMS sorulmuş. "Ben üye oldum ama herhangi bir oyun oynamadım" şeklinde cevaplamış.

Bakın yüzlerce para havalesi, yasadışı bahis sitelerinde yapılan işlemler alenen ortadayken soruların tamamını reddetmiş.

Bakın polisler diyor ki: "2022-2023 yıllarında 2 bin 724 transfer işleminde 15 milyon TL tutarında para transferi gerçekleştiği tespit edilmiştir."

Futbolculara "Bu transferler hakkında ne diyorsunuz?" diye sorulduğunda, "Bu para banka hesaplarımı Ozan Saygı isimli şahsa vermem ile alakalıdır. Ziraat Bankası haricinde diğer bankalarda gerçekleşen transferler bana ait değildir" demiş.

Koray Kurt 1995 Tarsus doğumlu. Tarsus Torosspor'da başlayan futbol hayatı Kavaklıspor, Bellona Kayserispor, Kayseri Şekerspor ile devam etmiş ve 1 Ekim 2024 tarihinde Tarsus Ulus Spor Kulübü'nde devam etmiş.

Haliyle SGK kayıtları incelenmiş. 2024/3 Gelibolu kulübü beden işçisi olarak gözüktüğü, sonrasında kaydının bulunmadığı, üzerine kayıtlı araç ve tapu kaydının bulunmadığı, bir adet banka ve kredi kartlarının kötüye kullanılması suçundan kaydının bulunduğu tespit edilmiş.

İfadesinde; "Tarsusluyum, yaklaşık 17 yıldır futbol oynamaktayım, İskenderunspor kadrosundaydım, depremden sonra Tarsus'a geldim ve yaklaşık 7 aydır da burada ikamet etmekteyim. Geçimimi futbol üzerinden sağlamaktayım, şu an futbol okulu işletmeciliği ve hocalık yapmaktayım. 4 yıl kadar önce açtığım JOJOBET isimli bahis sitesinde üyeliğim bulunmaktadır, bunu arada sırada bahis oynamak için kullanırdım" diye konuşmuş.

Hesaplarına gelen paralar sorulduğunda borç alıp verme olduğunu, arkadaşının kendisi adına kredi çektiğini dile getirmiş.

Toplu paralar hakkında da futbolcu olduğu dönemde kendisine yatan paralar olduğundan bahsetmiş.

Bakın ilk bakışta para miktarı küçük gibi görünüyor değil mi?

Şüpheliler hakkında Gelir İdaresi'nin ve Siber Suçlar'ın yaptığı tespitlere bir göz atalım.

Şoke olacaksınız...

Şüphelilerden Adnan Kaya ilgili olarak SGK kaydında meslek bilgisinin Özçiçek Gıda Muhasebe Şefi olarak gözüktüğü belirlenmiş.

Adnan Kaya'ya ait banka hesap hareketleri incelendiğinde, şahsın banka hesaplarına 2022-2023-2024 yılında 3 bin 543 transfer işleminde 524 milyon 499 bin 339 TL tutarında para transferi gerçekleştiği tespit edilmiş.

524 milyon TL!

Bitexen Teknoloji Anonim Şirketi'nden 2022-2023 ve 2024 yıllarında 2023 işlemde toplam 48 milyon TL, 2023 ve 2024 yıllarında 47 işlemde 13 milyon TL tutarında para transferi gerçekleştiği tespit edilmiş.

Bakın daha ilginç bir şey anlatayım.

Şüphelilerden Ahmet Turan... Sebze halinde sigortasız şekilde hamallık yaparken hesaplarında 2023-2024 yıllarında 3 bin 638 transfer işleminde 122 milyon 648 bin TL tutarında para transferi gerçekleştiği tespit edilmiş.

Haliyle Ahmet Turan'a sorulmuş. Hepsini kabul etmiş; "Alacak verecek alışveriş işlemlerinde yapılan transferlerdir" diyerek insanların aklıyla alay etmiş.

Bir de Emre Reyhanlıoğlu var. O da şüphelilerden biri.

Hesap hareketlerinde yapılan incelemelerde, 2022-2023 ve 2024 yıllarında 3 bin 390 transfer işleminde 288 milyon 205 bin TL tutarında para transferi gerçekleştiği tespit edilmiş.

Bu sorulmuş, cevap olarak "Bu paraların tamamı yapmakta olduğum ticaretlerin karşılığıdır, aynı zamanda araç al sat işlemi de yaptığım için bütün para akışı hesaplarım üzerinden olmaktadır. Sanal bahis üzerinden para kazanamadım, oradan herhangi bir gelirim olmadı" diye cevaplamış.

Bir diğeri Nihat Söyüçen'e ait banka hesap hareketleri incelendiğinde banka hesaplarına 2022-2023-2024 yıllarında 3 bin 60 transfer işleminde 216 milyon 682 bin TL tutarında para transferi gerçekleştiği tespit edilmiş.

İfadesinde, "Yukarıda belirtmiş olduğum üzere ticaret işleri, alım satım, dükkân vs. işleri ile uğraştığım için satış yaptığım zaman hesabıma gelen tutarlardır" demiş.

Şüphelilerden Çayan Yeşilkaya çok genç. 2002 doğumlu... Mut İdman Yurdu isimli kulüpte oynayan futbolcu da iddiaları reddetmiş. 2023 yılında 21 yaşındayken 581 transfer işleminde 16 milyon 685 bin TL tutarında para transferi hakkında paralardan haberinin olmadığını, banka hesaplarını Yunus Özmen isimli şahsa verdiğini beyan etmiş.

Yani klasik "borç alışverişi" demiş o da...

Şüpheli Kadir Çakan'a ait banka hesap hareketlerinde de aynı şey yaşanmış. 2023 yılında 1383 transfer işleminde 17 milyon 558 bin TL tutarında para transferi gerçekleştiği tespit edilmiş.

O da Çayan Yeşilkaya gibi ifadesinde aynı ismi vermiş: "Geçen sene kartlarımı verdiğim Yunus Özmen isimli şahıs belirtmiş olduğunuz transferleri yapmış olabilir. Bu transferlerle alakalı benim ilgim veya bilgim bulunmamaktadır."

Volkan Korkmaz da dosyadaki dikkatimi çeken isimlerden biri. SGK kayıtlarında meslek bilgisi olarak İskenderun Spor A.Ş. antrenör olarak gözüküyor ama ifadesinde masör olarak çalıştığını belirtmiş. Deprem sonrasında inşaat işiyle de uğraştığını ve gelirinin iyi olduğunu, inşaat işleri ile ilgili ödemelerini Liya Makina İnş. ile yaptığını belirtmiş.

İzzettin Özer de SGK kayıtlarında meslek bilgisi olarak İskenderun Spor futbolcusu olarak gözüküyor.

Şüphelilerden Haşim Ateş de dosyadaki futbolculardan biri. Kısa kısa veriyorum ki mesleklerine göre kimlerin bu işlerin içerisinde şüpheli olarak katıldığını görün istedim.

Şüpheli olan diğer kişilerin işlem hacimlerine ve GBT'sine de dikkat edin lütfen...

- *Recep Türk:* 2 adet dolandırıcılık, 3 adet nitelikli dolandırıcılık, 1 adet kasten yaralama-hakaret, 3 adet hakaret-tehdit ve 1 adet TCK 191 suçlarından kaydının bulunduğu tespit edilmiş. Şüpheli Recep Türk'e ait banka hesap hareketleri incelendiğinde şahsın banka hesaplarına 2023-2024 yılında 467 transfer işleminde 8.6 milyon TL tutarında para transferi gerçekleştiği belirlenmiş.
- *Hasan Adak:* 10 adet nitelikli dolandırıcılık, 1 adet bilişim yolu ile hırsızlık, 4 adet dolandırıcılık, 1 adet 6136 SKM, 1 adet TCK 191, 3 adet kasten yaralama ve 5 adet tehdit-hakaret suçlarından

kaydının bulunduğu tespit edilmiş. Banka hesap hareketleri incelendiğinde şahsın banka hesaplarına 2023 yılında 443 transfer işleminde 5.1 milyon TL tutarında para transferi gerçekleştiği anlaşılmış.

- *Hakan Durmuş:* SGK kaydında meslek bilgisinin betonarme demircisi olarak gözüktüğü, üzerine kayıtlı bir adet motorsiklet bulunduğu görülmüş. Tapu kaydının olmadığı, 2 adet dolandırıcılık suçundan kaydının bulunduğu tespit edilmiş. Banka hesap hareketleri incelendiğinde şahsın banka hesaplarına 2022-2023-2024 yıllarında 1696 transfer işleminde 60 milyon TL tutarında para transferi gerçekleştiği anlaşılmış.
- *Baran Avcı:* SGK kaydında meslek bilgisinin "mobilya imalatçısı" olarak gözüktüğü, 2 adet kasten yaralama, 2 adet tehdit-hakaret suçlarından kaydının bulunduğu tespit edilmiş. Banka hesap hareketleri incelendiğinde şahsın banka hesaplarına 2023-2024 yılında 1937 transfer işleminde 38 milyon TL tutarında para transferi gerçekleştiği belirlenmiş.
- *Yusuf Karadal:* 1 adet dolandırıcılık (2024) suçundan mağdur olduğu tespit edilmiş. Banka hesap hareketleri incelendiğinde (giden) 2024 yılında 6 bin 99 transfer işleminde 69 milyon TL tutarında para transferi gerçekleştiği anlaşılmış.
- *Servet Akkurt:* Nitelikli hırsızlık ve kasten yaralama, tehdit, hakaret, iftira suçlarından kaydının bulunduğu tespit edilmiş. Banka hesaplarına 2022-2023 ve 2024 yıllarında 1514 transfer işleminde 103 milyon TL tutarında para transferi gerçekleştiği kayıtlara geçmiş.
- *Harun Karaüzüm:* Banka hesaplarına 2022-2023 ve 2024 yıllarında tam tamına 12 bin 514 transfer işleminde 140 milyon 574 bin TL tutarında para transferi gerçekleştiği tespit edilmiş.
- *Caner İne:* SGK kayıtlarında Meydancı-İplik olarak gözüktüğü, üzerine kayıtlı aracın ve tapu kaydının bulunmadığı, dolandırıcılık, yağma, kasten yaralama, konut dokunulmazlığının ihlali, tehdit, hakaret suçlarından kaydının bulunduğu tespit edilmiş. Banka hesaplarına bakıldığında 2023 ve 2024 yıllarında 612 transfer işleminde 21 milyon 583 bin TL tutarında para transferi gerçekleştiği görülmüş.
- *Cihan Kaya:* Kasten yaralama, tehdit, hakaret, çocuğun cinsel istismarı suçlarından kaydının bulunduğu tespit edilmiş. Hesapları incelendiğinde banka hesaplarına 2023-2024 yıllarında 1526 transfer işlemi gerçekleşmiş. Bu işlemlerin toplamında 34 milyon TL tutarında para transferi gerçekleştiği anlaşılmış. Kendisine para transferleri sorulduğunda, "Bu transferlere ilişkin herhangi bir şey hatırlamıyorum, nasıl gerçekleştiği konusunda da şu an bir açıklama yapamıyorum" demiş.

- *Boran Topçu:* Kasten yaralama, 6136 SKM, tehdit-hakaret suçlarından kaydının bulunduğu tespit edilmiş. Banka hesaplarına 2024 yılında 897 transfer işleminde 27 milyon TL tutarında para transferi gerçekleştiği görülmüş.

Tapelere yansıyan yüzlerce konuşma var.

Tek tek yazmaya gerek yok.

İddianame hazırlandığında bağlantıları elbette göreceğiz. Ancak yapılan operasyonda şahıslara sorulan iki tane yasadışı bahis sitesi var: JOJOBET VE İMAJBET.

Bahis sitelerinin sahipleri ile ilgili çalışma olacak mı bilmiyorum. Ancak ben size bu siteler kime ait onu yazayım.

JOJOBET ve İMAJBET adlı sitelerin, yasadışı bahis dünyasında İlker Zorlu grubuna ait olduğu bilinir. Hatta bir ara İmajbet'i Falyalı grubu aldı diye haber çıkmıştı.

Kim İlker Zorlu?

Biz onun ismini yapılan bir operasyondan hatırlıyoruz.

Tarih: 10 Ekim 2022

İstanbul Silivri İlçe Emniyet Müdürlüğü ekipleri, yasadışı yollarla Dubai'den Türkiye'ye külçe altın getirdiğini tespit ettiği şüphelilere karşı harekete geçti.

İstanbul Havalimanı'nda düzenlenen operasyonda, şüpheli N.Ç. ve T.C.İ. ile Türkiye'de yasadışı bahis organize ettiği belirlenen İ.Y. ile yanındaki Ü.G.Ç. isimli şüpheliler gözaltına alındı.[1]

1 "İstanbul Havalimanı'nda Külçe Altın Operasyonu", Uğur Samet Avcı, DHA (Demirören Haber Ajansı), 10 Ekim 2022, https://www.dha.com.tr/gundem/istanbul-havalimaninda-kulce-altin-operasyonu-2143992

Şüphelilerde yapılan aramada, N.Ç.'nin valizinde her biri 1 kilogram ağırlığında 3 külçe altın, 74 bin 600 dolar ile 209 bin 785 BAE dirhemi ele geçirildi. Emniyetteki işlemlerinin ardından adliyeye sevk edilen şüphelilerden Ü.G.Ç., T.C.İ., İ.Y. serbest bırakılırken, N.Ç. isimli şüpheli ise adli kontrol şartıyla serbest bırakıldı.

Mali Suçlarla Mücadele Şube Müdürlüğü ekiplerince, İstanbul Cumhuriyet Başsavcılığı koordinesinde yürütülen soruşturma kapsamında şüphelilere ait dijital materyalin incelenmesi sonucu el konulan altın ve döviz cinsi paranın yasadışı sanal bahis sitesi işleten ve İlker Zorlu Grubu olarak bilinen suç şebekesiyle bağlantılı kişilere ait olduğu belirlendi.

İncelemelerin ardından polis bu sefer şüphelilerin bağlantılı oldukları yasadışı sanal bahis sitesi işleten kişilerin yakalanması için çalışma başlattı. Çalışmalarını tamamlanmasının ardından, sanal bahis sitesi işleten İlker Zorlu Grubu'na üye 17 şüpheliye operasyon düzenledi. İstanbul merkez olmak üzere Antalya, Konya, Zonguldak ve Ordu'da çok sayıda adrese düzenlenen operasyonda 6 şüpheli gözaltına aldı.[1]

Bu yapılan operasyon aslında oluşturulmaya çalışılan yeni yasadışı bahis sistemi için İlker Zorlu tarafından gönderilen örgüt elemanlarına yönelikti.

Yakalanan kişiler Türkiye'de kripto sistemi kurmak için gelen kişilerdi.

İlker Zorlu, Türk vatandaşlığından çıkıp Karadağ vatandaşlığı ve başka ülke vatandaşlıkları (Romanya, Bulgaristan) alarak bahis oynatmaya devam ediyor. Mersin merkezli yapılan operasyon İlker Zorlu'nun finans ayağına yapılan operasyondu.

İlker Zorlu, Veysel Şahin'e yakınlığıyla biliniyor ve Türkiye'nin en büyük kaçak bahis sitelerinin sahibi olduğu söyleniyor.

1971 doğumlu İlker Zorlu'nun Türkiye'deki bahis siteleri üzerinden yaklaşık dört milyar dolar kazandığı iddia ediliyor.

Zorlu'nun bu serveti yasadışı bahis baronları olarak bilinen Veysel Şahin ve Burak Başel'den aldığı oyun altyapılarıyla edindiği de başka bir söylenti...

---

1 "Havalimanındaki 3 Külçe Altın Soruşturmasında Sanal Bahis Şebekesine Operasyon", Özden Atik, Derya Evren Korkmaz, DHA, 12 Temmuz 2023, https://www.dha.com.tr/gundem/havalimanindaki-3-kulce-altin-sorusturmasinda-sanal-bahis-sebekesine-operasyon-2279879

Havalimanındaki operasyonda yakalanan şüphelilerin fotoğrafları

İlker Zorlu'ya ait JOJOBET VE İMAJBET gibi sitelerin yanında başka siteleri de var. SEKABET bunlardan biri.

İlker Zorlu'nun Karadağ'da da şirketleri var.

Mesela bunlardan birisi ZULTANITE, REAL ESTATE isimli firma. Firmada bir de ortağı var; Emre Nuhoğlu.

Belgesi de şöyle:

Dokument o registraciji

Izmjene Statut, JMBG/Broj pasoša ILKER ZORLU, Adresa ILKER ZORLU, JMBG/Broj pasoša EMRE NUHOGLU i Adresa EMRE NUHOGLU

Registarski broj 5 - 0841673 / 006 02.07.2018.
PIB: 03204081 03.11.2022.

"ZULTANITE REAL ESTATE" DOO

Broj važeće registracije: /007

Skraćeni naziv: ZULTANITE REAL ESTATE
Telefon: +3822066
eMail: emre.nuhoglu@gmail.com
Web adresa:
Datum zaključivanja ugovora: 28.06.2018
Datum donošenja Statuta: 29.06.2018. Datum promjene Statuta: 01.11.2022.
Adresa glavnog mjesta poslovanja: BULEVAR IVANA CRNOJEVIĆA BR. 99/2 PODGORICA
Adresa za prijem službene pošte: BULEVAR IVANA CRNOJEVIĆA BR. 99/2 PODGORICA
Adresa sjedišta: BULEVAR IVANA CRNOJEVIĆA BR. 99/2 PODGORICA
Pretežna djelatnost: 6820 Iznajmljivanje vlastitih ili iznajmljenih nekretnina i upravljanje njima
Obavljanje spoljno-trgovinskog poslovanja: DA
Oblik svojine: Privatna
Porijeklo kapitala: Strani
Upisani kapital: 2.010 271,00Euro (Novčani 1,00Euro, nenovčani 2.010.270,00Euro)

OSNIVAČI:
EMRE NUHOGLU - JBMG/Broj Pasoša zaštićeni zakonom
Uloga: Osnivač
Udio: 47% Adresa: Lični podatak zaštićen zakonom

"Ünlü Poker oyuncusu" Emre Nuhoğlu... Yasadışı sanal bahis sitesinde Nuhoğlu'nun profili böyle gözüküyor.

Bununla da bitmiyor.

Nuhoğlu'nun aynı zamanda İngiltere'de "Magnet Consult Ltd" adında bir şirketi var.[1]

---

1 Birleşik Krallık Hükümeti resmi web sitesi (www.gov.uk) kayıtlarındaki şirket numarası (Company number): 10359761, https://find-and-update.company-information.service.gov.uk/company/10359761

Bu konuda Büyük Britanya hükümeti kayıtlarındaki belgesini de aşağıya ekliyorum:

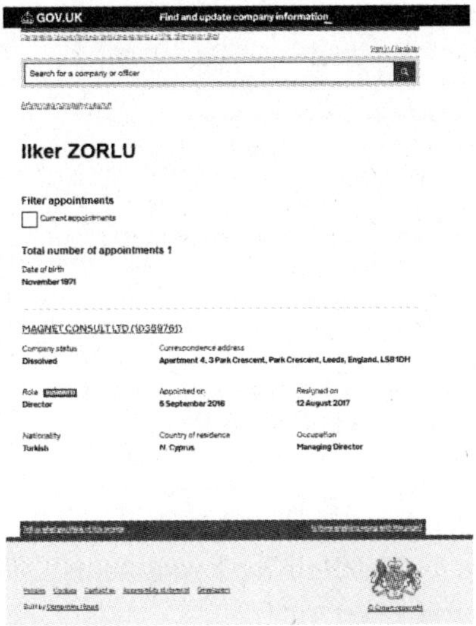

Karadağ'da çıkan haberde "Hesaplarda şüpheli milyonlar var ama çalışan yok" şeklinde ifadeler kullanılmış.[1]

Devlet yetkililerinin kontrolünden kaçan ve büyük olasılıkla çevrimiçi bahislerle ilgili olan "bilgi teknolojisi" faaliyeti kapsamında on milyonlarca euro işlem görüyor.

Karadağ'da da bu durumdan şikâyet edilmiş ki "Yetkililer çoğunlukla sessiz kalıyor" denilerek haberde eleştirilere yer verilmiş. Haberde prosedürlerin gizliliğinden ve aynı adreste kurulmuş şirketlerden bahsediliyor. JOJOBET adına "Emre Kırdı" adında birinden de bahsediliyor. Sonuçta hepsi Türk ya da Türk vatandaşı veyahut Türk vatandaşlığının yanı sıra Karadağ vatandaşlığı almış kişiler.

Fakat gel gör ki bu operasyonlar bize çok önemli bir şey anlatıyor.

Sadece yasadışı bahis organizasyonlarının karmaşıklığını değil, aynı zamanda toplumun farklı kesimlerinden kişilerin de bu suç ağlarına nasıl dahil olduğunu da ortaya koyuyor.

---

1 "Sumnjivi milioni na računima, a zaposlenih nigdje" [Hesaplarda Şüpheli Milyonlarca Dolar Var Ama Hiçbir Yerde Çalışan Yok], Goran Kapor, *Vijesti*, 30 Nisan 2018, https://www.vijesti.me/vijesti/ekonomija/34018/sumnjivi-milioni-na-racunima-a-zaposlenih-nigdje

VIJESTI Forbes SPORT ADMIRAL FUDBAL SVIJET TV VIJESTI KULTURA ZABAVA KOLUMNE

POLITIKA | DRUŠTVO | EKONOMIJA | CRNA HRONIKA | PODCAST | AUTO

Na istoj adresi je i firma Kopikas Enterprises, čiji je vlasnik i direktor Attila Gal, na koju se vodi sajt bitcasino.io, kao i Jconsultancy, Emre Kirdi, koja ima sajt jojobet2.com. Kopikas Enterprises, iako osnovan 2014. godine, nikada nije predavao Poreskoj upravi finansijske izvještaje. Jconsultancy ih predaje, ali sa prihodima od nula eura u posljednje dvije godine, a 2015. prihod je bio deset hiljada eura.

VIP Online Technology, čiji je vlasnik Zsuzsanna Bari i direktor Ivan Marković, ima sajt exclusivebet.com, a Beluga, čiji je vlasnik Christopher Mark Nagy, drži sajt belugabahis67.com. Nijedna nije predavala finansijske izvještaje.

Firma Iconsulting, čiji je vlasnik i direktor Seyit Bilali Bilgic, ima aktivan sajt safirbet.com, ali nije predavala izvještaje Poreskoj upravi, kao ni Vconsultancy, čiji je direktor je Emre Nuhoglu, a osnivač Emre Kirdi, i koja ima sajt vevobahis418.com.

Hamal olarak çalıştığını beyan eden bir şahsın milyonlarca liralık para transferi yapması, yasadışı faaliyetlerin ne kadar geniş bir finansal ölçeğe ulaştığını gözler önüne seriyor.

Ayrıca, geçmişte çeşitli suçlara karışmış bireylerin yeniden yasadışı faaliyetlerde bulunması, suçun tekrarlama döngüsünü ve toplumsal kontrol mekanizmalarının yetersizliğini bir kez daha gösteriyor.

Bu operasyonlar, sadece finansal suçları önlemek için değil, aynı zamanda bireylerin bu tür ağlara katılmalarını engelleyecek daha güçlü önlemler alınması gerektiğini de ortaya koyuyor.

Fakat gel gör ki bunlar çölde vahadan başka bir şey değil. Gerekli kanuni düzenlemeler, denetleme sistemleri kurulmadan asla böyle operasyonlarla bu işlerin çözüleceğini düşünmüyorum.

Emniyet ve istihbarat ne kadar uğraşırsa uğraşsın, bu kadar organize ve toplumun tüm kesimlerine yayılmış bir suç ağı karşısına kanunlarla iyi kurgulanmış bir hukuk düzeni ortaya çıkarmak zorundayız.

Herkes Onu Metro Turizm ile Tanıdı Ama...

Kitapta olması gereken kişiler ve hükmettikleri yasadışı bahis siteleri hakkında da bilgi vermek gerekiyor.

Onlardan biri Galip Öztürk.

Adı önceki sayfalarda da geçti. Derkan Başer ile olan ilişkilerini, ortaklıklarını anlattık.

Herkes onu METRO Turizm ile tanıdı. Gerçi o şirketin otobüslerinde yaşananları burada yazmak bile istemiyorum.

2012'de zorla senet imzalatmaktan cezaevine girip çıkan Galip Öztürk'ün, müebbet hapis cezası aldığı dava, 1996 yılında işlenen bir cinayete dayanıyor. 28 Eylül 1996 sabahı, Kuvvet Köseoğlu isimli kişi İstanbul Beyoğlu'nda saklandığı evde öldürüldü. Galip Öztürk, bu cinayetin azmettiricisi olmaktan müebbet hapse çarptırıldı, ancak uzun süren yargılamalar sonucunda infazı durduruldu. 2018 yılında infazın devamına karar verilince Öztürk yurtdışına kaçtı.

Galip Öztürk 28 yıl önce işlenen bir cinayeti azmettirmekten İstanbul 19. Ağır Ceza Mahkemesi'nde yargılanmış, müebbet hapis cezasına çarptırılmıştı. Yargıtay ve yerel mahkeme arasında uzun süre gidip gelen dosya Yargıtay Genel Kurulu'nda onanarak kesinleşmişti.

Yerel mahkeme ve Yargıtay aşamaları dahil 22 yılı aşan yargılama sonunda kararın kesinleştiği gün Galip Öztürk'ün yurtdışına kaçtığı ortaya çıkmıştı.

Galip Öztürk'ün bağlantıları ve ziyaretçileri de çok ilginç. Mahkemeden tartışmalı bir karar ile çıkıp Gürcistan'a giden Derkan Başer soluğu Galip Öztürk'ün yanında almıştı.

Batum'daki bir AVM'yi satın alarak ortak olan iki firari, Başer'in işlettiği ocakbaşında birlikte görüntülendi.

Türkiye Basketbol Federasyonu Başkanı Hidayet Türkoğlu'nu Galip Öztürk ile beraber gösteren ve Gürcistan'da çekildiği öne sürülen fotoğrafı AK Partili Samsun Ayvacık Belediye Başkanı Halil Kalaycı Instagram hesabından paylaşmıştı.

Tam da bu sırada Galip Öztürk, Gürcistan'ın Batum kentinde gözaltına alındı.

Gürcistan Maliye Bakanlığı Soruşturma Dairesi'nden yapılan açıklamada, mahkeme kararıyla, Galip Öztürk hakkında kara para aklama, evrakta sahtecilik ve vergi kaçırma suçlamalarından soruşturma yapıldığı belirtildi.

Gürcistan Maliye Bakanlığı Soruşturma Birimi tarafından, vergi kaçakçılığı, evrakta sahtecilik, kara para aklama iddialarına ilişkin yürütülen soruşturma çerçevesinde o dönemde Öztürk'ün Batum'daki dairesinde yapılan arama sonucunda, 7.2 kilo kokain ele geçirildi.[1]

Aynı gün Galip Öztürk tutuklandı. Daha sonra da hakkında 8 yıl hapis cezası verildi.

* * *

Yasadışı bahis sektöründe adı geçen belli başlı bahis siteleri var.

Bunların sahipleri de oldukça ilginç isimler.

Mesela İKİMİSLİ, ULTRABET, SETRABET gibi bu yasadışı bahis sitelerinin sahibi Ulaş Utku Bozdoğan...

Bu üç yasadışı bahis sitesinin sahibi tabii ki Türkiye'de değil.

Bu kişi Malta'daki Brainbros Limited ve Kebap Factory Ltd adlı firmaların sahibi. Kayıtlarını da koyuyorum ki daha sonra yalanlamakla çaba sarf etmesinler.

1 "Batum'da Tutuklandı", *Hürriyet,* 03 Haziran 2022, https://www.hurriyet.com.tr/gundem/batumda-tutuklandi-42076378

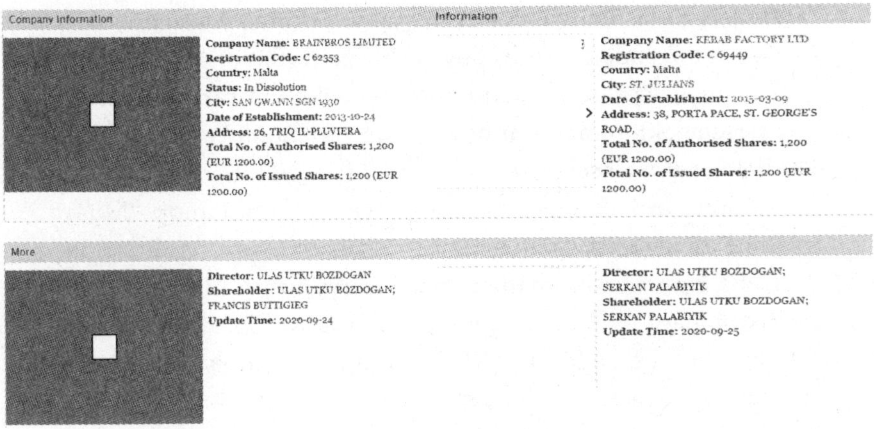

Company Information | Information

Company Name: BRAINBROS LIMITED
Registration Code: C 62353
Country: Malta
Status: In Dissolution
City: SAN GWANN SGN 1930
Date of Establishment: 2013-10-24
Address: 26, TRIQ IL-PLUVIERA
Total No. of Authorised Shares: 1,200 (EUR 1200.00)
Total No. of Issued Shares: 1,200 (EUR 1200.00)

Company Name: KEBAB FACTORY LTD
Registration Code: C 69449
Country: Malta
City: ST. JULIANS
Date of Establishment: 2015-03-09
Address: 38, PORTA PACE, ST. GEORGE'S ROAD,
Total No. of Authorised Shares: 1,200 (EUR 1200.00)
Total No. of Issued Shares: 1,200 (EUR 1200.00)

More

Director: ULAS UTKU BOZDOGAN
Shareholder: ULAS UTKU BOZDOGAN; FRANCIS BUTTIGIEG
Update Time: 2020-09-24

Director: ULAS UTKU BOZDOGAN; SERKAN PALABIYIK
Shareholder: ULAS UTKU BOZDOGAN; SERKAN PALABIYIK
Update Time: 2020-09-25

Bir diğeri, ki sektörün en büyük ve eski şirketlerinden biri olan "Marsbahis". Bu sitenin sahibi ise en gizemli ve en büyüklerinden biri olduğu iddia edilen "DAVID" kod adı ile bilinen Berkin Kaya.

Sporhaber Ajansı'nın haberinde Berkin Kaya'nın "Youwin" isimli bahis sitesinin de ortağı olduğu iddia ediliyor.

Berkin Kaya ismini arattığınızda karşınıza 29 Nisan 2024 tarihindeki sporhaberajansı.com isimli internet sitesindeki haber ve yine aynı içerikli YouTube'daki iki video karşınıza çıkıyor.[1]

Türkiye'de Vatandaşı Mağdur Eden Kaçak Kumar ve Bahis Baronları: Berkin Kaya

Anasayfa » Manşet » Türkiye'de Vatandaşı Mağdur Eden Kaçak Kumar ve Bahis Baronları: Berkin Kaya

Kimdir, nedir, ne iş yapar diye ben de merak ettim. Araştırmaya başladım.

1 "Türkiye'de Vatandaşı Mağdur Eden Kaçak Kumar ve Bahis Baronları: Berkin Kaya", Sporhaberajansı.com, 29 Nisan 2024, https://sporhaberajansi.com/turkiyede-vatandasi-magdur-eden-kacak-kumar-ve-bahis-baronlari-berkin-kaya/

Berkin Kaya ile ilgili daha ayrıntılı bir arama yaptığınızda ise karşınıza 6-7 yılda oluşmuş devasa bir yapı çıkıyor.

Berkin Kaya sanırım inanılmaz yetenekli bir iş insanı. Zira bu kadar yetenekli olmasaydı böylesi bir yapılanmayı kurup GAİN Medya'yı satın alacak düzeye gelemezdi değil mi?

Sorular sormak için Berkin Kaya'ya kendimi tanıtıp "Müsait misiniz" diye mesaj yazdım. Ancak aldığım cevap "tehdit" oldu.

Daha sorumu soramadan "Sana karşı bütün hukuki silahlarımı kullanacağım" diye konuştu. Pazar günü kendisini rahatsız ettiğim için suçlu oldum. Üstelik aramadım, öncesinde "müsait misiniz" diye mesaj attım.

Kendisi görüşmeden önce basın kartımı ve TC kimlik numaramı istedi. İnat ettim gönderdim. Telefonda konuşurken de sinyalimden benim yerimi bulacağını da dile getirdi.

Ailemle yaşadığım evimin adresini ne yapacaktı anlamadım!

Ama bazı cevapları kısa da olsa aldım.

Gelin ben size önce Berkin Kaya'nın başarılarla dolu serüvenini anlatayım.

Berkin Kaya'nın iş sektöründeki büyümesi Ukash Kart ile başladı. Kripto paralar, soğuk cüzdanlar ortaya çıkmadan önce yasadışı bahis sitelerinde ödeme yapmaya yarayan sistemdi. Aynı sistemi hatırlarsanız ilk İtalyan bahisçi de uygulamıştı.

Berkin Kaya, Ukash Kart'ın kendisine ait olduğunu telefonda bana söyledi ve 2015 yılında elektronik para yasası çıkınca kapattığını belirtti.

Ukash Kart nedir kısaca aktarayım...

Ukash Kart, ön ödemeli bir ödeme sistemiydi. Kullanıcılar, nakit paralarını çevrimiçi ortamda harcamak için Ukashvoucher (makbuz) alır ve bu makbuz üzerindeki kodu kullanarak ödeme yaparlardı. Bu sistem, özellikle çevrimiçi alışverişlerde kredi kartı veya banka hesabı kullanmak istemeyen kişiler için tasarlanmıştı.

Ukash, 2014 yılında Paysafe Group tarafından satın alındı ve 2015 yılında tamamen Paysafecard ile birleştirildi. Günümüzde Ukash markası artık kullanılmıyor, ancak Paysafecard aynı işlevselliği sağlamaya devam ediyor.[1]

---

1 Bkz. "Ukash", Akurateco.com, https://akurateco.com/payment-methods/ukash

İstanbul Ticaret Sicili Memurluğundan

Sicil Numarası: 720000

Ticaret Ünvanı
UKASH ÖN ÖDEMELİ KART SİSTEMLERİ TELEKOMÜNİKASYON TURİZM İNŞAAT GIDA İTHALAT İHRACAT SAN. VE TİC. LTD. ŞTİ.

Ticari Merkezi: İstanbul Kartal Soğanlık Yeni Mah. Balıkesir Cad. Uprise Sit. A1 Blk. K: 3 D: 13

Ticari merkezi ile sicil numarası ve ünvanı yukarıda yazılı bulunan şirketin Üsküdar 14. noterliğinden 31.05.2012 tarih 5987 sayı ile onaylı ortaklar kurulu kararının tescil ve ilanı istenmiş olmakla 6762 sayılı Türk Ticaret Kanunu hükümlerine uygun olarak ve memurluğumuzdaki vesikalara dayanılarak 06.06.2012 tarihinde tescil edildiği ilan olunur.

Ukash Ön Ödemeli Kart Sistemleri Telekomünikasyon Turizm İnşaat Gıda İthalat İhracat Sanayi ve Ticaret Limited Şirketi Ortaklar Kurulu Kararıdı

Karar no: 2012/001
Karar tarihi: 23.05.2012
Toplantıya katılanlar, İsa Karadaş T.C. [redacted] Murat Karadaş T.C. [redacted]
Şirket ortakları şirket merkezinde toplanarak aşağıdaki hususu karar altına almışlardır.
Şirket merkez adresi Soğanlık Yeni Mahalle Balıkesir Cad. Uprise Elite Sitesi A1 Blok Kat: 3 Daire: 13 Kartal İstanbul adresine nakil edilmiştir. Adres değişikliğinin tescil ve ilan edilmesine oybirliği ile karar verilmiştir.

Ortak
İsa Karadaş imza
Ortak
Murat Karadaş imza

Ticaret Ünvanı
UKASH ÖN ÖDEMELİ KART SİSTEMLERİ TELEKOMÜNİKASYON TURİZM İNŞAAT GIDA İTHALAT İHRACAT SAN. VE TİC. LTD. ŞTİ.

Ticari İkametgahı: İstanbul Maltepe Bağlarbaşı Mah. Irmak Sok. No: 20/B

Ticari merkezi ile sicil numarası ve ünvanı yukarıda yazılı ve 05.01.2010 tarihinden beri kurulmuş olan Limited Şirketin Kartal 11. Noterliğinden 29.12.2009 tarih ve 28059 sayı ile onaylı esas mukavelesinin, tescil ve ilanı istenmiş, Kartal 11. Noterliğinden 24.12.2009 tarih ve 26939, Karşıyaka 4. Noterliğinden 18.11.2009 tarih ve 36887 sayıları ile onaylı imza beyannameleri memuriyetimize verilmiş olmakla, 6762 sayılı Türk Ticaret Kanunu Hükümlerine uygun olarak ve memurluğumuzdaki vesikalara dayanılarak 05.01.2010 tarihinde tescil edildiği ilan olunur.

Ukash Ön Ödemeli Kart Sistemleri Telekomünikasyon Turizm İnşaat Gıda İthalat İhracat Sanayi ve Ticaret Limited Şirketi Ana Sözleşmesi

Kurucular:
Madde 1-

Aşağıda adları, soyadları, ikametgahları ve uyrukları yazılı kurucular arasında T.T.K. Hükümlerine göre bir Limited Şirket kurulmuştur.

S. No: 1-
Kurucunun Adı Soyadı: İsa Karadaş
İkametgah Adresi: Bağlarbaşı Mah. 2[redacted] tepe-İstanbul
Uyruğu: T.C. [redacted]

S. No: 2-
Kurucunun Adı Soyadı: Murat Karadaş
İkametgah Adresi: Bağlarbaşı [redacted] tepe-İstanbul
Uyruğu: T.C. [redacted]

Ukash ön ödemeli kart sistemi 11 Ocak 2010 tarihli Ticaret Sicili gazetesine göre 2010 yılında İsa Karadaş ve Murat Karadaş adına kurulmuş. Kuruluşunda resmi olarak Berkin Kaya yok.[1]

İsa Karadaş OcusGaming&Development adlı firmada çalışıyor gözüküyor.

Daha önce çalıştığını belirttiği yer ise Ukash Prepaid Card System Ltd. 2019-2022 tarihleri arasında ise Redsoft NV isimli yerde çalışmış.

Bu firma oyun yazılım firması, Türkiye, Kıbrıs, Ukrayna, Pakistan'da faaliyette. Ancak sitenin lisansı yasadışı bahis sitelerinin de lisansının olduğu Hollanda'ya bağlı ada olan Curacao'da.

1 Türk Ticaret Sicili Gazetesi, 11 Ocak 2010 Tarih, Sayı 7476, Sayfa 873

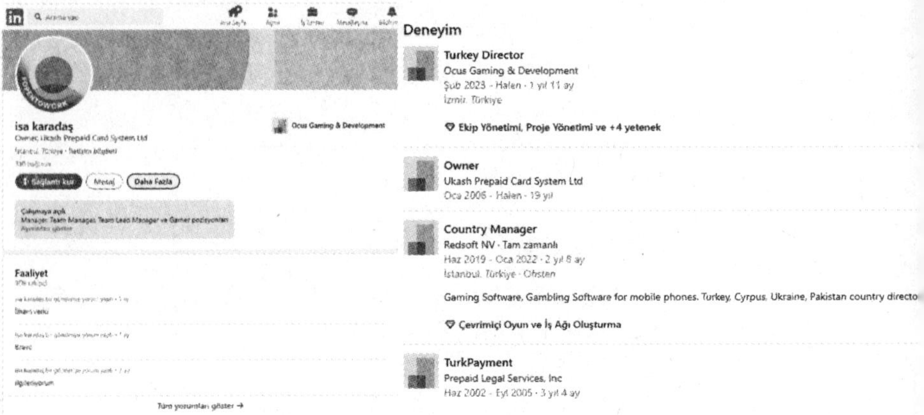

Ukash adı ile kurulmuş iki şirket daha var, Ukash Market Telek. "Ön Ödemeli Kart Sistemleri ve Yazılım Hizm." adlı şirket Hakan İspanakcı ve Vedat Kılıç tarafından 24 Nisan 2012 tarihinde kurulmuş. Çağatay Eryılmaz da vekâleten temsilci olmuş.[1]

Diğeri ise Ukash İnternet Hizmetleri. 10 Eylül 2015 tarihli Ticaret Sicili Gazetesine göre kurucusu Baha İlmen.[2]

Acaba bu şirket Ukash ile bağlantılı mı yoksa isim benzerliği mi var diye araştırdım. Bakın karşıma neler çıktı neler...

Öncelikle Ukash İnternet Ukash adına ön ödemeli kart satıyor. Karşıma hemen 2015 yılında bir dolandırıcılık haberi çıktı. Bir kişi bahis oynamak için 100 euro değerinde Ukash almak istemiş, parayı da Baha İlmen adına göndermiş. Sonra dolandırıldığını anlamış ve forumlarda yardım istemiş

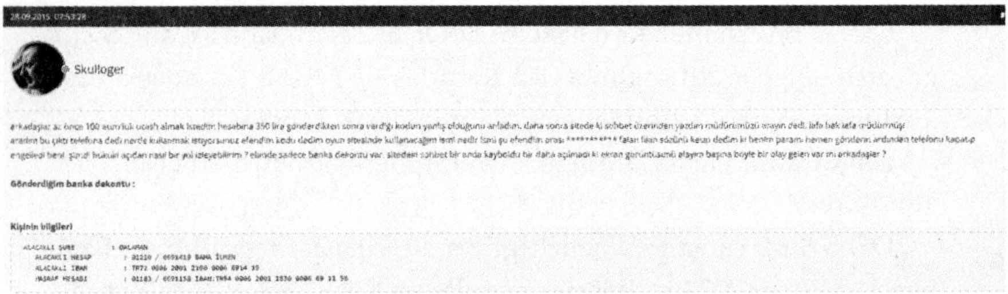

Baha İlmen kim diye baktım...

2019 yılında İzmir'de Sistemcoin, 2021 yılı başında kapandı. Çok sayıda kişi, yatırdıkları paraları alamadı. 3 milyon liraya

1 Türk Ticaret Sicili Gazetesi, 11 Ocak 2012 Tarih, Sayı 8054, Sayfa 611
2 Türk Ticaret Sicili Gazetesi, 10 Eylül 2015 Tarih, Sayı 8903, Sayfa 82

yakın parasını kaptıran Hint asıllı Türk vatandaşı Abdullatif Tayyip'in, avukatı Ahmet Buğra Harmandalı aracılığı ile polise yaptığı başvuru sonrası şüpheliler mercek altına alındı. Yapılan operasyon sonrası ise gözaltına alınan 9 kişiden 8'i tutuklandı.

Tutuklanan isimler arasında Sistemcoin'in sahibi konumundaki Orenda Yazılım AŞ'nin sahipleri Tolgahan Çolpan, Volkan Çatal, Anıl Acar, Arda Acar, Burçin Ateşçi, Berkan Çakır, Osman Kuş ile Baha İlmen var. Çatal'ın eşi Şerife G.Ç. ise adli kontrol şartı ile serbest bırakıldı.[1]

Soruşturma kapsamında tutuklanan isimlerden biri ise dikkat çekti.

O kişi Baha İlmen... "İsmet Sarçın" adına düzenlenmiş sahte kimlikle yakalanan Baha İlmen, benzer soruşturmalara daha önce de konu olan biri. İlmen, 6 yıl önce Üsküdar'da kurduğu Ukash İnternet Hizmetleri isimli şirket üzerinden çok sayıda kişiyi dolandırmakla suçlanıyordu.

İlmen'in sahibi olduğu "Çiftlikgeliri" ve "Paraçiftlikte" siteleri üzerinden çok sayıda kişiyi dolandırmakla suçlanıyordu. Hakkında yüzlerce şikâyet bulunan İlmen, Çiftlik Bank sistemini Türkiye'de ilk geliştiren kişi olarak anılıyor.

Buyurun cenaze namazına!

Devamında Sistemkoin'in CEO'su Tolgahan Çolpan'ın yaptığı vurgunla elde ettiği paraları Çiftlik Bank benzeri sanal inek satan Baha İlmen'in kurduğu "Milkabank" ve "Çiftlikgeliri.com" isimli sitelere aktardığı ortaya çıktı.

İlmen sahibi olduğu "Çiftlikgeliri" ve "Paraçiftlikte" siteleri üzerinden çok sayıda kişiyi dolandırmakla suçlanıyordu. Hakkında yüzlerce şikâyet bulunan İlmen, Çiftlik Bank sistemini Türkiye'de ilk geliştiren kişi olarak anılıyor.

Acaba UKASH ne işler yapmış diye yasadışı bahis sektöründeki kaynaklarımı aradım. Onlarca yazışma var tabii ki ama birini örnek olarak sunmak istiyorum.

Ukash sistemi daha ilk başladığında yani 2012 tarihinde gönderdikleri mailde "tahmincenter" ve "turkbetcenter" sitelerinin reklamını yaparak kart alım bedellerinin bilgisini göndermiş.

Berkin Kaya kendi beyanına göre Ukash Kart sisteminin sahibi ama resmi olarak bir kaydı yok.

---

1 "Kripto Paradan da Çiftlikbank Çıktı! Koyun Yetmedi coin'le de Dolandırdı", *Hürriyet*, 27 Nisan 2021, https://www.hurriyet.com.tr/ekonomi/kripto-paradan-da-ciftlikbank-cikti-koyun-yetmedi-coinle-de-dolandirdi-41797506

Özel İndirimli UKASH Kart Satışlarımız Devam Etmektedir..

UKASH<satis@ukashsatis.com> Yanıtla Tümünü yanıtla İlet
Kime: Siz 2.07.2012 Pzt 17:02

Değerli Müşterilerimiz Referanslarımız: www.tahmincenter.com www.turkbetcenter.com

Ukash Kart Satın almak için belirtilen iletişim bilgilerinden Müşteri Temsilcilerimiz ile irtibata geçbebilirsiniz. Teşekkürler.

GÜNCEL FIYATLARIMIZ

Havale EFT veya ATM Satış Fiyatlarımız

5 euro	15 TL
10 euro	25 TL
20 euro	50 TL
25 euro	60 TL
50 euro	120 TL
100 euro	240 TL
250 euro	600 TL

SON DERECE HIZLI VE GÜVENİLİR MÜŞTERİ HİZMETLERİ TEMSİLCİLERİMİZ İLE
7/24 UKASH KART SATIN ALMA IŞLEMİNİZİ GERÇEKLEŞTİREBİLİRSİNİZ !!!

1000 euro üzeri alışlarınızda lütfen size özel fiyatımızı isteyiniz.

WEBSITE ADRESLERİMİZ
www.ukashalis.com
www.ukashkartsatis.com
www.ukashcardsatis.com
www.ukashsatisi.com

DESTEK TELEFON
0532 683 45 45

Ancak onunla birlikte çalışan kişilerin verdiği bilgilere ve bayisinin beyanına göre bu sefer de OTOPAY adında bir sistem kurdular ki bu sistem Ukash kartta yaşadıkları sorunları çözmüş iddiası ile piyasaya çıktı.[1]

Otopay Resmi Bayi

Son zamanlarda oldukça popüler bir sanal kart markası olan seçeneklerden bir tanesi de Otopay sanal ödeme sistemi olmakta. Kullanım açısından her alanda avantaj sağlayan bu sanal ödeme sistemi kişinin güvenilir bir şekilde ödeme işlemlerini gerçekleştirmek adına önemli bir gelişme olmuştur. Bahis sitelerinden uygulama ve oyun alanlarına kadar hemen her alanda basit birkaç işlem doğrultusunda sanal kart sahibi olabilirsiniz. Kullanım olanakları bakımından oldukça işlevsel bir yapıda tasarlanan sanal kart Ukash kart sisteminde yaşanan problemleri tamamen ortadan kaldıracak düzeyde tasarlanmıştır. Tek kullanımlık olan sanal kartımız ön ödemeli bir ödeme işlemi sonrasında kolaylıkla temin edilebilmekte. Tamamen elektronik ortamda tasarlanan sanal kartınıza sahip olmak için en önemli husus güvenilir düzeyli bir web sayfası aracılığı ile araştırmalar yapıp ardından ihtiyacınız olan miktarda ve bakiyede bir kart seçmelisiniz. Otopay **resmi bayi** satış noktalarını ve sektörde bulunan güvenilir e-ticaret platformlarını kullanarak dakikalar içerisinde sanal kartınızı satın alabilirsiniz.

resmi otopay sitesi

Her zaman için **resmi site** üzerinden alışveriş işlemlerimizi gerçekleştirmek hem ödemelerimiz açısından hem de satın aldığımız kupon kullanımları açısından en doğru seçim olmaktadır. Böylelikle **resmi site** üzerinden herhangi bir işlem yaptığınızda hak iddia edebilme imkanınız bulunurken diğer yandan rastgele bir site üzerinden yaptığınız hiçbir alışveriş işleminde hak iddia edemezsiniz.

Resmi Otopay Sitesi

Ülkemizde de hizmet vermekte olan sanal kart markası **Otopay Türkiye bayi** aracılığı ile resmi olan kurumlardan ve güvenilir satış sayfaları üzerinden satın alma işlemlerinizi gerçekleştirme imkanına sahibiz. Her sektörde olduğu gibi bu alanda da satış işlemini resmi kurumlar aracılığı ile yapan firmaların yanı sıra bu işi dolandırıcılığa döken binlerce kurum bulunmaktadır. Bu konuda temkinli olmalı mümkünse her zaman için sanal kart satın alma işlemlerimizi resmi web sayfaları üzerinden veya bağlı olunan kurumlar aracılığı ile satın almalı. Bunun yanı sıra güvenli bir web sayfası bulduysanız bir sonraki işlemlerinizde de aynı web sayfası üzerinden alışverişinizi gerçekleştirmenizi öneririz. Otopay kart kullanım açısından tamamen sanal bir kart olup kullanım için sizlere sunulan bilgiler yine sanal ortam aracılığı ile e-posta iletisi olarak tarafınıza iletilmekte.

1 Bkz. "Tutku Kart-Otopay Resmi Bayi", tutkukart.com, https://tutkukart.com/otopay-resmi-bayi/

Otopay kartları, belirli tutarlarda ön ödemeli olarak satın alınır ve tek kullanımlıktır. Otopay kartları, çeşitli çevrimiçi platformlarda geçerlidir ve özellikle kredi kartı kullanmak istemeyen veya bilgilerini paylaşmaktan çekinen kullanıcılar için tasarlanmış.

Yani yasadışı bahis ve kumar siteleri için.

Bunları bu kadar anlatmamın sebebi de bu zaten...

Berkin Kaya ismini ayrıntılı araştırdığımızda ise karşımıza birçok firma çıkıyor.

BERTON GRANİT PORSELEN ANONİM ŞİRKETİ
BERTON ROBOTİK TEKNOLOJİ VE SAĞLIK ANONİM ŞİRKETİ
BERTON GIDA ANONİM ŞİRKETİ
BERTON UNİ KAMPÜSLERİ EĞİTİM HİZMETLERİ ANONİM ŞİRKETİ
BERTON FİLM MÜZİK VE PRODÜKSİYON ANONİM ŞİRKETİ
BERTON GERİ DÖNÜŞÜM VE ENERJİ ANONİM ŞİRKETİ
BERTON ENERJİ ANONİM ŞİRKETİ
BERTON TURİZM ANONİM ŞİRKETİ
BERTON TARIM İTHALAT VE İHRACAT ANONİM ŞİRKETİ
BERTON YAPI İNŞAAT SANAYİ VE TİCARET ANONİM ŞİRKETİ

Berton Yapı İnşaat isimli firma 2015 tarihinde kurulmuş. Berton Tarım 2017 yılında kurulmuş, diğerleri ise 2022 ve 2023 yıllarında kurulmuş firmalar. Ödedikleri vergiler ise komedi gibi. Tüm şirketler ile 2023 yılında sadece iki firmada vergi ödemiş, diğerleri matrahsız, onda da toplam 6 milyon TL vergi ödemesi yapılmış.

Unvan	KURULUŞ YILI	Vergi No	Vergi Dairesi	2023 Beyan Olunan Matrah	2023	2022 Beyan Olunan Matrah	2022	2021 Beyan Olunan Matrah	2021
BERTON GRANİT PORSELEN ANONİM ŞİRKETİ	2023	1660864287	BEYKOZ	MATRAHSIZ					
BERTON ROBOTİK TEKNOLOJİ VE SAĞLIK ANONİM ŞİRKETİ	2023	1660857879	BEYKOZ	MATRAHSIZ					
BERTON GIDA ANONİM ŞİRKETİ	2023	1660653575	BEYKOZ	MATRAHSIZ					
BERTON UNİ KAMPÜSLERİ EĞİTİM HİZMETLERİ ANONİM ŞİRKETİ	2023	1660853893	BEYKOZ	MATRAHSIZ					
BERTON GERİ DÖNÜŞÜM VE ENERJİ ANONİM ŞİRKETİ	2022	1660832409	BEYKOZ	MATRAHSIZ	MATRAHSIZ	MATRAHSIZ	MATRAHSIZ		
BERTON ENERJİ ANONİM ŞİRKETİ	2022	1660810068	BEYKOZ	₺ 5.197.034	₺ 1.299.258	₺ 794.859	₺ 180.517		
BERTON TURİZM ANONİM ŞİRKETİ	2022	1660785535	BEYKOZ	MATRAHSIZ	MATRAHSIZ	MATRAHSIZ	MATRAHSIZ		
BERTON TARIM İTHALAT VE İHRACAT ANONİM ŞİRKETİ	2017	1660408606	USKUDAR	₺ 10.347.503	₺ 2.586.875	₺ 6.455.560	₺ 1.484.778	₺ 739.991	₺ 184.997
BERTON YAPI İNŞAAT SANAYİ VE TİCARET ANONİM ŞİRKETİ	2015	1660393741	BEYKOZ	MATRAHSIZ	MATRAHSIZ	₺ 694.562	₺ 159.749	MATRAHSIZ	MATRAHSIZ
BERTON MEDYA YAPIM VE PRODÜKSİYON TİCARET ANONİM ŞİRKETİ	2022	1660792181	BEYKOZ			₺ 500.000	₺ 115.000		
				₺ 15.544.537	₺ 3.886.133	₺ 8.434.981	₺ 1.940.044	₺ 739.991	₺ 184.997

TOPLAM BEYAN OLUNAN MATRAH	₺ 24.719.509
TOPLAM ÖDENEN VERGİ	₺ 6.011.374

Neden "komedi" diyorum biliyor musunuz?

Mesela Berton Yapı İnşaat diye girip araştırma yapın. Yaptıkları işleri görürsünüz. Mesela BERTON MEDYA.

2022 yılı Şubat ayında kurulan Berton Medya hemen "Hatıran Yeter", "Filme Gel" gibi sinema filmlerini çekmiş, yenisini de çekiyorlar.

Kuruluşundan 4 ay sonra Levent Şubesi'ne Okan Karacan'ı ve başka şubesine de Okan Karacan'ın eşini atamış. Bir yıl sonra da şirkete Beşiktaşlı eski futbolcu Mesut Kumcuoğlu'nu atamış.

Firmanın sosyal medya sayfasına girip baktığınızda Ersin Korkut ile birlikte "Kısa Mesafe" isimli bir program yaptıklarını ve aynı zamanda Bostancı Gösteri Merkezi'ndeki konser etkinliklerinde yer aldıklarını görürsünüz.

Sadece bunlara mı şaşırıyorum. Hayır tabii ki...

Beşiktaş Genel Kurul Üyesi Nereden Çıkıyor?

Mesela Berkin Kaya ve kuzeninin aldığı bir lokantalar zinciri var.

İş dünyasının ünlü ismi Metin Şen, 2014 yılında New York'un dünyaca ünlü İtalyan restoranı Serafina'yı Türkiye'ye getirmiş ve kısa sürede büyük başarı elde etmişti.

Mehmet Üstündağ'ın Hürriyet'teki haberine göre Metin Şen, Serafina Türkiye markasını satmış![1]

Kime ne zaman satmış?

2023 Haziran ayında Kaan Kasacı ve Berkin Kaya'ya satmış. Peki ne kadar ödemişler?

3,2 milyon dolar!

Serafina'nın Türkiye'deki tüm haklarını Şen'den satın almış.

Peki, Berton Grup'un başka bu tarz yatırımları var mı?

888 Private Bodrum, 888 Bayraklı, 888 İstanbul daha birçok marka var grup bünyesinde. Efes Premium diye bir marka var sayfalarında.

Bakın bu yerler nasıl açıldı?

Hangi para ile kuruldu?

Neden vergi vermiyorlar, gibi soruları sormak en doğal hakkımız.

Tabii bu dünyada bu işte adı geçen isimler hep bilinmedik tanınmadık kişiler değil.

Bunlardan biri de Kaan Kasacı. Kendisi Beşiktaş Genel Kurul Üyesi ve Kasım 2023'teki seçimlerde başkan adayı Serdal Adalı'nın yönetim kurulu listesinde de yer almış biri.

Kaan Kasacı Berton Grup sahibi Berkin Kaya'nın kuzeni.

---

1 "Metin Şen 'Serafina'yı sattı!", Mehmet Üstündağ, *Hürriyet Kelebek*, 23 Haziran 2023, https://www.hurriyet.com.tr/kelebek/magazin/serafinayi-satti-42288608

Marsbahis adlı yasadışı bahis sitesinin sahibi Youwin adlı sitenin de ortağı olduğu belirtiliyor.

Türkiye'de bu yasadışı bahis sitelerine yapılan operasyonlarda adı sıkça geçti.

Yasal bahis mecralarında yer almayan ve İzmir'de oynanan Süper Amatör Lig müsabakalarına "Marsbahis" isimli site üzerinden yasadışı bahis oynattığı tespit edilen şebekeye yönelik 20 Haziran 2023 tarihinde İzmir merkezli 12 ilde operasyon düzenlendi.

Operasyonda 17 şüpheli gözaltına alınırken şüphelilerin 20 milyon lira haksız kazanç elde ettikleri belirlendi.

Yürütülen teknik ve fiziki takibin ardından şüphelilerin adreslerini belirleyen polis ekipleri operasyon için düğmeye bastı. İzmir merkezli, Adana, Ankara, Antalya, Erzurum, İstanbul, Malatya, Mersin, Muğla, Niğde, Sakarya ve Yozgat illerinde eşzamanlı operasyon gerçekleştiren polis ekipleri, olayla ilgili 17 şüpheliyi gözaltına aldı. Şüpheliler sorgulanmak üzere emniyete götürüldü.

Öte yandan, olayla ilgili yapılan çalışmalarda, şüpheli şahısların; banka hesaplarını ve kripto para firması nezdindeki hesaplarını para karşılığında kiraladıkları, bu hesapların yasadışı bahis sitesinde yasadışı bahis oyuncuları ile paylaşıldığı ve hesaplara yasadışı bahis paralarının yatırıldığı, yatırılan yasadışı bahis paralarının takibini zorlaştırmak ve izini kaybettirmek amacıyla kripto varlıklara dönüştürerek çok sayıda yurtdışında bulunan cüzdan adreslerine transfer ettikleri belirlendi.

Ayrıca söz konusu hesaplara 3 aylık süre içerisinde toplam 20 milyon TL para girişi olduğu ve bu yöntemle şüphelilerin haksız kazanç sağladıkları, şüphelilerin yasadışı bahisten elde ettikleri kazanç ile lüks bir yaşam sürdürdüklerinin tespit edildiği öğrenildi.[1]

Tam da bu sırada İçişleri Bakanı Ali Yerlikaya, 25 ilde eşzamanlı yapılan yasadışı bahis operasyonu 'Sibergöz-21'de 156 şüphelinin yakalandığını, şüphelilerin banka ve kripto varlık hesaplarında yaklaşık 1 milyar 224 milyon 768 bin lira işlem hareketi tespit edildiğini söyledi.

---

1 "İzmir Merkezli Film Gibi Operasyon! Yasa Dışı Bahisten 20 Milyon Liralık Vurgun", *Yeni Asır*, 20 Haziran 2023, https://www.yeniasir.com.tr/izmir/2023/06/20/izmir-merkezli-film-gibi-operasyon-yasa-disi-bahisten-20-milyon-liralik-vurgun

Operasyonda belirtilen yasadışı bahis sitelerden biri de marsbahis adlı siteydi.

Marsbahis sitesine girdiğinizde para yatırmak için size bir IBAN numarası veriyor.

IBAN Halkbank'a ait bir numara. Hesap sahibi adı "ELF Güzellik Merkezi Ürünleri Danışmanlık San. ve Tic. Ltd. Şti."

Sahibi de "Elif Kurtuluş" olarak gözüküyor.

Belgelerini de ekliyorum:

T.C. İSTANBUL TİCARET SİCİLİ MÜDÜRLÜĞÜ'NDEN [1]

İlan Sıra No: 142699
Mersis No: 0331235549400001
Ticaret Sicil/Dosya No: 1029888

Ticaret Unvanı:
ELF GÜZELLİK MERKEZİ ÜRÜNLERİ DANIŞMANLIK SANAYİ TİCARET LİMİTED ŞİRKETİ

Adres : Kurtköy Mah. Ankara Cad. Yelken Plaza No: 289 İç Kapı No: 21 Pendik / İstanbul
Yukarıda bilgileri verilen şirket ile ilgili olarak aşağıda belirtilen hususlar müdürlüğümüze ibraz edilen belgelere istinaden ve Türk Ticaret Kanunu'na uygun olarak 24.7.2024 tarihinde tescil edildiği ilan olunur.
Tescil Edilen Hususlar: Kuruluş

1. Kuruluş
Aşağıdaki adı, soyadı, unvanı, yerleşim yeri ve uyruğu yazılı kurucu tarafından bir Limited Şirket kurulmuş bulunmaktadır.

Sıra No	Kurucu	Adres	Uyruk	Kimlik No/MERSİS No
1	ELİF KURTULUŞ	İSTANBUL / PENDİK	TÜRKİYE CUMHURİYETİ	103******34

2. ŞİRKETİN UNVANI
Şirketin unvanı **ELF GÜZELLİK MERKEZİ ÜRÜNLERİ DANIŞMANLIK SANAYİ TİCARET LİMİTED ŞİRKETİ**dir.

papara Dekont

FAST Para Transferi

Biliyorum; "İyi de bu kadar ismin Marsbahis ya da yasadışı sanal bahis konusuyla ne ilgisi var" dediğinizi duyar gibiyim.

Oraya da geleceğim.

Tesadüfler silsilesi ve hep birbiriyle bağlantılı olaylar var.

GOV.UK Find and update company information

Search for a company or officer

Advanced company search

BERTON GROUP UK LIMITED

Company number 14171951

Follow this company | File for this company

Overview | Filing history | People | More

Officers | Persons with significant control

1 active person with significant control / 0 active statements

Mr Berkin Kaya ACTIVE

Correspondence address
Efes Doner Plus, 11 King Street, Richmond, England, TW9 1ND

Notified on **26 July 2022** | Date of birth **January 1986** | Nationality **Turkish**

Country of residence
Turkey

Companies House

CH01(ef)

Change of Particulars for Director

Company Name: **BERTON GROUP UK LIMITED**
Company Number: **14171951**

Received for filing in Electronic Format on the: **10/10/2024** XDDFZNIY

Details Prior to Change

Original name: **MRS IDIL YEL**
Date of Birth: ****/03/1986**

New Details

Date of Change: **10/10/2024**
New Service Address: **EFES DONER PLUS 11 KING STREET RICHMOND ENGLAND TW9 1ND**

The usual residential address of this person has not changed

1 Türk Ticaret Sicili Gazetesi, 24 Temmuz 2024 Tarih, Sayı 11128, Sayfa 365

BERTON Group Uk Limited yetkilisi bir dönem "İdil Yel" diye biri oluyor ve adresi de değişiyor. Efes Döner'in olduğu yere taşınıyor.

Plans to change the signage of former Quality Fish Restaurant and Takeaway put forward to Richmond Council

By Cesar Medina 10th Nov 2024 Local News

Tabii belirtilen adreste çok eski tarihli bir restoran var ve tabelanın değişip değişmeyeceği tartışmaya neden olmuş.

Gelelim 2024 Aralık ayına...

GAİN Medya Aslında Kimin?

GAİN Medya'yı biliyor musunuz?

Kısa süre önce RAMS Grup tarafından ciddi bir yatırım ile satın alındı. GAİN kurucusu Gözde Akpınar, GAİN'in bütün hisselerinin Rams Türkiye tarafından satın alınması için el sıkıştıklarını Nisan 2023 tarihinde paylaşmıştı. [1]

Şimdi öğreniyoruz ki RAMS Grup, GAİN Medya'yı Berkin Kaya'ya satmış.[2]

---

1 "RAMS Türkiye GAİN'i Satın Aldı!", Rams Global, 25 Nisan 2023, https://rams-global.com/tr/news?id=13

2 Türk Ticaret Sicili Gazetesi, 13 Aralık 2024 Tarih, Sayı 11128, Sayfa 647

İlan Sıra No: 263550
Mersis No: 0388142096900001
Ticaret Sicil/Dosya No: 253656-5

Ticaret Unvanı:
GAİN MEDYA ANONİM ŞİRKETİ

Adres : Kuzguncuk Mah. Kuzguncuk Gazhanesi Sk. No: 2/1 İç Kapı No: 1 Üsküdar / İstanbul
Yukarıda bilgileri verilen şirket ile ilgili olarak aşağıda belirtilen hususlar müdürlüğümüze ibraz edilen belgelere istinaden ve Türk Ticaret Kanunu'na uygun olarak 13.12.2024 tarihinde tescil edildiği ilan olunur.
Tescil Edilen Hususlar: Genel Kurul İç Yönergesi, Sermaye
Tescile Delil Olan Belgeler: Beşiktaş 11. Noterliği' Nin 11.12.2024 Tarih 20676 Sayı İle Tasdikli, 29.11.2024 Tarihli Genel Kurul Kararı

İÇERİĞİ DEĞİŞEN MADDELERİN YENİ HALİ
GENEL KURUL İÇ YÖNERGESİ
GAİN MEDYA ANONİM ŞİRKETİ Genel Kurulunun
Çalışma Esas ve Usulleri Hakkında İç Yönerge
BİRİNCİ BÖLÜM
Amaç, Kapsam, Dayanak ve Tanımlar
Amaç ve kapsam
MADDE 1-(1) Bu İç Yönergenin amacı; GAİN MEDYA ANONİM ŞİRKETİ genel kurulunun çalışma esas ve usullerinin, Kanun, ilgili mevzuat ve esas sözleşme hükümleri çerçevesinde belirlenmesidir. Bu İç Yönerge, GAİN MEDYA ANONİM ŞİRKETİ'nin tüm olağan ve olağanüstü genel kurul toplantılarını kapsar.

Dayanak
MADDE 2-(1) Bu İç Yönerge, Anonim Şirketlerin Genel Kurul Toplantılarının Usul Ve Esasları İle Bu Toplantılarda Bulunacak Bakanlık Temsilcileri Hakkında Yönetmelik hükümlerine uygun olarak yönetim kurulunca hazırlanmıştır.

Tanımlar
MADDE 3-(1) Bu İç Yönergede geçen; a) Birleşim : Genel kurulun bir günlük toplantısını, b) Kanun: 13/1/2011 tarihli ve 6102 sayılı Türk Ticaret Kanununu, c)Oturum: Her birleşimin dinlenme, yemek arası ve benzeri nedenlerle kesilen bölümlerinden her birini, ç) Toplantı: Olağan ve olağanüstü genel kurul toplantılarını, d) Toplantı başkanlığı: Kanunun 419 uncu maddesinin birinci fıkrasına uygun olarak genel kurul tarafından toplantıyı yönetmek üzere seçilen toplantı başkanından, gereğinde genel kurulca seçilen toplantı başkan yardımcısından, toplantı başkanınca belirlenen tutanak yazmanından ve toplantı başkanının gerekli görmesi halinde oy toplama memurundan oluşan kurulu, ifade eder.

İKİNCİ BÖLÜM
Genel Kurulun Çalışma Usul ve Esasları
Uyulacak hükümler
MADDE 4 –(1) Toplantı, Kanunun, ilgili mevzuatın ve esas sözleşmenin genel kurula ilişkin hükümlerine uygun olarak yapılır.

Toplantı yerine giriş ve hazırlıklar
MADDE 5 –(1) Toplantı yerine, yönetim kurulu tarafından düzenlenen hazır bulunanlar listesine kayıtlı pay sahipleri veya bunların temsilcileri, yönetim kurulu üyeleri, var ise denetçi, görevlendirilmiş ise Bakanlık temsilcisi ve toplantı başkanlığına seçilecek veya görevlendirilecek kişiler girebilir. (Şirketin diğer yöneticileri, çalışanları, misafirler, ses ve görüntü alma teknisyenleri, basın mensupları gibi kişilerin de toplantı yerine girmesi öngörülüyorsa bu durum ayrıca İç Yönergede belirtilecektir.)

ÜÇÜNCÜ BÖLÜM Çeşitli ve Son Hükümler
Bakanlık temsilcisinin katılımı ve genel kurul toplantısına ilişkin belgeler
MADDE 16 –(1) Bakanlık temsilcisinin katılımı zorunlu olan toplantılar için temsilcinin istenmesine ve bu temsilcinin görev ve yetkilerine ilişkin Anonim Şirketlerin Genel Kurul Toplantılarının Usul ve Esasları ile Bu Toplantılarda Bulunacak Bakanlık Temsilcileri Hakkında Yönetmelik hükümleri saklıdır.
(2)Genel kurula katılabilecekler ve hazır bulunanlar listesinin hazırlanmasında, genel kurulda kullanılacak temsil belgeleri ile toplantı tutanağının düzenlenmesinde birinci fıkrada belirtilen Yönetmelik hükümlerine uyulması zorunludur.

İç Yönergede öngörülmemiş durumlar
MADDE 17 –(1) Toplantılarda, bu İç Yönergede öngörülmemiş bir durumla karşılaşılması halinde genel kurulca verilecek karar doğrultusunda hareket edilir.

İç Yönergenin kabulü ve değişiklikler
MADDE 18 –(1) Bu İç Yönerge, GAİN MEDYA ANONİM ŞİRKETİ genel kurulunun onayı ile yönetim kurulu tarafından yürürlüğe konulur, tescil ve ilan edilir. İç Yönergede yapılacak değişiklikler de aynı usule tabidir.

İç Yönergenin yürürlüğü
MADDE 19 –(1) Bu İç Yönerge, GAİN MEDYA ANONİM ŞİRKETİ'nin 29.11.2024 tarihli genel kurul toplantısında kabul edilmiş olup, Türkiye Ticaret Sicili Gazetesinde ilanı tarihinde yürürlüğe girer

SERMAYE
Madde 6-
Şirketin sermayesi, beheri 1,00 Türk Lirası değerinde 1.000.000.000 paya ayrılmış toplam 1.000.000.000,00 Türk Lirası değerindedir. Bu payların tamamı nama yazılıdır. Sermaye artırımı sonucu oluşan pay sahipliği yapısı aşağıdaki gibidir;
BERKİN KAYA: Beheri 1,00 Türk Lirası değerinde 500.000.000 adet paya karşılık gelen 500.000.000,00 Türk Lirası.
RAMS GLOBAL İNŞAAT SAĞLIK DIŞ TİCARET ANONİM ŞİRKETİ: Beheri 1,00 Türk Lirası değerinde 500.000.000 adet paya karşılık gelen 500.000.000,00 Türk Lirası.
Önceki sermayeyi teşkil eden 300.000.000,00 TL tamamen ödenmiş olup, İstanbul Serbest Muhasebeci Mali Müşavirler odasına 40532 sicil numarası ile kayıtlı SMMM Mustafa KÜRKÇÜ tarafından 06/11/2024 tarihli 2024/11/01 sayılı rapor ile tespit edilmiştir.
İstanbul Serbest Mali Müşavirler Odasına 40532 sicil numarası ile kayıtlı Serbest Mali Müşavir Mustafa KÜRKÇÜ tarafından 06/11/2024 tarihli 2024/11/01 sayılı rapor ile hazırlanan şirketin sermayesinin 300.000.000,00 TL'den 250.000,00 TL'ye azaltılması ve eş zamanlı olarak 1.000.000.000,00 TL'ye artırılması ile şirket alacaklılarının alacaklarının korunduğu tespit edilmiştir.
Şirket sermayesinin 300.000.000,00 TL'den 250.000,00,00 TL'ye indirilmesi ve eş zamanlı olarak 999.750.000,00 TL artırılarak 1.000.000.000,00 TL çıkarılmasında; 380.427.942, 30 TL (331) Ortaklara borçlar hesabından, kalan 619.322.057, 70 TL ise (529) Sermaye Yedekleri Hesabından karşılanmış olup, bu bakiyelerin bilançoda mevcut olduğu ve sermaye artırımında kullanılabileceği hususu İstanbul SMMM Odasına 40532 sicil ile kayıtlı Mustafa KÜRKÇÜ' nün 06/11/2024 tarih SMMM-2024-11-01 sayılı raporu ile tespit edilmiştir.

Hisse senetlerinin tamamı nama yazılıdır. Herhangi bir kişi lehine intifa senedi ihdas edilemez. Yerli ve yabancı hissedarlar hiçbir şekilde imtiyazlı hisse senedine sahip olamaz. Pay senetleri veya pay senedi yerine kaim olmak üzere çıkarılacak ilmühaberlerin kolay saklanmasını temin için yönetim kurulu kararı ile bir veya birden fazla payı kapsayan kupürler halinde ihraç edilebilir.

(19744130)

Değerli okurlar...

Marsbahis adlı yasadışı bahis sitelerinde yıllarca Berkin Kaya ile bir arada çalışmış. Beraber çalıştıkları kaynaklarıma sorduğumda kimin yaptığını tek tek anlattılar.

Yüzlerce sayfadır size bu sistemi kuran ve bu sistemden nemalanan kişilerin nasıl ekonomik açıdan büyüdüklerini ve elde ettikleri bu ekonomik güç ile nüfuz devşirdiklerini anlatıyorum.

Yasadışı bahis sitelerinin sahiplerinin sığındığı konu tam da bu. Yasadışı elde ettikleri para ile istedikleri güvenli ortamları yaratıyorlar.

Ben burada ulaşabildiğim belgeler ışığında tamamını yazıp sistemin içyüzünü dökmeye çalıştım. Artık gerisi savcılarımızın çabasıyla ortaya çıkacak olaylar...

Hayyam Garipoğlu da Bu Dünyanın Bir Parçası

Bakın iddianameler ve bu yazdıklarımın dışında çok fazla yasadışı bahis sitesi var. Bu sitelerin sahipleri, yöneticileri var.

Hepsini ve sahiplerini tek tek buraya almak mümkün değil. Ben sadece piyasaya en çok hâkim olan isimleri, sistemi yönetenleri anlatıyorum.

Mesela TRBet ve "anadolucasino" adlı siteler...

İkisi de adını yakından tanıdığınız birine ait: Hayyam Garipoğlu

Garipoğlu Şirketler Topluluğu Yönetim Kurulu Başkanıdır kendisi. Özellikle "Türkbank" adıyla bilinen Türk Ticaret Bankası satışında ihaleye fesat karıştırdığına dair iddialar, Nesim Malki cinayeti[1] davasında üzerinde şüpheler bulunması ve gözaltına alınmasını orta yaş ve üzerindekiler bilir.

Ayrıca Sümerbank'ı satın almak amacıyla ihaleye katılması ve 103,5 milyon dolara satın almasının yanı sıra ardından bankadan dolayı zimmet suçu nedeniyle ceza alması da çok konuşuldu.

Fakat genç kuşak onun soyadını Münevver Karabulut cinayetinde duydu.

Sanık olan Cem Garipoğlu'nu sakladığı iddiaları nedeniyle "suçluyu kayırmak" suçundan yargılanması ve yargılama sonunda üç yıllık hapis cezası alması ile daima gündemdeydi.

Hayyam Garipoğlu'nun adı bir olayda daha geçti.

The Guardian'ın ortaya çıkardığına göre, Pasifik ülkesi Vanuatu tarafından yürütülen tartışmalı "altın pasaportlar" programı kapsamında vatandaşlıklar dağıtıldı.

Aralarında bir dizi itibarsızlaştırılmış iş insanı ve dünyanın dört bir yanındaki ülkelerde polis tarafından aranan kişilerin de bulunduğu 2 binden fazla kişi, 2020 yılında vatandaşlık satın aldı.

Bununla birlikte hepsi AB ve İngiltere'ye vizesiz erişim hakkı kazandı.

---

1 Nesim Malki'nin 1995 yılında isteği başka bir bankaya daha sahip olmaktı. Bunun için Şükrü Karahasanoğlu'nun vasıtasıyla o sıralarda Sümerbank ihalesine giren İpeks Tekstil'in sahibi Hayyam Garipoğlu ile ortak olmak istedi. Malki, bu nedenle Sümerbank'ın gizli ortağı olarak biliniyordu. Hayyam Garipoğlu'na kendisinin Yahudi olması sebebiyle ortak oldukları takdirde, dünyanın önemli bankaları ile irtibat kurabileceklerini söylediğini, Hayyam Garipoğlu kendi ifadesinde belirtmiştir. Malki, Sümerbank ihalesinde Hayyam Garipoğlu'na 25 milyon 860 bin dolar borç vermiştir. Hayyam Garipoğlu da bu borca karşılık, Malki'ye çek vermiştir. Bundan bir ay kadar sonra Nesim Malki 28 Kasım 1995 tarihinde, Bursa ilinde Özdilek Tesisleri önündeki trafik ışıklarında düzenlenen saldırı sonucu öldürülmüştür. Olay, medyaya Susurluk kazasının ikinci perdesi olarak yansımıştır. Nesim Malki ile aralarında ilişki bulunmasından dolayı, cinayet ile ilgili olarak gözaltına alınmıştır.

Pasaport programı, yabancı uyrukluların ülkeye hiç adım atmadan, genellikle bir aydan biraz fazla süren bir süreçte 130 bin ABD Doları karşılığında vatandaşlık satın almalarına olanak sağlıyordu.

Vanuatu'nun pasaport verdiği diğer kişiler arasında değerli bir Londra mülkünün satın alınması sırasında Vatikan yetkililerinden 15 milyon euro (17,7 milyon dolar) gasp etmekle suçlanan İtalyan iş adamı Gianluigi Torzi gibi isimler de vardı.

The Guardian'ın ayrıca elde ettiği belgelere göre, Suriyeli işadamı ve Devlet Başkanı Esad'ın yakın danışmanı Halid el-Ahmed de Haziran 2019'da Vanuatu vatandaşlığı almıştı.

Bu isimlerden biri de milyonlarca dolarlık zimmet skandalıyla ilgili olarak hapse giren ve yeğeninin 17 yaşındaki bir kızı vahşice öldürmesinin ardından ona yataklık ettiği gerekçesiyle hapis cezasına çarptırılan Türk bankacılık devi Hayyam Garipoğlu idi.[1]

Hayyam Garipoğlu'nun yasadışı sanal bahis dünyasında olduğuna dair iddia, Polat davasına tanıklık yapan "Mert" kod adlı tanığın savcılığa verdiği ifadede geçiyor.

Yasadışı sanal bahis "sektöründe" konuştuğum kişiler de zaten bu bilgileri biliyor.

Hayyam Garipoğlu'nun sitesi TRBet İngiltere'den koordine ediliyor. TRBet; Curaçao oyun komisyonundan almış olduğu ASL Interactive B.V. şirketi adına 1668/JAZ lisans numarası ile lisanslı bir bahis sitesi. Yani yasal ve 2016 yılında açıldı.

Özetle Nesim Malki cinayeti, Türk Ticaret Bankası özelleştirmesi, Sümerbank davası, Münevver Karabulut cinayeti bir türlü çözülemeyen davaların adamı Hayyam Garipoğlu'nun sanal bahisten çıkmasına şaşırmadım.

Sadece bu davalar da değil, 1976 yılında Halil Bezmen'e ait olan Rabak Elektrolitik Bakır ve Mamulleri A.Ş.'ni 35 milyon dolar karşılığında satın alması, Toros Biracılık şirketini kurarak Alman bira üretim teknolojisi ile Marmara Bira isimli biraları üretirken şirketin batması, POAŞ'ın özelleştirmesi ihalesinde 1,6 milyar

---

1 "Citizenship for sale: fugitives, politicians and disgraced businesspeople buying Vanuatu passports" [Satılık Vatandaşlık: Kaçaklar, Politikacılar Ve İtibarsızlaşmış İş İnsanları Vanuatu Pasaportu Satın Alıyor], Euan Wand, Kate Lyons, *The Guardian*, 15 Temmuz 2021, https://www.theguardian.com/world/2021/jul/15/citizenship-for-sale-fugitives-politicians-and-disgraced-businesspeople-buying-vanuatu-passports

dolar vererek, ihaledeki en yüksek teklifi yapması da onun ne kadar parası olduğu yönünde kafaları karıştırmıştı.

Dahası Romanya'da Petromidia isimli rafineriyi 450 milyon dolar karşılığında satın alıp, 2003 yılında Turgut Özal'ın oğlu Ahmet Özal ile birlikte Kanal 6 isimli televizyon kanalını satın almak için anlaşıp daha sonra maddi sorunlar nedeniyle bu satın almadan çekilmesi de bu zenginliğinde şüpheleri artırmıştı.

Bu kitabı hazırlarken o kadar çok garip karakteri tanıdım ki, hepsi bana her kitabın bir yolculuk olduğunu hatırlattı.

Galatasaray'a Sponsor Olan "Meritking"

Gelelim son olayımıza...

"Meritking" adını kamuoyu Galatasaray ile tanıdı. Belki yasadışı sanal bahis dünyasına elini kolunu kaptıranlar biliyordu ama sponsorluk anlaşması büyük yankı uyandırdı.

Bu sezonun başında Galatasaray'ın forma sırt sponsorluğunda Kıbrıs merkezli yasadışı bahis sitesine ait olduğu iddia edilen meritking.news sitesinin reklamına yer verildi.

Meritking sadece Galatasaray'a da değil, aynı zamanda reklam panolarına, araçlara, her yere reklam vermişti.

Kamuoyundan Galatasaray'ın sponsorluğu ile ilgili büyük tepki geldi. 14 milyon dolara anlaşma yapan Sarı Kırmızılı kulüp, yasadışı bahis bağlantıları iddiaları nedeniyle Meritking.news ile olan anlaşmasını askıya aldı. Daha sonra da anlaşmayı tamamen iptal ettiğini açıkladı.

Bu aşamada Merit Turizm Yönetim Kurulu Başkanı Hande Tibuk isim benzerliği nedeniyle hemen bir açıklama yaptı.

Açıklamada, yasadışı bahis sitesi "Meritking" ile doğrudan ilişkilendirilen ve "Merit" markasını haksız ve hukuksuz olarak kullandığı ileri sürülen "meritking.news" nedeniyle Galatasaray'a uyarıda bulunuldu.

Spor Toto Teşkilat Başkanlığı, Galatasaray Spor Kulübünün Rize maçına çıkarken formalarının arkasında kullandığı "Meritkings" reklamının meritking isimli yasadışı bahis sitesine ait bir haber sitesi olduğu, 7258 sayılı yasa kapsamında suç teşkil ettiğine dair suç duyurusunda bulunmuş ve soruşturma başlatılmıştı. Soruşturma sonuçlandı. Galatasaray Kulübü Savcılığa yaptığı açıklamada, sponsorluk anlaşmasının Türkiye Futbol

Federasyonu'ndan görüş alınarak yapıldığını, yapılan ihtarlardan sonra 30.09.2024 tarihinde sözleşmenin feshedildiğini bildirdi. Savcılık soruşturmayı KYOK (Kovuşturmaya Yer Yok kararı) ile sonlandırdı.[1]

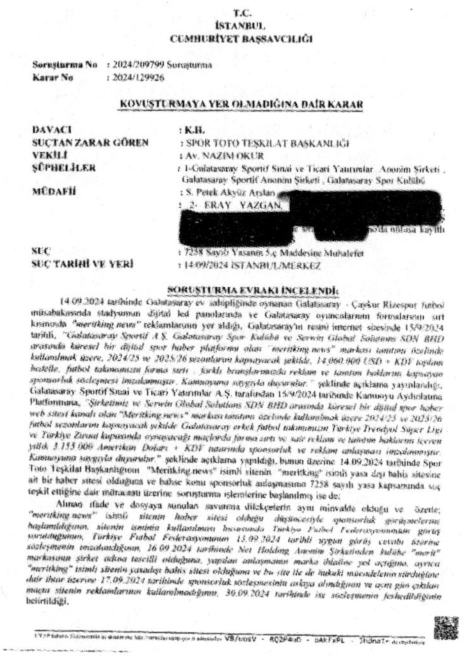

T.C.
İSTANBUL
CUMHURİYET BAŞSAVCILIĞI

Soruşturma No : 2024/209799 Soruşturma
Karar No : 2024/129926

KOVUŞTURMAYA YER OLMADIĞINA DAİR KARAR

DAVACI : K.B.
SUÇTAN ZARAR GÖREN : SPOR TOTO TEŞKİLAT BAŞKANLIĞI
VEKİLİ : Av. NAZIM OKUR
ŞÜPHELİLER : 1-Galatasaray Sportif Sınai ve Ticari Yatırımlar Anonim Şirketi , Galatasaray Sportif Anonim Şirketi , Galatasaray Spor Kulübü
MÜDAFİİ : S. Petek Akyüz Arslan
: 2- ERAY YAZGAN, ... nolu'da nüfusa kayıtlı
SUÇ : 7258 Sayılı Yasanın 5.ç Maddesine Muhalefet
SUÇ TARİHİ VE YERİ : 14/09/2024 İSTANBUL/MERKEZ

SORUŞTURMA EVRAKI İNCELENDİ:

14.09.2024 tarihinde Galatasaray ev sahipliğinde oynanan Galatasaray - Çaykur Rizespor futbol müsabakasında stadyumun dijital led panolarında ve Galatasaray oyuncularının formalarının sırt kısmında "meritking news" reklamlarının yer aldığı, Galatasaray'ın resmi internet sitesinde 15/9/2024 tarihli, "Galatasaray Sportif A.Ş. Galatasaray Spor Kulübü ve Serwin Global Solutions SDN BHD arasında küresel bir dijital spor haber platformu olan "meritking news" markası tanıtım özelinde kullanılmak üzere, 2024/25 ve 2025/26 sezonlarını kapsayacak şekilde, 14.060.000 USD + KDV toplam bedelle, futbol takımımızın forma sırtı, farklı branşlarımızda reklam ve tanıtım haklarını kapsayan sponsorluk sözleşmesi imzalanmıştır. Kamuoyuna saygıyla duyurulur." şeklinde açıklama yayınlandığı, Galatasaray Sportif Sınai ve Ticari Yatırımlar A.Ş. tarafından 15/9/2024 tarihinde Kamuoyu Aydınlatma Platformuna, "Şirketimiz ve Serwin Global Solutions SDN BHD arasında küresel bir dijital spor haber web sitesi kanalı olan "Meritking.news" markası tanıtımı özelinde kullanılmak üzere 2024/25 ve 2025/26 futbol sezonlarını kapsayacak şekilde Galatasaray erkek futbol takımımızın Türkiye Trendyol Süper Ligi ve Türkiye Ziraat kupasında oynayacağı maçlarda forma sırtı ve sair reklam ve tanıtım haklarını içeren yıllık 3.155.000 Amerikan Doları + KDV tutarında sponsorluk ve reklam anlaşması imzalanmıştır. Kamuoyuna saygıyla duyurulur." şeklinde açıklama yapıldığı, bunun üzerine 14.09.2024 tarihinde Spor Toto Teşkilat Başkanlığının "Meritking.news" isimli sitenin "meritking" isimli yasa dışı bahis sitesine ait bir haber sitesi olduğuna ve bahse konu sponsorluk anlaşmasının 7258 sayılı yasa kapsamında suç teşkil ettiğine dair müracaatı üzerine soruşturma işlemlerine başlanılmış ise de;

Alınan ifade ve dosyaya sunulan savunma dilekçelerin aynı minvalde olduğu ve özetle; "meritking news" isimli sitenin haber sitesi olduğu düşüncesiyle sponsorluk görüşmelerine başlanıldığının, sitenin isminin kullanılması hususunda Türkiye Futbol Federasyonunun görüş sorulduğunun, Türkiye Futbol Federasyonunun 13.09.2024 tarihli uygun görüş cevabı üzerine sözleşmenin imzalandığının, 16.09.2024 tarihinde Net Holding Anonim Şirketinden kulübe "merit" markasının şirket adına tescilli olduğuna, yapılan anlaşmanın marka ihlaline yol açtığına, ayrıca "meritking" isimli sitenin yasadışı bahis sitesi olduğuna ve bu site ile de hukuki mücadelenin sürdüğüne dair ihtar üzerine 17.09.2024 tarihinde sponsorluk sözleşmesinin askıya alındığının ve aynı gün çıkılan maçta sitenin reklamlarının kullanılmadığının, 30.09.2024 tarihinde ise sözleşmenin feshedildiğinin belirtildiği,

VB/UUSV - 8Q2P4uD - uAKTxFL - 3hdnaT

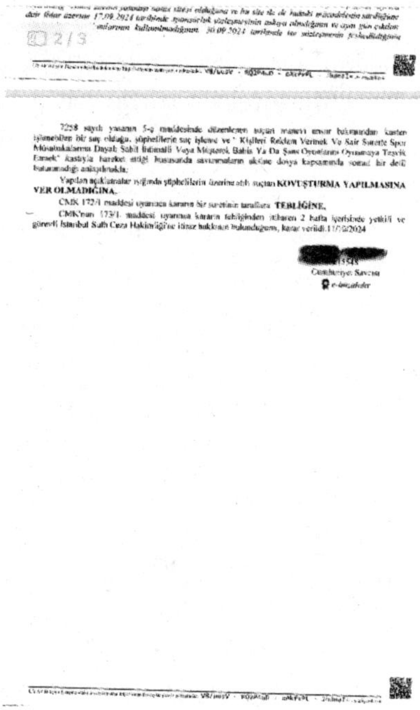

... dair ihtar üzerine 17.09.2024 tarihinde sponsorluk sözleşmesinin askıya alındığının ve aynı gün çıkılan ...mlarının kullanılmadığının, 30.09.2024 tarihinde ise sözleşmenin feshedildiğinin

2/3

7258 sayılı yasanın 5-ç maddesinde düzenlenen suçun manevi unsur bakımından kasten işlenebilen bir suç olduğu, şüphelilerin suç işleme ve "Kişileri Reklam Vermek Ve Sair Surette Spor Müsabakalarına Dayalı Sabit İhtimalli Veya Müşterek Bahis Ya Da Şans Oyunlarını Oynamaya Teşvik Etmek" kastıyla hareket ettiği hususunda savunmaların aksine dosya kapsamında somut bir delil bulunamadığı anlaşılmakla;

Yapılan açıklamalar ışığında şüphelilerin üzerine atılı suçtan KOVUŞTURMA YAPILMASINA YER OLMADIĞINA,

CMK 172/1 maddesi uyarınca kararın bir suretinin taraflara TEBLİĞİNE,

CMK'nun 173/1 maddesi uyarınca kararın tebliğinden itibaren 2 hafta içerisinde yetkili ve görevli İstanbul Sulh Ceza Hakimliği'ne itiraz hakkının bulunduğunun, karar verildi.11/10/2024

Cumhuriyet Savcısı
e-imzalıdır

Ortalığı bu kadar karıştıran meritking isimli sitenin sahibi kimdi?

Adı: Fedlan Kılıçaslan

Aynı zamanda Betexpress1'in de sahibi.

Anlatayım...

İçişleri Bakanı Ali Yerlikaya, Kasım 2023'te İzmir, Balıkesir, Manisa, Eskişehir, Mardin, Mersin, Kocaeli, Bursa, Burdur ve Hakkâri'de eşzamanlı "bahis" operasyonu yapıldığını duyurdu. Toplam 59 kişi gözaltına alındı ve 38'i tutuklandı.

Şüphelilerin, yürüttükleri suç ofislerinden yasadışı bahis paralarını valizlerle Balıkesir'e taşıdıkları ve burada belirlenen kuyumcu üzerinden akladıkları tespit edildi.

1 İstanbul Cumhuriyet Başsavcılığı 2024/209799 Soruşturma, 2024/12926 Karar No

Kuyumcu ağının merkezinde Gold Money şirketi bulunuyordu. Şirketin sahibinin KKTC vatandaşı Fedlan Kılıçaslan olduğu anlaşıldı. El konulan dijital materyallerde de çok sayıda bahis sitesine ait veriler bulundu.[1]

Suç Duyurusunda/İhbarında Bulunulan Şahıs	Suç Duyurusuna/İhbarına Neden Olan Eylem	Eylemin Aykırılık Teşkil Ettiği Kanun Maddesi
"uzman fx" uzantılı internet sitelerinin içerik sağlayıcıları	İzinsiz sermaye piyasası faaliyetinde bulunulması.	SPKn'nun 109 uncu maddesinin 2 nci fıkrası.
Fedlan KILIÇASLAN		SPKn'nun 109 uncu maddesinin 2 nci fıkrası ve TCK'nın 37 nci maddesi.
Emine AYAZ	Yetkilisi olduğu LLC Uzman Tranding Danışmanlık Hizmetleri Tic. Ltd. Şti.'nin banka hesaplarını kullandırmak suretiyle izinsiz sermaye piyasası faaliyeti suçuna iştirak edilmesi.	SPKn'nun 109 uncu maddesinin 2 nci fıkrası ve TCK'nın 39 uncu maddesi.
Sedat ÇAKAN	Yetkilisi olduğu Asemon Gıda Pazarlama Tic. Ltd. Şti.'nin banka hesaplarını kullandırmak suretiyle izinsiz sermaye piyasası faaliyeti suçuna iştirak edilmesi.	SPKn'nun 109 uncu maddesinin 2 nci fıkrası ve TCK'nın 39 uncu maddesi.
Ramazan MESTİ	Adına kayıtlı telefon hatlarını kullandırmak suretiyle izinsiz sermaye piyasası faaliyeti suçuna iştirak edilmesi.	SPKn'nun 109 uncu maddesinin 2 nci fıkrası ve TCK'nın 39 uncu maddesi.
Caner ÖZMEN		

Tesell Edilen Hususlar: Kuruluş

Tescile Delil Olan Belgeler: Sözleşme Balıkesir Ticaret Sicili Müdürlüğü huzurunda imzalanmıştır.

1. Kuruluş

Aşağıdaki adı, soyadı, unvanı, yerleşim yeri ve uyruğu yazılı kurucu tarafından bir Limited Şirket Kurulmuş bulunmaktadır.

Sıra No: 1
Kurucu: Fedlan Kılıçaslan
Adres: Pataleon Life Sit 6.Blok D.10 Girne Kuzey Kıbrıs Türk Cumhuriyeti
Uyruk Türkiye
Kimlik No 197******86

2. Şirketin Unvanı

Şirketin unvanı Gold Money Kuyumculuk Turizm Hayvancılık Sanayi Ticaret Limited Şirketi dir.

3. Amaç ve Konu

Kuyumculuk

1-Her türlü altın (Külçe altın hariç), mücevher, gümüş, bronz, platin, elmas, safir, inci, pırlanta, yakut, zümrüt ve diğer kıymetli madenlerden ve taşlardan mamul her türlü mücevherat, bilezik, kolye, yüzük, saat gibi süs ve takı eşyalarının imalatını yapmak, başkalarına imal ettirmek, almak, satmak, ithalatını ve ihracatını yapmak

2-Ayar evleri, tamir atölyeleri kurmak, işletmek, sarraf-kuyumcu işyerleri açmak.

Peki, kim bu? Ne zaman karşımıza çıktı, neler yaptı?

Kılıçaslan 2019'da Balıkesir'de kuyumculuk şirketi Gold Money'i kurdu. Şirketin sermayesindeki hızlı artış dikkat çekiciydi. Kuruluş sermayesi 1 milyon liraydı. Sermaye 2021'de 11 milyon, 2022'de 50 milyon, 2023'te 80 milyon ve birkaç ay sonra da 120 milyon liraya çıktı.

2021'de ayrıca 12,5 milyon lira sermaye ile Gold Money Madencilik ve Enerji adlı başka bir şirket daha açtı.

Bir yandan forex faaliyeti de yürütüyordu. Bunun için yine Balıkesir'de 2019'da eşinin üzerine LLC Uzman Tranding'i kurdu.

2021'de şirket İstanbul Bakırköy'e taşındı. Şirket "uzmanfx" adlı internet sitesine içerik sağlıyordu.

Ancak Sermaye Piyasası Kurulu (SPK), izinsiz faaliyette bulunduğu gerekçesiyle 19 Şubat 2019 günü siteye erişim engeli getirdi.

1 "Kara Parada Paylaşım: Gelir Belediyeye, Reklam Akit'e, Ceza Bana", Bahadır Özgür, Gazete Duvar, 08 Aralık 2023, https://www.gazeteduvar.com.tr/kara-parada-paylasim-gelir-belediyeye-reklam-akite-ceza-bana-makale-1651924

Tüm sertifikalarının sahte çıkması ve çok sayıda şikâyet gelmesi üzerine 29 Nisan 2021 günü SPK, Fedlan Kılıçaslan hakkında suç duyurusunda bulundu.

Tescil Edilen Hususlar: Kuruluş
Tescile Delil Olan Belgeler:Sözleşme Balıkesir Ticaret Sicili Müdürlüğü Huzurunda İmzalanmıştır.

1. Kuruluş
Aşağıdaki adı, soyadı, unvanı, yerleşim yeri ve uyruğu yazılı kurucu tarafından bir Limited Şirket kurulmuş bulunmaktadır.

Sıra No	Kurucu	Adres	Uyruk	Kimlik No
1	FEDLAN KILIÇASLAN	BALIKESİR / KARESİ	TÜRKİYE	197******86

2. ŞİRKETİN UNVANI
Şirketin unvanı **GOLD MONEY MADENCİLİK VE ENERJİ LİMİTED ŞİRKETİ**dir.

3. AMAÇ VE KONU
MADENCILIK
1.Sirket her türlü petrol, gaz, maden ve yeraltı kaynaklarını gerekli izinleri almak sartıyla arama, çıkarma çalısmalarını yapabilir, satın alabilir, satabilir, kiralayabilir, kiraya verebilir. Çıkarılan madenleri isleyebilir, ham, cevher veya mamul madde olarak satabilir, ithal ve ihraç edebilir. Madenlerin islenmesi için tesis kurabilir, makine ve gerekli ekipmanı alabilir, satabilir, ithal ve ihraç edebilir. Devletin her türlü maden arama ve çıkarma imtiyazları için açacagı ihalelere istirak edebilir. Her türlü maden sahaları ruhsatname müracaatları yapabilir, devir alabilir, devir edebilir.
Gerekli yerlerden izin almak şartı ile yer altı ve yer üstü maden ve tabii kaynakların çıkartılması, işletilmesi, satın alınması ve kiraya verilmesi.
-Maden arama ruhsatnamesi almak, maden aramak, işletme hakkı talep etmek, işletme ruhsatnamesi devri kabil maden haklarını devir almak.
-İlgili yerlerden izin almak şartı ile her türlü maden, mermer, taş, kireç, kil, kömür ocakları işletmeciliği yapmak.
-İlgili mevzuata riayet etmek koşulu ile maden kapsamına giren tüm ürünlerin aranması, çıkartılması, işlenmesi, alımı satımı, ithalat ve ihracatını gerçekleştirmek.
-İlgili mevzuata riayet etmek koşulu ile her türlü kesilebilir ve parlatabilir tüm taşlar, mermer, granit, diahaz, travarten, oniks, bozalt gibi taşların aranması, çıkartılması, işlenmesi, alım satımı, ithalat ve ihracatını gerçekleştirmek.

Türkiye'de kuyumcu olarak bilinen Fedlan Kılıçaslan'ın asıl bağlantısı ise online bahis ve kumardı. Bu faaliyetini Ukrayna üzerinden organize ediyordu.

Balıkesir'de kurduğu LLC Uzman Tranding ile aynı adı taşıyan bir şirketi 2018'de Ukrayna'da açmıştı. 'Betexpress1.com' adında bir bahis sitesi vardı. Sitenin lisansı Curacao'da, Redsoft N.V. adlı bir şirkete aitti.

Şirket Londra'daki Global Money Service Ltd'e bağlıydı. Sitenin istatistiklerine bakıldığında, oyuncuların yüzde 91'i Türkiye'dendi.

11 EYLÜL 2019 SAYI : 99

Adres : DUMLUPINAR BULV

ŞİRKETLER

Balıkesir Ticaret Sicili Müdürlüğünden
İlan Sıra No: 1390
Mersis No: 0609096010900001
Ticaret Sicil/Dosya No: 20345

Ticaret Ünvanı
LLC UZMAN TRANDING DANIŞMANLIK HİZMETLERİ TİCARET LİMİTED ŞİRKETİ

Adres: Toygar Mahallesi 240. Sk. No: 16 -18A Karesi/Balıkesir

Yukarıda bilgileri verilen şirket ile ilgili olarak aşağıda belirtilen hususlar müdürlüğümüze ibraz edilen belgelere istinaden ve Türk Ticaret Kanunu'na uygun olarak 6.09.2019 tarihinde tescil edildiği ilan olunur.

Tescil Edilen Hususlar: Kuruluş

Tescile Delil Olan Belgeler:

Sözleşme Balıkesir Ticaret Sicili Müdürlüğü huzurunda imzalanmıştır.

1. Kuruluş

Aşağıdaki adı, soyadı, unvanı, yerleşim yeri ve uyruğu yazılı kurucu tarafından bir Limited Şirket kurulmuş bulunmaktadır.

Sıra No: 1
Kurucu: Emine Çakan
Adres: Balıkesir /Karesi
Uyruk: Türkiye
Kimlik No: 245******02

Yani yasadışı bahis ve kumar suçu işliyordu.

Öte yandan Kılıçaslan, Balıkesir'de "saygın bir iş insanı" muamelesi görüyordu. Gerçi bu memlekette parası olan herkes "saygın bir iş insanı" olabiliyor.

O da zaten o kadar rahattı ki, belediye ihalelerine girmeye başladı. AKP'li Balıkesir Belediyesi 2020 yılında, kentin en değerli yerlerinden birisi olan ve üzerinde lunapark bulunan 7 bin metrekare arsayı satma kararı aldı.

2020'deki ihaleyi 23.4 milyon lira bedelle BSY Yapı kazandı. CHP'liler konuyu mahkemeye taşıdılar. Ancak mahkeme sonuçlanmadan Belediye Başkanı Yücel Yılmaz, bedelin düşük bulunduğu gerekçesiyle ihalenin iptal edildiğini açıkladı.

Yeni ihale kararı 28 Aralık 2021'de meclisten geçirildi. Bu sefer satılacak alan 8 bin 270 metrekareye çıkarılıyor, muhammen bedel de 49.6 milyon liraya yükseltiliyordu. 26 Ocak 2022 günü yapılan ihaleye tek bir firma katıldı: Golden Money Kuyumculuk...

Ve 52 milyon 50 bin liraya arsanın sahibi oldu.

Yaşanan sürecin tamamını gazeteci Bahadır Özgür, Gazete Duvar'daki köşesinde aktardı.

Hatta *Birgün* gazetesinde çalışırken, "AKP'li belediyenin ihalesinde kara para mı aklandı?" diye bir yazı daha kaleme almıştı.

Bahadır Özgür'ün haberine göre CHP'li meclis üyeleri Başkan Yılmaz'a, "Araziyi alan firmanın Halil Falyalı ile bağlantısı var mı" sorusunu yöneltiyordu. Belediye buna dair tek satır açıklama yapmadı. Olayı incelemediler bile...

Fedlan Kılıçaslan arsayı aldıktan sonra Balıkesirspor'a da sponsor oldu. 22 Ağustos 2022 günü imzalanan anlaşma sonrası kulüpten şu açıklama yapıldı:

"'Karanlıktan Aydınlığa' sloganıyla çıktığımız bu yolda, şehrimize yapmış olduğu kıymetli yatırım ve katkılarıyla gündeme gelen iş insanı Fedlan Kılıçarslan (NO 10 COMPANY), yeni sezonda kulübümüzün forma sırt sponsoru olmuştur."

Balıkesirspor
26 Ağustos 2022

FORMA SIRT SPONSORUMUZ 'NO 10 COMPANY'
'Karanlıktan aydınlığa' sloganıyla çıktığımız bu yolda, şehrimize yapmış olduğu kıymetli yatırım ve katkılarıyla gündeme gelen iş insanı Fedlan Kılıçarslan (NO 10 COMPANY), yeni sezonda kulübümüzün FORMA SIRT SPONSORU olmuştur.
Bu vesile ile Sayın Kılıçarslan'a destekleri için teşekkür eder, Balıkesirspor'a olan katkıları için şükranlarımızı sunarız.

Balıkesir Belediyesi'nden arsa aldığı haberi çıktıktan birkaç gün sonra, YouTube'a bir video yüklendi.

Bir şeyler oluyordu.

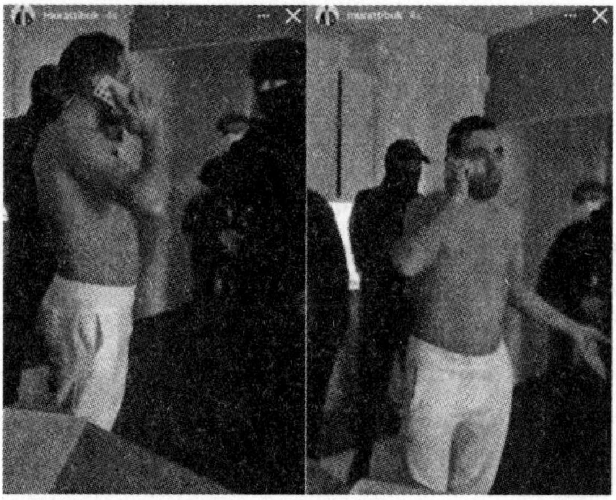

Kısa görüntüde, Ukrayna polisi Fedlan Kılıçaslan'ın kaldığı otel odasına baskın yapıyor ve onu yarı çıplak halde sorguluyordu. Videoyu yükleyen kişi Net Holding'in sahibi Besim Tibuk'un oğlu Murat Tibuk'tu.

KKTC'de kumarhane sahibi Merit Otelleri'nin veliahtı, Kılıçaslan'ın videosunu "yasadışı bahis sitesi baronuna Ukrayna'da gözaltı" etiketiyle yayınlamıştı.

Fedlan Kılıçaslan, yasadışı bahis şirketini 2019'da Ukrayna'ya taşıdı.

Üç yıl oturma izni aldı. 10 adamıyla bu ülkeye yerleşti. 2021'de konutuna ve sitesinin çağrı merkezi olarak kullandığı ofise operasyon düzenlendi. 36 bilgisayara el kondu.

Bilgisayarlarda 'Meritroyalbet' ve 'EuroCasino' ile diğer bazı yasadışı bahis sitelerinin yöneticileri olduğunu doğrulayan verilere ulaşıldı. Bu siteler Türklere yönelikti ve finans ayağında Türk bankaları kullanılıyordu.

Kılıçaslan, "meritroyalbet" adlı yeni bir bahis ve kumar sitesi kurmuştu. Merit Otelleri de isim hakkı dolayısıyla İsviçre'deki online fikri mülkiyet haklarıyla ilgilenen WIOP'a dava açmıştı. Ve 2017 yılında Merit Otelleri haklı bulunmuştu.

Aslında bütün mesele isim hakkından dolayı çıkıyordu.

Tam bu gelişmeler unutulmaya yüz tutmuştu ki Galatasaray, Süper Lig'in beşinci haftasındaki Çaykur Rizespor maçına, sırtında yeni sponsorunun reklamıyla çıktı.

Haliyle, Merit Turizm Yatırım ve İşletme A.Ş. ve Net Holding, önceki gün markasını taklit eden beş site ile Kuzmicova ve onunla bağlantılı kişiler hakkında şikâyetçi oldu.

Dava açılmasını, sitelerin kapatılmasını, stattaki reklam panolarına, Galatasaray'ın sırtına ve İstanbul'da taksilere kimlerin reklam verdiğinin belirlenmesini istediler.[1]

Olaylar burada da bitmedi.

Kıbrıs Postası, Fedlan Kılıçaslan'ın yeni skandallarını ortaya çıkardı.

Kıbrıs Türk Futbol Federasyonu'na (KTFF) kayıtlı hakem olduğu öğrenilen Kılıçaslan'ın hakemlik yaptığı dönemde hırsızlık da yaptığı, bu nedenle hakemlikten kovulduğu anlaşıldı.

1 "Yasadışı Bahis Sitesi İstanbul'un Taksilerini De Giydirmiş", İsmail Saymaz, Halktv.com.tr, 19 Eylül 2024, https://halktv.com.tr/makale/yasadisi-bahis-sitesi-istanbulun-taksilerini-de-giydirmis-871544

Hakemlik yaptığı dönemde Cratos'ta casinoda çalıştığı ortaya çıkan Fedlan Kılıçaslan'ın, çalıştığı sırada bir müşterinin kartını çaldığı ve müşterinin kartındaki tüm parayı harcadığı için hapis cezası aldığı aktarıldı.[1]

Şunu da belirtmeliyim: Fedlan Kılıçaslan her ne kadar hakem olarak gözükse de faal olarak hiç hakemlik yapmadı. Sadece hakemlik kursuna katıldığı için kaydı KTFF'de yer aldı.

Fedlan Kılıçaslan, hapis cezası aldıktan sonra birden zengin olmasıyla dikkat çekti.

Aslında paranın kaynağı da belliydi...

MeritKing'e giden yolda her şeyi denemişti. Türkiye Sermaye Piyasası Kurulu'nun (SPK) 2021'de "izinsiz sermaye piyasası faaliyetinde bulunduğu" gerekçesiyle Fedlan Kılıçaslan hakkında suç duyurusunda bulunduğu da ortaya çıktı.

b) Sermaye Piyasa Kanunu (SPKn) ve ilgili mevzuat kapsamında yapılan incelemeler sonucunda, aşağıdaki tabloda yer verilen suç duyurularının yapılmasına karar verilmiştir.

Suç Duyurusunda/İhbarında Bulunulan Şahıs	Suç Duyurusuna/İhbarına Neden Olan Eylem	Eylemin Aykırılık Teşkil Ettiği Kanun Maddesi
"uzman fx" uzantılı internet sitelerinin içerik sağlayıcıları	İzinsiz sermaye piyasası faaliyetinde bulunulması.	SPKn'nun 109 uncu maddesinin 2 nci fıkrası.
Fedlan KILIÇASLAN		SPKn'nun 109 uncu maddesinin 2 nci fıkrası ve TCK'nın 37 nci maddesi.

1 "Yasadışı MeritKing'in Sahibi Fedlan Kılıçaslan'ın Yeni Skandalı: Hırsızlıktan Tutuklanmıştı!", *Kıbrıs Postası*, 17 Eylül 2024, https://www.kibrispostasi.com/c35-KIBRIS_HABERLERI/n533456-yasa-disi-meritkingin-sahibi-fedlan-kilicaslanin-yeni-skandali-hirsizliktan-tutuklanmisti

Bu olayla öğrendik ki İçişleri Bakanı Ali Yerlikaya'nın Kasım 2023'te duyurduğu operasyonda tutuklanan Kılıçaslan, meğer serbest bırakılmış ve ülkeden kaçmış.

Bu gelişmeyi bir boşanma davası ilanından öğreniyoruz. Devlet, Kılıçaslan'ı bulamıyor!

Anlatayım...

T.C. İSTANBUL ANADOLU 15. AİLE MAHKEMESİ'NDEN

T.C.
İSTANBUL ANADOLU 15. AİLE MAHKEMESİ'NDEN

ESAS NO : 2024/329
DAVALI : Fedlan KILIÇASLAN
DAVA : Boşanma

Davacı [redacted] tarafından Davalı Fedlan KILIÇASLAN aleyhine açılan Boşanma davasının yapılan yargılamasında;
Mahkememizce dava dilekçesinde belirtilen adresinize dava dilekçesi tebliğe çıkarılmış olup, adresinizden ayrıldığınız gerekçesiyle tebligat yapılamadığından ve adres araştırmasından da bir netice alınamadığından dava dilekçesinin tarafınıza ilanen tebliğine karar verilmiştir.
Davacı vekili dava dilekçesinde özetle; tarafların 2018 yılında evlendiklerini, müşterek 1 çocuklarının bulunduğunu, evlilik birliğinin davalının kusurlu davranışları nedeniyle temelinden sarsıldığını, davalının evlilik süresince sürekli seyahatlere gittiğini, müvekkilini sevgisiz ve ilgisiz bırakarak evlilik birliği içerisinde yalnızlaştırdığını, müvekkiline olan ilgisizliğini müşterek çocuklarına karşı da sürdürdüğünü, çocuğun bakım ve temel ihtiyaçlarıyla yeterince ilgilenmediğini, davalı hakkında başlatılan soruşturma kapsamında müvekkilinin eşi olması nedeniyle davaya dahil edildiğini, müvekkilinin tutuklanarak cezaevine kaldığını, hali hazırda kovuşturma aşamasındaki dosyada sanık sıfatıyla yargılandığını, davalının müvekkiliyle iletişim kurmayarak yalnız bırakmaya devam ettiğini beyanla, evlilik birliğinin temelinden sarsılması nedeniyle tarafların boşanmalarına, müşterek çocuğun velayetinin müvekkiline verilmesine, müşterek çocuk lehine aylık 100.000 TL tedbir/iştirak nafakasına, müvekkili lehine aylık 100.000 TL tedbir/yoksulluk nafakasına, müvekkili lehine yasal faiziyle birlikte 10.000.000 TL maddi ve 10.000.000 TL manevi tazminata hükmedilmesini talep ve dava etmiş olup, H.M.K.'nun 127. maddesi uyarınca iki haftalık süre içinde H.M.K.'nın 127. maddesindeki unsurları içerir şekilde ve ilk itirazlarınızla birlikte cevap dilekçesi vermeniz, süresi içinde cevap dilekçesi vermediğiniz takdirde H.M.K.'nın 128. maddesi uyarınca davacının dava dilekçesinde ileri sürdüğü vakıaların tamamını inkar etmiş sayılacağınız İLANEN TEBLİĞ VE İHTAR OLUNUR.29/07/2024

2 Ağustos 2024 günü gazetelerde İstanbul Anadolu 15. Aile Mahkemesi'nin bir boşanma tebligatı yayımlandı. Davalı Fedlan Kılıçaslan'dı.

Eşi F.Z. 2018 yılından beri evli oldukları Fedlan Kılıçaslan'a boşanma davası açmıştı.

Gerekçe sürekli seyahat etmesi, eve gelmemesi, çocuğuyla ilgilenmemesiydi. Ayrıca ilanda Fedlan Kılıçaslan hakkında başlatılan soruşturma nedeniyle eşinin de olaya dahil edilip tutuklandığı ve hâlâ sanık olarak yargılandığı belirtiliyordu. F.Z. aylık 200 bin lira nafaka, toplam 20 milyon lira da maddi ve manevi tazminat talep ediyordu.

Mahkeme davaya dair ihtarın ulaştırılması için Fedlan Kılıçaslan'ın adresinin tespit edilememesinden dolayı ilan yayımlamıştı.

Yani devletin kamuoyuna Türkiye'deki en büyük bahis, kumar ve kara para aklama çetesinin baronu olarak duyurduğu isim, serbest bırakılmış. Şimdi de boşanma ihtarı için dahi ulaşılamıyordu.

Fedlan, eşinden ayrılıp Türkiye'den kaçtı.

Yasadışı bahis işinin merkezini Polonya'ya taşıdı. www.meritking.net adresine girildiğinde site sizleri yasadışı bahis oynanan www.meritking1128 adlı siteye yönlendiriyor.

www.meritking.news adlı site 23 Haziran 2024'te açıldı.

Bu alan adı sadece bir yıllığına tescil edildi.

Tescil yeri, Kuzey Kıbrıs olarak yer aldı.

Hak sahibi, İrinaKuzmicova adlı Ukraynalı bir Rus görünüyordu.

Açık kaynaklarda gazetecilik geçmişine ilişkin hiçbir bilgi yok.

İrina Kuzmicova'nın 8 Temmuz 2024'te Türk Patent ve Marka Kurumu nezdinde üç adet "Merit King" ibareli marka başvurusu var.

www.meritking.news kurulduğu an itibarıyla Bilişim Teknolojileri Kurumu (BTK) tarafından engellenen "Merit King" adlı yasadışı bahis sitesine yönlendirme yapıyordu. Bu yönlendirmeyi 7 Eylül'de kaldırdılar.

Malezya'daki bir şirket aracılığıyla futbol formaları ve İstanbul'da ticari taksilerin üzerine sponsor olmaya başladılar. Tanıtımlarda Merit Hotel ile özdeşleşen sarı rengi ve üçgeni kullanıyorlar.

Sitenin künyesi yok.

Reklam almıyor.

Yorumcu ve köşe yazarı istihdam etmiyor.

Türkiye ligiyle ilgili bir takip sayfası yer almıyor.

Buna rağmen Galatasaray'a sponsor oluyor!

Kuzmicova'nın Fedlan Kılıçaslan'la bağına başkaca bir kanıt daha var.

Ukraynalı kadın ile Kılıçaslan'ın irtibat adresleri aynı: Tampa-Florida / ABD.

Kılıçaslan, bu satırlar yazıldığı dönemde halen firariydi. Ukrayna'daki üssünü Polonya'ya taşıdı. Siteleri açık.

Hikâyenin başına dönersek...

Kılıçaslan, 2001 yılında Balıkesir'den Kuzey Kıbrıs'a göçerek, casinolarda işe girdi.

Çok sayıda casinoda çalıştı. Adada en ünlü casino-otel markası, o günden beri Net Holding bünyesindeki MeritHotels... Kuzey Kıbrıs'ta sekiz, Bulgaristan ve Karadağ'da birer otelleri var.

Kılıçaslan, 2016 yılında www.meritroyal1.bet adlı siteyi kurup yasadışı bahis oynatmaya başladı.

Net Holding'in şikâyetiyle marka hakkına tecavüzden İstanbul 1. Fikri ve Sınai Haklar Mahkemesi'nde dava açıldı. Kılıçaslan, mahkemede, 2001-2018 arasında casinolarda çalıştığını, 2018'de Türkiye'ye döndüğünü anlattı.

Yasadışı bahis sitesiyle bir ilgisinin bulunmadığını, adı ve cep telefonu numarası kullanılarak, site açılmış olabileceğini söyledi. "Bilgilerim rızam dışında kullanıldı" dedi. Mahkeme aynı kanıda değildi.

Çünkü www.meritroyal1.bet alan adının sahibi bizzat Kılıçaslan'dı. İletişim bilgisi olarak Kılıçaslan'ın telefon numarası ve e-mail hesabı gösteriliyordu.

Özetle Fedlan Kılıçaslan halen firari bir durumda, ne hukuk tanıyarak ne de kural bilerek yasadışı sanal bahis piyasasına bodoslama daldı.

Bir Veysel Şahin, Anıl Uzun kadar pazardaki payı büyük değildi ama sadece Türkiye, Ukrayna, Polonya ve Kıbrıs hattında bile çok fazla toz kaldırmıştı.

Zaman zaman kaldırdığı tozda kendi de boğulur gibi olsa da ABD'ye kaçarak kurduğu düzeni kurtardı.

SONSÖZ

Aslında uzun bir sonsöz yazmak isterdim fakat fark ettim ki asıl sonsöz kitabın kendisi.

Türkiye'deki yoksulluk artık vatandaşın ruhuna işlemiş vaziyette.

Bir de o ruhu emen yasadışı sanal bahis örgütleri gibi yapılar oldu mu garibanı koruyan kimse kalmıyor.

Ha eskiden garibanı koruyan mı vardı o da ayrı bir konu. Fakat görüyoruz ki enflasyonla birlikte son yıllarda yoksulluğun pençesine kapılmak çok daha ıstırap verici bir hal aldı.

Üstüne bir de adaletsizlik, eşitsizlik, haksızlık binince insanın haykıracak bir nefesi bile kalmıyor.

Maalesef acı sonlar tek çıkış yolu olarak görülüyor. Aileler dağılıyor, çocuklar yetim kalıyor, toplum çöküyor.

İşte istedim ki bu kitap haykıracak bir nefesi bile kalmayanların sesi olsun.

İstedim ki çarkın dişlileri arasında ezilenlerin isyanı olsun.

Bu yolda en büyük teşekkür de siz okurlarıma. Bu isyana, bu haykırışa omuz verdiğiniz için...

Murat Ağırel
Ocak 2025